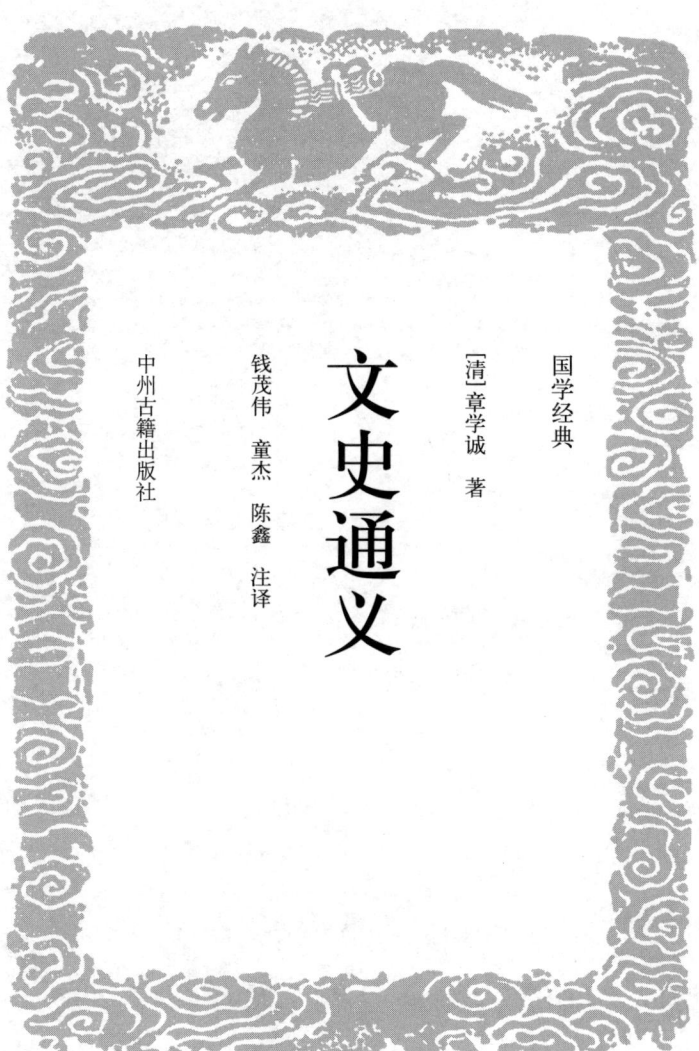

国学经典

文史通义

[清] 章学诚 著

钱茂伟 童杰 陈鑫 注译

中州古籍出版社

文史通义

章学诚与《文史通义》

在中国史学史上，前有唐朝中叶的刘知幾《史通》，后有清朝中叶的章学诚《文史通义》，可以并称为两大史学理论代表作，分别代表了中国传统史学发展的两大阶段性成果。

一、章学诚其人

对于大众来说，已经过世三百多年的章学诚，是一个陌生的人名符号。

章学诚（1738—1801），字实斋，号少岩，会稽（今浙江绍兴市）人。章学诚的祖籍地在会稽县道墟镇，这是一个章姓集中的村落。1950年，会稽县并入绍兴县，道墟镇划归上虞市，故而2005年在上虞市道墟镇开辟了一个章学诚纪念室。不过，章学诚家自从祖父章如璋开始，就已经迁居绍兴城中的大禅法弄，他就出生于此。章学诚晚年归乡，"卜居城南"，以平生积蓄购得老屋数间，继续从事著述。故居在绍兴城中的塔山北麓，坐南朝北，两进三开间，前进平屋，后进楼房，辟为"瀹云山房"藏书楼，藏书五万余卷。2002年，章学诚故居已经恢复，对外开放。

绍兴是中国进士之乡，明代有"天下人才出浙江，浙江人才出绍兴"之谚，于此可见一斑。生于进士之乡，绍兴人自然热衷科举考试。章学诚家就是一个读书家庭，经过几代积累，到了其父亲章镳时代，终于考取进士。不过，清代官场僧多粥少现象严重。章镳虽然早在乾隆七年（1742）中了进士，但直到乾隆十六年（1751），才分配到一个知县名额。于是，章学诚随父母来到了湖北德安府应城县。这一去，就是四十多年，客居他乡。

章学诚少时体弱多病，自称"资质椎鲁，日诵才百余言"，是个不折不扣的"笨小孩"。直到十五六岁以后，仿佛才在读书上开了窍，那时他已对史学产生了浓厚的兴趣。兴趣是最好的老师，尽管章氏少时并没表现出过人的天赋，然其二十三四岁时就已提出"诸史于纪表志传之外更当立图，列传于《儒林》《文苑》之外更当立《史官传》"这样的卓见。

章镳不善做官，到了乾隆二十一年（1756），就被免了官。罢官后，因家贫，竟然无法返乡，只得留居当地。章学诚虽不喜欢举业，但在当时又不得不走科举之路。乾隆二十七年（1762），章学诚入京师国子监读书，因不谙世故，屡屡受挫。乾隆三十三年（1768），父亲病死。此后，全家迁居北京。乾隆四十三年（1778），经过七次科举考试，终于考中进士，已经四十一岁。天津博物馆藏有乾隆四十三年章学诚殿试卷，上书："臣章学诚年三十九岁，浙江绍兴府会稽县人，由副榜贡生，应乾隆四十二年乡试，中式，由举人应乾隆四十三年会试，中式。今应殿试，谨将三代脚色并所习经书开具于后：曾祖匡义，祖如璋，父镳，习《易经》。"这里提及了曾祖名章匡义，习《易经》，这是前人不曾提及的。

章学诚虽中了进士，然而自知性格与社会不合，不敢走仕途，直到逝世，都以教书、编志与著述为生。由于没有走仕途，没有固定的收入，他一生为生存而奔波。四处应聘、漂泊不定的生活，使他不时面对家庭经济的危机。他曾在一封书信中这样描述自己的拮据："朝夕薪水之资不能自给，十口浮寓，无所栖泊。"家有十人，可见家庭经济压力不小。面对这样的生活，章学诚有时候感到万念俱灰，失去做人的乐趣。

不过，尽管一生都在"车尘马足之间"劳顿奔波，章学诚还是没有放弃自己的学术追求。他参与编修或主修过《天门县志》《顺天府志》《和州志》《永清县志》《亳州志》《湖北通志》《常德府志》《荆州府志》等，史学理论著作有《文史通义》《校雠通义》等，还有目录学巨著《史籍考》等。

嘉庆六年（1801），章学诚在穷困潦倒中结束了自己的一生。由于贫穷，也由于不合时宜，他的著作在生前只付梓了几卷，此为《文史通义》自刻本。去世前，他曾将手稿托付给萧山友人王宗炎（1755—1826），请其代为编订。由于多种因素，王宗炎的编订工作进展缓慢。到道光六年（1826）王宗炎辞世时，完成了《实斋文集》16册。临终前，王氏将文稿归还章学诚长子。不久，又入章学诚次子章华绂手，录得副本16册。不久，又入章学诚四子章华练手，今入北京大学图书馆。道光十二年（1832），《文史通义》首刊于河南开封，后人称为"大梁本"。章学诚遗稿后来为嘉兴沈曾植（1850—1922）所得。

章学诚受人重视，是20世纪的事。日本学人内藤湖南（即内藤虎次郎，1866—1934）曾九次到中国访问，在1902年秋的访问中，内藤湖南接触到了章学诚的著作。从社会进化论的角度，内藤湖南对章学诚的《文史通义》作出了自己的解读，发表了《章实斋年谱》（1920）。日本学人关于章学诚著作的研究成果引起了中国学人对章学诚的关注。胡适撰写了更为详细的《章实斋先生年谱》（1922），文中不仅考证了章氏的生平和交游，并摘录章氏著作中的材料，对其学术思想进行阐述。梁启超虽然没有专文，但在《清代学术概论》（1920）、《中国历史研究法》（1922）中甚推许章学诚。上述三人登高一呼，其后学人纷纷重视章学诚研究。

学界对章学诚的重视，促进了其作品的刊刻工作。1920年，浙江图书馆根据徐氏抄本将《章氏遗书》刊刻于世。1922年，湖州藏书家刘承干从沈氏手中得到文稿，由嘉业堂出版刊行《章氏遗书》，此时距章学诚辞世已经有一百多年了。至此，一位长时间不受重视的杰出学者，才又重新进入了人们的视线。1985年，文物出版社出版了《章学诚遗书》，此为目前较全之本。1993年，仓修良编纂出版了《文史通义新编新注》，此为目前较全的《文史通义》版本。此外，更为全面的《章学诚全集》也正在编纂之中。

二、章学诚的学术贡献

要理解章学诚的学术贡献，得从时代学术风气的对比中加以解读。

顺治、康熙时代，学人治学有自己的学术灵魂、学术主旨，那就是经世致用。顾炎武的《日知录》从形式上看，是一部札记汇编，但其中倾注了作者的经世致用主旨。雍正、乾隆初期的全祖望，固然注重文献考据之学，但他也有其学术灵魂。但到乾嘉时代，学风明显不同，人人竞言考据，崇尚博雅，为学贪多、炫博，认为一物不知，是儒者之耻；考索只管旁征博引，不管义理当否，认为不如此不足以让人折服；纂述只管详尽备列各说，不管有无矛盾。他们说这是王应麟、顾炎武两位大师教导的。至于王、顾的学术灵魂，他们则搁置一边。大师当年的治学手段，现在成了他们的治学目的。为考据而考据，没有更高一层的目标。章学诚虽生当乾嘉考据盛世，但却能不为时风所动，以做大学问为己任，试图找回清初大师的学术灵魂，开创新的学风。

章学诚对考据时风进行了猛烈批判。针对汉学扬扬自得的考据、博雅习尚，章学诚一针见血地说，考据不成家，博雅仅是"求知之功力"，绝不是"成家之学术"。他认为，考据、札记是治学之阶梯，积久贯通后可以成为学问，但本身绝不是学问。博采是做学问的物质基础，但不能为博而博。想样样精通，读遍天下之书，不仅不可能，而且也没有必要。博必须深入到专、约，才能将所学知识串联起来，也才能有所创新。他觉得治汉学者分析过细，过于烦琐，只有一些小心得，缺乏会通，不能自成一家之言。

在批判旧学风的基础上，章学诚明确主张改变旧学风。他对学风的演变规律作了理性的思考，认为学风的演变是一个新陈代谢过程。一个高明的学人，"不宜以风气为重轻"，而应"持世"，救正时风，创造出新的学风来。宋学空谈，但治汉学又征引太多，他的主张是兼采汉宋，"识大意""知大体"，加强宏观性、理论性研究，从整体上去领会、把握前人著述中的精神内核，"上阐古人精微，下启后人津逮"（《章氏遗书》卷二十九《又与正甫论文》）。

章氏一生，以做大学问为己任。所谓大学问，是指在理论上有创新、能自成体系的学问。贵专家、贵创造发明，力图在理论上"自成一家之言"，是章氏治学的最高奋斗目标。从其以后的治学实践来看，章氏的奋斗目标基本实现了。这主要表现在三个方面："一是史学理论上的基础，二是方志学的奠基，三是校雠学的系统与完善。"（仓修良：《章学诚的"成一家之言"》，《史学史研究》1994 年第 2 期）

史学是章学诚的特长。这点他很得意，自言"吾于史学，盖有天授，自信发凡起例，多为后世开山"（《文史通义新编新注》外篇三《家书二》）。章氏史学的特点是"贵其著述成家"。提倡写著作，这是他在史学上最高明的见解。所谓著作，是指在观点、材料、体例上有独创的史著，又称"独断""撰述"。著作是相对比次、考索而言的。比次又称记注，是指记录、选辑和汇编原始资料之书；考索就是考订、札记一类史著。这是从学术研究、学术价值角度立论的。从学术角度，将天下史著区分为三个档次，是一种十分高明的认识。这对当时那些成天"疲精劳神于经传子史"的朴学家来说，无疑是当头棒喝。章氏的著作论，为史学的科学化指明了方向。

章氏史学理论体系，是围绕写著作展开的。他认为，只有史义、史德、史体、史事、史文有机结合的史著，才可称著作。他用人身比喻说："事者其骨，文者其肤，义者其精神也。"（《文史通义新编新注》外篇四《方志立三书议》）事、文、义三个概念，是孟子概括《春秋》旨意时提出的。章学诚借助这些概念，作了进一步的阐述，从而构筑了他的新史学理论体系。

史义，又称史意，相当于今天所言的历史观。章氏认为"史所贵者，义也"（《史德》）。何谓义？义是"史家著作之微旨"（《文史通义新编新注》外篇六《为张吉甫司马撰大名县志序》），是一书之"精神"。有义，"书始成家"。具体地说，高明的史义应能"纲纪天人，推明大道"，"通古今之变"（《文史通义新编新注》内篇四《答客问上》）。中国传统史学理论，多讲史法，不太讲史义，章氏重视史义，把史义置于首位，主张以史义指导修史实践，说明到了封建社会末叶，史学的科学性已提上议事日程。

史德。史学是一种主体通过史料中介对客体的认识活动。主体素质关乎史学认识的水平，所以，传统史学自刘勰、刘知幾以来，一直重视这个问题。刘知幾有著名的才、学、识"三长"说，刘知幾以后，曾巩、揭傒斯、胡应麟等人力图完善刘氏理论，纷纷提出了"心术""直笔""公心"诸概念。章学诚结合当时现实，对揭、胡诸人的概念作了进一步提炼，明确提出了"史德"概念，且对"四长"位置作了重新排列，以史识、史德置于首二位，史才、史学次之。

史体。体例是反映历史内容的形式，形式水平高低，直接影响到一部史著的水平。要写出一部成一家之言的史著，没有好的体例是不行的。中国传统的史体到宋代已臻完善，但没有停止史体革新的脚步。明中叶以来，史家仍在努力探索新史体，曾出现过种种新的综合性史体，只是没有为后人认可、接受而已。章学诚是封建社会后期重要的史体革新者，他曾"仍纪传之体而参本末之法，增图谱之书而删书志之名"（《文史通义新编新注》外篇三《与邵二云论修宋史书》），设计过一种新综合史体。章氏新纪传体有四部分：纪，相当编年史，是纲；传，申编年之详，用纪事本末法，或书人，或述事，灵活多变；图，专门写天象、地形、舆服、仪器等难以用文字说明者；表，排列难以稽检、难以详写的人事。章氏的新史体曾在修《湖北通志》时实践过。史料上，他提倡"六经皆史"，认为"盈天地间，凡涉著作之林，皆是史学"（《文史通义新编新注》外篇三《报孙渊如书》）。这极大地扩展了历史研究、史料搜集的范围。

章氏贵著述，最终归结点是提倡修通史。他认为通史便于阐明历史的发展和变化。他作《释通》篇，称"通史之修，其便有六：一曰免重复，二曰均类例，三曰便铨配，四曰平是非，五曰去抵牾，六曰详邻事。其长有二，一曰具剪裁，二曰立家法"。前人对宋代郑樵《通志》议论纷纷，章氏则从郑樵承古通史家风角度，给予郑樵很高的评价。

章学诚晚年的思考进入到历史哲学思考层面，这是其伟大之处。章氏史学理论代表了中国传统封建史学理论的最高水准。从某种意义上，他是封建旧史学的殿军。

三、《文史通义》其书

《文史通义》应是一部仿《史通》而编的、有一定体系的、能成一家之言的论文汇编。据其自己的设想，分内篇、外篇、杂篇三大部分。《文史通义》是一部纵论文史，品评古今学术的著作。由于它是"文""史"的通义，综合讨论文史理论问题，因而其内容就不像《史通》主要论史、《文心雕龙》主要论文那么单一。《文史通义》的命名，先标"文史"，突出地表明书中探讨的范围要包括"文史著作之林"，及整个学术领域，突破经、史、子、集的畛域；并且亮明旗帜，归结为"义"，即以思想、观点、哲理作为贯穿全书的重点；其方法则是古今上下贯通，并将文史的不同门类打通研究，强调与只作狭窄范围研究者不同的治学之"通识"。由此可知，此书更像是传统国学的通论。

当然《文史通义》也有着其局限性。首先，《文史通义》为评论体，其中有些问题因立论过于偏激，言过其实之处不少。书中将郑樵的《通志》捧得过高，而将马端临的《文献通考》贬得过低。其次，《文史通义》没有一个严格的著述义例，大多是应时借题而作，尤其是外篇，更是以随感等形式发挥自己的学术主张，故内容庞杂，组织松弛。

四、本书选译的说明

对新手来说，《文史通义》绝对是一部难读的书，所以得有注释本作为参考。本选译正为此而设。关于本选译本，作此几点说明。

选文顺序。根据仓修良编纂的《文史通义新编新注》，涉及了文、史、方志三大领域。

继承了前人题解传统。《文史通义全译》《文史通义新编新注》为方便读者理解，均有题解。本书继承了他们的成果，略作简化而已。

重在解释型注释。《文史通义》的注释始于叶瑛《文史通义校注》（中华书局，1985年），再于严杰、武秀成《文史通义全译》（贵州人民出版社，1997年），三于仓修良《文史通义新编新注》

（浙江古籍出版社，2005年）。三种注释，风格不一。《文史通义校注》偏重学术性注解，重在让人了解典故与句子的来源、文字的校勘。这种风格是清人注释《困学纪闻》的风格。《文史通义全译》除了继承《文史通义校注》的风格外，更重视难懂词句的注释，这是由其普及风格决定的。《文史通义新编新注》则偏重人名、书名的注释，而省略难懂词句的注释。这些注释可称为学术型注释。本书是国学普及读本，重在方便大众理解，可称为普及型注释或消费型注释。注释的精神是"麻烦一人，方便众人"，得让大家读得懂。本书在以上三部注释本的基础上，朝前走了一步，一是保留了部分人名、书名、典故的解释，删除了普通读者不太关注的文句来源注；二是加强了难懂词汇的解释；三是纠正了前人部分错误的解释。总之，以方便初级水平以上读者阅读理解为基准。

尽量提升翻译质量。翻译是建立在内容理解基础上的，理解越深，翻译越好。也只有对其思想有了全面而深刻的理解，才能表达出合适的意思。《文史通义全译》是目前最好的《文史通义》翻译版本，这既提供了方便，也出了难题。有了前人的译本，如何再做新的译本，这对我们来说是一个前所未有的难题。从知识的生产来说，要弄得与别人不一样，才有独立存在的价值。求异是为了表达得更为精确。追求不同，会逼迫着人有不同的表达，从而有可能出现更为精确的表达方式。只要仔细研究，相信是可以发现一些新的表达方式的。对于新手来说，必须先抛开前人的译本，直接研读原文，进行翻译。否则，直接参考前人译本，思维容易被框住，陷入前人的成译。等翻译好以后，才可以参照前人译本，进行损益，使之更好。可惜，我们缺乏经验，仍是走了弯路。只能在初稿基础上作进一步的理解，力求表达的不同，降低相似性比例。我们三人作了分工，重新审查了初稿。最后，我在二稿基础上，对照《文史通义全译》，逐字逐句地作了深入的研究，对译文作了局部的修订，主要表现为四个方面：增减词句，使之更为简练；更换表达方式，使之更为通顺；吸收了学界相关的研究成果，深化了部分高难度句子的翻译，提升了翻译质量；在技术层面，原文自注的翻译放进了括号内。翻译也不能完全直译，得对个别结构作一些调整。毕竟，古今汉语的表达方式是不同的；完全直译，就会有一点别扭。

注释、翻译工作也是一种研究，得费时间琢磨，得参考海内外相关研究成果。特别要感谢严杰、武秀成两位先生的辛勤工作，提升了学界对《文史通义》一书的理解，使本书的注译工作省了不少力气。本书的注释、翻译在他们的劳动成果的基础上作了一些补正工作，但这些微小的新思考，必须仔细比对才会发现，在此也不能一一罗列。当然，仍有一些难点，如《书教中》之《策府议林》一书，作者与时代问题就解决不了，尚希后来者继续努力。最后呈现在读者面前的注释、翻译稿，仍可窥见《文史通义全译》的影子，这是我相当不安的，希望得到严杰、武秀成两位先生的谅解。

钱茂伟
2011 年 11 月于宁波大学

目　录

易教上	15
易教中	23
易教下	30
书教上	38
书教中	46
书教下	55
原道上	68
原道中	81
原道下	88
博约上	98
博约中	102
博约下	107
浙东学术	111
文德	117
文理	122
古文公式	133
古文十弊	140

辨似	158
繁称	169
俗嫌	181
针名	186
砭异	191
砭俗	195
说林	204
知难	230
释通	238
答客问上	255
答客问中	262
答客问下	269
横通	275
史德	280
史释	289
史注	297
传记	305
文集	315
答问	324
篇卷	333
师说	340
感遇	346
方志立三书议	356
州县请立志科议	372
修志十议呈天门胡明府	384

易教上

[题解]

章学诚的史学基本理论是"六经皆史"。其之前的学者已有类似观点,明代王守仁就曾明确提出过此命题。但章学诚重新提出此命题并加以系统化,贡献亦不可低估。这一论断的贡献在于扩大了历史研究的范围。

本篇选自《文史通义新编新注》内篇一。写作年代不可详考。

六经①皆史也。古人不著书,古人未尝离事而言理,六经皆先王之政典也。或曰:《诗》《书》《礼》《乐》《春秋》,则既闻命矣。《易》以道阴阳,愿闻所以为政典而与史同科之义焉。曰:闻诸夫子之言矣。"夫《易》开物成务②,冒③天下之道","知来藏往④,吉凶与民同患",其道盖包政教典章之所不及矣。象天法地,"是兴神物,以前⑤民用",其教盖出政教典章之先矣。《周官》太卜⑥掌三《易》之法,夏曰《连山》,殷曰《归藏》,周曰《周易》,各有其象⑦与数⑧,各殊其变与占,不相袭也。然三《易》各有所本,《大传》⑨所谓庖羲、神农与黄帝、尧、舜是也。《归藏》本庖羲,《连山》本神农,《周易》本黄帝。由所本而观之,不特三王⑩不相袭,三皇、五帝⑪亦不相沿矣。盖圣人首出御世,作新⑫视听,神道设教⑬,以弥纶⑭乎礼、乐、刑、政之所不及者，一本天理之自然，非如后世托之诡异妖祥⑮、谶纬⑯术数⑰，以愚天下也。

[注释]

①六经：指儒家六部经典，即《诗》《书》《礼》《乐》《易》《春秋》。②开物成务：通晓万物之理，得以办好各种事情。开，开通，了解；务，事务。③冒：覆盖。④知来藏往：指对未来有所预见，对已往心中了然。⑤前：引导。⑥太卜：官名，主管占卜。⑦象：《易》用卦、爻等符号来象征自然与社会的现象与变化，称符号为象。⑧数：《易》用数字表明事物的阴阳与位置关系。象与数相合，称作象数说。⑨《大传》：即《周易大传》，又称《易传》，是对《易经》的解释。⑩三王：三代之王，指夏禹、商汤、周文王和武王。⑪三皇、五帝：三皇，传说中远古帝王。有多种说法，一说为伏羲、神农、祝融。五帝，传说中的上古帝王，有多种说法，一说为黄帝、颛顼、帝喾、唐尧、虞舜。⑫作新：教化百姓，移风易俗。⑬神道设教：利用鬼神迷信作为教育手段。神道，本指天教，即神明之理，后指关于鬼神祸福之说。⑭弥纶：统摄，笼盖。⑮妖祥：吉凶与吉兆。⑯谶纬：是中国古代谶书和纬书的合称。谶是秦汉间巫师、方士编造的预示吉凶的隐语；纬是汉代附会儒家经义衍生出来的一类书，被汉光武帝刘秀之后的人称为"内学"，而原本的经典反被称为"外学"。谶纬之学也就是对未来的一种政治预言。⑰术数：中国古代用以推算未来、趋吉避凶的各种方术系统。

[译文]

六经都是史籍。古人起初不写大部头的著作，古人从来没有脱离具体事务而空言道理，六经都是上古时期君王治理国家留下的政典。有人说：《诗》《书》《礼》《乐》《春秋》是史籍的观点已经领教了。《易》是讲阴阳学的，我想进一步能听听它是政典而与史书同属一类的道理所在。我的回答是：这是根据孔子言论得出来的结论。"《易》能通晓万物的道理，若能按这道理行事，就能得到成功，这囊括了天下事物的道理"，"对未来有所预见，对已往心中了然，无论吉凶均与百姓共忧虑"，可见它的道理囊括了政教典章所没有涉及的部分。仿效天地，"能够创造出神奇奥妙的事物，以供人民使用，给人民带来幸福"，可见这种教导在政治教化典章之前就出现了。《周官》中，太卜主管三种《易》的占卜方法，《易》在夏代时被称为《连山》，商代时被称为《归藏》，周代时被称为《周易》。这三种《易》各有其象、数，各有不同的变化和占卜方式，它们之间不先后沿袭。而且，三种《易》各有来源，《大传》所说的伏羲、神农、黄帝、尧、舜是它们的来源。（《归藏》源自伏羲，《连山》源自神农，《周易》源自黄帝。）根据它们的来源观察，不仅三王没有先后沿袭，而且三皇五帝也不先后沿袭。大概圣人开始统治天下时，移风易俗，利用鬼神迷信作为教化手段，用来统摄礼制、音乐、刑法、政治所没有涉及的事情。它完全是按照自然法则来治理的，不像后代帝王们依靠诡异的吉凶预言、迷信手段来欺骗天下百姓。

夫子曰："我观夏道，杞不足征，吾得夏时焉；我观殷道，宋不足征，吾得《坤乾》焉。"夫夏时，夏正书也；《坤乾》，《易》类也。夫子憾夏、商之文献①无所征矣，而《坤乾》乃与夏正之书同为观于夏、商之所得；则其所以厚民生与利民用者，盖与治历明时同为一代之法宪，而非圣人一己之心思，离事物而特著一书，以谓明道也。夫悬象设教②与治历授时③，天道也；《礼》《乐》《诗》《书》与刑、政、教、令，人事也。天与人参，王者治世之大权④也。韩宣子⑤之聘鲁也，观书于太史氏，得见《易》象、《春秋》，以为周礼⑥在鲁。夫《春秋》乃周公⑦之旧典，谓周礼之在鲁可也。《易》象亦称周礼，其为政教典章，切于民用而非一己空言，自垂昭代⑧而非相沿旧制，则又明矣。夫子曰："《易》之兴也，其于中古乎！作《易》者，其有忧患乎！"顾氏炎武⑨尝谓《连山》《归藏》，不名为《易》。太卜所谓三《易》，因《周易》而牵连得名。今观八卦起于伏羲，《连山》作于夏后，而夫子乃谓《易》兴于中古，作《易》之人独指文王⑩，则《连山》《归藏》不名为《易》，又其征矣。

[注释]

①文献：此所谓"文献"，时人多取朱熹之解释，以为文是典籍，献是贤士大夫。此说过于迂回。实际上，孔子所谓"文献"，与今日学界所用"文本"最为接近。文的本义是文身，献的本义是祭品。"文"与"献"合起来，就是"献给神灵的文本"。②悬象设教：根据天象进行教化。③治历授时：制定、颁布历法、历书。仓修良《文史通义新编新注》（以下简称"仓修良本"）为"宪"，疑误，当是"历"，见仓修良本《易教中》第1段。④大权：重大的权柄，支配的力量。⑤韩宣子（？—前514）：姬姓，韩氏，名起，谥号曰"宣"，史称韩宣子，春秋后期晋国卿大夫，六卿之一，韩厥之子。《左传》载昭公二年韩宣子出使鲁国。⑥周礼：西周的礼乐制度，相传由周公制定，是区分等级的典章制度和礼仪规定，其理论性总结是儒家经典《周礼》一书。⑦周公：姬姓，名旦，周武王之弟，西周政治家，曾辅助武王灭商。武王死后，成王年幼，周公摄政，制礼作乐，建立周代典章制度。⑧昭代：政治清明的时代。常用以称颂本朝或当今时代。⑨顾氏炎武：顾炎武（1613—1682），江苏昆山人，明清之际思想家，学者称亭林先生。学识渊博，开清代朴学之风。著有《日知录》《天下郡国利病书》等。⑩文王：周文王，商末周族首领，姬姓，名昌。统治期间使周人势力强大。曾被商纣王囚禁，相传被囚禁时作卦爻辞。

[译文]

孔子说："我想考察夏朝的治理方式，但夏朝后裔杞国保留的文献不足以取得充分的证明，我参考的只是夏代的时令书；我想考察商朝的治理方式，但商朝后裔宋国保留的文献不足以取得充分的证明，我参考的只是殷代的阴阳学书籍《坤乾》。"夏代时令书指《夏小正》，《坤乾》属《易》类书。孔夫子因夏、商的文献无从查考感到遗憾，而《坤乾》与《夏小正》都是考察夏代、商代时得到的参考文献；这说明，《易》可以用来使百姓生活富足和为生产生活提供便利，大概与制定历法、审定时令的书一样，都是一个朝代的法规制度，而不是圣人们凭着自己个人的独到理解、离开具体事物而写的阐明道理的作品。《易》是根据自然规则来实施教化与制定、颁布历法、历书，属自然之道；《礼》《乐》《诗》《书》与刑法、政事、教化、政令都属于先王之道。自然之道和先王之道相辅相成，是王者治理国家的两大法宝。韩宣子访问鲁国，在太史官处阅读书籍，得以见到《易》的卦象、《春秋》，认为周代的礼制在鲁国得到了较好的继承。《春秋》是周公时代的典籍，周礼在鲁国得以继承的说法是可行的。《易》的卦象也被称作周礼，那么它是适合百姓实用的政教典章，而不是空泛的言论，源自本朝实践而不是沿袭传统典制，这是很清楚的。孔夫子说："《易》的兴盛，是在中古时期吧！作《易经·系辞》的人，有自己忧患的问题吧！"顾炎武认为，《连山》《归藏》不是《易》。所谓太卜主管三种《易》书，是因为和《周易》相关才被称为《易》的。当世人认为八卦在伏羲时已产生，《连山》作于夏朝，而孔子却说《易》兴盛于中古，作《易》的人特指周文王，那么《连山》《归藏》不属于《易》类，又可以找到一个证据了。

或曰：文王拘幽，未尝得位行道，岂得谓之作《易》以垂政典欤？曰：八卦为三易所同，文王自就八卦而系之辞，商道之衰，文王与民同其忧患，故反覆于处忧患之道而要于无咎，非创制也。周武①既定天下，遂名《周易》，而立一代之典教，非文王初意所计及也。夫子生不得位，不能创制立法，以前②民用，因见《周易》之于道法，美善无可复加，惧其久而失传，故作《彖》《象》《文言》诸传，以申其义蕴，所谓述而不作，非力有所不能，理势固有所不可也。

易教上 19

[注释]

①周武：周武王，周王朝建立者，姬姓，名发。继承其父亲文王事业，灭商。②前：引导、指引。

[译文]

有人说：周文王被拘禁，从来没有掌权以推行治道，怎么能说他创作《易》而用作政治典籍呢？答案是：八卦在三《易》里都有，文王独自在八卦中加入解说词。当时商朝衰落，文王与百姓一样处于忧患之中，因此他多次谈及身处忧患时的治道，关键在于做到没有过错而非创建新制度。周武王平定天下后，就把它命名为《周易》，建成为新一代王朝的典章制度，这不是文王当时所能预先考虑到的。孔子在世时没有权位，无法创建制度、法规用于管理百姓事务。他觉得《周易》在治理之道上已经非常完善，担心时间久了会失传，所以他撰写了《彖》《象》《文言》等释文用来解释《周易》的含意，这就是孔子所说的"述而不作"，并非孔子没有能力创作，而是事理的发展趋势本身就有不可驾驭之处。

后儒拟《易》，则亦妄而不思之甚矣。彼其所谓理与数者，有以出《周易》之外邪？无以出之，而惟变其象数法式，以示与古不相袭焉；此王者宰制天下，作新耳目，殆如汉制所谓色黄数五，事与改正朔而易服色①者为一例也。扬雄②不知而作，则以九九八十一者变其八八六十四矣。后代大儒，多称许之，则以其数通于治历，而蓍揲③合其吉凶也。夫数乃古今所共，凡明于历学者皆可推寻，岂必《太玄》而始合哉？蓍揲合其吉凶，则又阴阳自然之至理。诚之所至，探筹钻瓦④，皆可以知吉凶，何必支离其文，艰深其字，然后可以知吉凶乎？《元包》⑤妄托《归藏》，不足言也。司马《潜虚》⑥，又以五五更其九九，不免贤者之多事矣。故六经不可拟也。先儒所论，仅谓畏先圣而当知严惮⑦耳。此指扬氏《法言》、王氏《中说》，诚为中其弊矣。若夫六经，皆先王得位行道，经纬世宙之迹，而非托于空言。故以夫子之圣，犹且述而不作。如其不知妄作，不特有拟圣之嫌，抑且蹈于僭窃王章⑧之罪也，可不慎欤！

[注释]

①改正朔而易服色：语出《礼记·大传》。"正"是一年之始，"朔"是一月之始，古代王朝易姓则改正朔。服色，古代每一个朝代官方崇尚的车马、祭牲、服饰等的颜色，以符合五行相生相克的道理。②扬雄（前53—18）：西汉文学家、学者。字子云，蜀郡成都人。成帝时为给事黄门郎，王莽时官大夫，曾作《剧秦美新》奉承之。早年创作《长杨》《甘泉》等赋。后仿《论语》作《法言》，仿《易经》作《太玄》。撰有《方言》。③著揲：著，蓍草，多年生草本植物，具有很细的根茎，古代常以其茎用作占卜。揲，本义是用手翻转薄木片阅读家谱，在这里指数蓍草茎用于占卜。④钻瓦：一种占卜方法。在瓦片上钻洞，用火烧烤，看裂纹定吉凶。⑤《元包》：唐卫元嵩撰。讲变易八卦，文字晦涩，不被占卜者用。⑥《潜虚》：司马光撰，模仿扬雄《太玄》而作，以五行为本，相乘为二十五，又重为五十。⑦严惮：畏惧、害怕。⑧王章：朝廷的典章制度。

[译文]

后世的儒者想模仿《易》而创新，那是非常狂妄而没有认真思索的表现。他们所说的理和数，有超出《周易》范畴之外的吗？我看没有能超出的，只是改变象、数的法式，以此表示不沿袭古人罢了。这是君王上台治理天下，必然要创新风俗、使人耳目一新所做的事，就像汉朝制度中崇尚黄颜色和数字五，做这些事的道理与颁行新的历法、改变人民服装颜色等一样。扬雄不懂这个道理，模仿《易经》作《太玄》，将八八六十四卦改为九九八十一卦。后世的大儒多称赞《太玄》，认为这个数与历法的制定相通，以此占卜预测，符合吉凶的结果。数是古人和今人都会用到的范畴，凡是通晓历法的学者都能够推算,哪里要到《太玄》才相符?占卜的预测与吉凶的结果相符是阴阳本身的规律。只要心诚,无论是抽签还是钻刺瓦片、龟甲,都可以预知吉凶,何必把文章写得散乱无序,把文字弄得复杂难懂,这样才能预知吉凶吗?《元包》荒谬地依托《归藏》,不值一谈。司马光的《潜虚》又用五五二十五卦代替九九八十一卦,真是贤人多事啊!因此六经是不可能被模仿的。先儒们常说,不仅要敬畏先圣,更要知道害怕。这指的是扬雄的《法言》、王通的《中说》,也确实说中了它们的毛病。至于六经,都是上古帝王掌握权力、推行治道、治理天下的记载,并非空洞的言谈。因此,凭着孔子那样的圣明,还只是传述,不敢创作。如果不了解这些而随意创作,不仅有自比圣人的嫌疑,而且有僭越王章的罪过,岂能不慎重!

易教中

[题解]

本篇是对上篇提出的《易》与历法类书籍同为政教典章观点的进一步阐释。首先从字义方面进行阐释。章学诚沿袭孔颖达的阐释，又将《易》与制定历法联系起来。然后，从产生的根源阐释。传统观点认为八卦是观察天地万物后制作的，章氏认为历法也是这样制作的，因此《易》与历法书同出一源。

孔仲达①曰："夫《易》者，变化之总名，改换之殊称。"先儒之释《易》义，未有明通若孔氏者也。得其说而进推之，《易》为王者改制之巨典，事与治历明时相表里，其义昭然若揭矣。许叔重②释"易"文曰："蜥易，守宫③，象形。纬书说，'日月为易'，象阴阳也。"《周官》太卜掌三《易》之法。郑氏④注："易者，揲蓍变易之数可占者也。"朱子以谓，《易》有交易变易之义。是皆因文生解，各就一端而言，非当日所以命《易》之旨也。三《易》之名，虽始于《周官》，而《连山》《归藏》可并名《易》，《易》不可附《连山》《归藏》而称为三连三归者，诚以《易》之为义，实该羲、农以来不相沿袭之法数也。易之初见于文字，则帝典之"平在朔易"⑤也。孔《传》⑥谓岁改易，而周人即取以名揲卦之书，则王者改制更新之大义，显而可知矣。《大传》曰:"生生⑦之谓易。"韩康伯⑧谓"阴阳转易,以成化生"。此即朱子交易、变易之义所由出也。三《易》之文虽不传,今观《周官》太卜有其法,《左氏》记占有其辞,则《连山》《归藏》皆有交易、变易之义。是羲、农以来,《易》之名虽未立,而《易》之意已行乎其中矣。上古淳质,文字无多,固有具其实而未著其名者。后人因以定其名,则彻前后而皆以是为主义⑨焉,一若其名之向著者,此亦其一端也。

[注释]

①孔仲达:唐代学者孔颖达(574—648),字仲达,又作冲远,冀州衡水(今属河北)人,编订《五经正义》,排除经学内部的家法师说等门户之见,于众中择优而定一尊,广采以备博览,影响深远。②许叔重:东汉文学家许慎(约58—约147),字叔重,汝南召陵(今河南漯河市召陵区)人。曾任功曹等职。著《说文解字》,该书是我国第一部系统分析字形和考究字源的专著,影响很大。③守宫:壁虎。④郑氏:郑玄(127—200),东汉学者,字康成,北海高密(今属山东)人,为汉代经学集大成者,遍注群经。其学以古文经学为主,兼采今文经学,称郑学。⑤平在朔易:全句意为冬季在北方改易年岁,须平均考察。平,平均;在,考察;朔,北方。⑥孔《传》:孔安国所作《尚书传》。孔安国为西汉学者,孔子后裔,武帝时为五经博士。相传曾得到孔子旧宅壁中所藏《古文尚书》,开古文尚书学派。又传他作《尚书传》,宋人已经开始怀疑,经明清学者相继考证,定为魏晋人伪托。⑦生生:孳生不绝,繁衍不已。⑧韩康伯:东晋韩伯,字康伯,颍川长社(今河南长葛)人。历官豫章太守、侍中、丹阳尹。注《说卦》《序卦》《杂卦》等。⑨主义:决定意义。

[译文]

孔颖达说:"《易》是变化的总称,更换的别称。"先儒解释《易》的含义,没有像孔颖达这么明白易懂的。根据这种说法进一步推断,《易》是帝王改变制度的重要典章,这和制定历法、颁布时令表里相辅，《易》这个名字的含义已经很明白了。许慎《说文解字》解释"易"时说："易属于象形字，像蜥蜴、壁虎。纬书中说，'日月合在一起组成易字'，象征阴阳。"《周官》记载，太卜掌管三种《易》的占卜方法。郑玄注，易是根据蓍草茎变化的数字来推算的。朱熹认为，《易》有交易、变易的含义。这些都是根据文字做出的解释，都是从某个方面做出的解释，不是当初命名为《易》的主要意图。三种《易》的名称，虽然从《周官》开始使用，而《连山》《归藏》可以与《易》并称"三易"，但《易》却不可以附在《连山》《归藏》后面而称为"三连"或"三归"，实在是因为《易》这一名称的含义，的确包括了伏羲、神农以来不前后沿袭的法则。"易"最早见于文字的记载是《尚书·尧典》里的"平在朔易"。孔安国《尚书传》里，易指改换年岁，而周代人用易来称呼算卦的书籍，那么帝王革新制度的重要内涵就很显而易见了。《易·大传》说："孳生不绝叫作易。"韩伯说："阴、阳互相转变，从而促进变化生长。"这也是朱熹所说的交易、变易的意思的由来。三《易》的内容虽然没有留传下来，但是现在我们看到的《周官》里载有太卜的占卜方法，《左传》记载的占卜之事里也有《易》的内容，而《连山》《归藏》里也都有变易、交易的含义。所以自伏羲、神农以来，《连山》《归藏》虽然没有确立《易》的名称，但是《易》的含义已经被运用其中了。上古时代民风淳厚朴实，留下的文字不多，因此存在有实体而无名称的情况。后世人根据事物实体来确定名称，得以前后贯通，以为据此决定意义，就像名称那样向来出名，这也是一个表现。

钦明之为敬也，允塞之为诚也，历象之为历也，历象之历，作推步①解，非历书之名。皆先具其实而后著之名也。《易·革》象曰："泽中有火，君子以治历明时。"其彖曰："天地革而四时成，汤武②革命，顺乎天而应乎人。"历自黄帝以来，代为更变，而夫子乃为取象于泽火，且以天地改时、汤武革命为革之卦义，则《易》之随时废兴，道岂有异乎？《易》始羲、农，而备于成周；历始黄帝，而递变于后世；上古详天道，而中古以下详人事之大端也。然卦气③之说，虽创于汉儒，而卦序④卦位，则已具函其终始，则疑大挠⑤未造甲子以前，羲、农即以卦画为历象，所谓天人合于一也。《大传》曰："古者庖羲氏之王天下也，仰则观象于天，俯则观法于地。观鸟兽之文与地之宜，近取诸身，远取诸物，于是始作八卦，以通神明之德，以类万物之情。"此黄帝未作干支之前所创造也。观于羲和分命⑥，则象、法、文、宜⑦，其道无所不备，皆用以为授人时⑧也。是知上古圣人，开天创制，立法以治天下，作《易》之与造历⑨，同出一源，未可强分孰先孰后。故《易》曰："开物成务，冒天下之道。"《书》曰："平秩敬授，作讹成易。"⑩皆一理也。

[注释]

①推步：推算历法，意谓天体运行犹如人行步，可以推算得知。②汤武：汤指商汤天乙，商朝建立者。武指周武王，西周王朝的建立者。③卦气：以六十四卦分配四时气候，其说出于西汉孟喜、京房。④卦序：卦的次序。⑤大挠：相传为黄帝史官，始作甲子，以干支相配纪日。⑥羲和分命：《尚书》载，尧命掌管天文历法的官员羲仲、羲叔、和仲、和叔四人驻守四方，观察时令，制定历法。⑦象、法、文、宜：是"仰则观象于天，俯则观法于地。观鸟兽之文与地之宜"的省略。⑧授人时：指颁布历书。人时，即民时，谓耕获之候。⑨造历：制定历法。⑩平秩敬授，作讹成易：平，平均；秩，次序；作，耕作；讹，化育；成，收获；易，改变。东南西北分属春夏秋冬四季。

[译文]

"钦明"被称为"敬"，"允塞"被称为"诚"，"历象"被称为"历"（历象的历，指的是"推算天象历法"这个意思，不是指历书），都是先具备实体而后加上名称。《易·革》卦象辞说："泽中有火，君子由此制定历法、颁布时令。"它的象辞说："天地间的寒温变化形成四季。商汤、周武王革旧王朝之命，上顺天意，下应民心。"历法自黄帝以来，世代都有变更，而孔子取泽和火的形象来象征历法的变革，并用天地改变时令，商汤和周武王以变革作为革卦的大旨，那么，《易》顺应时势而作出兴废变化，二者的规律难道有所不同吗？《易》在伏羲、神农时产生，而在孔子生活的东周时代达到完备；制定历法从黄帝开始，而在后代反复变更；这是上古时代重天道，中古以来重人事的大体表现。卦气的学说虽然由汉代儒者创立，但那时卦的顺序与卦的方位的学说已经包含在里面了。我怀疑大挠发明天干地支以前，伏羲、神农就用八卦画出天体运行图了，这就是常说的天道和人事合为一体。《易·大传》说："古时伏羲氏治理天下，仰观天上的日月星辰，俯察周围的地形规则，研究飞禽走兽身上的花纹与水土的适宜性，近则向身体取得形象，远则从外物取得形象，于是就创制了八卦，用来通晓天地的特性，用来类比万物的情状。"这说明八卦是黄帝没有创制天干地支之前就创造出来了。由羲仲、羲叔、和仲、和叔四人驻守四方观察时令来看，他们对天文现象、地形规则、飞禽走兽的脚印和身上的花纹、水土的适宜性等道理无不精通。据此制定时令，颁布给百姓，使他们不误农时。由此可知，上古时期的圣人开拓世界、创建制度、建立法规来治理天下，创作《易》和制定历法，都出于一个缘由，不能勉强地分辨哪个在先哪个在后。因此《易》说："揭示事理、成就事业，这天下的道理。"《尚书》称："平均、合理安排农事顺序，尊重时令，春天耕作、夏天生长、秋天收成、冬天改岁。"这都是一个道理。

夫子曰："加我数年，五十以学《易》，可以无大过矣。"又曰："吾学周礼，今用之，吾从周。"学《易》者，所以学周礼也。韩宣子见《易》象、《春秋》，以为周礼在鲁。夫子学《易》而志《春秋》，所谓学周礼也。夫子语颜渊曰："行夏之时，乘殷之辂，服周之冕，乐则《韶》舞。"①是斟酌百王，损益四代，为万世之圭臬②也。历象递变，而夫子独取于夏时；筮占不同，而夫子独取于《周易》。此三代以后，至今循行而不废者也。然三代以后，历显而《易》微；历存于官守，而《易》流于师传；故儒者敢于拟《易》，而不敢造历也。历之薄蚀盈亏③，有象可验，而《易》之吉凶悔吝④，无迹可拘；是以历官不能穿凿于私智，而《易》师各自为说，不胜纷纷也。故学《易》者，不可以不知天。观此，益知《太玄》《元包》《潜虚》之属，乃是万无可作之理，其故总缘不知为王制也。

[注释]

①颜渊：颜回（前521—前490），字子渊，又称颜子，孔庙大成殿四配之首——人称复圣，鲁国人，是孔子最得意的学生，孔子七十二门徒之首，孔门十哲德行科的高材生，是孔门弟子中德行修为最高者，所以得到特别的尊重。辂：古代的一种大车。冕：中国古代帝王及地位在大夫以上的官员们戴的礼帽，后专指帝王的皇冠。②圭臬：标准、准则。圭是古代测日影的工具。臬是测日影的标杆。③薄蚀：日食和月食。薄，迫也。日月激会相掩，名为薄蚀。盈亏：指月亮的圆和缺。④悔吝：灾祸。《易·系辞上》："悔吝者，忧虞之象也。"

[译文]

孔子说："如果让我多活数年，在五十岁时学习《易》，就可以做到不犯大的过错了。"又说："我学的是周代的礼制，现在正实行着它，我的态度是遵从周代的礼制。"学习《易》的人，是为了学习周代的礼制。韩宣子在鲁国看到《易》的卦象、《春秋》，认为周礼在鲁国得到了继承。孔子学习《易》，志在编纂《春秋》，这就是所说的学习周代礼制。孔子对颜渊说："要使用夏代的时令，乘坐商代的大车，戴着周代的礼帽，听舜时《韶》舞的音乐。"他是参考了历代多个帝王的治理，对虞舜、夏、商、周四代制度加以增减，定下的流传万代的标准。推算天体运行的方法不断变化，而孔子只采用了夏代的时令；占卜的方法各不相同，而孔子却只采用了《周易》。此二者都是夏商周三代到现在一直沿用而没有荒废的原因所在。但是，自三代以后，历法的作用逐渐显著，而《易》的影响却不大；这是因为历法由专职官员主管，而《易》由经师传承的缘故；因此后世儒者敢于仿造《易》而不敢创作历法。历法中的日食和月食、月亮圆缺变化，都有天象可以验证，而《易》预言的吉凶、灾祸没有迹象可循；所以主管历法的官员不能单凭个人的聪明才智随意附会，而《易》学的经师敢各自发表意见，多得难以统计。因此，学《易》的人不可以不知道天。（看到这里，更加知道《太玄》《元包》《潜虚》这些书，是绝对没有必要撰写的，其原因归根到底是不懂得《易》是帝王所定的制度。）

易教下

[题解]

本篇论《易》象和其他儒家经典相通,尤其强调与《诗经》的比兴相通。兼论及佛教以形象设教与《易》教相通。

《易》之象也,《诗》之兴也,变化而不可方物^①矣;《礼》之官^②也,《春秋》之例也,谨严而不可假借矣。夫子曰:"天下同归而殊途,一致而百虑。"^③君子之于六艺,一以贯之斯可矣。物相杂而为之文^④,事得比而有其类。知事物名义之杂出而比处也,非文不足以达之,非类不足以通之,六艺之文,可以一言尽也。夫象欤,兴欤,例欤,官欤,风马牛之不相及也,其辞可谓文矣,其理则不过曰通于类也。故学者之要,贵乎知类。

[注释]

①方物:即仿佛,类似。②《礼》之官:《礼》指《周礼》。《周礼》以官分篇,为天官冢宰、地官司徒、春官宗伯、夏官司马、秋官司寇、冬官司空。③同归而殊途:通过不同的途径,到达同一个目的地。比喻采取不同的方法而得到相同的结果。一致而百虑:趋向虽然相同,却有各种考虑。儒家指虑虽种种,理归于一。一致,趋向相同;百虑,各种考虑。④物相杂而为之文:万物都是杂然相处、变动不居的。正是因为万物的交杂,所以形成了各种美丽

的形象、现象。

[译文]

《易》的卦象，《诗》的比兴，变化多端，令人无法想象；《礼》的官制，《春秋》的凡例，严谨得无法借用。孔子说："天下的道路不一样，但最终到达相同的地方；思想趋向虽然相同，却有各种考虑。"对于六经，君子用一个道理贯穿即行。事物互相搭配而成为各种艳丽的色彩，事物通过排比才能分出类别。可知事物名称错杂但能共处，没有色彩不能表达事物的特征，没有归类就不能贯通起来。六经的文章，可以用一句话来概括。《易》的卦象、《诗》的比兴、《春秋》的凡例、《周礼》的官制，看起来是风马牛不相及的，但它们的言辞可以称为华美，它们的道理不过是贯通类别。因此，学者的要领，贵在知道类别。

象之所包广矣，非徒《易》而已，六艺莫不兼之。盖道体之将形而未显者也。雎鸠之于好逑，樛木①之于贞淑，甚而熊蛇之于男女②，象之通于《诗》也。五行之征五事③，箕毕之验雨风，甚而傅岩之入梦赉④，象之通于《书》也。古官之纪云鸟，《周官》之法天地四时，以至龙翟章衣，熊虎志射，象之通于《礼》也。歌协阴阳，舞分文武，以至磬念封疆，鼓思将帅，象之通于《乐》也。笔削不废灾异，《左氏》遂广妖祥，象之通于《春秋》也。《易》与天地准，故能弥纶天地之道。万事万物，当其自静而动，形迹未彰而象见矣。故道不可见，人求道而恍若有见者，皆其象也。

[注释]

①樛（jiū）木：向下弯曲的树木。②熊蛇之于男女：意谓梦见熊是生男子的预兆，梦见蛇是生女子的预兆。③五行之征五事：五行，一曰水，二曰火，三曰木，四曰金，五曰土。五事，一曰貌，二曰言，三曰视，四曰听，五

曰思。④傅岩之入梦赉：今本《尚书》记载殷高宗梦天帝赐予辅弼，于是命按其容貌求其人，在傅岩得到会筑墙的傅说，用为相。赉，赠送。

[译文]

卦象包含的范围可广泛了，不只是《易》而已，六经没有不被兼容的，它是道的本体将要表露而没有显现时的东西。雎鸠与美好的配偶有关，向下弯曲的树木与贞静善良的妇女有关，甚至熊、蛇与生育男女有关，这是《易》象贯通《诗》的例证。用水、火、木、金、土五行象征貌、言、视、听、思五事，用箕星、毕星验证风雨，甚至于傅说的形象进入殷高宗的梦境，得天帝赐予辅弼大臣，这是《易》象贯通《尚书》的例证。上古的官名用云、鸟作标记，《周官》的官名效法天地四季，以至用龙形、雉羽毛等图形装饰礼服，用熊、虎作为箭靶的标志，这是《易》象贯通《礼》的例证。歌曲调和阴阳之气，舞分文舞、武舞，以至听磬声便想到边疆，听鼓声便思念将帅，这是《易》象贯通《乐》的例证。孔子作《春秋》，不丢弃有关自然灾害和特异现象的资料，《左传》也广泛记录吉凶预兆，这是《易》象贯通《春秋》的例证。《易》与天地比照，所以能够统摄天地间的道理。万事万物，当它们由静态转向动态，形迹还不明显的时候，形象就显露出来。因此，道不容易被发现，人们探求道而仿佛见到的都是道的形象。

有天地自然之象，有人心营构之象。天地自然之象，《说卦》为天为圜诸条，约略足以尽之。人心营构之象，《睽》车之载鬼，翰音之登天，意之所至，无不可也。然而心虚用灵，人累于天地之间，不能不受阴阳之消息①。心之营构，则情之变易为之也。情之变易，感于人世之接构，而乘于阴阳倚伏②为之也。是则人心营构之象，亦出天地自然之象也。

[注释]

①消息：消减、增长。②倚伏：常用来指事物的转换。倚，依托；伏，隐藏。

[译文]

有天地自然形成的形象，有心灵构想出来的形象。关于天地自然形成的形象，《说卦》中"乾"为天、为圆形等八卦各条，大概完全可以说尽了。关于心灵构想出来的形象，《睽卦》里说大车满载着鬼，《中孚》里说鸡鸣声传入天空，心意所想的，没有做不到的。当人心空虚时，就会想到求助神灵，人被束缚在天地之间，不能不受到阴阳之气盛衰的影响。心灵的构想，便是情感的变化所造成的。情感的变化，是感触于人世间的交往，再凭借阴阳之气的转化而产生的。那么，人的心灵构想出的形象，也是来源于天地自然形成的形象。

《易》象虽包六艺，与《诗》之比兴，尤为表里。夫《诗》之流别，盛于战国人文，所谓长于讽喻，不学《诗》则无以言也。详《诗教》篇。然战国之文，深于比兴，即其深于取象者也。《庄》《列》之寓言也，则触、蛮可以立国①，蕉、鹿可以听讼②；《离骚》之抒愤也，则帝阙可上九天，鬼情可察九地。他若纵横驰说之士，飞钳捭阖之流，徙蛇引虎③之营谋，桃梗土偶之问答④，愈出愈奇，不可思议。然而指迷从道，固有其功；饰奸售欺，亦受其毒。故人心营构之象，有吉有凶，宜察天地自然之象，而衷之以理，此《易》教之所以范天下也。

[注释]

①触、蛮可以立国：《庄子》说蜗牛左角上有触国，右角上有蛮国，经常争地而战，死伤数万，胜者追击，十五天才能返回。②蕉、鹿可以听讼：《列子》说郑国一樵夫打死一只鹿，怕被别人看见，就把鹿藏在壕沟里，用蕉

叶盖上。后来他忘记了藏鹿的地方，就以为是一场梦，路上告诉别人。有个人找到那地方取走了鹿。樵夫夜里做梦，梦见藏鹿的地方，又梦见取走鹿的人。第二天，樵夫根据梦境找到了那个人，发生争吵，只好对簿公堂。③徙蛇引虎：徙蛇，《韩非子》说蛇将进行迁徙，有小蛇对大蛇说：路上如相随而行，会被人杀掉，不如用嘴互相衔着而背负小蛇走，人们就会以为是神灵。引虎，即狐假虎威的寓言故事。④桃梗土偶之问答：泥人与桃木雕刻对话，是苏秦劝说齐国孟尝君不要往秦国时讲的一个故事。

[译文]

　　《易》的象虽然包括了六经，但它与《诗》的比兴尤其表里对应。《诗》的流派在战国时就很兴盛，所谓擅长讽喻，不学《诗》就无法对答如流。（详见《诗教》篇。）但是，战国时的文章精于比兴，也就是擅长选取形象了。《庄子》《列子》里的寓言故事，就有触、蛮可以立国的故事和蕉、鹿可以听讼的故事；《离骚》抒发愤怒之情，有敲天帝宫门可以直上九天，探寻鬼的情况可以察看地府的内容。其他如以合纵连横的主张进行游说的策士，用飞钳捭阖的方法进行游说的说客，蛇迁徙和狐假虎威的计谋，泥人与桃木雕刻间的对话，事情越出越奇妙，到了不可思议的程度。然而，指点迷途走上正道，固然有它们的积极作用；掩饰奸邪施展骗术，也受到了应有的惩罚。因此，人心构想出的象有吉有凶，应该考察自然形成的象，再用事理判断是否适当，这就是《易》教能够统摄天下的原因所在。

　　诸子百家，不衷①大道，其所以持之有故而言之成理者，则以本原所出，皆不外于《周官》之典守。其支离而不合道者，师失官守，末流之学，各以私意恣其说尔，非于先王之道全无所得，而自树一家之学也。至于佛氏之学，来自西域，毋论彼非世官典守之遗，且亦生于中国，言语不通，没于中国，文字未达也。然其所言与其文字，持之有故而言之成理者，殆较诸子百家为尤盛。反覆审之，而知其本原出于《易》教也。盖其所谓心性理道，名目有殊，推其义指，初不异于圣人之言。其异于圣人者，惟舍事物而别见有所谓道尔。至于丈六金身，庄严色相②，以至天堂清明，地狱阴惨，天女散花③，夜叉④披发，种种诡幻，非人所见。儒者斥之为妄，不知彼以象教，不啻《易》之龙血玄黄⑤，张弧载鬼⑥。是以阎摩变相⑦，皆即人心营构之象而言，非彼造作诳诬以惑世也。至于末流失传，鉴而实之，夫妇之愚，偶见形于形凭于声者而附会出之，遂谓光天之下，别有境焉。儒者又不察其本末，攘臂⑧以争，愤若不共戴天⑨，而不知非其实也。令彼所学与夫文字之所指拟，但切入于人伦之所日用，即圣人之道也。以象为教，非无本也。

[注释]

①衷：正中不偏，根据。②色相：佛教名词，指万物的形貌。③天女散花：佛经中说维摩诘室中有一天女，用天花散在诸菩萨与大弟子身上，试其道行。④夜叉：能啖鬼或捷疾鬼，佛教中所说的一种吃人恶鬼或腾飞空中、速疾隐秘之恶鬼。⑤龙血玄黄：《易·坤》："龙战于野，其血玄黄。"比喻战争激烈，血流成河。⑥张弧载鬼：把弓拉开，做好发射准备。《易·睽》：见豕负涂，载鬼一车，先张之弧后说之弧。王弼注：先张之弧，将攻害也。⑦阎摩：即阎罗王，印度神话中的死神，是亡灵的审判者。变相：佛教的绘画形式，画出佛经故事中的变异形象，用来宣传教义。⑧攘臂：捋起袖子，露出胳膊，表示振奋。⑨不共戴天：不愿和仇敌在一个天底下并存，形容仇恨极深。戴，加在头上或用头顶着。

[译文]

诸子百家不用大道来检验己说，而他们的学说之所以有根有据、言之成理，是因为其根源都没有超出《周官》各官职掌的范围。其中支离破碎而不符合大道的，是因为官师失去职位，末流学人各自凭个人理解加以充分发挥,在对上古君王的大道略有心得的情况下,急于独自树立一家学说的结果。至于佛教的学说来自西方,不必说它不是世袭官职职掌所遗留的。况且它进入中国后因语言不通而在中国没落,那是因为文字表达不顺的结果。然而佛教所说的及其文字即佛经主张有根有据、言之成理,大概比起诸子百家来更加兴盛。经过反复详细的观察,我发现它的根源也出自《易》教。佛教所说的心、性、理、道,名称与儒家有所不同,但推究其原始含义,发现与圣人的言论没什么不同。佛教与圣人不同的地方在于,只是抛开具体事物而另外发现有他们所说的"道"罢了。佛有六丈金身,庄严的外貌,以至于说天堂清静光明,地狱阴暗凄惨,天女散花,夜叉散发,种种奇幻的事物都不是凡人见过的。儒者指责这些东西荒诞,却不知佛教以形象进行教化,正如《易》所说的龙交战流出青色黄色的血,张弓射车上的鬼。因此,阎罗王地狱中种种变幻的形象都是根据人的心灵建构出来的形象,不是佛教编造出来迷惑世人的。至于蹩脚的学人失去真传,穿凿附会而弄假成真,愚夫愚妇们偶然见到显现的奇异形象、听到奇异的声音,便穿凿附会,于是说明朗的天空下还有其他境界。儒者不考察那些现象的形成过程,便捋起袖子、伸出胳膊与人辩论,愤怒得好像有不共戴天之仇一样,却不知道那并不是佛教的真实情况。假如他们所学的与文字所指所比的东西,只要有一点贴近人们日常用到的东西,就是圣人的道了。以形象设教,不是没有根据的。

《易》象通于《诗》之比兴,《易》辞通于《春秋》之例。严天泽①之分,则二多誉,四多惧焉;谨治乱之际,则阳君子,阴小人也。杜微渐之端,《姤》一阴而已惕女壮。《临》二阳而即虑八月焉。慎名器②之假,五戒阴柔,三多危惕焉。至于四德③尊元而无异称,亨有小亨,利贞有小利贞,贞有贞吉、贞凶，吉有元吉，悔有悔亡，咎有无咎，一字出入，谨严甚于《春秋》。盖圣人于天人之际，以谓甚可畏也。《易》以天道而切人事，《春秋》以人事而协天道，其义例之见于文辞，圣人有戒心焉。

[注释]

①天泽：比喻人际关系的上下尊卑。②名器：这是等级社会中区别等级的标志物。名，爵号；器，车服。③四德：元、亨、利、贞。

[译文]

《易》的形象与《诗》的比兴相通，《易》的文辞与《春秋》的凡例相通。严格区分天与泽，就有卦中第二位多美誉，第四位多恐惧的现象出现；谨慎对待治与乱时机，就会出现阳卦是君子，阴卦是小人的现象。防微杜渐，遇到《姤卦》一阴，就已经担心阴盛阳衰。遇到《临卦》二阳，就已经担忧八月有凶事。慎重对待车服、爵号的借用，就有卦中第五位要防备阴柔，第三位多忧惧的现象。至于元、亨、利、贞四德，以元为首位，没有异称，亨有小亨，利贞有小利贞，贞有贞吉、贞凶，吉有元吉，悔有悔亡，咎有无咎，一个字的增减使用，比《春秋》还要严谨。对于天道和人事间的关系，圣人大概认为应当相当敬畏为好。《易》用天道来切合人事，《春秋》用人事来辅助天道，它们的凡例见于文辞的使用，说明圣人是有警惕之心的。

书教上

[题解]

本篇提出夏、商、周三代以上与以下的史籍有根本不同，就记注与撰述的演变展开议论，又对《尚书》记言、《春秋》记事的说法及纪传体史书效法《尚书》、编年体史书效法《春秋》的说法加以辩驳。

本篇选自《文史通义新编新注》内篇一。约作于乾隆五十七年（1792）。

《周官》外史，掌三皇、五帝之书。今存虞、夏、商、周之策而已，五帝仅有二，而三皇无闻焉。左氏所谓《三坟》《五典》，今不可知，未知即是其书否也。以三王之誓、诰、贡、范诸篇，推测三皇诸帝之义例，则上古简质，结绳未远，文字肇①兴，书取足以达微隐、通形名而已矣。因事命篇，本无成法，不得如后史之方圆求备，拘于一定之名义者也。夫子叙而述之，取其疏通知远②，足以垂教矣。世儒不达，以谓史家之初祖实在《尚书》，因取后代一成之史法纷纷拟《书》者，皆妄也。

[注释]

①肇：开始。②疏通知远：想知道未来有多深远，取决于对历史的了解有多深彻。所谓"疏通知远"，可以包含两个意思：一个是依据自己的历史知识观察当前的历史动向，另一个是依据自己的历史知识提出自己对未来的想

法。疏通，能达于政事；知远，能知帝王之事也。

[译文]

《周官》的外史，主管三皇、五帝时代的典籍。现在流传下来的只有虞舜、夏、商、周的简册而已，五帝的典籍只剩下两帝的，而三皇的典籍则没有留存。《左传》所说的《三坟》《五典》，现在已无法知道是什么样的书，不知道是否就是外史所主管的书。以夏、商、周三代诸王的誓、诰、贡、范等篇来推测三皇五帝时代典籍的体例，便知上古时代简约质朴，离结绳记事时代尚不远，文字刚产生，典籍采用只足以表达隐约的意思、传达事物的形状和名称的简单方式罢了。根据具体事物写成文章，本来没有既定的方法，不可能像后代作史书那样追求完备的法则，确定的形式限制。孔子编纂《尚书》，采取了通今博古、足够留下教化的原则。普通的儒者不通晓《尚书》的著作方法，认为历史著作的开端实际上是《尚书》，于是拿后代固定不变的著史方法来一一比照《尚书》，这都是很荒谬的。

三代以上之为史，与三代以下之为史，其同异之故可知也。三代以上，记注有成法而撰述无定名①；三代以下，撰述有定名而记注无成法。夫记注无成法，则取材也难；撰述有定名，则成书也易。成书易，则文胜质②矣；取材难，则伪乱真矣。伪乱真而文胜质，史学不亡而亡矣。良史之才，间世一出，补偏救弊，愈且不支。非后人学识不如前人，《周官》之法亡，而《尚书》之教绝，其势不得不然也。

[注释]

①记注：记述、注释。撰述：写作、著述。②文胜质：文、质是中国古代文论的基本概念和术语。"文"指外在表现，"质"指道德品质。此处的"文"指辞采、表现，大体上相当于今人所说的作品的形式；"质"则指内容。

[译文]

夏、商、周三代之前写作史书与三代以后写作史书不同的原因是可以探知的。三代之前,记注有既定的方法,而撰述没有既定的名称;三代以后,撰述有既定的名称,而记注没有既定的方法。记注没有既定的方法,采择资料就困难;撰述有既定的名称,编成一部书就容易了。完成一书容易,形式就胜过内容了;采择资料困难,真假就混淆了。真假混淆,形式胜于内容,史学表面上没有消亡,实际上却消亡了。优秀的史学人才,隔世才会出现一个。后人为修正偏差、纠正弊端,弄得疲惫不堪。不是后人的学识不如前人,而是因为《周官》的制度消亡,《尚书》的教化断绝,发展趋势就不得不这样了。

《周官》三百六十,具天下之纤析矣。然法具于官,而官守其书。观于六卿联事①之义,而知古人之于典籍,不惮繁复周悉,以为记注之备也。即如六典②之文,繁委如是,太宰③掌之,小宰④副之,司会、司书、太史又为各掌其贰,则六典之文,盖五倍其副贰,而存之于掌故⑤焉。其他篇籍,亦当称是。

[注释]

①六卿联事:六卿合作办公。《周礼》执政大官分为六官,亦称"六卿"。后世往往称吏、户、礼、兵、刑、工六部尚书为六卿。②六典:《周礼》载太宰掌建邦之六典,即治典、教典、礼典、政典、刑典、事典。③太宰:官名,原作大宰,又称冢宰,为六卿之首,总领百官,辅助帝王,掌建邦之六典。④小宰:为大宰僚属,掌王宫政令,亦掌六典。⑤掌故:汉代官名,掌管典章制度等的故实。

[译文]

《周官》载有三百六十个官职,涵盖了天下的各种事务。然而法度掌握在官府,官员掌管典籍。查阅六卿联合办公的记载,便知道古人对于国家文献不担心纷繁复杂、周到详细，希望使记注趋于完备。即使六典记录文字繁多琐碎，太宰主管，小宰辅佐，司会、司书、太史又各自为他们掌管副本，那么六典的文字记录，大概有五倍的副本保存在掌故那儿。对于其他的文献管理，也应当这样做。

是则一官失其守，一典出于水火之不虞，他司皆得藉征于副策，斯非记注之成法①详于后世欤？汉至元、成之间，典籍可谓备矣。然刘氏《七略》②，虽溯六典之流别，亦已不能具其官；而律令藏于法曹③，章程存于故府，朝仪守于太常④者，不闻石渠天禄别储副贰，以备校司之讨论，可谓无成法矣。汉治最为近古，而荒略如此，又何怪乎后世之文章典故杂乱而无序也哉？

[注释]

①成法：原先的法令制度，老规矩，老方法。②刘氏《七略》：刘氏指西汉末刘向、刘歆父子。《七略》是古代第一部图书分类目录，分《辑略》《六艺略》《诸子略》《诗赋略》《兵书略》《术数略》《方技略》。③法曹：汉代掌管邮政驿传的官署，后代为司法官署。④太常：汉代九卿之一，掌管宗庙礼仪。

[译文]

这样，如果有一名官员玩忽职守，有一部典籍遭受意外灾害，其他官署都能在副本中取得资料。这样的记注老规矩不是要比后世的详细周密吗？汉代元帝、成帝时，典籍可以说相当完备了。然而，刘氏父子的《七略》虽然上溯六典的流别，却也不能使典籍齐备地收存在官府。而法令收存在司法机关，制度收存在旧府库，朝廷礼仪由太常掌管，没有听说藏书的石渠阁、天禄阁另外储存副本，可为校勘机关的研究做准备，可以说也没有好的既定之法。汉代政治模式最接近古代，却也这样混乱简略，又怎么怪后代的文章、制度杂乱无序呢？

孟子曰："王者之迹息而《诗》亡，《诗》亡然后《春秋》作。"盖言王化之不行也，推原《春秋》之用也。不知《周官》之法废而《书》亡，《书》亡而后《春秋》作。则言王章之不立也，可识《春秋》之体也。何谓《周官》之法废而《书》亡哉？盖官礼制密，而后记注有成法；记注有成法，而后撰述可以无定名。以谓纤悉委备，有司具有成书，而吾特举其重且大者笔而著之，以示帝王经世之大略；而典、谟、训、诰、贡、范、官、刑之属，详略去取，惟意所命，不必著为一定之例焉，斯《尚书》之所以经世也。至官礼废，而记注不足备其全，《春秋》比事以属辞①，而左氏不能不取百司之掌故与夫百国之宝书②，以备其事之始末，其势有然也。马、班以下，演左氏而益畅其支焉。所谓记注无成法，而撰述不能不有定名也。故曰：王者迹息而《诗》亡，见《春秋》之用；《周官》法废而《书》亡，见《春秋》之体也。

[注释]

①比事以属辞：指连缀文辞，排比事实，记载历史。比事，对事物的比较、考校。属辞，缀辑、撰写文辞。②宝书：指史书。

[译文]

孟子说："圣王绝迹而《诗》消亡，《诗》消亡后《春秋》成书。"大概说的是圣王的教化推行不下去，同时探讨了《春秋》的作用。孟子不知道《周官》的制度废弃后《尚书》才消亡，《尚书》消亡后《春秋》才成书。这说的是圣王典章制度不再实行，据此可以知道《春秋》的风格。什么是《周官》的制度废弃后《尚书》才消亡？说的大概是周代礼制规章周密，然后记注有既定的方法；记注有既定的方法，然后撰述可以没有既定的名称。史家们认为各种资料已经收集完备，官署也完整地保存着修好的典籍，我只要提取些重要的资料，记录下来成为著述即可，以显示帝王治理国家的大概。而典、谟、训、诰、贡、范、官、刑等类，文字的详或略，对资料的摘取或舍弃，只按照自己的意见做就是，不必为确定一个固定的模式而伤脑筋。这就是《尚书》之所以能够治理国家的原因。到了周代，礼制被废弃，记注记录不完备。《春秋》排比历史事实、讲究用辞，而左丘明不得不参考存于各官署的掌故和各国编纂的史书，以写清历史事件的来龙去脉，这是由形势决定的。司马迁、班固以后，进一步推广左丘明的方法，使得这派的支派更加流行。这就是所说的记注没有既定之法，而撰述不得不有确定的名称。所以说：圣王绝迹之后，《诗》消亡，由此可以看到《春秋》的作用；《周官》的法制废弃后，《尚书》消亡，由此可以看到《春秋》的体式。

《记》曰："左史记言，右史记动。"其职不见于《周官》，其书不传于后世，殆礼家之愆①文欤？后儒不察，而以《尚书》分属记言，《春秋》分属记事，则失之甚也。夫《春秋》不能舍传而空存其事目，则左氏所记之言，不啻千万矣。《尚书》典、谟之篇，记事而言亦具焉；训、诰之篇，记言而事亦见焉。古人事见于言，言以为事，未尝分事、言为二物也。刘知幾以二典、贡、范诸篇之错出，转讥《尚书》义例之不纯，毋乃因后世之空言而疑古人之实事乎！《记》曰："疏通知远，《书》教也。"岂曰记言之谓哉？

[注释]

①愆：过错。

[译文]

《礼记》载："左史记载言论，右史记载活动。"左史、右史的官职在《周官》里没有记录，他们的书没有传到后世，也许是《礼》学派的错误说法吧？后世儒者对此不加以考察，把《尚书》当作记言论的书，把《春秋》当作记事的书，就错得更严重了。《春秋》不能抛开事件过程而空洞地保留事件标题，于是《左传》记述的言论不止成千上万了。《尚书》典、谟等篇，不仅记事，言论也有所陈述；训、诰等篇，不仅记载言论，事情也有所记载。古人记事中有言论，记言论也有记事，从来没有把事情和言论分成两个东西。刘知幾根据《尧典》《舜典》《禹贡》《洪范》等篇的错杂来指责《尚书》体例的不纯，这不是根据后世人空泛的言论而怀疑古人的真实事情吗？《礼记》说："博古通今，预测未来，是《尚书》的教化。"难道说的只是记言论吗？

六艺并立，《乐》亡而入于《诗》《礼》，《书》亡而入于《春秋》，皆天时人事，不知其然而然也。《春秋》之事则齐桓、晋文，而宰孔之命齐侯，王子虎之命晋侯，皆训、诰之文也，而左氏附传以翼经；夫子不与《文侯之命》同著于篇，则《书》入《春秋》之明证也。马迁绍①法《春秋》，而删润典谟以入纪传；班固承迁有作，而《禹贡》取冠《地理》，《洪范》特志《五行》，而《书》与《春秋》不得不合为一矣。后儒不察，又谓纪传法《尚书》，而编年法《春秋》，是与左言右事之强分流别，又何以异哉？

[注释]

①绍：承接、继承。

[译文]

六经并列，《乐》消亡而并入《诗》《礼》，《尚书》消亡而并入《春秋》，都是由于时势人事变化，不知道怎么回事就变成这样了。《春秋》记载的事就是齐桓公、晋文公等人的事迹，而宰孔传达周王对齐桓公的任命，王子虎传达周王对晋文公的任命，都属于训、诰的文体，而左丘明把它们附在《左传》里用来辅助《春秋》经文；孔子不把它们和《文侯之命》一同编入《尚书》里，就是《尚书》入《春秋》的明显证据。司马迁效法《春秋》，选取《尚书》的典谟文辞并加润色，写进《史记》的纪传里；班固继承司马迁写作《汉书》，取《禹贡》放在《地理志》篇首，取《洪范》特地作《五行志》，如此《尚书》和《春秋》不得不合为一体了。后世儒者不对此加以考察，说纪传体史书效法《尚书》，编年体史书效法《春秋》，这和左史记言论、右史记事之说的强分类别，又有什么不同呢？

书教中

[题解]

　　章学诚认为《尚书》没有固定的体制，所以假托者很多，但《尚书》本不专记言，史书中记言与记事也不可区分为二。本篇议论的重点是如何处理文章奏议与史书纪传的关系。本篇认为史书不可能记载所有文章，有些文章被载入只是为了表彰文采，无关政事，文集起着与史书相互裨益的作用。

　　《书》无定体，故易失其传；亦惟《书》无定体，故托之者众。周末文胜，官礼①失其职守，而百家之学多争托于三皇、五帝之书矣。艺植托于神农，兵法、医经托于黄帝，好事之徒，传为《三坟》之逸书而《五典》之别传矣。不知书固出于依托，旨亦不尽无所师承，官礼政举而人存，世氏②师传之掌故耳。惟"三""五"之留遗，多存于《周官》之职守，则外史所掌之书，必其籍之别具，亦如六典各存其副之制也。左氏之所谓《三坟》《五典》，或其概而名之，或又别为一说，未可知也。必欲确指如何为三皇之《坟》，如何为五帝之《典》，则凿③矣。

[注释]

　　①官礼：官府的礼法。此处指《周礼》的制度。②世氏：上古时官职世袭，有的家族便以官名为姓氏。③凿：勉强、牵强。

[译文]

《尚书》没有固定的体制，因此容易失传；也正因为《尚书》没有固定的体制，所以假托的人很多。周代后期，言过其实，王家礼制失去了掌管的官员，诸子百家的学说大多争相假托三皇五帝的典籍。农业技艺假托神农氏，兵法、医术假托黄帝，喜欢多事的人传播《三坟》的逸书和《五典》的别传。人们不知道，这些书固然是假托的，意旨却不全是毫无传承。王家礼制的政事实行而贤人在位，这是世袭官员家世代相传的制度典故。因为《三坟》《五典》留下的大多保存在《周官》的官吏职权范围内，那么，外史掌管的三皇五帝的书籍，一定是《三坟》《五典》的另外版本，正如六典各自保存副本的制度。《左传》所说的《三坟》《五典》也许是概括性的命名，也许是另外一种说法，不得而知。一定要明确地说什么是三皇的《坟》，什么是五帝的《典》，就有些勉为其难了。

《逸周书》七十一篇，多官礼之别记与《春秋》之外篇，殆治《尚书》者杂取以备经书之旁证耳。刘、班以谓孔子所论百篇之余，则似逸篇初与典、谟、训、诰同为一书，而孔子为之删彼存此耳。毋论其书文气不类，醇驳互见，即如《职方》《时训》诸解，明用经记之文，《太子晋解》明取春秋时事，其为外篇别记，不待繁言而决矣。而其中实有典言宝训，识为先王誓、诰之遗者，亦未必非百篇之逸旨，而不可遽为删略之余也。夫子曰："信而好古。"先王典诰，衰周犹有存者，而夫子删之，岂得为好古哉？惟《书》无定体，故《春秋》官礼之别记外篇，皆得从而附合之，亦可明《书》教之流别矣。

[译文]

《逸周书》七十一篇，大多是《周官》的别记和《春秋》的外篇，也许是研究《尚书》的人到处选摘资料以方便经书取证。刘向、班固认为孔子所论定的《尚书》百篇外的剩余，就是《逸周书》中的篇章，原本与《尚书》中典、谟、训、诰等篇是同一部书，而孔子删除一些，保留一些而已。不说《逸周书》文风不相似，纯粹与驳杂共存，就说《职方解》《时训解》等篇就是明显使用《周礼》《礼记》的内容，《太子晋解》明显选取春秋时期的事迹。如此，《逸周书》是外篇别记，不用多说就可以判定了。其中确实有典范言论、帝王训令可以识别出是上古帝王誓、诰等的遗留，它们未必不是《尚书》百篇的佚文，不可以仓促地断定是删除后的剩余。孔子说："我相信并且爱好古代文化。"上古帝王的典、诰等，到周朝衰微时还有留存的，如果孔子删除它们，那么能说是爱好古代文化吗？正因为《尚书》没有固定的体制，所以《春秋》《周官》的别记外篇都可以依附着它，由此可以知晓《尚书》教化的源流了。

　　《书》无定体，故附之者杂。后人妄拟《书》以定体，故守之也拘。古人无空言，安有记言之专书哉？汉儒误信《玉藻》记文，而以《尚书》为记言之专书焉。于是后人削趾以适屦，转取事文之合者，削其事而辑录其文，以为《尚书》之续焉，若孔氏①《汉魏尚书》、王氏《续书》之类皆是也。无其实而但貌古人之形似，譬如画饼饵之不可以充饥。况《尚书》本不止于记言，则孔衍、王通之所拟，并古人之形似而不得矣。刘知幾尝患史策记事之中，忽间长篇文笔，欲取君上诏诰、臣工奏章，别为一类，编次纪传史中，略如书志之各为篇目。是刘亦知《尚书》折而入《春秋》矣。然事言必分为二，则有事言相贯、质与文宣之际，如别自为篇，则不便省览；如仍然合载，则为例不纯。是以刘氏虽有是说，后人讫莫之行也。至如论事章疏，本同口奏；辨难书牍，不异面论。次于纪传之中，事言无所分析，后史恪遵成法可也。乃若扬、马之辞赋，原非政言，严②、徐③之上书，亦同献颂；邹阳④、枚乘⑤之纵横，杜钦⑥、谷永⑦之附会，本无关于典要，马、班取表国华，削之则文采灭如，存之则纪传猥滥，斯亦无怪刘君之欲议更张也。

[注释]

①孔氏：孔衍（268—320），字舒元。孔子二十二世孙。东晋初为中书郎，出守广陵军。著《汉魏尚书》。②严：严安，临淄（今山东淄博）人，汉武帝时为丞相史、骑马令。③徐：徐乐，无终（今天津蓟县）人。汉武帝时上书言事，召为郎中。④邹阳：西汉时期很有名望的文学家，以文辩著名于世。文帝时，为吴王刘濞门客。吴王阴谋叛乱，邹阳上书谏止，吴王不听，因此与枚乘、严忌等离吴去梁，为景帝少弟梁孝王门客。后被诬陷入狱，他在狱中上书梁孝王，表白自己的心迹。梁孝王见书大悦，立命释放，并尊为上客。邹阳有文七篇，现存两篇，即《上书吴王》《于狱中上书自明》。⑤枚乘（？—前140）：字叔，淮阴（今江苏淮安市淮阴区西南）人，西汉辞赋家。初为吴王刘濞郎中，因在七国叛乱前后两次谏吴王勿叛乱而显名。文学上的主要成就是辞赋，《汉书·艺文志》著录枚乘赋九篇。⑥杜钦：南阳（今属河南）人，少时好经书，元帝时为大将军军武库令，预谋政事，后因病去职。⑦谷永：字子云，西汉长安（今属西安）人，通晓儒家经典，为光禄大夫，屡次应诏对策。针对成帝荒淫好色，敢于直言进谏。任郡太守，升任大司农。

[译文]

《尚书》没有固定的体例，所以依附它的人很杂。后世人荒谬地模仿《尚书》来确定体例，严格遵守它，从而受到限制。古人没有空泛的言论，哪有专门记录言论的书呢？汉代儒者误信《玉藻》的记载而把《尚书》看成专门记载言论的书。于是后人削足适履，反而拿记事与记言论相契合的作品，删掉它的记事部分而只记录言论，用来作为《尚书》的续本，例如孔衍《汉魏尚书》、王通《续书》一类都是这种。没有掌握实质，只是模仿古人的形式，追求外表相似，譬如画饼无法充饥。况且《尚书》本来不只是记录言论，孔衍、王通所模仿的连与古人外表相似都做不到。刘知幾曾经担忧史书的记事中唐突地加入了长篇大论，便计划将帝王的诏诰、大臣的奏章另外编为一类。编在纪传体史书中，大概像书、志那样独自成篇。这证明刘知幾也知道《尚书》转入《春秋》了。然而，如果事件和言论必须分为两类，那么遇到事件和言论、实质和文辞互相贯通时，就麻烦了。如果各自成篇，不便于阅读；如果仍然合在一起记载，体例就不纯粹。因此，刘氏虽然有这种主张，但后人一直不敢实行。至于像论事的奏章，原本与口头劝谏相同，辩驳的书信不异于当面讨论。编在纪传之中，事件和言论就无法分离了，后代史家们认真遵守成法是可以的。至于扬雄、司马相如的辞赋，原本不是论述政事的文章；严安、徐乐的上书，也和呈献的颂文一样；邹阳、枚乘的纵横家文风，杜钦、谷永的穿凿附会，原本和法度没有关系；司马迁、班固选取它们作为资料，是希望展示国家的文才，如删掉它们就没有文采了，保存它们就使纪传文字杂多无条理，因此，我们不必惊诧刘知幾想变更方法了。

杜氏《通典》为卷二百，而《礼典》乃八门之一，已占百卷，盖其书本官礼之遗，宜其于礼事加详也。然叙典章制度，不异诸史之文，而礼文疑似，或事变参差，博士①经生②，折中详议，或取裁而径行，或中格而未用，入于正文，则繁复难胜，削而去之，则事理未备。杜氏并为采辑其文，附著礼门之后，凡二十余卷，可谓穷天地之际而通古今之变者矣。史迁之书，盖于《秦纪》之后，存录秦史原文。惜其义例未广，后人亦不复踵行，斯并记言记事之穷，别有变通之法，后之君子所宜参取者也。

[注释]

①博士：古代学官名，源于战国，秦及汉初，博士掌管书籍，备顾问史

事。汉武帝时设五经博士，此后博士专掌经学传授。②经生：汉代亦称博士为经生，后泛指研治经书的书生。

[译文]

　　杜佑《通典》有二百卷，《礼典》是八门之一，却占了一百卷，大约这书原本是《周官》的续编，它在礼仪制度方面比《周官》更加详细也是理所当然了。不过，它记述的典章和各代史书记录的典章没什么大的区别。礼仪记述似是而非，或者事情变化不一致，博士、经生详加讨论，寻求适中的方案，有的经取舍后直接实行，有的虽合乎格式但未被采用，这些议论放进正文显得繁多重复，删除它们又显得道理不全。杜氏把这些文字一起采编附在礼门后面，共有二十余卷，可以说是穷尽天地之理而通晓古今变化了。司马迁《史记》在《秦始皇本纪》后面辑录了秦国史书的原文。可惜这种体例没有得到推广，后人无法效仿。这都是记录言论，记录事件方法穷尽后寻找到的另外变通方法，这是后世君子所应当参考的。

　　滥觞①流为江河，事始简而终巨也。东京②以还，文胜篇富，史臣不能概见于纪传，则汇次为《文苑》之篇。文人行业③无多，但著官阶贯系，略如《文选》人名之注，试榜履历之书，本为丽藻篇名，转觉风华消索④。则知一代文章之盛，史文不可得而尽也。萧统《文选》以还，为之者众，今之尤表表者，姚氏之《唐文粹》、吕氏之《宋文鉴》、苏氏之《元文类》，并欲包括全代，与史相辅。此则转有似乎言事分书，其实诸选乃是春华，正史其秋实尔。史与《文选》，各有言与事，故仅可分华与实，不可分言与事。

[注释]

　　①滥觞：指江河发源处水量很小，只能浮起酒杯。形容发源、兴起。

②东京：指东汉。西汉都城在长安，东汉都城在洛阳，人称洛阳为东京，长安为西京。③行业：德行功业、操行学业。④消索：寂寞冷落。

[译文]

源泉汇流成江河，事情起初简单后来变得复杂。东汉以来，文采兴盛、篇章众多，史臣不能将它们一概编入纪传里，就汇编成《文苑传》。文人事迹不多，只是记下官阶、籍贯、世系，大概像《文选》的人名注释，科录、履历的名单，这样，本来华丽的篇名反倒令人感到风华寂寞冷落。由此可知，一代文章的兴盛面貌，史书是无法全部反映出来的。萧统《文选》成书以来，编选总集的人增多。当今特别出名的是姚铉的《唐文粹》、吕祖谦的《宋文鉴》、苏天爵的《元文类》，都想要囊括整个朝代而和正史相辅相成。这好像是要将言论和事件分开记载，其实这些选集是春天的花朵，而正史是秋天的果实而已。（史书和《文选》，各有言和事，因此只可分作花朵与果实，不可以分作言与事。）

四部既分，集林大畅。文人当诰，则内制外制之集自为编矣。宰相论思，言官白简，卿曹各言职事，阃外①料敌善谋，陆贽《奏议》之篇，苏轼进呈之策，又各著于集矣。萃合则有《名臣经济》②《策府议林》，连编累牍，可胜数乎？大抵前人著录，不外别集、总集二条，盖以一人文字观也。其实应隶史部，追源当系《尚书》。但训、诰乃《尚书》之一端，不得如汉人之直以记言之史目《尚书》耳。

[注释]

①阃外：城郭门槛以外。②《名臣经济》：即《名臣经济录》，明黄训编，五十三卷，辑录洪武至嘉靖间名臣奏议。

[译文]

书籍进行四部分类以后，集部非常兴盛。文人掌管起草皇帝诏诰，于是，内制和外制的文集就分开来编订了。宰相对国事的讨论思考，谏官和监察官的弹劾奏章，各部门官员们对各自职责的谈论，武将判断敌情的优秀谋略，陆贽的《奏议》，苏轼进呈的策论，又各自收进文集里了。汇合起来的便有《名臣经济录》《策府议林》，连篇累牍，数得清吗？大概前人目录书里的记载，不外乎别集和总集两种，可能根据是否属于一个人的文章来看待。这些其实都应该归类在史部，追溯源流应当属于《尚书》。但是，训、诰是《尚书》的一个方面，不可以像汉代人那样直接将《尚书》看成是记录言论的史书。

名臣章奏，隶于《尚书》，以拟训、诰，人所易知。撰辑章奏之人，宜知训、诰之记言，必叙其事，以备所言之本末，故《尚书》无一空言，有言必措诸事也。后之辑章奏者，但取议论晓畅，情辞慨切，以为章奏之佳也，不备其事之始末，虽有佳章，将何所用？文人尚华之习见，不可语于经史也。班氏董、贾二传，则以《春秋》之学为《尚书》也。即《尚书》折入《春秋》之证也。其叙贾、董生平行事，无意求详，前后寂寥数言，不过为政事诸疏、天人三策备始末尔。贾、董未必无事可叙，班氏重在疏策，不妨略去一切，但录其言，此后略缀数语，备本末耳；不似后人作传，必尽生平，斤斤求备。噫！观史裁者必知此意，而始可与言《尚书》《春秋》之学各有其至当，不似后世类钞征事，但知方圆求备而已也。

[译文]
名臣的奏章归属于《尚书》，用来比照《尚书》的训、诰，这是人们容易理解的。编辑奏章的人应当知道，《尚书》训、诰记载言论必定叙述事情经过，以使所说的事情过程始末完备，因此《尚书》没有一处空泛的言论，有言论必定是安置在事件之中。后世编

辑奏章的人，只选取议论明白流畅、感情和话语真诚恳切而被认为是奏章中的佳作的。不详述事件的经过，即使有佳篇，能用到什么地方呢？文人有崇尚华丽文采的习惯，无法与他们谈论经、史著作。班固的《董仲舒传》《贾谊传》，就用《春秋》之学作《尚书》体。（这就是《尚书》转入《春秋》的例证。）他叙述贾、董的生平事迹，无意于写得详细，前后不过就几句话，只是为贾谊《论政事疏》、董仲舒《天人三策》准备事情经过罢了。（贾、董未必没有事迹可以叙述，班固重在疏策，不妨省略所有事迹，只收录他们的言论，前后稍微写上几句，知道事情经过罢了，不像后人作传记，必定写出全部生平，计较琐碎小事的记录，以保证完备。）唉！研究史书体裁的人一定要知道这个道理，才可以和他们谈论《尚书》《春秋》之学各有各得意的地方，不像后人用分类抄录的方法来采集事迹，只知道根据规矩寻求资料的完备而已。

书教下

[题解]

本篇概括记注与撰述二者的性质分别是圆而神、方以智,即圆通变化与严守规矩的分别。章氏认为纪传体的变通应该辅以纪事本末体,由此提出了创立新体裁的设想。

《易》曰:"蓍之德①圆而神,卦之德方以智。"闲尝窃②取其义,以概古今之载籍。撰述欲其圆而神,记注欲其方以智也。夫智以藏往,神以知来,记注欲往事之不忘,撰述欲来者之兴起。故记注藏往似智,而撰述知来拟神也。藏往欲其赅备无遗,故体有一定,而其德为方;知来欲其决择去取,故例不拘常,而其德为圆。《周官》三百六十,天人官曲之故,可谓无不备矣。

[注释]

①德:品行,引申为性质。②窃:谦词,私自。

[译文]

《易》说:"蓍的性质是圆形而神奇的,卦的性质是方形而机智的。"闲暇时曾经借用这个意思,用来概括从古到今的史书。撰述要圆通而神奇,记注要方正而机智。机智则善于积累往日经验,神奇则能预知未来,记注要使过去不被遗忘,撰述要给来者以启迪。

因此，记注积累往日经验比喻为机智，撰述能预知未来比喻为神奇。汇集过去要做到完备无遗，所以体制有规则，它的性质是方正而少变通的；预知未来要有所取舍，因此体例不受常规约束，它的性质是可以变通的。《周官》里三百六十个官职，天人间方方面面的事务，都无不具备。

然诸史皆掌记注，而未尝有撰述之官。祝史命告未尝非撰述，然无撰史之人。如《尚书》誓、诰自出史职。至于《帝典》①诸篇，并无应撰之官。则传世行远之业不可拘于职司，必待其人而后行，非圣哲神明深知二帝三王精微②之极致，不足以与此。此《尚书》之所以无定法也。

[注释]

①《帝典》：即《尧典》，《礼记》里称为《帝典》。②精微：精深微妙。

[译文]

但是史官们都掌管记注，却未曾有掌管撰述的官。（祝、史写命、告未尝不是撰述，但是没有撰史的人。例如《尚书》的誓、诰，自然是出于史官手笔。至于《帝典》等篇，并没有奉命撰写的官员。）那么，要想后世长远流传的编撰事业就不能拘泥于职守，非得等到合适的人出现后才能做。若没有像圣哲那样的英明，能深刻理解到尧舜二帝、夏商周三王精深微妙的极致，是没有资格参与撰史活动的。这就是《尚书》没有固定法则的原因所在。

《尚书》《春秋》，皆圣人之典也。《尚书》无定法，而《春秋》有成例。故《书》之支裔折入《春秋》，而《书》无嗣音①。有成例者易循，而无定法者难继，此人之所知也。然圆神方智，自有载籍以还，二者不偏废也。不能究六艺之深耳，未有不得其遗意者也。史氏继《春秋》而有作，莫如马、班，马则近于圆而神，班则近于方以智也。

[注释]

①嗣音：谓继承前人的事业，如响应声。

[译文]

《尚书》《春秋》都是圣人典籍。《尚书》没有固定的法则，而《春秋》却有既定的体例。因此《尚书》的支派转入《春秋》流派，《尚书》没得到继承。有既定体例的容易遵循，而没有固定法则的难以继承，这是人所共知的。但是，变化莫测的圆通与机智的方正，自从书籍出现以来都是不可偏废的。六经深奥的道理可能探究不到，但六经遗意却是容易得到的。自《春秋》问世以来，史学家们没有比得上司马迁和班固的，司马迁近于圆通而变化莫测，班固近于方正而显得机智。

《尚书》一变而为左氏之《春秋》，《尚书》无成法而左氏有定例，以纬经也。左氏一变而为史迁之纪传，左氏依年月，而迁书分类例①，以搜逸也。迁书一变而为班氏之断代，迁书通变化，而班氏守绳墨，以示包括也。就形貌而言，迁书远异左氏，而班史近同迁书。盖左氏体直，自为编年之祖；而马、班曲备，皆为纪传之祖也。推精微而言，则迁书之去左氏也近，而班史之去迁书也远。盖迁书体圆用神，多得《尚书》之遗；班氏体方用智，多得官礼之意也。

[注释]

①迁书分类例：指《史记》分为本纪、世家、书、表、列传。

[译文]

《尚书》一变而出现了左丘明的《春秋》，《尚书》没有既定的规则，而《左传》有确定的凡例，以补益经书。《左传》一变而出现了司马迁的纪传体，《左传》按照年月顺序叙事，而司马迁《史记》作了分类，以方便搜集逸事。司马迁的《史记》一变而出现了班固的断代史，司马迁的书善于变化，而班固的书墨守成规，以表示总括。就外在面貌而言，《史记》和《左传》远不相同，而《汉书》与《史记》比较接近。大体说来，《左传》体制直截了当，是编年体之祖；而《史记》《汉书》委婉而完备，都是纪传体之祖。就精深微妙而言，《史记》与《左传》比较接近，而《汉书》与《史记》差异较大。大概《史记》体例圆通而作用神妙，多得《尚书》留下的精髓；《汉书》体例方正而作用机智，多得《周礼》的意旨。

迁书纪、表、书、传，本左氏而略示区分，不甚拘拘于题目也。《伯夷列传》乃七十篇之序例，非专为伯夷传也。《屈贾列传》所以恶绛、灌之谗，其叙屈之文，非为屈氏表忠，乃吊贾之赋也。《仓公》录其医案，《货殖》兼书物产，《龟策》但言卜筮，亦有因事命篇之意，初不沾沾[①]为一人具始末也。《张耳陈余》，因此可以见彼耳。《孟子荀卿》，总括游士著书耳。名姓标题，往往不拘义例，仅取名篇，譬如《关雎》《鹿鸣》，所指乃在嘉宾淑女，而或且讥其位置不伦，如孟子与三邹子[②]。或又摘其重复失检，如子贡[③]已在《弟子传》，又见于《货殖》。不知古人著书之旨，而转以后世拘守之成法，反訾古人之变通，亦知迁书体圆而用神，犹有《尚书》之遗者乎！

[注释]

①沾沾：执著；拘执。②三邹子：邹忌、邹衍、邹奭。邹忌（约前385—前319），战国时代齐国人。《史记》亦作驺忌，田齐桓公时以为重臣，齐威王时为相，封于下邳（今江苏睢宁北），号成侯。后又事齐宣王。邹衍（约前305—前240），又称邹子，战国末期齐国人，是稷下学宫派代表，是中国战国时期阴阳家学派创始者与代表人物。因他尽言天事，当时人们称他

"谈天衍"。主要学说是"五德终始说"和"大九州说"。邹奭,齐国人,稷下学宫阴阳家代表人物之一。他"颇采邹衍之术以纪文",行文注意雕琢修饰,很有文采,故有"雕龙奭"的美誉。③子贡:春秋时卫国人,端木氏,名赐,系孔子弟子,善于辞令,经商致富。

[译文]

司马迁《史记》的纪、表、书、传,源出《左传》,但略有不同,没有太拘泥于题目。《伯夷列传》是七十篇列传的序例,不是专门为伯夷作传。《屈贾列传》用来展现厌恶绛侯、灌婴进谗言,它叙述屈原的文字,不全是为屈原表达忠心,其实是悼念贾谊的赋文。《仓公列传》记载他的医案,《货殖列传》兼记载物产,《龟策列传》只记占卜的事情,也有根据事情写成篇章的意思,原本不限于为某一个人记载生平事迹。《张耳陈余列传》是由一个人的事迹看到另一个人的事迹。《孟子荀卿列传》,总括游士的著作。《史记》用姓名标注篇目,往往不受体例的限制,只是用来表达篇名而已,譬如《诗经》的《关雎》《鹿鸣》指的是嘉宾淑女。有的人却指责列传安排得不恰当(如孟子和三位邹子),有的人又指责它重复而没有认真检查(如子贡已出现在《仲尼弟子列传》,却又出现在《货殖列传》),不知古人著书的意图,却用后世确定的既成方法责备古人的变通,还有谁知道《史记》体例圆通而作用神妙,仍然有《尚书》遗留的精神吗?

迁《史》不可为定法,固《书》因迁之体而为一成之义例,遂为后世不祧①之宗焉。三代以下,史才不世出,而谨守绳墨,待其人而后行,势之不得不然也。然而固《书》本撰述而非记注,则于近方近智之中,仍有圆且神者以为之裁制,是以能成家而可以传世行远也。后史失班史之意,而以纪、表、志、传,同于科举之程式、官府之簿书,则于记注、撰述两无所似,而古人著书之宗旨不可复言矣。史不成家,而事文皆晦,而犹拘守成法,以谓其书固祖马而宗班也,而史学之失传也久矣!

[注释]

①祧:远祖的庙。引申为神主自家庙迁入祧。只有创业的始祖或功业大的祖宗不迁,称作不祧。

[译文]

司马迁《史记》的著史方法不能当作固定的模式,班固《汉书》依照司马迁的体例,成为固定的体例,于是成为后世尊奉的创始者。夏商周三代以后,天生的优秀史学人才不是每个时代都会出现的,只能谨慎地遵守成规,等待合适的人出现后再创新,情势不得不这样。班固的《汉书》本来是撰述而不是记注,所以介于方正机智之中,仍然有圆通而神妙的思想指导为《汉书》的谋篇布局,因此《汉书》能自成一家,可以流传后世很久。后来的史书丢失了班固《汉书》的意旨,而将纪、表、志、传等同于科举的程式、官府的文书,既不像记注,也不像撰述,而古人著述的宗旨更不必提了。史学不能自成一家,事迹与表达均不清楚,却还固执地墨守成规,认为自己的书本是尊奉司马迁和班固的。由此可知,史学变通精神失去传承已经很久了!

历法久则必差,推步①后而愈密,前人所以论司天②也,而史学亦复类此。《尚书》变而为《春秋》,则因事命篇,不为常例者,得从比事属辞为稍密矣。《左》《国》变而为纪传,则年经事纬不能旁通者,得从类别区分为益密矣。纪传行之千有余年,学者相承,殆如夏葛冬裘,渴饮饥食,无更易矣。然无别识心裁,可以传世行远之具,而斤斤如守科举之程式,不敢稍变;如治胥吏③之簿书,繁不可删。以云方智,则冗复疏舛④,难为典据;以云圆神,则芜滥浩瀚,不可诵识。盖族⑤史但知求全于纪、表、志、传之成规，而书为体例所拘，但欲方圆求备；不知纪传原本《春秋》，《春秋》原合《尚书》之初意也。《易》曰："穷则变，变则通，通则久。"纪传实为三代以后之良法，而演习既久，先王之大经大法，转为末世拘守之纪传所蒙，曷可不思所以变通之道欤？

[注释]

①推步：推算天象历法。古人谓日月转运于天，犹如人之行步，可推算而知。②司天：司，主持、掌管；天，气候、天象。③胥吏：官府里办理文书事务的小吏。④舛：相违背，错乱。⑤族：聚合，集中。

[译文]

历法使用时间久了就必然有误差，天文历法推算越到后世越周密，所以前人经常研究天文，史学也类似这样。《尚书》一变而出现《春秋》，于是根据事情写成文章，不用常规的做法，得以自由排比史事，酬酌文字，写成著作，后来渐渐周密了。《左传》《国语》一变而出现纪传体，于是用年月为经，以事件为纬，不能触类旁通的东西，得以按类划分，因而更加周密了。纪传体实行了一千多年，仿效的人接连不断，大概像夏天穿葛布衣，冬天穿裘皮衣，渴了饮水，饿了吃饭，成为常规，不能改变了。假如没有独特的见解和可以流行后世的模式，就只能拘谨得像遵守科举程式，不敢略加改变；又好像胥吏的公文，繁多而又不能删减。说它有规则而机智，则是重复疏漏，难以当作经典；说它是圆通神妙，则是杂乱无度、浩瀚无边，不能记诵。大概集史只知道在纪、表、志、传的已有规则内寻求完善，而书被体例限制，只想根据规则追求内容完备；却不知道纪传体原是根据《春秋》来的，《春秋》原来是符合《尚书》原初意旨的。《易》说："事物穷尽时就会变化，变化就能通达，通达就能长久发展。"纪传体确实是夏商周三代以后的好方式，而被当作程式来操练的时间长久后，上古帝王的根本原则反而被末世固执遵守的纪传体所掩盖,怎么可以不思考用来变通的方法呢?

左氏编年,不能曲分类例,《史》《汉》纪、表、传、志,所以济类例之穷也。族史转为类例所拘,以致书繁而事晦;亦犹训诂注疏所以释经,俗师反溺训诂注疏而晦经旨也。夫经为解晦,当求无解之初;史为例拘,当求无例之始。例自《春秋左氏》始也,盍求《尚书》未入《春秋》之初意欤?

[译文]

《左传》是编年体,不能周详地分类。《史记》《汉书》采用纪、表、传、志的体裁,是用来弥补没有类别的不足。集史反而被类别限制,以致书的内容繁多而事情不突出,也就像训诂注疏是用来解释经文的,平庸的经学家们反而将精力放在训诂注疏当中而模糊了经文的中心意思。经文被解释弄得很模糊,应当寻求没有解释前的经文初意;史书被凡例限制,应当寻求没有凡例前的初样。凡例从《春秋左传》开始有,为什么不寻求《尚书》没有转入《春秋》前的初意呢?

神奇化臭腐,臭腐复化为神奇。解《庄》书者,以谓天地自有变化,人则从而奇腐云耳。事屡变而复初,文饰穷而反质,天下自然之理也。《尚书》圆而神,其于史也,可谓天之至矣。非其人不行,故折入左氏,而又合流于马、班。盖自刘知幾以还,莫不以谓书教中绝,史官不得衍其绪矣。又自《隋·经籍志》著录,以纪传为正史,编年为古史,历代依之,遂分正附,莫不甲纪传而乙编年。则马、班之史,以支子而嗣《春秋》,荀悦、袁宏,且以左氏大宗,而降为旁庶矣。司马《通鉴》病纪传之分，而合之以编年。袁枢《纪事本末》又病《通鉴》之合，而分之以事类。按本末之为体也，因事命篇，不为常格；非深知古今大体、天下经纶，不能网罗隐括，无遗无滥。文省于纪传，事豁于编年，决断去取，体圆用神，斯真《尚书》之遗也。在袁氏初无其意，且其学亦未足与此，书亦不尽合于所称。故历代著录诸家，次其书于杂史，自属纂录之家，便观览耳。但即其成法，沉思冥索，加以神明变化，则古史之原，隐然可见。书有作者甚浅，而观者甚深，此类是也。故曰：神奇化臭腐，而臭腐复化为神奇，本一理耳。

[译文]

　　神奇变为腐朽，腐朽又变为神奇。解释《庄子》一书的人，认为天地自有变化，人就跟着有神奇和腐朽的感觉。事物一再变化而回到当初，文饰到了尽头而返归质朴，是天下自然而然的道理。《尚书》圆通神妙，它在史书里可以说是天然的极致了。没有合适的人来继承，因而转入《左传》，又和司马迁、班固相融合。大概自刘知幾以来，没有人不认为《书》教中断，史官无法延续它的事业了。另外，自从《隋书·经籍志》记载书籍，把纪传体当作正史，把编年体当作古史，历代依照它，于是分成正统的和附庸的，没有人不把纪传体放在首位而把编年体放在次要位置。这样，司马迁、班固的史书以庶子的身份继承了《春秋》正统位置，荀悦、袁宏的书，却以左丘明嫡子的身份而降成旁支庶子了。司马光的《资治通鉴》不满纪传体的分散，便用编年体整合。袁枢的《通鉴纪事本末》又不满《资治通鉴》的整合，便用按类别纪事来分开。考察纪事本末的体例，它是根据事件写成篇章，没有固定的格式。如不能深知古今的重要道理、天下的治理谋略，就不可能做到广泛搜集和剪裁，不能做到无遗漏也不泛滥。文字比纪传体简要，叙事比编年体通达，对取舍的判断很灵活，这真是《尚书》遗留的精神啊！

对袁枢来说，这不是他的本意，况且他的学识也不足以达到这样的水平，书也不完全合乎人们所赞扬的。因此历代书目著录各家，把这书归属在杂史类，自然属于纂录一派，仅便于阅读罢了。但是如果针对既定的方法，深入思考，再加上奇妙变化，那么，古史的本源已经隐然若现了。书有写的人用意浅而看的人觉得用意深的，说的就是这种书。所以说：神奇变为腐朽，腐朽又变为神奇，本来是一个道理。

夫史为记事之书。事万变而不齐，史文屈曲而适如其事，则必因事命篇，不为常例所拘，而后能起讫自如，无一言之或遗而或溢也。此《尚书》之所以神明变化，不可方物①。降而左氏之传，已不免于以文徇例，理势不得不然也。以上古神圣之制作，而责于晚近之史官，岂不悬绝欤？不知经不可学而能，意固可师而仿也。且《尚书》固有不可尽学者也，即《纪事本末》，不过纂录小书，亦不尽取以为史法，而特以义有所近，不得以辞害意也。斟酌古今之史，而定文质之中，则师《尚书》之意，而以迁《史》义例通左氏之裁制②焉，所以救纪传之极弊，非好为更张也。

[注释]

①不可方物：不能识别，无法分辨。也指无可比拟。方物，识别。②裁制：体裁，风格。

[译文]

史书是记事的书。事物多变而不尽相同，史书文字要委婉周到而恰好和事实相似，就要根据事物对象确定篇目，不要被常规限制，然后就能把事件从开始到结束都记载自如，没有一句遗漏或多余的话。这就是《尚书》神妙多变，无可比拟的原因所在。之后的《左传》，已经不免于以文字屈从凡例，这是因为事情的道理和形势不得不这样。用上古圣人们的著作来要求近代的史官，难道不出现悬殊吗？不知道经不可以学习而能作，意旨是可以学习模仿的。而且《尚书》本来就有不可能全部学会的东西，就像《通鉴纪事本末》，只是一部纂录的小书，也不用全部取来作为史学方法，只是因为道理有近似的地方，不应该因为词语表达而妨碍了对意思的理解。考察从古至今的史书，确定文饰和质朴的折中点，那么学习《尚书》的意旨，以司马迁《史记》的体例贯通《左传》的体裁，是为了补救纪传体的弊病，而不是喜好任意改变。

纪传虽创于史迁，然亦有所受也。观于《太古年纪》《夏殷春秋》《竹书纪年》①，则本纪编年之例，自文字以来即有之矣。《尚书》为史文之别具②，如用左氏之例而合于编年，即传也。以《尚书》之义为《春秋》之传，则左氏不致以文徇例，而浮文之刊落者多矣。以《尚书》之义，为迁《史》之传，则八书、三十世家不必分类，皆可仿左氏而统名曰传。或考典章制作，或叙人事终始，或究一人之行，即列传本体。或合同类之事，或录一时之言，训诰之类。或著一代之文，因事命篇，以纬本纪。则较之左氏翼经，可无局于年月后先之累；较之迁《史》之分列，可无歧出互见之烦。文省而事益加明，例简而义益加精，岂非文质之适宜，古今之中道③欤？至于人名事类，合于本末之中，难于稽检，则别编为表，以经纬之；天象、地形、舆服、仪器，非可本末该之，且亦难以文字著者，别绘为图，以表明之。盖通《尚书》《春秋》之本原，而拯马《史》、班《书》之流弊，其道莫过于此。至于创立新裁，疏别条目，较古今之述作，定一书之规模，别具《圆通》之篇，此不具言。

邵氏晋涵④云：纪传史裁，参仿袁枢，是貌同心异；以之上接《尚书》家言，是貌异心同。是篇所推，于六艺为支子，于史学为大宗；于前史为中流砥柱，于后学为蚕丛⑤开山。

[注释]

①《竹书纪年》：古代编年体史书，因写在竹简上而得名，西晋人在汲郡发掘战国时魏墓，发现包括此书在内的大批古书。书共十二篇，记述夏、商、西周、春秋时晋国和战国时魏国时史事。②别具：别具一格的（史书）。③中道：不偏不倚，无过无不及之道。④邵晋涵（1743—1796）：字与桐，又字二云，号南江，浙江余姚人。清朝翰林、校刊学家、历史学家。⑤蚕丛：传说中古蜀国开国之君。

[译文]

纪传体虽然由司马迁初创，但是他也有所借鉴。看《太古年纪》《夏殷春秋》《竹书纪年》，就知道本纪编年的体裁自从文字产生以来就有了。《尚书》是一部独特的历史著作，如果用《左传》的体例结合编年体，就成为传了。用《尚书》的精神作《春秋》的传文，那么《左传》不至于以文辞屈从凡例，而空泛的文字被删的就多了。用《尚书》的精神作司马迁《史记》的传，那么八篇书、三十篇世家就没有必要分类，都可以仿照《左传》而总称为传。有的考察典章制度；有的叙述人事的经过；有的探究一个人的事迹（这就是列传的基本体例）；有的合起来记载某一类人的事迹；有的记录当时的言论（例如训诰之类）；有的记载一个朝代的文献，根据事件写成文，用来辅助本纪。因此，比起《左传》的辅助经文，没有时间先后的局限；比起《史记》的分开列述，没有多处重复出现的麻烦。文字省略而事实更加清楚，体例简单而内容更加精要，难道不是文饰和质朴适中，古今无过无不及之道吗？至于人名和事迹，融合在纪事本末中不容易查阅，就另编成表，以使它们更有条理。天象、地形、车服、礼仪、器物等，这些不能用纪事本末体概括，而且难以用文字说明，应另外绘成图表以表达清楚。大概贯通《尚书》《春秋》本源，补救司马迁《史记》、班固《汉书》弊病的办法，没有优于这个的。至于创立新体裁，梳理条目，通过古今史著利弊的分析，确定一部书的格局，已在《圆通》一篇里另作探讨，这里不再详尽谈论。

邵晋涵说："章氏所创的纪传体体裁，参考和仿效了袁枢所创的纪事本末体，这在外表相同，而内心实不同；用它上接《尚书》派的文字，这是外表不同，而内心实相同。本篇所推崇的新史学，对于六经来说是旁支，对于史学来说是大宗；对于以往史学来说是中流砥柱，对于后学来说是蚕丛开山。"

原道上

[题解]

本篇观点主要有三：人类社会的道随着人类产生而产生，随着人类发展而发展，圣人顺应社会发展而创立制度，合乎历史规律；道在社会万物人伦日用中，求道需从客观事物求；集大成者为周公而非孔子，周公创立制度，孔子学周公之道而立教。

本篇选自《文史通义新编新注》内篇二。作于乾隆五十四年（1789）。

"道之大原出于天"，天固谆谆然命之乎？曰：天地之前，则吾不得而知也；天地生人，斯有道矣，而未形也；三人居室，而道形矣，犹未著也；人有什伍①而至百千，一室所不能容，部别班分，而道著矣。仁义忠孝之名，刑政礼乐之制，皆其不得已而后起者也。

[注释]

①什伍：古代军队中以十人为一什，五人为一伍；居民中以十家为一什，五家为一伍。

[译文]

"道的终极来源于自然"，老天确实一直在反复发布指令吗？我的回答是：天地出现前的情况，我无法知道；天地间出现人类以后，这就有道了，但还没完全成形；三个人居住在一间屋子里，道就成形了，但还不显著；人口数量增加，由一伍一什到成百上千，一间大屋子已无法容纳，就按类别划分，道就明显起来。仁、义、忠、孝的名称，刑法、政事、礼乐制度，都是人多以后不得已而设置的。

人生有道，人不自知；人不自知，故未有形。三人居室，则必朝暮启闭其门户，饔飧①取给于樵汲，既非一身，则必有分任者矣。或各司其事，或番易其班，所谓不得不然之势也，而均平秩序之义出矣。又恐交委而互争焉，则必推年之长者持其平，亦不得不然之势也，而长幼尊卑之别形矣。至于什伍千百，部别班分，亦必各长其什伍，而积至于千百，则人众而赖于干济，必推才之杰者理其繁；势纷而须于率俾②，必推德之懋者司其化，是亦不得不然之势也，而作君、作师。画野、分州，井田、封建，学校之意著矣。故道者，非圣人智力之所能为，皆其事势自然，渐形渐著，不得已而出之，故曰"天"也。

[注释]

①饔飧：熟食。饔指早餐，飧指晚饭。②率俾：顺从。

[译文]

人生来就有道了，只是人自己发现不了；人自己发现不了，所以道是没有形状的。三个人居住在一间房，就必然早晚开门关门、打柴、汲水、供给炊事，既然不是一个人可做的，就必然有分工。有的各自掌管事情，有的轮流交换班次，这是情势不得不这样的。在这个过程中，要求平均、有序的思想就产生了。又担心互相推诿、互相争斗，就必须推选年龄大的人主持公道，这也是情势不得不这样的，如此长幼尊卑的区别出现了。至于一伍一什成百上千的人按类别区分开来，就必须有人掌管每伍每什，而积累到成千成百，人数众多，就需要办事干练的人，必然要推举能力突出的人处理复杂事务；混乱的社会秩序需要人们服从管理，必然得推举德高望重的人承担教化工作，这也是不得不这样的情势，于是有了皇帝，有了老师。划定地界，划分州境，按井田分配、封邦建国，学校制度的内容就明显起来。因此，道不是圣人的智慧和力量所能创造的，都是事物的情势自然发展，逐渐明显、逐渐显露，不得已而表现出来，所以说是"天"（自然）。

《易》曰："一阴一阳之谓道。"是未有人而道已具也。"继之者善，成之者性。"是天著于人而理附于气①，故可形其形而名其名者，皆道之故而非道也。道者，万事万物之所以然，而非万事万物之当然②也。人可得而见者，则其当然而已矣。人之初主，至于什伍千百，以及作君作师，分州画野，盖必有所需而后从而给之，有所郁而后从而宣之，有所弊而后从而救之。羲、农、轩、颛之制作，初意不过如是尔。法积美备，至唐、虞而尽善焉；殷因夏监，至成周而无憾焉。譬如滥觞积而渐为江河，培塿③积而至于山岳，亦其理势之自然；而非尧、舜之圣过乎羲、轩，文、武之神胜于禹、汤也。后圣法前圣，非法前圣也，法其道之渐形而渐著者也。三皇无为而自化，五帝开物而成务，三王立制而垂法，后人见为治化不同有如是尔。当日圣人创制，只觉事势出于不得不然，一似暑之必须为葛，寒之必须为裘；而非有所容心，以谓吾必如是而后可以异于圣人，吾必如是而后可以齐名前圣也。此皆一阴一阳往复循环所必至，而非可即是以为一阴一阳之道也。一阴一阳，往复循环者，犹车轮也；圣人创制，一似暑葛寒裘，犹轨辙也。

[注释]

①气：中国古代哲学概念，通常指一种极细微的物质，是构成世界万物

的本原。②当然：应该这样。③培塿：小土丘。

[译文]

《易》说："一阴一阳称为道。"这是说人类产生之前道就存在了。"承袭的是好的，生成的是属性。"这说明道附在人身上，事理附在气上。因此，可以表现出形状、能够定名的，都是由于道的原因，而不是道本身。道是万事万物何以如此的道理，而不是万事万物应当这样。人能够见到的，是万事万物应该这样而已。从人类的产生到一伍一什成百上千人的管理，以及作君主、老师，划分州境划地界，大概必须有需要才有供给，心中有郁积然后有疏导，有弊病然后才有补救。伏羲、神农、轩辕、颛顼的发明创造，本意不过如此。制度积累下来就完备了，到尧舜时就极度完备了；殷代沿袭，夏代借鉴，到周代就没有缺点了。譬如源头积水而慢慢汇成江河，小土丘积而成为山岳，也是事理情势的自然发展；而不是尧、舜的大智大德超过伏羲、轩辕，周文王、武王的神智胜过大禹、商汤。后世圣人效法前世圣人，实际不是效法前世圣人，而是效法道的渐渐成形和显露。三皇无为而治，风俗自然变化；五帝揭示事理，成就事业；三王建立制度传下法度；后人见到的治理教化有很大不同。当日圣人创立制度，只是觉得事物的情势不得不如此，就像夏天必须穿葛布衣，冬天必须穿裘皮衣；而不是心里先有想法，认为我一定要这样做才可以与圣人有所不同，我一定要那样做才可以和前世圣人们齐名。这都是一阴一阳循环往复必然达到的，而不可以就此当作一阴一阳的道。一阴一阳循环往复，像车轮一样；圣人创立制度，好比夏天需要葛布衣、冬天需要裘皮衣，像轨道一样。

道有自然，圣人有不得不然，其事同乎？曰：不同。道无所为而自然，圣人有所见而不得不然也。故言圣人体道可也，言圣人与道同体不可也。圣人有所见，故不得不然；众人无所见，则不知其然而然。孰为近道？曰：不知其然而然，即道也。非无所见也，不可见也。不得不然者，圣人所以合乎道，非可即以为道也。圣人求道，道无可见，即众人之不知其然而然，圣人所藉以见道者也。故不知其然而然，一阴一阳之迹也。学于圣人，斯为贤人；学于贤人，斯为君子；学于众人，斯为圣人。非众可学也，求道必于一阴一阳之迹也。自有天地，而至唐、虞、夏、商，迹既多而穷变通久之理亦大备。周公以天纵①生知之圣，而适当积古留传道法大备之时，是以经纶②制作，集千古之大成③，则亦时会使然，非周公之圣智能使之然也。盖自古圣人，皆学于众人之不知其然而然，而周公又遍阅于自古圣人之不得不然而知其然也。周公固天纵生知之圣矣，此非周公智力所能也，时会④使然也。譬如春夏秋冬各主一时，而冬令⑤告一岁之成，亦其时会使然，而非冬令胜于三时也。故创制显庸⑥之圣，千古所同也。集大成者，周公所独也。时会适当然而然，周公亦不自知其然也。

[注释]

①天纵：指上天所赋予，才智超群（多用作对帝王的谀辞）。②经纶：整理过的蚕丝，比喻筹划治理国家大事。③集大成：集中某类事物的各个方面达到很完备的程度。④时会：时机；时候。⑤冬令：冬季的气候。⑥显庸：显明；显著。庸，通"融"。

[译文]

道有自然而然，圣人有不得不这样，这两者相同吗？我的回答是：不同。道无所作为而显得自然，圣人有所见才不得不这样。因此说圣人能体察道可以，说圣人与道是一体的不可以。圣人有所见，因此不得不这样；众人无所见，就不知道为什么是这样了。这两者哪一个接近道呢？我的回答是：不知道为什么会是这样的就是道。不是没有看见什么,而是无法看见。不得不这样,圣人因此符合道,不能就此认为是道。圣人探求道,道不能被看见,就是众人不知为什么会这样,就是圣人借以看见道。因此,不知为什么会这样,是一阴一阳循环的迹象。向圣人学习者,是贤人;向贤人学习者,是君子;向众人学习者,是圣人。不是众人值得学习,而是因为必须从一阴一阳的迹象探求道。自从天地产生以来,到尧、舜、夏、商时代,道的迹象较多,穷尽后就会变化,变化后会通达,通达长久的规律就会很完备了。周公具有天赋予的生而知之的能力,而且当时正好处于古代文化积累流传、法度完备之时,所以,他制定的治国之策,创立的治国制度能集千古之大成,这是时势造就的,不是周公本人的德行才智使它这样的。大概自古以来的圣人,都从众人不知为什么这样而学到东西,而周公又遍察先圣们不得不这样的道理,就知道自己应该这样。周公固然是天赋予的、具有生而知之能力的圣人,但不是凭他本身的才智和力量所能做到的,而是由于时机造成这样的。譬如春夏秋冬,各管一个季节,到了冬季时,宣告一年的结束,也是时间造成的,而不是冬季胜过其他三个季节。因此,创立制度、有丰功伟绩的圣人几千年来是一样的。集大成者,是周公独有的。时势恰巧应当这样就成为这样了,周公自己也不知是怎么回事。

孟子曰:"孔子之谓集大成。"今言集大成者为周公,毋乃[①]悖于孟子之指欤?曰:集之为言,萃众之所有而一之也。自有天地而至唐、虞、夏、商,皆圣人而得天子之位,经纶治化,一出于道体[②]之适然。周公成文、武之德,适当帝全王备[③],殷因夏监,至于无可复加之际,故得藉为制作典章,而以周道集古圣之成,斯乃所谓集大成也。孔子有德无位,即无从得制作之权,不得列于一成,安有大成可集乎?非孔子之圣逊于周公也,时会使然也。孟子所谓集大成者，乃对伯夷、伊尹、柳下惠④而言之也，意谓伯夷、尹、惠皆古圣人。恐学者疑孔子之圣与三子同，无所取譬，譬于作乐之大成也。故孔子大成之说，可以对三子，而不可以尽孔子也。以之尽孔子，反小孔子矣。何也？周公集羲、轩、尧、舜以来之大成，周公固学于历圣而集之，无历圣之道法，则固无以成其周公也。孔子非集伯夷、尹、惠之大成，孔子固未尝学于伯夷、尹、惠，且无伯夷、尹、惠之行事，岂将无以成其孔子乎？夫孟子之言，各有所当而已矣，岂可以文害意乎？

[注释]

①毋乃：莫非；岂非。②道体：道体是中国古代哲学的重要范畴，用以说明世界的本原、本体、规律或原理。在不同的哲学体系中，其含义有所不同。③帝全王备：王朝制度完备。④柳下惠：即展禽，春秋时鲁国大夫，食邑在柳下，谥惠，以知礼节著称。

[译文]

孟子说："如孔子这样的人可以称得上是集大成者。"现在说集大成者是周公，岂不是违背孟子的意思吗？我的回答是：集的意思是汇集各方面事物优点而集中于一。自天地产生到尧、舜、夏、商时代，都是由圣人取得天子的位置，制定国策、治理教化人民，都出自道本身的必然性。周公成就了文王、武王的功德，正好处在帝王法度完备，借鉴夏朝、殷朝的经验教训，已到达无以复加的顶点时期，因此能够用以创立典章制度，而用周的制度汇集古代圣人的成就，这就是所说的集大成。孔子有德行却没有权位，就不可能取得创立制度的权力，连一成都够不上，怎么有大成可集呢？不是由于孔子的德智不如周公，而是由于时势造成的。孟子所说的集大成，是针对伯夷、伊尹、柳下惠说的，意思是说伯夷、伊尹、柳下惠都是古圣人。他担心学者错误地将孔子的圣明与伯夷等三人等同,没有什么可用以比喻,就拿音乐的大成就作比喻。因此孔子集大成的说法,可以针对伯夷等三人说,却不能来概括孔子。用这来概括孔子,反而是小看了孔子。为什么这么说呢?周公集伏羲、轩辕、尧、舜以来之大成,其向历代圣人学习而集之,没有历代圣人的治理法则就没有造就周公的条件。孔子不是集伯夷、伊尹、柳下惠之大成,他本就没有向伯夷、伊尹、柳下惠学习,况且没有伯夷、伊尹、柳下惠的行为,难道就没有造就孔子的条件吗?孟子说的话,只是每个人的言论都有各自合理的成分而已,岂可以文辞妨碍对意思的理解?

达巷党人曰:"大哉孔子!博学而无所成名。"①今人皆嗤党人不知孔子矣,抑知孔子果成何名乎?以谓天纵生知之圣,不可言思拟议②,而为一定之名也,于是援天与神,以为圣不可知而已矣。斯其所见,何以异于党人乎?天地之大,可以一言尽。孔子之大,亦天地也,独不可以一言尽乎?或问何以一言尽之?则曰:学周公而已矣。周公之外,别无所学乎?曰:非有学而孔子有所不至,周公既集群圣之成,则周公之外,更无所谓学也。周公集群圣之大成,孔子学而尽周公之道,斯一言也,足以蔽孔子之全体矣。"祖述③尧、舜",周公之志也。"宪章④文、武",周公之业也。一则曰:"文王既殁,文不在兹。"再则曰:"甚矣吾衰,不复梦见周公。"又曰:"吾学《周礼》,今用之。"又曰:"郁郁乎文哉!吾从周。"⑤哀公问政,则曰:"文、武之政,布在方策⑥。"或问:"仲尼焉学?"子贡以谓"文、武之道,未坠于地"。"述而不作",周公之旧典也。"好古敏求⑦",周公之遗籍也。党人生同时而不知,乃谓无所成名,亦非全无所见矣。后人观载籍,而不知夫子之所学,是不如党人所见矣。而犹嗤党人为不知,奚翅⁸百步之笑五十步乎?故自古圣人,其圣虽同,而其所以为圣不必尽同,时会使然也。惟孔子与周公,俱生法积道备无可复加之后,周公集其成以行其道,孔子尽其道以明其教,符节⁹吻合,如出于一人,不复更有毫末异同之致也。然则欲尊孔子者,安在援天与神而为恍惚难凭之说哉?

[注释]

①达巷党人:指聪颖的人,传说是孔子老师项橐。达巷,党名。党,古代的居民组织,五百家为一党。周朝时,天子郊内有乡党,郊外有遂鄙。无所成名:不是某一种学问的专家。成名,指专学之名,就是不固定为某一项学问的名家。②拟议:揣度议论,多指事前的考虑。③祖述:遵循前人的学说或行为。④宪章:效法。⑤郁郁:丰富,繁盛。从:顺从,跟从。⑥方策:即方册。简册,典籍。后亦指史册。⑦敏求:勉力以求。⑧翅:古同"啻",但,只。⑨符节:古代出入门关的凭证,分为两部分,各执一半,合在一起可验证真伪。

[译文]

达巷党里的聪明人项橐说:"孔子真是大师级人物!学问广博,但没有在某一专门领域成名。"现在的人都嘲笑达巷的人不了解孔子,可是他们知道孔子为什么成名吗?他们认为,天命所归、生而知之的圣人,不可以被考虑议论而明确为某一方面的专家,因此借用天和神,认为圣人不可能被了解。他们这样的见识,与达巷党人有什么不同呢?天地之广,可以用一句话概括。孔子虽然伟大,但大不过天地,唯独他不能用一句话来概括吗?有人问:怎么才能用一句话加以概括?我的答复是:学习周公罢了。除了周公,没有其他可学了吗?我的答复是:没有孔子未学习的学问。周公已经集前代圣人之大成,那么除了周公就再也没有什么可学了。周公集前代圣人之大成,孔子学周公而能完全学到周公之道,这一句话足以概括孔子全部了。"遵循尧、舜之道",是周公的志向。"效法文王、武王",是周公的事业。一是说:"文王已经逝世,文化传统不在这里。"二是说:"我已经非常衰弱了,无法再梦到周公了。"又说:"我学习《周礼》,想在当下实行。"又说:"周朝的礼仪制度多么丰富多彩啊!我赞成周朝的制度。"鲁哀公向孔子讨教治国之策,孔子则说:"文王、武王的为政经验写在典籍上。"有人问:"孔子从哪里学有所成的?"子贡认为,"文王、武王的治道没有掉到地上,没有消失"。"转述前人而不独自创作",是对于周公时旧典章而说的。"喜好古代文化,努力探求",是对周公传下的书籍说的。达巷党人与孔子生活在同个一时代,无法深刻理解孔子,便说孔子没有在某一专门领域成名,此说也不是完全毫无见地。后世人阅读书籍,却不了解孔子所学是什么,这就不如达巷党人的见识了,却还嘲笑达巷党人不了解孔子,这何啻是五十步笑百步呢?因此,自古以来的圣人们,圣明虽然相同,但他们成为圣人的原因却不完全相同,时势造就了这样。只有孔子与周公都生活在制度、治道完备到极点以后,周公集大成以施行道,孔子发挥道以阐明教化,互相吻合,好像同出一人,不再有细微差别。那么,想尊崇孔子的人,岂可援引天、神,来得出模糊不清、毫无依据的观点呢?

或曰:孔子既与周公同道矣,周公集大成,而孔子独非大成欤?曰:孔子之大成,亦非孟子所谓也。盖与周公同其集羲、农、轩、顼、唐、虞、三代之成,而非集夷、尹、柳下之成也。盖君师分而治教不能合于一,气数①之出于天者也。周公集治统之成,而孔子明立教之极,皆事理之不得不然,而非圣人故欲如是以求异于前人,此道法②之出于天者也。故隋唐以前,学校并祀周、孔,以周公为先圣,孔子为先师,盖言制作之为圣,而立教之为师。故孟子曰:"周公、仲尼之道一也。"然则周公、孔子以时会而立统宗之极③,圣人固藉时会欤?宰我④以谓"夫子贤于尧、舜",子贡以谓"生民未有如夫子",有若⑤以夫子较古圣人,则谓"出类拔萃",三子皆舍周公,独尊孔氏⑥。朱子以谓事功有异,是也⑦。然而治见实事,教则垂空言矣。后人因三子之言,而盛推孔子,过于尧、舜,因之崇性命而薄事功,于是千圣之经纶,不足当儒生之坐论矣⑧。伊川⑨论禹、稷、颜子,谓禹、稷较颜子为粗。朱子又以二程⑩与颜、孟切⑪比长短。盖门户之见⑫,贤者不免,古今之通患。夫尊夫子者,莫若切近人情。不知其实,而但务推崇,则玄之又玄。圣人一神天之通号耳,世教何补焉?故周、孔不可优劣也,尘垢秕糠,陶铸尧、舜,庄生且谓寓言,曾儒者而袭其说欤?⑬故欲知道者,必先知周、孔之所以为周、孔。

[注释]

①气数:指气运、命运。②道法:道理法度。③时会:时机;时候。统宗:治统与教化。④宰我(前522—前458):字子我,亦称宰予,春秋末鲁国人,孔子著名弟子,为孔子门下"十哲"之一。⑤有若(前518—?):姓有名若,字子有,亦称有子,比孔子小四十三岁(一说三十三岁)。为孔子得意门生之一。"四贤十二哲"当中,他属于"十二哲"之一。孔门弟子中被尊称为"子"的为数不多,可见其地位不一般。⑥"三子皆舍周公"二句,仓修良本作"三子得毋阿所好欤"。⑦"朱子以谓事功有异"二句:仓修良本作"曰:朱子之言尽之矣:'语圣则不异,事功则有异也'"。《孟子·公孙丑上》朱熹注:"程子曰:'语圣则不异,事功则有异。'夫子贤于尧、舜,语事功也。"这里误把程子语作朱子语。⑧"后人因三子之言"六句:仓修良本作"立言必折衷夫子,大贤而下,其言不能不有所偏矣。宰我、子贡、有若,孟子并引其言,以谓知足知圣矣。子贡之言固无弊,而宰我'贤于尧、舜',且曰'远',使非朱子疏别为事功,则无是理也"。⑨伊川:程颐。⑩二程:北宋理学家程颢、程颐兄弟俩。⑪切:切磋。⑫门户之见:因派别不同而产生的成见。门户,派别。见,成见。⑬"不知其实"十句:仓修良本作"虽固体于道之不得不然,而已为生民之所未有矣。盖周公集成之功在前王,而夫子明教之功在万世也;若歧视周、孔而优劣之,则妄矣"。尘垢秕糠:比喻琐碎而没

有用的东西。尘,尘土。垢,污垢。秕,秕谷。糠,米皮。曾:竟,简直,还。

[译文]

有人说:既然孔子和周公同道,周公集大成,孔子却不是集大成吗?答道:孔子集大成,也不是孟子说的那个意思。孔子是和周公一样集伏羲、神农、轩辕、颛顼、唐尧、虞舜、夏商周三代的成就,而不是集伯夷、伊尹、柳下惠之成。大概君主和老师的职责分离后,治理与教化不能结合在一起,这是由自然决定的命运。周公集治理、统治的成就,而孔子阐明的是教化的标准,都是事理不得不这样的结果,而不是由于圣人故意这样追求不同于前人,这是道理法度从天而出的表现。因此,隋唐以前,学校同时祭祀周公和孔子,把周公当作先圣,把孔子看作先师,大概是说制定礼乐制度的是圣人,建立教化的是老师。因此孟子说:"周公、孔子的道是一致的。"那么,周公、孔子根据时机而建立治理、教化系统的标准,圣人本就是凭借时机的吗?宰我认为"孔子胜过尧、舜",子贡认为"自人类产生至今,没有像孔子一样圣明的人",有若拿孔子与古代圣人相比,结论是"出类拔萃",三位弟子都抛开周公,只尊崇孔子。朱熹(实际是程子)认为圣人事业功绩有不同之处,的确是这样。然而治理从实际事务中体现,教化则流于空泛的言论。后人根据宰我等三人的言论而极力推崇孔子,超过尧、舜,因此尊崇性命学说而轻视事业功绩,于是许多圣人的治理功绩不值得当作儒生们谈论的对象。(伊川谈到禹、后稷、颜子,认为禹、后稷比颜子粗疏。朱熹又拿二程和颜子、孟子切磋比较长短。大概门户之见,贤者也免不了,这是从古至今的通病。)尊崇孔子,没有比贴近世情更重要的了。不了解实际情况,却只是盲目推崇,那么,就会神秘得不能再神秘。圣人就成了一个"神"与"天"的通称了,对社会教化有什么好处呢?因此,对周公和孔子不能评判优劣。是尘埃、污垢、秕谷、米皮之类琐碎而无用的东西造就了尧、舜，庄子都说是寓言，作为儒者竟还相信这种说法吗？所以，想要了解道，就必须先了解周公、孔子之所以成为周公、孔子的理由。

原道中

[题解]

本篇重点议论的是"道不离器"说。道与器的关系问题是中国古代哲学的一个重要问题。章氏认为"道不离器,犹影不离形",具有唯物主义色彩。在这种观点的基础上,本篇就上篇所言儒者自六经求道而薄事功的问题,作了进一步的阐释。

韩退之曰:"由周公而上,上而为君,故其事行;由周公而下,下而为臣,故其说长。"夫说长者,道之所由明,而说长者,亦即道之所由晦也。夫子尽周公之道明教于万世,夫子未尝自为说也。表章六籍,存周公之旧典,故曰:"述而不作,信而好古。"又曰:"盖有不知而作之者,我无是也。""子所雅言《诗》《书》执《礼》"①,所谓明先王之道以导之也。非夫子推尊先王,意存谦牧②而不自作也,夫子本无可作也。有德无位,即无制作之权。空言不可以教人,所谓无征不信也。教之为事,羲、轩以来,盖已有之。观《易·大传》之所称述,则知圣人即身示法,因事立教,而未尝于敷政出治之外,别有所谓教法也。虞廷之教,则有专官矣;司徒之所敬敷,典乐之所咨命;以至学校之设通于四代;司成师保之职,详于《周官》。然既列于有司，则肄业存于掌故，其所习者，修齐治平之道，而所师者，守官典法之人。治教无二，官师合一，岂有空言以存其私说哉？儒家者流尊奉孔子，若将私为儒者之宗师，则亦不知孔子矣。孔子立人道之极，岂有意于立儒道之极耶？儒也者，贤士不遇明良之盛，不得位而大行，于是守先王之道以待后之学者，出于势之无可如何尔。人道所当为者，广矣，大矣。岂当身皆无所遇，而必出于守先待后，不复涉于人世哉？学《易》原于羲画，不必同其卉服③野处也。观《书》始于虞典，不必同其呼天号泣也。以为所处之境，各有不同也。然则学夫子者，岂曰屏弃事功，预期道不行而垂其教邪？

[注释]

①雅：素常，向来。执：守。学《诗》在于完成自己，学《书》则是要为国为民。而个人的完成与家国的太平都必须以守礼、遵循礼法为原则，故而《诗》《书》、守礼都是孔子所常说的话。这也可看出孔子教学的核心就是《诗》《书》《礼》。②谦牧：指谦逊自处。③卉服：用绤葛做的衣服。

[译文]

韩愈说："周公以上都是在上面做帝王的，所以措施能够施行；周公以下，都是在下面做臣子的，所以他们的学说能长久流传。"学说长久流传，道由此得以阐明，而学说长久流传，也是道从此隐晦的原因所在。孔子尽力用周公之道阐明教化影响后代万世，孔子未曾自创学说。他仅是宣扬六经，保存周公时代的典籍而已，所以说："传述而不创作，相信、喜爱古代文化。"又说："大概有不知道这种情况而独立创作的人，我没有这样。""孔子经常讲的是《诗经》《尚书》，遵守《仪礼》规范"，这就是所说的阐明上古王道来引导后人。不是孔子推崇上古帝王，有谦虚品质而不自己创作，而是孔子本就没什么可创作的。有德行却没权位，也就没有创立制度的权力。空泛的言论不能用来引导人，这就是所谓"没有得到验证就不真实"。教化作为一项事业,自伏羲、轩辕以来,大概已经有了。看《易·大传》所说的,就知道了圣人就着人身阐明法则,根据事物建立教化,并没有在施政之外,另设所谓的教化法则。舜时的教化,就有专职官员掌管了;司徒的恭谨传布,主管音乐官员的受命;直到学校的设立,贯穿虞、夏、商、周四代;司成、师保的官职详细地记载在《周官》中。这些教官既然位列官员行列,那么学习的书籍就存于掌故那里,学生所学习的,是修身、齐家、治国、平天下之道,他们跟随学习的老师,是身居官位、掌管法度的人。治理和教化没有分别,官员和老师合二为一,哪里有空泛的言论来留存私家的学说呢?儒家一派尊奉孔子,似乎只想把他看作儒家一派的宗师,也是不了解孔子啊。孔子树立了人世间道的标准,哪里有意于只树立儒道的标准呢?儒家的出现,是因为贤士没有遇到君明臣良的盛世,得不到权位以施行理想,于是遵守上古帝王的道,以等待后世的学者,这是出于时势的无可奈何罢了。人世间道所应当作的范围广,规模大。难道每个人都不受重用,而一定得走遵循上古帝王之道以等待后世学者这条路,而不再进入社会吗?学习《易》源于伏羲画卦,不必像他那样穿草编的衣服住在野外。看《尚书》从《虞书》开始,不必像舜那样对天哭泣。因为他们所处的环境各不相同。那么,学习孔子的人,难道能抛开事业和功绩,预先想到道不能施行而使教诲流传后世吗?

《易》曰:"形而上者谓之道,形而下者谓之器。"道不离器,犹影不离形。后世服夫子之教者自六经,以谓六经载道之书,而不知六经皆器也。《易》之为书,所以开物成务,掌于《春官》太卜,则固有官守而列于掌故矣。《书》在外史,《诗》领大师①,《礼》自宗伯,《乐》有司成,《春秋》各有国史。三代以前,《诗》《书》六艺未尝不以教人,非如后世尊奉六经,别为儒学一门而专称为载道之书者。盖以学者所习，不出官司典守、国家政教；而其为用，亦不出于人伦日用之常。是以但见其为不得不然之事耳，未尝别见所载之道也。夫子述六经以训后世，亦谓先圣先王之道不可见，六经即其器之可见者也。后人不见先王，当据可守之器而思不可见之道。故表章先王政教，与夫官司典守以示人，而不自著为说，以致离器言道也。夫子自述《春秋》之所以作，则云"我欲托之空言，不如见诸行事之深切著明"。则政教典章、人伦日用之外，更无别出著述之道，亦已明矣。秦人禁偶语②《诗》《书》，而云"欲学法令，以吏为师"。夫秦之悖于古者，禁《诗》《书》耳。至云学法令者以吏为师，则亦道器合一，而官师治教未尝分歧为二之至理也。其后治学既分，不能合一，天也。官司守一时之掌故，经师传授受之章句③，亦事之出于不得不然者也。然而历代相传，不废儒业，为其所守先王之道也。而儒家者流，守其六籍，以谓是特载道之书耳。夫天下岂有离器言道，离形存影者哉？彼舍天下事物、人伦日用，而守六籍以言道，则固不可与言夫道矣。

[注释]

①《诗》领大师：《周礼》："大师教六诗：曰风，曰赋，曰比，曰兴，曰雅，曰颂。"大师，乐官，《周礼》中为春官宗伯的属官。②偶语：相聚议论或窃窃私语。③章句：汉代注家用分章析句的方式解说古书意义的一种著作体裁。

[译文]

《易》说："没有形体的事物称为道，有形体的事物称为器。"道离不开器，就像影子离不开形体。后世遵从孔子教诲的人从六经中学习，认为六经是载道的书，却不知六经都是器。作为一部书，《易》是用来揭示事理，成就功业的，由春官太卜掌管，因此，就由官员掌管并由掌故保存了。《尚书》由外史掌管，《诗》由大师负责，《礼》由宗伯主持，《乐》由司成主管，《春秋》各由诸侯国的史官记载。夏商周三代以前，《诗》《书》等六经未尝不用以教人，但不像后世那样遵奉六经而另成立一门儒学，而专门称六经是载道的书。大概因为人们所学习的，不超出官府所主管的和国家的政治教化这个范围，而对六经的应用，也不超出人伦和常规的范围，所以只看出那是不得不这样的事而已，未曾另外看出所载的道来。孔子传述六经用以教导后人，他也认为上古圣人、君王的道不可能被看到，六经就是可以看到的他们的器。后人见不到上古君王，应当根据可依据的器来思考不能看到的道。所以孔子宣扬上古君王的政治教化和官方典籍用来给世人看，而他不自己著书立说，以至于离开器而谈论道。孔子谈到作《春秋》的原因时说："我认为把自己的观点用议论来表达，不如用事实来表现更深刻明显。"那么，在政治教化、典章制度、人际关系、日常应用之外，再也没有由著述来表达的道了，这也已经清楚了。秦朝禁止人们私下议论《诗》《书》，宣布"要想学法令，就以官吏为老师"。秦朝违背古代政治的地方，在于禁绝《诗》《书》而已。至于宣布学法令要以官吏为老师，也就是道和器合而为一，而官吏和老师、治理和教化未曾分离为二的正确道理。后来治理与教化分离而不能合在一起则是自然规律。官府主管一个时代的典章制度，经师传布互相讲授和学习的注解，也是出于事情不得不这样的态势。然而历代相传，没有废弃儒学，是因为儒学遵守的是上古君王的道。而儒家一派，守住六经，认为这仅仅是载道的书籍。天下哪有离开器而谈道，离开形体而留下影子的呢？一些人抛开天下事物、人伦与常规，拘守六经而论道，就当然不能与之论道了。

《易》曰："仁者见之谓之仁，智者见之谓之智，百姓日用而不知矣。"然而不知道而道存，见谓道而道亡。大道①之隐也，不隐于庸愚，而隐于贤智之伦者纷纷有见也。盖官师治教合，而天下聪明范于一，故即器存道，而人心无越思。官师治教分，而聪明才智不入于范围②，则一阴一阳入于受性③之偏，而各以所见为固然，亦势也。夫礼司乐职，各守专官，虽有离娄④之明，师旷⑤之聪，不能不赴范而就律也。今云官守失传，而吾以道德明其教，则人人皆自以为道德矣。故夫子述而不作⑥，而表章六艺，以存周公旧典也，不敢舍器⑦而言道也。而诸子纷纷，则已言道矣。庄生譬之为耳目口鼻，司马谈⑧别之为六家，刘向区之为九流，皆自以为至极，而思以其道易天下者也。由君子观之，皆仁智之见而谓之，而非道之果若是易也。夫道因器而显，不因人而名也。自人有谓道者，而道始因人而异其名矣。仁见谓仁，智见谓智是也。人自率道而行，道非人之所能据而有也。自人各谓其道而各行其所谓，而道始得为人所有矣。墨者之道，许子⑨之道，其类皆是也。夫道自形于三人居室而大备于周公、孔子，历圣未尝别以道名者，盖犹一门之内不自标其姓氏也。至百家杂出而言道，而儒者不得不自尊其所出矣。一则曰尧、舜之道，再则曰周公、仲尼之道，故韩退之谓"道与德为虚位"也。夫"道与德为虚位"者，道与德之衰也。

[注释]

①大道：政治上的最高理想，指放之四海而皆准的道理或真理。②范围：限制。③受性：犹赋性，生性。④离娄：古代传说中视力极强的人。⑤师旷：春秋时晋国的乐师，虽为盲人，但善于辨别音律。⑥述而不作：指只叙述和阐明前人的学说，自己不创作。述，阐述前人学说。作，创作。⑦器：用具的总称。⑧司马谈：司马迁之父，汉武帝时史官，任太史令。⑨许子：指许行，战国时楚国人。农家，有学生数十人，都穿粗布衣，编草鞋、凉席以维持生活，主张人人耕作。

[译文]

《易》说："对于道，仁者见仁，智者见智，百姓天天用它却不认识它。"然而不认识道，道却存在；见到道并作判断，道就会消失。大道将隐没，不是因为平庸愚昧之人而隐没，而是因为贤者、智者一类人众说纷纭而隐没。大概官员和老师、治理和教化结合，天下的聪明被限定在同一个模式中，因此就着器保存道，而人心没有额外的想法了。官员和老师、治理和教化分离，聪明才智不再纳入限制，那么阴阳变化归入人不同的天性偏颇，各自把所见到的当作本来情形，这也是事物发展的必然趋势。主持礼仪的机构、掌管音乐的官员，各自履行自己的专职，即使有离娄那样的敏锐视力，师旷那样的灵敏听力，也不能不受规范约束。现今说官员职守失去传承，而我用道德阐明教化，人人就都认为自己在宣扬道德了。因此孔子只阐述前人学说而自己不独立创作，表彰六艺，是为了保存周公时代的旧典籍，不敢离开具体器物而空泛论道。其后诸子学说众多，便开始专门谈论大道了。庄子把各家比作耳、目、口、鼻，司马谈把诸子分为六家，刘向把诸子分作九流。诸子都自认为其思想是最好的，都想用自家的思想改变天下。用君子的眼光来观察，都是以仁者或智者的观点看待道，而不是道果真如此容易。道凭借器而彰显，不凭借人而得名。自从人类社会中有了道的称呼，道才因人的不同理解而有了不同的名称。仁者见了说它是仁，智者见了说它是智，就是这个道理。人自然是遵循思想而行动的，道不是人所能够据为己有的。自从人们各自谈论自己的道，而各自实行自己所谈论的，道才可能被人占据。墨家的道，许行的道，其类均属这种情况。道，从三人以上共居的房里体现出来，到周公、孔子时已非常完备。历代圣人之所以未曾用道加以区分，大概就像一个家族内部不用自己标明姓氏。等到诸子百家纷杂出现而论道，儒者不得不自我推崇自己的出身。一则说尧舜之道，再则说周公、孔子之道，所以韩愈说"道和德是空的名号"。"道和德是空的名号"这种现象，正是道和德衰落的表现。

原道下

[题解]

本篇在上篇的基础上进一步阐发天下之道的观点。章氏认为,古人兼通六经很容易,今人专攻一经却很难,原因就在于古人生活在产生六经的时代。对于宋儒"玩物丧志""工文害道"之论,章氏认为弊端在于教人舍器言道,提出义理、考证、文章三者合于一。他认为,这三者各为道的一方面,三者合一才能得道的全部。

人之萃处也,因宾而立主之名;言之庞出也,因非而立是之名。自诸子之纷纷言道而为道病焉,儒家者流乃尊尧、舜、周、孔之道,以为吾道矣。道本无吾而人自吾之,以谓庶几别于非道之道也。而不知各吾其吾,犹三军之众可称我军,对敌国而我之也;非临敌国,三军又各有其我也。夫六艺者,圣人即器而存道;而三家之《易》,四氏之《诗》,攻且习者,不胜其入主而出奴也。不知古人于六艺,被服如衣食,人人习之为固然,未尝专门以名家者也。后儒但即一经之隅曲,而终身殚竭其精力,犹恐不得一当焉,是岂古今人不相及哉?其势有然也。古者道寓于器,官师合一,学士所肄,非国家之典章,即有司之故事,耳目习而无事深求,故其得之易也。后儒即器求道，有师无官，事出传闻而非目见，文须训故而非质言①，是以得之难也。夫六艺并重，非可止守一经也；经旨闳深，非可限于隅曲也。而诸儒专攻一经之隅曲②，必倍古人兼通六经之功能③，则去圣久远，于事固无足怪也。但既竭其耳目心思之智力，则必于中独见天地之高深，因谓天地之大，人莫我尚也，亦人之情也。而不知特为一经之隅曲，未足窥古人之全体也。训诂章句，疏解义理，考求名物④，皆不足以言道也。取三者而兼用之，则以萃聚之力补遥溯之功，或可庶几耳。而经师先已不能无牴牾，传其学者，又复各分其门户，不啻儒墨之辨焉。则因宾定主，而又有主中之宾；因非立是，而又有是中之非；门径愈歧，而大道愈隐矣。

[注释]

①训故：即训诂，解释古书中词句的意思。质言：质朴的言语。②隅曲：犹言偏狭之见。③功能：效能；功效。④名物：指事物的名称、特征等。

[译文]

人类聚集一起，由于"客体"的存在而建立"主体"这个名称；言论庞杂，由于"非"而建立"是"这个概念。诸子纷纷论道，反而成了道的麻烦。儒家一派尊崇尧、舜、周公、孔子之道，把这当作"我的道"了。道本来不分你的我的，人们却说成是"我的"，认为这样差不多可以和并不是道的所谓道区分开来。他们却不知道各自用"我"来称呼自己，就像军队将士可称作"我军"，是对于敌对国家而称"我"的；如果不是面对着敌对国家，军队内部又各自有自己的"我部"。六经是圣人就着器保存道的；而三家的《易》，四家的《诗》，研究和学习的人，经受不了他们扬主出奴的门派之见。他们不知道古人对于六经是衷心信服，就像衣食一样离不开它，人们把学习它们看成当然之事，从未有专门研究某一门学问而标榜自成一家的。后世儒者只是就着一部经书的局部，而耗尽自己一辈子的精力，还担心会有不合适，这难道是因为现在的人不如古人吗？是时势造成这样。古时候，道寄托在器中，官员和教师合二为一，学生所学习的，不是国家的典章就是官府的旧例，经常听到经常见到，而不需要深入研究，所以他们得道容易。后世儒者就着器探求道，有教师无官员，事情出自传闻而非亲眼所见，文字必须解释而非质朴的语言，因此得道相当困难。六经都重要，不能只守住一部经书；经书意旨宏大深奥，不能局限于偏狭之见。而儒者只专门研究一部经书的局部，就必然违背古人兼通六经的功效，那么距离圣人的年代久远，出现这种现象也就不值得大惊小怪了。既然用尽了心思来思考，用尽了耳目来观察，就必定会对天高地厚有独到的见解。于是认为天地广大，没有超过我的人，这也是人之常情。却不知道这仅仅是一部经书的局部，不足以观察到古人的整体风貌。训诂章句，疏通义理，考究名物，都没有资格谈道。如果选取三者而同时应用，那么用聚集的能力，弥补追溯历史的功效，或许勉强可以达到。但是，经师们开始就无法避免矛盾，传承他们学说的人再划分门户，如同儒、墨分家一样。那么，由于"客体"而确定"主体"这个名称，又存在"主体"中有"客体"的情况；由于"非"而建立"是"的概念，则又存在"是"中有"非"的情形；门径越多，大道就越隐秘。

"上古结绳而治，后世圣人易之以书契，百官以治，万民以察。"夫文字之用，为治为察，古人未尝取以为著述也；以文字为著述，起于官师之分职，治教之分途也。夫子曰："予欲无言。"欲无言者，不能不有所言也。孟子曰："予岂好辨哉？予不得已也。"后世载笔[①]之士，作为文章，将以信今而传后，其亦尚念"欲无言"之旨，与夫"不得已"之情，庶几哉，言出于我，而所以为言者，初非由我也。夫道备于六经，义蕴之匿于前者，章句训诂足以发明之。事变之出于后者，六经不能言，固贵约六经之旨，而随时撰述以究大道也。"太上立德，其次立功，其次立言。"立言与功、德相准，盖必有所需而后从而给之，有所郁而后从而宣之，有所弊而后从而救之，而非徒夸声音采色，以为一己之名也。《易》曰："神以知来，智以藏往。"知来，阳也；藏往，阴也；一阴一阳，道也。文章之用，或以述事，或以明理。事溯已往，阴也；理阐方来，阳也。其至焉者，则述事而理以昭焉，言理而事以范焉，则主适②不偏，而文乃衷于道矣。迁、固之史，董、韩之文，庶几哉有所不得已于言者乎？不知其故而但溺文辞，其人不足道已。即为高论者，以谓文贵明道，何取声情色采以为愉悦，亦非知道之言也。夫无为之治而奏薰风，灵台之功而乐钟鼓，以及弹琴遇文③，风雩言志④，则帝王致治，贤圣功修，未尝无悦目娱心之适；而谓文章之用，必无咏叹抑扬之致哉？

[注释]

①载笔：携带文具以记录王事。②适：专主。③弹琴遇文：孔子向师襄子学弹琴，说自己弹琴时仿佛看见了周文王。④风雩言志：语出《论语·先进》。后即借"风雩"表示不愿仕宦之志。雩，古代求雨的祭祀。

[译文]

"上古时代用绳子打结的方式记载事情以达到治理的目的，后世圣人用刀刻文字代替，百官用它来治理，百姓用它来观察。"文字的用处，是用它来治理，用它来观察，古人未曾用它进行著述；用文字进行著述，起源于官员和教师职务分离，治理和教化途径分开。孔子说："我打算不再说什么了。"打算不再用嘴说什么，就不得不用文字说点什么。孟子说："难道我喜欢争辩吗？我是不得已的啊！"后世从事国家大事记录工作的士人写成文章，想使当世信服后世流传，想一想"欲无言"的意思和"不得已"的心境吧。

希望言语出于自己，而发出言语的动因却不是因为自己。道全面存在于六经中，隐晦在前面的含义，用章句、训诂的方法完全可以阐发。后来发生的事变，六经不可能谈到，因此贵在简要地选取六经的意旨，根据时势撰述作品，以研究大道。"首先立德，其次立功，再次立言。"立言与立功、立德大致相当，大概必定有需求才有所供给，心中有郁积才有疏通，有弊病然后有补救，而不是仅仅用来夸耀音韵辞藻，用来谋求个人的名声。《易》说："神妙用来预知未来的事物，智慧用来积累过去的经验。"预知未来的事物，性质属于阳；积累过去的经验，性质属于阴；一阴一阳构成道。文章的用途，或者用来记述事情，或者用来说理。记事追溯过去，属于阴；用道理阐明未来，属于阳。那些水平很高的文章，在记事的同时可以让道理彰显，说理的同时可以概括事情，这就主次平衡了，这样的文章就合于道了。司马迁、班固的史书，董仲舒、韩愈的文章，或许在言论上有不得已的地方吧！不了解这些事情，而只沉溺在文辞中，这种人就不值得说了。即使发出高谈阔论的人，认为文章贵在明道，哪里要采用音韵、感情、辞藻来引起喜悦，这也不是了解道的正确言论。舜无为致治而弹奏"薰风"诗歌，周文王建灵台而奏钟击鼓取乐，以及孔子弹琴想象文王，曾皙在求雨祭祀遇凉风时高兴地抒发自己的志向，那么，上古帝王使天下大治，贤人圣人作出功绩，未尝没有赏心悦目的舒畅；却说文章的用途，必定没有吟咏抒情、声调起伏的乐趣吗？

子贡曰："夫子之文章，可得而闻也。夫子之言性与天道，不可得而闻也。"盖夫子所言，无非性与天道，而未尝表而著之曰，此性，此天道也。故不曰"性与天道，不可得闻"；而曰"言性与天道，不可得闻"也。所言无非性与天道，而不明著此性与天道者，恐人舍器而求道也。夏礼能言，殷礼能言，皆曰

"无征不信"。则夫子所言，必取征于事物，而非徒托空言，以为明道也。曾子真积力久①，则曰："一以贯之。"子贡多学而识，则曰："一以贯之。"非真积力久与多学而识，则固无所据为一之贯也。训诂名物，将以求古圣之迹也，而侈记诵者如货殖②之市矣。撰述文辞，欲以阐古圣之心也，而溺光采者如玩好之弄矣。异端曲学，道其所道而德其所德，固不足为斯道之得失也。记诵之学，文辞之才，不能不以斯道为宗主，而市且弄者之纷纷忘所自也。宋儒起而争之，以谓是皆溺于器而不知道也。夫溺于器而不知道者，亦即器而示之以道，斯可矣；而其弊也，则欲使人舍器而言道。夫子教人"博学于文"，而宋儒则曰"玩物而丧志"；曾子教人"辞远鄙倍③"，而宋儒则曰"工文则害道"。夫宋儒之言，岂非末流良药石④哉？然药石所以攻脏腑之疾耳，宋儒之意，似见疾在脏腑，遂欲并脏腑而去之。将求性天，乃薄记诵而厌辞章，何以异乎？然其析理之精，践履之笃，汉唐之儒未之闻也。

孟子曰："义理之悦我心，犹刍豢⑤之悦我口。"义理不可空言也，博学以实之，文章以达之，三者合于一，庶几哉周、孔之道虽远，不啻累译而通矣。顾经师互诋，文人相轻，而性理诸儒，又有朱、陆之同异，从朱从陆者之交攻，而言学问与文章者，又逐风气而不悟，庄生所谓"百家往而不反，必不合矣"，悲夫！

[注释]

①曾子（前505—前436）：姓曾，名参，字子舆，春秋末年鲁国南武城（今山东平邑南）人。十六岁拜孔子为师，他勤奋好学，颇得孔子真传。真积力久：意思是学习要踏实积累、持久努力，才能钻研进去，生命不息、学习不止。吴其昌说："'真'，一点不虚空。'积'，一点不放弃。'力'，一点不躲懒。'久'，一点不息息。"②货殖：财物；商品。③倍：通"背"，背理。

④药石:剂药和砭石,泛指药物。⑤刍豢:朱熹称,食曰刍,牛羊是也;谷食曰豢,犬豕是也。这是错误的。二者其实是修饰关系,"刍"在这里是形容词,表示幼小的含义。孟子批评一些人贪图享乐,追求煎炙幼畜的鲜美味道,犹如今广东的"烤乳猪"。

[译文]

子贡说:"孔子的文章可以听到。他关于人性和天道的言论,不能听到。"大概孔子所谈论的,都是关于人性和天道,却未曾明显地将它显现出来,说"这是人性,这是天道"。所以不说"人性和天道,不能听到";而说"关于人性和天道的言论,不能听到"。所谈论的没有不是天性和人道,而不明显地显露这是人性和天道的原因,是担心人们抛开器去求道。夏代的礼制孔子能说出,殷代的礼制孔子能说出,最后都说"没有验证就不敢确定"。那么,孔子所谈的,必定从事物中取得验证,而不是仅仅依据空泛的言论就认为是阐明道。曾子学习踏实积累,持久努力,孔子则说:"用一个中心思想贯通全局。"子贡多方面学习又能记住,孔子便说:"用一个中心思想贯通全局。"不是踏实积累又长久努力、多方面学习又能记住,就没有东西可用来作一个中心的贯通。解释名物,是要用来寻求古代圣人的事迹;而夸大记诵作用的,这就像到市场购买商品一样。写文章,是要用来阐明古代圣人的心意;而沉溺于文采,就像观赏把玩一样。异端邪说,用"道"称呼他们所说的道,用"德"称呼他们所说的德,自然不会对儒家的道德构成损失。记诵的学问,作文章的才能,不能不用这道作为宗主,而购买商品并且玩赏的人,纷扰之余忘掉了所来的方向。宋儒兴起而争辩,认为这些都是沉溺于器而不了解道。对于沉溺于器而不了解道的人,根据器而把道指示给他们,这就可以了;而宋儒的弊病,就是要使人抛开器而谈论道。孔子教导人要"广泛学习文化知识",而宋儒则说"沉迷于所喜爱的事物就会丧失志向";曾子教导人要"言辞远离粗俗和乖戾",而宋儒则说"善于作文章会妨害道"。宋儒的言论难道不是针对末流弊病的上好的药物吗?但是药物是用来治疗脏腑疾病的,宋儒的意思似乎是发觉疾病在脏腑,于是要连脏腑一起除掉。想要探究人性和天道,却轻视记诵,厌恶文辞,这和除掉脏腑有什么不同呢?但宋儒分析道理的精心,亲身践行的坚定,在汉代、唐代的儒者那里,是没有听说过的。

孟子说:"义理之学使我的心情愉快,就像煎炙幼畜的鲜美味道使我的口腹愉快一样。"义理之学是不能空泛地谈论的,必须用博学来充实它,用文章来表达它,这三者合在一起,希望周公、孔子之道虽然离得远,只要通过不同的辗转翻译也是能通晓的。但是经师互相毁谤,文人互相轻视,而讲性理的理学家又有朱学、陆学的分歧,朱派与陆派后学互相攻击,而谈论学问和文章的人,又追随风气而不醒悟,正像庄子所说"百家各走自己的路而不返回,必定不能统一了",可悲啊!

邵氏晋涵曰:是篇初出,传稿京师,同人素爱章氏文者皆不满意,谓蹈宋人语录习气,不免陈腐取憎,与其平日为文不类,至有移书相规诫者。余谛审之,谓朱少白①名锡庚。曰:"此乃明其《通义》所著一切,创言别论,皆出自然,无矫强②耳。语虽浑成③,意多精湛,未可议也。"

[注释]

①朱少白:即朱锡庚,少白为其字。章学诚之师朱筠次子。②矫强:勉强,矫情。③浑成:天然生成。

[译文]

邵晋涵说:这一篇文章刚写出来的时候,文稿传布京城,一向喜爱章氏文章的同行人都不满意,认为此文承袭了宋人语录体的习气,不免陈腐得令人厌恶,和他平日作的文章不同,以至于有人写信对他规劝、告诫。我仔细地读了这篇文章,对朱少白(名锡庚)说:"这是为阐明他的《通义》所著的,全部独创言论都出于自然,没有故意与人不同之处。语言虽不无雕饰之处,但内容却有很多精湛之处,不可以随意议论。"

族子廷枫曰:叔父《通义》,平日脍炙人口,岂尽得其心哉?不过清言高论,类多新奇可喜,或资为掌中之谈助耳。不知叔父尝自恨其名隽①过多,失古意也。是篇题目虽似迂阔,而意义实多创辟。如云道始三人居室,而君师政教皆出乎天;贤智学于圣人,圣人学于百姓;集大成者,为周公而非孔子,学者不可妄分周孔;学孔子者,不当先以垂教万世为心;孔子之大,学周礼一言,可以蔽其全体;皆乍闻至奇,深思至确,《通义》以前,从未经人道过,岂得谓陈腐耶?诸君当日诋为陈腐,恐是读得题目太熟,未尝详察其文字耳。

[注释]

①名隽:俊秀出众。

[译文]

族侄章廷枫说:叔叔的《文史通义》平日脍炙人口,难道会完全合人们的心意吗?只是清高的言论,多有新奇,使人喜爱,有的人将此当作拿手的谈资罢了。他们不知道叔父曾自己责备,《文史通义》中出众的语言过多,丧失了古人风范。这一篇的题目虽然好像迂腐,但内容多有创新。例如说,道从三人居住在一间房屋开始,而君主、老师、政治、教化都从天而出;贤人、聪明人向圣人学习,圣人向百姓学习;集大成的人是周公,而不是孔子,学者不可以胡乱区分周公和孔子;学孔子的人,不应当先把流传万代当作自己的目标;孔子的伟大,在于"学习周代礼制"一句话,这可以概括他的整个思想;这些都是刚一听见觉得很奇特,深刻思考后觉得很准确的,在《文史通义》以前,从来没有人说过,怎么能说是陈腐呢?诸位君子当时将之斥为陈腐,恐怕是《原道》这个题目读得太熟悉了,未曾仔细考察这篇文章的内容罢了。

博约上

[题解]

本篇围绕博与约的关系进行辩证论述，博最终归于约，是浙东学派贵在自成一家的学术传统。

选自《文史通义新编新注》内篇二。作于乾隆五十四年（1789）。

沈枫墀以书问学，自愧通人广座，不能与之问答。余报之以学在自立，人所能者，我不必以不能愧也。因取譬于货殖，居布帛者不必与知粟荍；藏药饵者不必与闻金珠。患己不能自成家耳，譬市布而或阙于衣材，售药而或欠于方剂，则不可也。或曰：此即苏子瞻之教人读《汉书》法也，今学者多知之矣。余曰：言相似而不同，失之毫厘，则谬以千里矣。或问苏君曰："公之博赡，亦可学乎？"苏君曰："可。吾尝读《汉书》矣，凡数过而尽之。如兵、农、礼、乐，每过皆作一意求之，久之而后贯彻。"因取譬于市货，意谓货出无穷而操贾有尽，不可不知所择云尔。学者多诵苏氏之言，以为良法，不知此特寻常摘句，如近人之纂类策括①者尔。问者但求博赡，固无深意。苏氏答之，亦不过经生决科之业，今人稍留意于应举业者，多能为之，未可进言于学问也。而学者以为良法，则知学者鲜矣。夫学必有所专,苏氏之意,将以班书为学欤?则终身不能竟其业也,岂数过可得而尽乎?将以所求之礼、乐、兵、农为学欤?则每类各有高深,又岂一过所能尽一类哉?就苏氏之所喻,比于操贾求货,则每过作一意求,是欲初出市金珠,再出市布帛,至于米粟药饵,以次类求矣。如欲求而尽其类欤?虽陶朱、猗顿之富,莫能给其贾也。如约略其贾,而每种姑少收之,则是一无所成其居积也。苏氏之言,进退皆无所据,而今学者方奔走苏氏之不暇。则以苏氏之言,以求学问则不足,以务举业则有余也。举业比户皆知诵习,未有能如苏氏之所为者,偶一见之,则固矫矫②流俗之中,人亦相与望而畏之。而其人因以自命,以谓是学问,非举业也,而不知其非也。苏氏之学,出于纵横,其所长者,揣摩世务,切实近于有用,而所凭以发挥者,乃策论也。策对必有条目,论锋必援故实。苟非专门夙学③,必须按册而稽;诚得如苏氏之所以读《汉书》者尝致力焉,则亦可以应猝备求,无难事矣。韩昌黎曰:"记事者必提其要,纂言者必钩其玄。"钩玄提要④,千古以为美谈;而韩氏所自为玄要之言,不但今不可见,抑且当日绝无流传,亦必寻章摘句,取备临文撷拾者耳。而人乃欲仿钩玄提要之意而为撰述,是亦以苏氏类求误为学问,可例观也。或曰:如子所言,韩、苏不足法欤?曰:韩、苏用其功力⑤,以为文辞助尔,非以此谓学也。

[注释]

①策括:宋代称士人为应付科举考试而编订的简要资料。②矫矫:形容英勇威武或超凡脱俗,不同凡响。③夙学:饱学之士。④钩玄提要:探取精微,摘出纲要。钩,探索。玄,精微之处。提,举出。要,纲要。⑤功力:功夫和力量,多指在技艺或学术上的造诣。

[译文]

沈在廷来信咨询有关学习的事情,说自己在学识渊博的人面前和众人聚集的场合不能自如地和他们进行问答讨论。我回信告诉他,学习贵在自立,别人能的东西,不必因为自己不能而惭愧。于是我用做买卖的道理打比喻,积存布帛的人,不必知道粮食的情况;储藏药物的人,不必打听金银珠宝的情况。人所应担心的是自己不能成为专家而已,假如卖布却有时缺乏布料,卖药却有时不能配齐药方,那就不行了。有人说:这就是苏轼教人读《汉书》的方法,如今学者大多数知道这了。我说:话相似却不相同,失之毫厘,就谬以千里了。有人问苏轼:"您的渊博也能学吗?"苏轼说:"可以。我曾经读过《汉书》好几遍,读完了它的内容。例如,军事、农业、礼制、音乐,每一遍都用一个意图寻求,长久以后就能贯通。"于是用买东西打比方,意思是说货物买卖没有穷尽,而买货物的人持的钱有用完的时候,不能不知道有所选择。学者大多陈述苏氏的话,认为是好方法,不知道这只是寻章摘句,就像近代人分类编集策试资料罢了。问苏氏的人只是追求渊博,本来没有更深的意思。苏氏回答他,也没有超出经生获取科名的学业,现在对科举略微留意的人大多能做这事,不能将之提高到学问的境界来谈论。如果读书人把它当作好方法,则可知懂学问的人实在太少了。学问必定有专攻,苏氏有把班固的《汉书》当成一门学问的意思吗?学问是终身不能完成的事业,难道读几遍就能穷尽吗?苏氏难道把所寻求的礼制、音乐、军事、农业等当作学问来做吗?每一类各有高深的部分,读一遍又怎么能够穷尽一类呢?就苏氏比喻来说,将读书比作拿着钱购买货物,那么每一遍用一个意图寻求,是想要初次买金银珠宝,第二次出去买布帛,接着是粮食、药物,按照次序一类一类地购求。如果想要买光所有的品类呢?即使像陶朱、猗顿那样富裕,也支付不起那么多货物。如果估量自己的钱财,每一种姑且少买一些,自己的储藏就无法完成。苏氏的话,无论进退都是没有根据的,而如今学者盲目追随苏氏唯恐来不及。苏氏的办法，用来探求学问显得不足，用来从事科举学业则绰绰有余。科举家都知道诵读学习，没有能像苏氏那样做的，偶然见到那样做的，在世俗之中固然算出类拔萃了，人们也会望而生畏。而那人沾沾自喜，自命不凡，认为这是学问，不是学业，却不知道这看法是不对的。苏轼的学问出自《战国策》，他擅长的是尽心探求世事，切实而近于有用，他所借以充分表达观点的方式是策论。策的对答必定要有条目，论的锋芒必定要援引典故。如果不是专门研究、学识丰富的人，只能照书本去寻找线索；如果能用苏轼读《汉书》的方法去下功夫，那么轻松地应付突然的提问，不是太难的事。韩愈说："读记事性著作得将纲要摘出来，读记言性著作得将旨意归纳出来。"探取精微，摘出纲要，千百年来人们把它当作美谈；而韩愈自己摘录的奥妙精粹的语言，不仅现在见不到，而且当时也绝没有流传，想必也是寻章摘句，仅仅准备在作文章的时候从中摘取罢了。而人们却想要仿照探取精微，摘出纲要的意思而著述，这也像把苏氏按类寻求的方法误当作学问，两者可以等量齐观。有人说：像您所说的，韩、苏不值得效法吗？我的回答是：韩、苏运用他们的功力，方便写文章而已，没有把它当学问来做之意。

博约中

[题解]

本篇认为纂辑不能算作学问，纂辑可算作博学强记待问之学，是儒者的本分。只为待人询问是为他人而学。章氏认为，功力是学问的基础，但本身并不是学问。他还把功力与天性、情感看作求学中互相依存的因素。章氏反对当时大多数学者将考据看作真学问的观点，他认为，考据是求学问的功力，而不是学问，考据不能自成一家。

或曰：举业①所以觇②人之学问也。举业而与学问科殊，末流之失耳。苟有所备以俟举，即《记》之所谓博学强识以待问也，宁得不谓之学问欤？余曰：博学强识，儒之所有事也；以谓自立之基，不在是矣。学贵博而能约，未有不博而能约者也。以言陋儒荒俚，学一先生之言以自封域，不得谓专家也。然亦未有不约而能博者也。以言俗儒记诵，漫漶③至于无极，妄求遍物，而不知尧、舜之知所不能也。博学强识，自可以待问耳，不知约守，而只为待问设焉，则无问者，儒将无学乎？且问者固将闻吾名而求吾实也，名有由立，非专门成学不可也，故未有不专而可成学者也。或曰：苏氏之类求，韩氏之钩玄提要，皆待问之学也，子谓不足以成家矣。王伯厚④氏搜罗摘抉，穷幽极微，其于经、传、子、史,名物制数,贯串旁骛,实能讨先儒所未备。其所纂辑诸书,至今学者资衣被⑤焉,岂可以待问之学而忽之哉?答曰:王伯厚氏,盖因名而求实者也。昔人谓韩昌黎因文而见道,既见道,则超乎文矣。王氏因待问而求学,既知学则超乎待问矣。然王氏诸书,谓之纂辑可也,谓之著述则不可也;谓之学者求知之功力可也,谓之成家之学术则未可也。今之博雅君子,疲精劳神于经传子史,而终身无得于学者,正坐宗仰王氏,而误执求知之功力,以为学即在是尔。学与功力,实相似而不同。学不可以骤几⑥,人当致攻乎功力则可耳。指功力以谓学,是犹指秫黍⑦以谓酒也。

[注释]

①举业:科举时代称应试之业为举业。②觇:窥也。③漫漶:弥漫无际。④王伯厚:指王应麟(1223—1296),南宋官员、学者。字伯厚,号深宁居士,又号厚斋。庆元(路治今浙江宁波)人,理宗淳祐元年(1241)进士,宝祐四年(1256)复中博学宏词科。历官礼部尚书兼给事中等职。著有《困学纪闻》《玉海》等。⑤衣被:给人衣服穿,比喻对他人有恩惠。⑥骤几:迅速接近。⑦秫:黏高粱。黍:一年生草本植物,叶线形,子实淡黄色,去皮后称黄米,比小米稍大,煮熟后有黏性。

[译文]

有人说:举业能够看出人的学问。将举业和学问当作完全不同的科目,那是末流的过失罢了。假如准备充足,等待应举,就像《礼记》上所说的广泛学习、牢牢记住以等待询问,难道可以不叫作学问吗?我的回答是:广泛学习,牢牢记住,是儒者应有的基本功;把这当作学问自立的基础,那可不在这里呀。学问贵在博学而能言简意明地表达出自己的理解,没有不广博而能做到言简意明表达的。用这话来看浅薄、虚妄、粗俗的儒者,只学某一先生的学说而将自己限定在一定范围内,不能叫作专家。而且,也没有不简约而能广博的。用这句话来衡量平庸儒者所做的记诵工作，可以说广泛到了没有边际的地步，荒谬地追求通晓一切事物，却不知道即使具备尧、舜那样的智慧也是达不到的。学习兴趣广泛，且能强于记忆，自然可以应付询问；不懂得言简意明，而只是为待问而待问，那么如果没有人来问，读书人就不学习了吗？况且提问的人闻名而来，原想从我那儿得到更为实在的专业东西。名声是由专业深造而得，不是专门研究成一家学问是不行的，因此没有不专而能成一家学问的。有人说：苏轼按类寻求，韩愈钩玄提要，都是等待询问之学，您认为不能成家，这可以理解。但王应麟广泛地搜罗发掘，穷尽深奥的所在，他对于经、传、子、史各类书，名号物色、制度法式等方面，能贯串起来又四处追求，的确能探索到先代儒者所没有具备的。他纂辑的许多书，直到现在学者还享受到好处，难道能因为是等待询问之学而轻视它吗？我的回答是：王应麟大概是依据名称而寻求实质的人。古人说韩愈凭借文章而发现大道，既然能发现大道，就超越读文章本身了。王应麟凭借等待询问之学探求学问，既然知道学问，就超越等待询问之学了。但王应麟诸书，称之为纂辑是可以的，称之为著述就不行了；称之为学者探求知识的功力是可以的，称之为成一家的学术就不行了。如今那些渊博雅正的君子，在经、传、子、史各类书上耗尽精力，却在学问上终身没有收获，正因为推崇王应麟，握着探求知识的功力，错误地认为学问就在这里。学问和功力，表面上相似却实不相同。学问不能够迅速求得，人们应在功力方面花力气是能够迅速求得的。直接将功力称之为学问，这就像指着秫和黍称之为酒一样。

夫学有天性焉，读书服古之中，有人识最初而终身不可变易者是也。学又有至情焉，读书服古之中，有欣慨会心①而忽焉不知歌泣何从者是也。功力有余，而性情不足，未可谓学问也。性情自有，而不以功力深之，所谓有美质而未学者也。夫子曰："发愤忘食，乐以忘忧，不知老之将至。"不知孰为功力，孰为性情，斯固学之究竟②。夫子何以致是？则曰："好古敏以求之者也。"今之俗儒，且憾不见夫子未修之《春秋》，又憾戴公得《商颂》而不存七篇之阙目，以谓高情胜致，互相赞叹，充其僻见。且似夫子删修，不如王伯厚之善搜遗逸焉。盖逐于时趋，而误以襞绩补苴③谓足尽天地之能事也。幸而生后世也，如生秦火未毁以前，典籍具存，无事补辑，彼将无所用其学矣。

[注释]

①会心：已经领会，明白对方的意思了。②究竟：穷尽。③襞绩：应作"襞积"，指裙子上的褶子。比喻重叠、堆积。补苴：补缀。苴，用草垫鞋底。

[译文]

学习是有天赋的，读书学习古代文化的过程中，有最先获得认识终身无法改变的，就是这种东西。学习又是有极深感情的，读书学习古代文化的过程中，有欢心感叹领会含意而忽然间不知歌唱哭泣是为何产生的，就是这种东西。功力有余，而天赋、感情不足，不能叫作学问。本身有天赋、感情，而不用功力加深它，这就是所说的有好的材质而没有学问。孔子说："发愤学习到了忘记吃饭，因从中得到欢乐而忘记了忧愁，以至没有觉得老年在到来。"从这句话中，人们无法辨别什么是功力，什么是天赋、感情，这是学习的最高境界。孔子为什么能达到这种境界呢？就像他所说的："我是爱好古代文化而勤勉学习、努力探索的人。"现在的平庸儒者，遗憾不能见到未经孔子整理过的《春秋》，又遗憾宋戴公时得到《商颂》十二篇而没有保存其中七篇名称，觉得谈论这些是有高雅情趣的表现，互相赞叹不已，以此充实他们的片面见解。而且，好像孔夫子对古代典籍的删修，不如王应麟善于搜寻佚文。大概是追逐时代趋向,而误认为堆积资料、补缀旧籍足够穷尽世间的事物了。他们幸而生在后世,假如生在秦国焚书以前,典籍都存在,不需要从事补辑工作,他们将无用武之地。

博约下

[题解]

本篇主张治学问要自得,即自己有所体会,然后自成一家。人们的天资与能力不尽相同,治学采取哪种途径和方法,因人而定,不能勉强。

或曰:子言学术功力必兼性情,为学之方不立规矩,但令学者自认资之所近与力能勉者而施其功力,殆即王氏良知之遗意也。夫古者教学,自数与方名,诵《诗》舞《勺》,各有一定之程,不问人之资近与否,力能勉否。而子乃谓人各有能有所不能,不相强也,岂古今人有异教与?答曰:今人为学,不能同于古人,非才不相及也,势使然也。自官师分,而教法不合于一,学者各以己之所能私相授受,其不同者一也。且官师既分,则肄习惟资简策,道不著于器物,事不守于职业,其不同者二也。故学失所师承,六书九数,古人幼学皆已明习,而后世老师宿儒,专门名家,殚毕生精力求之,犹不能尽合于古,其不同者三也。天时人事,今古不可强同,非人智力所能为也。然而六经大义,昭如日星;三代损益,可推百世。高明①者由大略而切求,沉潜②者循度数③而徐达。资之近而力能勉者,人人所有,则人人可自得也,岂可执定格④以相强欤?王氏"致良知"之说,即孟子之遗言也。良知曰致,则固不遗功力矣。朱子欲人因所发而遂明,孟子所谓察识其端而扩充之,胥是道也。而世儒言学,辄以良知为讳,无亦惩于末流之失,而谓宗指果异于古所云乎?

[注释]

①高明:指见解独到不同凡人或技艺高超;也作名词,指具有独到见解、高超技艺的人。②沉潜:思想感情深沉,不外露。③度数:标准;规则。④定格:固定不变的格式;一定的规格。

[译文]

有人说:你谈论学术,功力必须和天赋、情感同时具备,治学的方法,不立规矩,只是让学者自己认识资质所接近与能力可以达到的方面,而施展自己的功力,这恐怕是王阳明致良知学说的遗意了。古时候的教学,从数目和四方的名称到诵读《诗》、学习《勺》舞,各有一定的进度,不管人的资质是否相近,能力能否尽到。而您却说人各有能做到的和无法做到的,不能勉强他们,难道古人和今人的教育方法不同吗?我的回答是:今人的学习不能和古人相提并论,不是由于才能比不上,而是时势造成这样。自从官员和教师的职责分离,教化和法度不再合二为一,学者拿各自所擅长的才学在私下里互相传授和接收,这是不同的第一点。况且官员和教师的职责已经分离,学习只能凭借书籍,道不附在事物上,事不由专职掌管,这是不同的第二点。因此学习失去师承,六书、九数,古时幼年学童都懂的东西,而后世年尊望重的大学者、专门研究自成一家的人,用尽毕生精力探求,还不能完全和古代学术相符,这是不同的第三点。天时、人事,不能强行让古今相同,这不是人的智力所能做到的。但是六经的要旨,像太阳和星辰一样明显;夏、商、周三代的变革,可以推广到百代以后。见解独到、技艺高超的人只要了解大要即可迅速求得,思想感情深沉、不外露的人只要遵循规则也能逐渐通晓。资质接近与能力可以尽到的方面，人人都有，那么人人可以有自己独到的体会，难道能拿着固定的标准来勉强别人吗？王阳明致良知的学说是孟子流传下来的思想遗产。对良知用"致"，本来就没忽略功力呀。朱子要人们根据自己的发现而明白事理，孟子所说的由察看仁义礼智的开始进而扩展充实，都是这个道理。现今的平庸儒者谈论学问，总是把良知当作要顾忌的话题，这是有感于末流过失而这样的，难道认为良知的宗旨果真和古人所说的有什么不同吗？

或曰：孟子所谓扩充，固得仁、义、礼、智之全体也。子乃欲人自识所长，遂以专其门而名其家，且戒人之旁骛①焉，岂所语于通方之道欤？答曰：言不可以若是其几也。道欲通方而业须专一，其说并行而不悖也。圣门身通六艺者七十二人，然自颜、曾、赐②、商，所由不能一辙；再传而后，荀卿言《礼》，孟子长于《诗》《书》，或疏或密，途径不同，而同归于道也。后儒途径所由寄，则或于义理，或于制数，或于文辞，三者其大较矣。三者致其一，不能不缓其二，理势③然也。知其所致为道之一端，而不以所缓之二为可忽，则于斯道不远矣。徇于一偏，而谓天下莫能尚，则出奴入主，交相胜负，所谓物而不化④者也。是以学必求其心得，业必贵于专精，类必要于扩充，道必抵于全量，性情喻于忧喜愤乐，理势达于穷变通久，博而不杂，约而不漏，庶几学术醇固⑤，而于守先待后⑥之道，如或将见之矣！

[注释]

①旁骛：在正业以外有所追求；不专心。骛，追求。②赐：端木赐，字子贡。③理势：事理的发展趋势；情势。④物而不化：物化，意指泯除事物差别，物我同化。⑤醇固：纯正坚贞。⑥守先待后：犹继往开来；承先启后。

[译文]

有人说：孟子所说的扩展充实，本来说到了仁、义、礼、智的全部。您却想要人自己知道长处，于是凭专门研究一门学问而标榜自成一家，并告诫人们正业之外不可多求，这难道能和通达之道一起谈论吗？我的回答是：话不可以这么说。大道要通达，而学业必须专一，这两种说法并行不悖。孔圣人门下弟子通晓六经的有七十二人，但是从颜回、曾参、端木赐、卜商开始，所走的已经不是一条路了；两传以后，荀卿谈论《礼》，孟子长于《诗》《书》，一个疏放，一个周密，途径不同，最终走向大道却是相同的。后世儒者所用的途径，有的在义理，有的在制度，有的在文辞，这三者是主要方面。在三者中求取其中一方面，不能不放松另两个方面，事理的趋势就是这样。如果知道所求取的是道的某个方面，而不把所放松的两个方面当作可以忽略的，那就离道不远了。偏向某个方面，而认为天下没有能超过的，就是存在门户之见了，互相争胜负，这是人们所说的与事物接触而不能融为一体。因此，学习的关键是自己内心有所体悟，学业必须重视专一精深，对同类事物归结为能举一反三，学道必须到达整体衡量的程度，了解天赋和感情的忧愁、欢喜、愤怒、快乐，事理趋势达到穷尽变化通达长久的程度，广博而不繁杂，简约而不遗漏，如此学术就会纯正坚贞，如此，也许能发现学术承先启后的道理。

浙东学术

[题解]

文中章学诚对浙东学术的源流作了系统的论述,并总结了浙东学术的三个特点:一、反对门户之见,"学者不可无宗主,而必不可有门户",因此即便"顾氏宗朱,而黄氏宗陆",亦能"互相推服而不相非诋",能够"浙东、浙西道并行而不悖也"。二、浙东贵专家,即注重独创精神的专门之学,而不是停留在为前人的著作进行注释考订上。三、主张学术经世致用,学问如果无益于社会,"虽即精能",亦无价值。因此这些学者的治学经历与学术成果都具有明显的"经世致用"色彩。作者还指出,学术的经世致用,"切于人事",是消除门户纷争的根本方法。

本篇选自《文史通义新编新注》内篇二。作于嘉庆五年(1800)。

浙东①之学,虽出婺源②,然自三袁③之流,多宗江西陆氏,而通经服古,绝不空言德性,故不悖于朱子之教。至阳明王子揭孟子之良知,复与朱子牴牾④。蕺山刘氏本良知而发明慎独,与朱子不合,亦不相诋也。梨洲黄氏⑤出蕺山刘氏⑥之门,而开万氏弟兄⑦经史之学;以至全氏祖望⑧辈尚存其意,宗陆而不悖于朱者也。惟西河毛氏⑨,发明良知之学,颇有所得;而门户之见,不免攻之太过,虽浙东人亦不甚以为然也。

[注释]

①浙东：宋时设两浙东路，简称浙东，辖今浙江包括开化县在内的衢江、富春江、钱塘江以东地区。②婺源：指朱熹。朱熹，南宋徽州婺源（今属江西）人。③三袁：指袁燮、袁肃、袁甫父子三人。袁燮，字和叔，南宋鄞县（今浙江宁波）人。宋宁宗时，曾为直讲学士。为陆九渊的门人。学者称之曰絜斋先生。其子袁肃，号晋斋，官至少卿；袁甫，字广微，官至权兵部尚书，著有《蒙斋中庸讲义》，均传父学，故合称"三袁"。④复与朱子牴牾：王阳明主张以心为本，提倡"格物致知，自求于心"，否认心外有理、有事、有物，与客观唯心主义的程朱理学相对抗。⑤梨洲黄氏：即黄宗羲（1610—1695），字太冲，号南雷，学者称梨洲先生，浙江余姚人。师从刘宗周。明亡后隐居著述，与孙奇逢、李颙并称三大儒。⑥蕺山刘氏：即刘宗周（1578—1645），字起东，号念台，明代山阴（今浙江绍兴）人。因讲学于山阴蕺山，学者称蕺山先生。官至南京左都御史。南明政权覆亡，绝食二十日而卒。⑦万氏弟兄：清浙江鄞县万泰有子八人：斯年、斯程、斯桢、斯昌、斯选、斯大、斯备、斯同，他们都是黄宗羲的门人。其中以斯大、斯同的成就最为卓著。⑧全氏祖望（1705—1755）：字绍衣，学者称谢山先生，浙江鄞县（今宁波市鄞州区）人。在学术上推崇黄宗羲，并受万斯同的影响，研治宋末和南明史事，留心乡土文献。⑨西河毛氏：指毛奇龄（1623—1716），字大可，号初晴，又以郡望为西河，世称西河先生，浙江萧山（今杭州市萧山区）人。康熙时，曾任翰林院检讨、明史馆纂修官等职。治经学及音韵学，工诗词古文，又通乐律。奇龄恃其渊博，对前人肆意攻击，所诋最甚者为宋人，宋人之中又以诋毁朱子为最。其《四书改错》，即专为抨击朱熹《四书集注》而作。其他著作颇多，后人编为《西河合集》。

[译文]

浙东学术，虽然出于婺源朱熹之理学，但自从袁燮、袁肃、袁甫等人以来，大多宗仰江西陆九渊之心学。不过，他们通晓经学遵循古人，绝不空谈德行，所以也不违背朱子学派的宗旨。到王阳明高举起孟子"良知"的大旗，又与朱子学说相对抗。刘宗周本着"致良知"而提倡"慎独"之说，与朱子学说不合，但也不诋毁朱子。梨洲先生黄宗羲出于刘宗周的门下，开创了万氏弟兄的经史之学；延续到全祖望等人，还保存这一治学理念，尊崇陆氏心学但又不违背朱子理学。只有西河毛奇龄阐发"良知"之说，颇有心得；但由于门户派别的偏见，不免对朱子攻击得太过分了，即使是浙东人也不大赞同。

世推顾亭林氏为开国儒宗，然自是浙西[①]之学。不知同时有黄梨洲氏出于浙东，虽与顾氏并峙，而上宗王、刘，下开二万，较之顾氏，源远而流长矣。顾氏宗朱，而黄氏宗陆。盖非讲学专家各持门户之见者，故互相推服而不相非诋。学者不可无宗主，而必不可有门户，故浙东、浙西道并行而不悖也。浙东贵专家，浙西尚博雅[②]，各因其习而习也。

[注释]

①浙西：南宋时设两浙西路，简称为浙西，辖今浙江衢江、富春江、钱塘江以西和上海市及江苏镇江、金坛、宜兴等市以东地区。②博雅：学识渊博；通识。

[译文]

世人推崇顾亭林为清朝儒学的开山之祖，然而那仅代表浙西学术。不知同时代的浙东出了黄梨洲，虽然与顾氏并称，但黄氏上宗王阳明、刘宗周，下开万斯大、万斯同，比起顾亭林之学，其学术谱系更显源远流长。顾亭林尊崇朱熹，而黄氏尊崇陆九渊。大概他们都不是各持门户之见的讲学专家，所以互相推崇而不互相非难诋毁。学者不可没有信奉的学说，却一定不能有门户之见，所以浙东、浙西各行其道而不相违背。浙东重视专门之学，浙西崇尚通识之学，各自根据自己的学风特点而去研习。

天人性命之学，不可以空言讲也，故司马迁本董氏天人性命之说，而为经世之书。儒者欲尊德性，而空言义理以为功，此宋学之所以见讥于大雅①也。夫子曰："我欲托之空言，不如见诸行事之深切著明也。"此《春秋》之所以经世也。圣如孔子，言为天铎②，犹且不以空言制胜，况他人乎？故善言天人性命，未有不切于人事者。三代学术，知有史而不知有经，切人事也。后人贵经术，以其即三代之史耳。近儒谈经，似于人事之外别有所谓义理矣。浙东之学，言性命者必究于史，此其所以卓也。

[注释]

①大雅：指代德高而有大才的人，泛指学识渊博的人。②天铎：上天的木铎，意谓为上天宣布教化。木铎，木舌铜铃，古代发布政令时摇动它来召集听众。

[译文]

天道与人道、性理与天命的学说，不能用空洞的话来讲解，所以司马迁依据董仲舒的天人感应学说而著成可以经世致用的《史记》。儒士想尊崇德行，却把空谈义理当作功业，这就是宋代理学之所以受到有识之士讥讽的缘故。孔夫子说："与其把儒家大道寄托在抽象的说教中，还不如通过具体的历史事实来得更为深切明显。"这就是《春秋》之所以可以用来治理国事的缘故。圣明如孔子，他的言论是代天发布命令，尚且不凭空洞的言论取胜，何况他人呢？所以善于谈论天人性命的人，没有不切合人事的。夏商周三代的学术，知道有史学却不知道有经学，因为讲史更切合人事。后人重视经学，因为它就是三代的历史罢了。近代儒生谈论经学，似乎在人事之外另有所谓的义理。浙东学术，谈论性命的必定研治史学，这就是它之所以卓越的原因所在。

朱陆异同，干戈门户，千古桎梏之府，亦千古荆棘之林也。究其所以纷纶，则惟腾①空言而不切于人事耳。知史学之本于

《春秋》,知《春秋》之将以经世,则知性命无可空言,而讲学者必有事事②,不特无门户可持,亦且无以持门户矣。浙东之学,虽源流不异,而所遇不同。故其见于世者,阳明得之为事功,蕺山得之为节义,梨洲得之为隐逸,万氏兄弟得之为经术史裁,授受虽出于一,而面目迥殊,以其各有事事故也。彼不事所事,而但空言德性,空言问学,则黄茅白苇,极面目雷同,不得不殊门户,以为自见地耳,故惟陋儒则争门户也。

[注释]

①腾:传递。②事事:有事可做。

[译文]

朱学、陆学异同之争,两派各持一端互相攻击,这是千古以来束缚大家思想的地方,也是千古纷争如荆棘丛生之由来。推究它们纷纭繁杂的原因,主要在于历来只传递空洞的言论而不知切合于人事。了解史学根源于《春秋》,明白《春秋》是用来治理世事的,便知道性理天命是不可以凭空谈论的,而讲学的人必定研习具体之事,这不仅没有派别可以坚守,也没有什么可以支持成立派别。浙东学术,虽然源流没有差异,但各自的遭遇不同,所以其在世上的表现就不一样。王阳明表现的是建立功业,刘宗周表现的是节操正义,黄宗羲表现的是隐逸不仕,万斯大、万斯同兄弟表现的是经史之学。虽然出于同源,而面目却迥然不同,是因为有各自研习的事业。那些不从事具体事业,而只是空谈"德性",空谈"问学"的人,就像黄茅白苇一样整齐划一,面目极为相似,有的人不得不另立门户来表现自我,所以只有浅陋的儒生才会争立门户。

或问:事功气节,果可与著述相提并论乎?曰:史学所以经世,固非空言著述也。且如六经,同出于孔子,先儒以为其功莫大于《春秋》,正以切合当时人事耳。后之言著述者,舍今而求古，舍人事而言性天，则吾不得而知之矣。学者不知斯义，不足言史学也。整辑排比，谓之史纂，参互搜讨，谓之史考；皆非史学。

[译文]

有人问：事业、功绩、志气、节操，果真可以与著述相提并论吗？我的回答是：史学之所以能够治理世事，是因为本来就不是以空洞谈论来著述的。况且就像六经都同出于孔子，前辈儒者以为《春秋》的治世之功最大，正是因为它切合当时的人事。后世谈论著述的人，舍弃现实而追求古代，舍弃人事而谈论人性天命，我就不得而知了。学者如果不知道这个道理，便不足以与他谈论史学。（整理编辑排比，叫作史纂；互相参证搜集探求，叫作史考；都不是史学。）

文　德

[题解]

章学诚所谓的文德系指著述者撰著的态度，所谓"恕非宽仁之谓者，能为古人设身而处地也"。章学诚主张"不知古人之世，不可妄论古人文辞也；知其世矣，不知古人之身处，亦不可以遽论其文也"，在此认识的基础上，同时强调"主敬者，随时检摄于心气之间，而谨防其一往不收之流弊也"。亦即"临文，检其心气，以是为文德之敬而已尔"。归结起来，其主旨即为"论古必恕"与"临文必敬"。

本篇选自《文史通义新编新注》内篇二。作于嘉庆元年（1796）。

凡言义理，有前人疏而后人加密者，不可不致其思也。古人论文，惟论"文辞"而已矣。刘勰①氏出，本陆机氏说而昌论"文心"；苏辙②氏出，本韩愈氏说而昌论"文气"；可谓愈推而愈精矣。未见有论"文德"者，学者所宜深省也。夫子尝言"有德必有言"，又言"修辞立其诚"；孟子尝论"知言""养气"，本乎集义；韩子亦言"仁义之途""《诗》《书》之源"；皆言德也。今云未见论文德者，以古人所言，皆兼本末，包内外，犹合道德文章而一之，未尝就文辞之中言其有才、有学、有识，又有文之德也。

凡为古文辞者，必敬以恕。临文必敬，非修德之谓也。论古必恕，非宽容之谓也。敬非修德之谓者，气摄而不纵，纵必不能中节③也；恕非宽仁之谓者，能为古人设身而处地也。嗟乎！知德者鲜，知临文之不可无敬恕，则知文德矣。

[注释]

①刘勰（约465—约532）：南朝梁学者，字彦和，所撰《文心雕龙》是我国古代文学理论批评之巨著。②苏辙（1039—1112）：宋代文学家，字子由，眉州眉山（今四川眉山）人，文学上与父（洵）、兄（轼）合称"三苏"，均为"唐宋八大家"之一，著有《春秋集解》《栾城集》《诗集传》。③中节：合乎礼义法度。

[译文]

凡是论述经义道理，有前人粗疏而后人加以周密处，不可不予以思考。古人讨论文章，只谈论"文辞"而已。刘勰依据陆机之说而倡导"文心"；及至苏辙，又依据韩愈之说而倡导"文气"；可说是越推求越精密了。从未见过有人探论"文德"，这是学者们所值得深思的。孔子曾说"有道德的人一定有好言论"，又说"作文章要诚心实意"；孟子曾经论述过"知言""养气"，认为都源于道义的积聚；韩愈也曾说过"仁义的途径""《诗》《书》的源泉"；他们都谈到了德行。现在讲未曾见到有人论述文德，是因为古人所说的，都兼该本末，包举内外，就像将道德与文章合而为一了；而从未在文辞之中自言有文才、文学、文识，又有文德。

凡写古文的人，必须抱着敬和恕的态度。行文之前必须待之以敬，并非指品德修养；品论古昔，必须心怀恕道，并非宽容的意思。敬并非指品德修养，是将气摄集而不放纵，放纵则必定不能合乎礼义法度；恕并非指宽容待人，是指能为古人设身处地地考虑。嗟乎！懂得德行的人很少，明白下笔行文不可没有敬恕的态度，那就知道文德了。

昔者陈寿《三国志》，纪魏而传吴、蜀，习凿齿①为《汉晋春秋》，正其统矣；司马《通鉴》仍陈氏之说，朱子《纲目》又起而正之。"是非之心，人皆有之。"不应陈氏误于先，而司马再误于其后，而习氏与朱子之识力偏居于优也。而古今之讥《国志》与《通鉴》者，殆于肆口而骂詈②，则不知起古人于九原③，肯吾心服否邪？陈氏生于西晋，司马生于北宋，苟黜曹魏之禅让，将置君父于何地？而习与朱子，则固江东南渡之人也，惟恐中原之争天统也。此说前人已言。诸贤易地则皆然，未必识逊今之学究也。是则不知古人之世，不可妄论古人文辞也；知其世矣，不知古人之身处，亦不可以遽论其文也。身之所处，固有荣辱、隐显、屈伸、忧乐之不齐，而言之有所为而言者，虽有子不知夫子之所谓，况生千古以后乎！圣门之论恕也，"己所不欲，勿施于人"，其道大矣。今则第为文人，论古必先设身，以是为文德之恕而已尔。

[注释]

①习凿齿（？—384）：东晋史家，字彦威，襄阳（今属湖北）人，撰有《汉晋春秋》《襄阳耆旧记》。②骂詈（lì）：责骂。直面对斥为骂，侧击旁敲为詈。③九原：泛指墓地。

[译文]

以前，陈寿《三国志》用本纪写魏国，而用列传写吴、蜀二国，习凿齿写《汉晋春秋》，摆正了正统的定位；司马光写《资治通鉴》，沿袭陈氏之说，朱子的《通鉴纲目》又对其做了矫正。"是非之心，人皆有之。"不应陈氏先已有误，司马光再次失误于后，而习氏与朱子的见识显得特别高明。古今讥讽《三国志》与《通鉴》的人，达到肆意谩骂的程度，却不知假如古人死而复生，是否会同意我们的看法呢？陈寿生于西晋，司马光生于北宋，如果贬黜曹魏的禅让，那将把所处王朝的皇帝置于什么地位呢？习氏与朱子是江东南渡之人，唯恐中原之国要与他们争夺正统的地位。（此说前人已有言及。）假如将诸位贤者变换一下处境，则都是一样的，前人的见识未必就比今天那些迂腐的读书人差。这么说来，不了解古人所处的时代，便不可妄自评论古人的文章；了解他们所处的时代，却不了解古人所处的实际境况，也不可以草率评论他们的文章。古人所处的境况，固然有荣耀与屈辱、隐晦与显达、委屈与舒畅、忧虑与欢乐的不同，而言辞是有所为而发的，即使是有子也不知道孔子说话所针对的是什么，何况千古之后的人呢？孔门论述的恕道，"己所不欲，勿施于人"，其蕴涵的道理至为博大啊！今天但说文人评论古人必须先为他们设身处地，只是把这当作文德之恕而已。

韩氏论文，"迎而拒之，平心察之"。喻气于水，言为浮物。柳氏之论文①也，不敢"轻心掉之"，"怠心易之"，"矜气作之"，"昏气出之"。夫诸贤论心论气，未即孔、孟之旨，及乎天人、性命之微也。然文繁而不可杀，语变而各有当。要其大旨，则临文主敬，一言以蔽之矣。主敬则心平，而气有所摄，自能变化从容以合度也。夫史有三长，才、学、识也。古文辞而不由史出，是饮食不本于稼穑也。夫识，生于心也；才，出于气也。学也者，凝心以养气，炼识而成其才者也。心虚难恃，气浮易弛，主敬者，随时检摄于心气之间，而谨防其一往不收之流弊也。夫缉熙敬止②，圣人所以成始而成终也，其为义也广矣。今为临文，检其心气，以是为文德之敬而已尔。

[注释]

①"轻心掉之"四句：语出柳宗元《柳先生集》卷三十四《答韦中立论师道书》。②缉熙敬止：缉熙，光明也。敬止，敬仰。止，语气词。

[译文]

　　韩愈谈到作文之法时说："迎纳而有所抗拒，平心静气地作一番考察。"他把气比喻为水，把言辞比作漂浮的物体。柳宗元讨论到文章时说，"不敢漫不经心地随便写作"，"不敢偷懒取巧地写作"，"不敢用骄傲的心理去写作"，"不敢用糊涂不清的态度去写作"。诸位贤人论心论气，没有切中孔、孟的宗旨，涉及精微的天人性命之学。但是，文辞虽然繁复却不可减省，语言变化不同却各有所宜。究其要领，则行文之前须保持敬慎的态度，一句话便概括了。注重敬慎则心中平静而气有所约束，自然能从容变化合乎法度。史家有三长，即史才、史学和史识。若说古代的文章不是从史学中产生的，如同说饮食不是从庄稼中来的。见识产生于思考，才情源出于气，学是集中心思来培养气，磨练见识来使其成才。心虚便难以依仗，气浮则容易松弛。注重敬慎，是为了随时在心气之间有一种约束与警摄，谨防其一松而不可收的通病。心地光明而又恭谨，这就是圣人之所以能善始善终的原因，它的含义深广。现在行文之前检视作者的心气，以此为文德之敬慎而已。

文　理

[题解]

　　一次偶然的机会,章学诚在朋友左良宇处获见明代归有光的《史记》五色圈点本,《文理》篇由此引发而作。作者对于机械地模仿古人的做法提出了批评,认为文章的好坏,要看内容是否充实,能否表达撰著者真实的感情。所谓"立言之要,在于有物。古人著为文章,皆本于中之所见",写文章必须有内容,有价值,贵创造而反对因袭模仿。

　　本篇选自《文史通义新编新注》内篇二。作于乾隆五十四年（1789）。

　　偶于良宇①案间,见《史记》录本,取观之,乃用五色圈点,各为段落。反覆审之,不解所谓。询之良宇,哑然失笑,以谓己亦厌观之矣。其书云出前明归震川②氏,五色标识,各为义例,不相混乱。若者为全篇结构,若者为逐段精彩,若者为意度波澜③,若者为精神气魄,以例分类,便于拳服④揣摩,号为"古文秘传"。前辈言古文者,所为珍重授受,而不轻以示人者也。又云："此如五祖传灯⑤,灵素受箓⑥,由此出者,乃是正宗;不由此出,纵有非常著作,释子所讥为'野狐禅⑦'也。余幼学于是,及游京师,闻见稍广,乃知文章一道,初不由此。然意其中或有一二之得,故不遽弃,非珍之也。"

[注释]

①良宇：左眉，字良宇，号静庵，安徽桐城人。著有《静庵文集》《静庵诗集》《尚书蔡传正讹》。②归震川：即归有光（1507—1571），字熙甫，昆山人。世称震川先生。官至南京太仆寺丞。主张作文应学习唐宋文章的法度，对前后七子"文必秦汉"的拟古主张表示不满。与王慎中、唐顺之、茅坤等被称为"唐宋派"。著有《震川先生集》。③意度：指艺术作品的意境与风格。波澜：比喻诗文的跌宕起伏。④拳服：拳拳服人的略称，意为诚恳信奉，衷心信服。⑤五祖传灯：弘忍（602—675），东山法门开创者，被尊为禅宗五祖。传灯，即传法。传灯，是指获得菩提智慧的人如一盏明灯，在照亮了自己的同时，有责任去点燃尚处在混沌状态中的其他灯盏，以期"灯灯相传""亘古光明灿烂"。⑥灵素：即林灵素，原名灵噩，字通叟，温州（今属浙江）人，北宋末著名道士，少时曾为苏东坡书童。宋徽宗赐号通真达灵先生，加号玄妙先生、金门羽客。著有《释经诋诬道教议》一卷，《归正议》九卷。受箓：指道家接受符箓，此指授予符箓。⑦野狐禅：在禅宗中，流入邪僻、未悟而妄称开悟，禅家一概斥之为"野狐禅"。后泛指各种歪门邪道。

[译文]

我偶然在左良宇的文案上见到一部《史记》抄本，取来观览，书中用五色圈点，各自分为段落。反复审视，不明白其所以然。询问良宇，他哑然失笑，说自己对该书也看厌烦了。该书说是出自明朝的归有光，用五色作标志，各为义例，互不混乱。哪种表示全篇结构，哪种表示各段精华，哪种表示意境风格与波澜起伏，哪种表示精神气魄，按例分类，便于读者揣摩体会，号称"古文秘传"。讲古文的前辈称，这是一部需要谨慎传授、不能轻易示人的宝书。又说："这就像禅宗五祖传法，道家灵素授符箓，由他们传授的，就是正宗，不是他们传授的，即使是非同凡响的著作，也要被佛门弟子讥讽为'野狐禅'。我幼时熟读此书，到京师游学之后，见闻逐渐广博，才知道文章之道并非由此肇基。但猜想其中或许会有一两处收获，所以没有立即丢弃，并没有把它当作宝贝。"

余曰：文章一道，自元以前，衰而且病，尚未亡也。明人初承宋、元之遗，粗存规矩。至嘉靖、隆庆之间，晦蒙否塞，而文几绝矣。归震川氏生于是时，力不能抗王、李之徒①，而心知其非，故斥凤洲以为庸妄，谓其创为秦、汉伪体，至并官名地名而改用古称，使人不辨作何许语，故直斥之曰文理不通，非妄言也。然归氏之文，气体②清矣，而按其中之所得，则亦不可强索。故余尝书识其后，以为先生所以砥柱中流者，特以文从字顺，不汩没③于流俗，而于古人所谓闳④中肆外，言以声其心之所得，则未之闻尔。然亦不得不称为彼时之豪杰矣。但归氏之于制艺⑤，则犹汉之子长、唐之退之，百世不祧⑥之大宗也。故近代时文⑦家之言古文者，多宗归氏。唐、宋八家之选，人几等于《五经》、四子⑧，所由来矣。惟归、唐⑨之集，其论说文字，皆以《史记》为宗，而其所以得力于《史记》者，乃颇怪其不类。盖《史记》体本苍质，而司马才大，故运之以轻灵。今归、唐之所谓疏宕顿挫，其中无物，遂不免于浮滑，而开后人以描摹浅陋之习。故疑归、唐诸子，得力于《史记》者，特其皮毛，而于古人深际未之有见。今观诸君所传五色订本，然后知归氏之所以不能至古人者，正坐此也。

[注释]

①王、李之徒：指王世贞、李攀龙。②气体：指文章的气势与风格。③汩没：沉没。④闳：大。⑤制艺：指八股文。⑥不祧：古代帝王的宗庙分家庙和远祖庙，远祖庙称祧。家庙中的神主，除始祖外，凡辈分远的要依次迁入祧庙中合祭；永不迁移的叫作"不祧"。比喻创立某种事业而受到尊崇的人。⑦时文：时下流行的文体，明清指八股文。⑧四子：即四书，《论语》《大学》《中庸》《孟子》四部书分别是孔子、曾子、子思、孟子的言行录，故合称"四子书"。⑨归、唐：指归有光、唐顺之。

[译文]

我说道：文章之道，自元代以前，已经开始衰弱并且弊端重重，但尚未消亡。明朝人开始时继承了宋、元遗绪，粗略保留了规矩。到了嘉靖、隆庆之间，文道晦涩阻滞，文章几乎灭绝了。归震川生处当时，气势上不能与王世贞、李攀龙之流抗衡，但心中确信他们是错误的，故斥责王世贞为平庸虚妄。说他们创作的是秦、汉伪体，以至于官名、地名都改用古代的名称，使人闹不清在讲什么，所以直接斥责他们文理不通，这并非虚言。但归氏的文章，风格清朗，要考察他文中的心得，则不可强自索取深义。所以我曾经写过一篇书跋，认为归先生之所以能成为中流砥柱，主要是其文章文从字顺，没有湮没在流俗之中，但对于古人所谓的蓄积宏富、用笔豪放，用言辞表达心灵感受，则不曾达到。尽管如此，也不得不称其为当时的豪杰了。在八股文方面，归有光就像汉代的司马迁、唐代的韩愈，都是百世不祧之祖。所以近代时文家讲古文，多尊崇归氏。唐、宋八大家的文选，人们几乎将其与四书五经等同，确是有来由的。只不过归有光、唐顺之的文集，在讨论文章方面，都以《史记》为楷模，而其所得力于《史记》的地方，竟然与《史记》很不相同。大概是《史记》的风格本来就苍老质朴，而司马迁才力雄大，所以能用一种轻灵的笔法来写。现在归、唐二人所谓的疏放顿挫，却没有太多内涵，于是不免流于浮滑，从而开启了后人描摹的陋习。所以我疑心归、唐诸人从《史记》中得到的东西，只是一些皮毛，而对于古人深层的精义却没有发现。现在看到诸君所传的五色评点本，然后才明白归氏之所以达不到古人的境界，正是这个缘故。

夫立言之要，在于有物。古人著为文章，皆本于中之所见，初非好为炳炳烺烺①，如锦工绣女之矜夸采色已也。富贵公子，虽醉梦中不能作寒酸求乞语；疾痛患难之人，虽置之丝竹华宴之场，不能易其呻吟而作欢笑。此声之所以肖其心，而文之所以不能彼此相易，各自成家者也。今舍己之所求而摩古人之形似，是杞梁之妻善哭其夫，而西家偕老之妇亦学其悲号。屈子自沉汨罗，而同心一德之朝，其臣亦宜作楚怨也，不亦傎②乎！

至于文字，古人未尝不欲其工。孟子曰："持其志，无暴其气③。"学问为立言之主，犹之志也；文章为明道之具，犹之气也。求自得于学问，固为文之根本；求无病于文章，亦为学之发挥④。故宋儒尊道德而薄文辞，伊川先生谓工文则害道，明道先生谓记诵为玩物丧志⑤。虽为忘本而逐末者言之，然推二先生之立意，则持其志者不必无暴其气。而出辞气之远于鄙倍⑥，辞之欲求其达，孔、曾皆为不闻道矣。但文字之佳胜，正贵读者之自得，如饮食甘旨，衣服轻暖，衣且食者之领受，各自知之，而难以告人。如欲告人衣食之道，当指脍炙而令其自尝，可得旨甘；指狐貉⑦而令其自被，可得轻暖，则有是道矣。必吐己之所尝而哺人以授之甘，搂人之身而置怀以授之暖，则无是理也。

[注释]

①炳炳烺烺：光亮鲜明。形容文章辞采声韵之美。②傎（diān）：荒谬。③无暴其气：或译作"切实感情用事"。暴，显露。④发挥：把意思或道理充分表达出来。⑤伊川先生：即程颐。明道先生：即程颢。玩物丧志：指迷恋于所玩赏的事物而消磨了积极进取的志气。玩，玩赏。丧，丧失。志，志气。⑥倍：同"背"，不合理。⑦貉：又称貉子、狸、狸猫、獭狸、大山猫，犬科动物，棕灰色毛，耳朵短小，嘴尖，两颊长有长毛。生活在山林中，昼伏夜出，以鱼虾和鼠兔为食。是一种珍贵的毛皮兽。

[译文]

著述的要义，在于言之有物。古人撰写文章，都出于自身思考所得，其初衷并不在于追求绚丽的文采，如同织锦的工匠、绣花的女工炫耀色彩一般。生于富贵之家的公子，即使在醉梦中也说不出寒酸乞求的话；疾病缠身、遭遇灾难的人，即使置身于歌舞宴会的场所中，也无法改变其痛苦呻吟样子而作出欢声笑语。这就是声音之所以像其心灵，文章之所以不能彼此对换，只能各自成家的道理所在。现在舍弃自己内在的追求而追摹古人形式上的相似，这就像杞梁之妻善于为夫痛哭，而西边邻居白头偕老的妇人也来学她那样悲伤地号叫。屈原自沉于汨罗江，而在君臣同心同德的朝代，其臣子也作《楚辞》般哀怨，不也很荒谬吗？

至于文字表述，古人未尝不追求它的工巧。孟子说："要坚定自己的思想意志，千万不要感情用事。"学问是著书立说的根本，如同孟子所说的信念；文章是阐明道术的工具，犹如孟子所说的意气。从学问中寻找自己的心得，固然是作文章的根本；希望文章写作到没有瑕疵，这也是为学的充分表达。所以，宋代的理学家尊崇道德而鄙视文辞，伊川先生程颐认为追求文字工巧会有损儒家之道，明道先生程颢说博闻强记是在玩物丧志。虽然此话是针对舍本逐末者而说的，但推求二位先生的用意，则信念坚定者不一定非得感情用事。曾子说，讲话的时候多考虑言辞和声调的使用，这样就可以远离粗野之习和颠三倒四；孔子说，言辞表述只要达意即可，如此，孔子、曾子都成了没有领会这一道理的人了。但是文字的精彩优美，贵在读者有自己的心得，如饮食的甘美，衣服的轻暖，穿衣、吃饭的人各有体会，却难以告诉别人。如果想要告诉他人穿衣吃饭之法，应当选好脍鱼烤肉，让其自己去品尝，便可尝到美味；选好狐貉皮衣，让他自己去穿，便可感受到轻便暖和，如此就能体会这个道理了。非要将自己尝过的东西吐出来喂人以便给他甜味，把别人的身子搂进自己怀里以便给他温暖，那是没有这种道理的。

韩退之曰："记事者必提其要，纂言者必钩其玄。"其所谓钩玄提要之书，不特后世不可得而闻，虽当世籍、湜①之徒亦未闻其有所见，果何物哉？盖亦不过寻章摘句，以为撰文之资助耳。此等识记，古人当必有之。如左思十稔而赋《三都》，门庭藩溷，皆著纸笔，得即书之。今观其赋，并无奇思妙想，动心骇②魄，当藉十年苦思力索而成。其所谓得即书者，亦必标书志义，先掇古人菁英，而后足以供驱遣尔。然观书有得，存乎其人，各不相涉也。故古人论文，多言读书养气之功，博古通经之要，亲师近友之益，取材求助之方，则其道矣。至于论及文辞工拙，则举隅反三，称情比类。如陆机《文赋》、刘勰《文心雕龙》、钟嵘《诗品》③，或偶举精字善句，或品评全篇得失，今观之者得意文中，会心言外，其于文辞思过半矣。至于不得已而摘记为书，标识为类，是乃一时心之所会，未必出于其书之本然。比如怀人见月而思，月岂必主远怀？久客听雨而悲，雨岂必有愁况？然而月下之怀，雨中之感，岂非天地至文？而欲以此感此怀，藏为秘密，或欲嘉惠后学，以谓凡对明月与听霖④雨，必须用此悲感方可领略，则适当良友乍逢，及新昏宴尔⑤之人，必不信矣。是以学文之事，可授受者规矩方圆，其不可授受者心营意造。至于纂类摘比之书，标识评点之册，本为文之末务，不可揭以告人，只可用以自志，父不得而与子，师不得以传弟。盖恐以古人无穷之书，而拘于一时有限之心手也。

[注释]

①籍、湜：指张籍、皇甫湜。张籍，字文昌，原籍吴郡（今江苏苏州），少时侨寓和州乌江（今安徽和县乌江镇）。历任国子博士、水部员外郎、国子司业等职，故又称张司业或张水部。曾从学于韩愈，且得其称赞，世称韩门弟子。其诗工于乐府，与王建齐名，并称"张王"。著作有《张司业集》。皇甫湜，字持正，睦州新安（今浙江淳安）人。官至工部郎中。从韩愈学古文，然文风流于奇僻险奥。原籍已散佚，今存《皇甫持正文集》为宋人重编。

②骇：惊骇。③钟嵘（？—约518）：南朝梁文学批评家。字仲伟，颍川长社（今河南长葛东）人。由齐入梁，历任中军临川王行参军和衡阳王、晋安王记室。所撰《诗品》三卷，成书于梁武帝天监十二年（513）以后。④霖：久下不停的雨。⑤新昏宴尔：形容新婚快乐。昏，通"婚"。宴尔，亦作"燕尔"，快乐愉悦。

[译文]

韩愈说："记事的著作必须要能抓住要点，汇纂言论的著作一定要钩稽其中的奥义。"他所说的钩玄提要之书，不仅后世人没有听说过，即使是当时的张籍、皇甫湜之流也未曾听说过见到过。究竟是什么样的书呢？大概也不过是些寻章摘句之类的书，作为撰写文章的参考罢了。这类标记摘抄的书，古人是一定有的。如左思用十年写成《三都赋》，庭院厕所都安放了纸笔，一有所得便写下来。如今观看他的文赋，并无什么奇思妙想，也不会令人心神摇曳，应当是凭借着十年苦思努力搜索材料而成。他所说的一有心得便记下来，也必定是指标记前人著作中的精妙处，先摘取古人的精华，以资作者驰骋调遣罢了。但是看书有所心得，在于各人自身，与他人无涉。所以古人谈论文章，大多说到读书养气的功夫，通晓古代谙熟经书的重要，与师友交往的益处，取材求助的方法，这就找到窍门了。至于论及文辞的工巧与拙劣，在于举一反三，根据文情依类排比，如陆机的《文赋》、刘勰的《文心雕龙》、钟嵘的《诗品》，有时偶尔举出精字佳句，有时品评全篇得失，使读者了解文意，同时又能会心言外，这类书对于文辞的认识大体上正确了。至于不得已而摘抄成书，标志分类，这也是一时心中有所感悟，未必是由于这类书本来如此。比如怀念亲友的人看见月亮而产生思念之情，月亮难道一定关系着远方的怀念？久在他乡的客人听到雨声而产生悲伤之意，雨中难道一定含有愁苦的情形？然而月下的怀念，雨中的感触，难道不是天地间最美的文字吗？如果想把这种感触和情怀作为秘密敛藏起来，或想以之嘉惠后学，认为凡是遥对明月与耳听霖雨，必须以这种悲伤的情怀才可领略，那么突然相逢的好友以及燕尔新婚之人，必定不会相信的。因此学习文章这种事情，可以传授的是规矩法度，无法传授的是独立建构。至于按类编纂、摘抄排比的书籍，圈圈点点的册子，本是学习文章的细枝末节，不需要揭示出来告诉他人，只是自己用来帮助记忆而已，父亲不会将其传给儿子，老师不会将此传给弟子。这是害怕把古人无穷无尽的书籍，局限在某人一时有限的领会之中。

律诗当知平仄，古诗宜知音节。顾平仄显而易知，音节隐而难察，能熟千古诗，当自得之。执古诗而定人之音节，则音节变化，殊非一成之诗所能限也。赵伸符[①]氏取古人诗为《声调谱》，通人讥之，余不能为赵氏解矣。然为不知音节之人言，未尝不可生其启悟，特不当举为天下之式法尔。时文当知法度，古文亦当知有法度。时文法度显而易言，古文法度隐而难喻，能熟于古文，当自得之。执古文而示人以法度，则文章变化，非一成之文所能限也。归震川氏取《史记》之文，五色标识，以示义法；今之通人，如闻其事必窃笑之，余不能为归氏解也。然为不知法度之人言，未尝不可资其领会，特不足据为传授之秘尔。据为传授之秘，则是郢人宝燕石[②]矣。

夫书之难以一端尽也，仁者见仁，智者见智。诗之音节，文之法度，君子以谓可不学而能，如啼笑之有收纵，歌哭之有抑扬，必欲揭以示人，人反拘而不得歌哭啼笑之至情矣。然使一己之见，不事穿凿过求，而偶然浏览，有会于心，笔而志之，以自省识[③]，未尝不可资修辞[④]之助也。乃因一己所见，而谓天下之人，皆当范[⑤]我之心手焉，后人或我从矣，起古人而问之，乃曰："余之所命，不在是矣！"毋乃冤欤？

[注释]

①赵伸符（1662—1744）：清朝诗人。名执信，字伸符，号秋谷、饴山，山东益都人。康熙进士，官右赞善。王士禛甥婿，士禛论诗主"神韵说"，他则作《谈龙录》与之争论。持主严肃，力去浮靡，所作诗有些能反映社会现实，同情劳动人民。著有《饴山堂集》《声调谱》等。②郢人宝燕石：郢为"宋"之误。宋国有个愚人，得了一块"燕石"，认为是奇珍异宝。周国的客人闻名去观看，掩口而笑说："这个不过是一块燕石而已，如同瓦甓一样。"宋人不信反而大怒说道："你不过是商贾之言，医匠之心。"③省识：察看；辨识。④修辞：作文。⑤范：限制。

[译文]

讲律诗应当知道平仄，讲古诗应该知道音节。平仄显而易知，音节隐晦难察，如能熟悉千古流传之古诗，自然而然能从中体会。根据古诗而给人规定音节，但是音节变化多端，完全不是几篇不变的古诗所能框限的。赵执信根据古人的诗歌撰成《声调谱》，学识渊博者讥讽他，我无法替赵氏作什么辩解。但对于不知道音节的人来说，它未尝不可让其得到一些启发，只是不应该将其奉为天下音节的定式与定法。讲八股文应当知道规范，古文也应当知道有规范。八股文的规范显而易言，古文的规范则隐晦难以说清，能熟读古文，当能从中体会到。拿了几篇古文范本，向他人讲解其规范，是行不通的，因为古文变化多端，并非几篇固定不变的范文所能涵盖的。归有光根据《史记》的文字，进行五色圈点，来揭示其义例规范；如今的博识者如果听到这件事，必然会窃笑他，我也无法替归氏作什么辩解。但对于不明规范的人来说，它未尝不可以帮助他深入领会，只是不值得把它作为传授的秘诀罢了。将其当作传授的秘诀，那就如同楚国人把燕地的石头当作宝石来珍藏一样。

书的类型是难以从一个方面穷尽的，仁者见仁，智者见智。诗歌的音节，文章的规范，君子认为可以无师自通，如同啼叫欢笑有收有放，歌唱哭泣有抑有扬。如果非要揭示出来告诉别人，这个人反会受到拘限而不能体会到歌哭啼笑的真实情感。如果要使自己的一得之见，不用于牵强附会、刻意追求，则偶然浏览，有心领神会之处，用笔记下它，以便自我辨识，未尝不可作为作文的帮助。但是，因为个人有一得之见，就想当然认为天下之人都应该限制在我的认识范围内，后人或许有认同的，但假设能使古人复活，问他一下，或许会说："我的立意不在于这儿呀！"这不是太冤枉了吗？

古文公式

[题解]

　　文章专论奏议之文的写法，奏议之文的体式独具一格，体式随时代的发展而变化。由此，章学诚提出文章可以学古人，而制度必须遵从时代，所谓"岂可以秦、汉之衣冠，绘明人之图像耶"！为此作者列举了苏轼《表忠观碑》和汪琬《睢州汤烈妇旌门颂序》进行具体分析，指出由于上述作者都因未注意"制度则必从时"，且一意揣摩古法，结果便都出现了"貌同而心异"的现象。

　　本篇选自《文史通义新编新注》内篇二，成于嘉庆五年（1800）。

　　古文体制源流，初学入门，当首辨也。苏子瞻《表忠观碑》，全录赵抃奏议①，文无增损，其下即缀铭诗②。此乃汉碑常例，见于金石诸书者，不可胜载，即唐宋八家文中，如柳子厚《寿州安丰孝门碑》，亦用其例，本不足奇。王介甫诧谓是学《史记·诸侯王年表》，真学究之言也。李耆卿③谓其文学《汉书》，亦全不可解。此极是寻常耳目中事，诸公何至怪怪奇奇，看成骨董？且如近日市井乡间，如有利弊得失，公议兴禁，请官约法，立碑垂久，其碑即刻官府文书告谕原文，毋庸增损字句，亦古法也。岂介甫诸人，于此等碑刻犹未见耶？当日王氏门客之訾摘骇怪④,更不直一笑矣。

[注释]

①苏子瞻:苏轼(1037—1101),眉州眉山(今属四川)人,字子瞻,号东坡居士,北宋文学家、画家。赵抃(1008—1084):字阅道,号知非子,衢州西安(今浙江衢州)人。北宋景祐进士。任殿中侍御史时,弹劾不避权贵,人称"铁面御史"。神宗时除参知政事,谥清献,著有《赵清献集》。②铭诗:即铭辞,又称铭文。刻写于金石等物之上,具有称颂、警戒等性质,多用韵语。③李耆卿:即李涂,字耆卿,朱熹再传弟子,学者尊为性学先生。建昌南城人。有《文章精义》等。④訾摘骇怪:訾,指责。骇怪,惊讶。

[译文]

初学古文的人,应当首先辨清其体制源流。苏轼的《表忠观碑》完全照录赵抃的奏议,文字没有增减,仅在文章末尾加了一段铭辞。这是汉代碑刻中常用的体例,见于金石文献的实例不胜记载。唐宋八大家的文章中,如柳宗元的《寿州安丰孝门碑》也用这种体倒,本不值得奇怪。王安石却惊诧地评论,这是学《史记·诸侯年表》的写法,真是学究气十足。李涂认为是学《汉书》,这也让人完全不可理解。这些是极为寻常的耳目可见之事,诸公何至于要奇奇怪怪地把这看成古董?就像近日城乡百姓中间,如遇利弊得失之事,大家会讨论兴利除弊方案,请求官府订立法规,刻石立碑以流传后世。碑文就是刻写官府文书布告的原文,不须增减字句,这本来就是古代遗传下来的体制。难道王安石等人,对这类碑刻还没见到过吗?至于当日王安石门客的惊讶与指摘,更不值得一笑了。

以文辞而论,赵清献①请修表忠观原奏,未必如苏氏碑文之古雅。史家记事记言,因袭成文,原有点窜涂改之法。苏氏此碑,虽似钞缮成文,实费经营裁制也。第文辞可以点窜,而制度则必从时。此碑篇首"臣抃言"三字，篇末"制曰可"三字，恐非宋时奏议上陈、诏旨下达之体，而苏氏意中，揣摩《秦本纪》"丞相臣斯昧死言"及"制曰可"等语太熟，则不免如刘知幾之所讥，貌同而心异也。余昔修《和州志》，有《乙亥义烈传》，专记明末崇祯八年闯贼攻破和州，官吏绅民男妇殉难之事。用纪事本末之例，以事为经，以人为纬，详悉具载。而州中是非哄起。盖因闯贼怒拒守而屠城，被屠者之子孙，归咎于创议守城者陷害满城生命；又有著论指斥守城者部署非法，以致城陷；甚至有诬创议守城者缒城欲逃，为贼擒杀，并非真殉难者。余搜得凤阳巡抚朱大典②奏报和州失陷，官绅殉难情节，乃据江防州同申报，转据同在围城逃脱难民口述亲目所见情事，官绅忠烈，均不可诬。余因全录奏报，以为是篇之序。中间文字点窜，甚有佳处。然篇首必云："崇祯九年二月日，巡抚凤阳提督军务都察院右副都御史③臣朱大典谨奏，为和城陷贼，官绅殉难堪怜，乞赐旌表，以彰义烈事。"其篇末云："奉旨，览奏悯恻，该部察例施行。"此实当时奏陈诏报式也。或谓中间奏文，既已删改古雅，其前后似可一例润色。余谓奏文辞句，并无一定体式，故可点窜古雅，不碍事理。前后自是当时公式，岂可以秦、汉之衣冠，绘明人之图像耶？苏氏《表忠观碑》，前人不知而相与骇怪，自是前人不学之过。苏氏之文，本无可议，至人相习而不以为怪。其实不可通者，惟前后不遵公式之六字耳。夫文辞不察义例，而惟以古雅为徇，则"臣抃言"三字，何如"岳曰於"三字更古？"制曰可"三字，何如"帝曰俞"三字更古？舍唐虞而法秦汉，未见其能好古也。

[注释]

①赵清献：即赵抃。②朱大典（？—1645）：字廷之，金华（今属浙江）

人。万历进士。崇祯时官至右副都御史、兵部右侍郎。福王即位,任兵部尚书,清军渡江后,还金华固守之。唐王加东阁大学士,命其督师浙东,后城破自尽。③都察院右副都御史:督察院为明代中央官署名,即前代的御史台。掌管监察百官,辨明冤狱。其长官为左右都御史。右副都御史为其佐官,正三品。

[译文]

从文辞来说,赵抃请修表忠观的原奏未必有苏轼碑文古雅。史家记事记言,因袭原有文献时,本有字句增减的习惯。苏轼此碑文虽然像是抄录而成,构思剪裁上实际颇费心思。只是文辞可以删改,而体制则必须符合时代要求。此碑篇首"臣抃言"三字,篇末"制曰可"三字,恐怕不是宋代奏议上陈、诏旨下达的体式。在苏轼心中,《史记·秦本纪》"丞相臣斯昧死言"及"制曰可"等语言太熟悉,如此揣摩便不免像刘知幾所讥讽的现象,"貌同而心异也"。我以前撰修《和州志》,有《乙亥义烈传》,专门记述明末崇祯八年(1635)贼寇高迎祥攻破和州,官吏绅民、男人女子殉难的事情。采用记事本末的体例,以事件为经,以人物为纬,详细作了记载。不料文章一出,和州方面哄然而起。当年,因和州上下坚决守城抵抗,贼寇高迎祥非常恼怒,事后全城屠杀。被屠杀者的子孙认为首先是建议守城的官员陷害了全城人的性命;又有文章指责守城者部署不当,以致州城被攻破;甚至有人诬蔑建议守城的人越城墙偷跑,被贼寇擒获杀害,并非是真正的殉难者。我搜集到当年凤阳巡抚朱大典的奏折,其中有和州失陷官绅殉难的情节,是根据负责长江防御的州同治奏报而写的,州同治奏报又是依据在围城时逃脱的难民所讲述的亲眼所见的事情而来,由此可知,官绅的忠贞壮烈都是不容诬蔑的。因而我把奏折全部录了下来,作为此篇传的序,中间文字的修改,颇有妙处。但篇首必定写道:"崇祯九年二月日,巡抚凤阳提督军务都察院右副都御史臣朱大典谨奏,因为和城陷于贼手,官绅殉难,相当可怜,乞赐旌表,以彰义烈之事。"其篇末云:"奉旨,览奏悯恻,该部依据条例施行。"这实在是当时奏文上陈、诏令下达的格式。有人说中间奏文既然已经删改成了古朴典雅的风格,那么似乎文章前后可以统一润色。我认为奏文的辞句并没有一定的体式,所以可以修改得古朴典雅一些,不碍事理。篇首末的话自然应该是当时通用的款式,否则就好比用秦汉人的衣帽着装式样来绘制明朝人的画像,这怎么行呢?苏氏的《表忠观碑》,前人因为不懂而互相感到很奇怪,这自然是前人学识的不足。苏氏的文章本身无可非议,所以后人互相模仿学习而不以为怪。其实不通的地方,只是首末六个字违背当时通用格式而已。如果写文章不明辨义例,只以追求古朴典雅为目标,那么"臣抃言"三字,哪里比得上"岳曰於"三字更为古老呢?"制曰可"三字,又怎么比得上"帝曰俞"三字更为古老?舍弃唐尧、虞舜时代的语言而效法秦汉时代的语言,看不出作者是真正崇尚古代。

汪钝翁①撰《睢州汤烈妇旌门颂序》,首录巡按御史②奏报,本属常例,无可訾,亦无足矜也。但汪氏不知文用古法,而公式必遵时制,秦、汉奏报之式,不可以改今文也。篇首著"监察御史③臣粹然言",此又读《表忠观碑》"臣抃言"三字太熟,而不知苏氏已非法也。近代章奏,篇首叙衔,无不称姓,亦公式也!粹然何姓,汪氏岂可因摩古而删之?且近代章奏,衔名之下,必书"谨奏",无称"言"者。一语仅四字,而两违公式,不知何以为古文辞也!妇人有名者称名,无名者称姓,曰张曰李可也。近代官府文书、民间词状,往往舍姓而空称曰"氏",甚至有称为"该氏"者,诚属俚俗不典;然令无明文,胥吏苟有知识,仍称为张为李,官所不禁,则犹是通融之文法也。汪氏于一定不易之公式,则故改为秦、汉古款,已是貌同而心异矣。至于正俗通行之称谓,则又偏舍正而徇俗,何颠倒之甚耶!结句又云"臣谨昧死以闻",亦非今制。汪氏平日以古文辞高自矜诩,而庸陋如此,何耶?汪之序文,于"臣粹然言"句下,直起云"睢州诸生汤某妻赵氏,值明末李自成之乱"云云,是亦未善。当云"故明睢州诸生汤某妻赵氏,值李自成之乱",于辞为顺。盖突起似现在之人,下句补出值明末李自成,文气亦近滞也。学文者,当于此等留意辨之。

[注释]

①汪钝翁(1624—1691):名琬,字苕文,号钝翁,长洲(今江苏苏州)人,因结庐尧峰山,封门著述九年,故学者称尧峰先生。顺治进士,历任刑部主事、郎中。以病辞官。后为陈廷敬等人举荐,举博学鸿词科。与修《明史》,分纂列传百余篇。对《易》《诗》《书》《春秋》均有研究。著有《东都事略跋》《古今五服考异》《钝翁类稿》《尧峰文钞》。②巡按御史:朝廷专差御史名。明代制度,御史被派遣巡视地方,称为巡按御史。每年一代,所至审录囚徒,提取案卷,大事奏裁,小事立决。③监察御史:明代都察院的属官,正七品。明代御史依当时行政区域分为十三道监察御史,共一百一十八人,主管纠察道内各级官吏的奸邪。

[译文]

汪琬撰写的《睢州汤烈妇旌门颂序》,开头载录巡按御史的奏文,本属常例,无可非议,也不值得称夸。但汪氏不知文辞应遵循古法,固定的格式则必须遵照当时的规范,不能用秦、汉时期的格式来修改今天的文章。篇首标明"监察御史臣粹然言",这又是《表忠观碑》"臣抃言"三字读得太熟的缘故,却不知苏氏已经不合规范了。近代的奏章,篇首叙述头衔,没有不称姓的,这也是固定的格式。"粹然"姓什么,汪氏怎么可以因为模仿古人而删削它呢?而且近代的奏章,头衔姓名之下一定要写上"谨奏"二字,没有称"言"的。该句仅四个字,然而有两处违背了格式,不知道他是怎么撰写古文辞的！妇女有名字的便称名字，没有名字的便称呼姓，叫张氏、李氏就行了。近代官府的文书、民间诉讼的状子，往往舍弃姓而空称"氏"，甚至有称作"该氏"的，诚然，这是粗俗而不合典章的；但是法令上没有明文规定，衙门里的小官吏如果有些知识，仍然称作张氏、李氏，只要官府不曾禁止，仍然是一种文辞上的折中通融办法。汪氏把固定不变的通用格式，故意改为秦、汉时的古代款式，已经是外表相同而实际有别了。至于正式与俚俗都通行的称呼，却又偏偏舍弃正规而顺从通俗的称谓，颠倒得多么厉害呀！结尾又说"臣谨昧死以闻"，这也不是今天的体例。汪氏平日以古文辞自我夸耀吹嘘，却如此平庸浅陋，这是什么缘故呢？汪氏的序文，在"臣粹然言"一句下，径直接着说，"睢州诸生汤某妻赵氏，值明末李自成之乱"，等等，这也不是太妥当。应当说"故明睢州诸生汤某妻赵氏，值李自成之乱"，在文辞上才比较顺畅。汪氏的说法很突兀，就像赵氏是现在人似的，下面补充"值明末李自成"，文气也很滞涩。学习古文的人，应当对这些留意辨别。

古文十弊

[题解]

当时文坛上盛行模仿古代和形式主义等风气，章学诚对此提出了批评。他认为，文学作品必须具有实质内容，真实反映自己的思想感情，而不能作无病呻吟式的模仿。章氏具体列出了古文十大弊病，并在批判的同时表述了自己的文学主张。

本篇选自《文史通义新编新注》内篇二，作于嘉庆元年（1796）。

余论古文辞义例①，自与知好诸君书凡数十通；笔为论著，又有《文德》《文理》《质性》《黠陋》《俗嫌》《俗忌》②诸篇，亦详哉其言之矣。然多论古人，鲜及近世。兹见近日作者所有言论与其撰著颇有不安于心，因取最浅近者条为十通，思与同志诸君相为讲明。若他篇所已及者不复述，览者可互见焉。此不足以尽文之隐，然一隅三反，亦庶几其近之矣。

[注释]

①古文辞：又称"古文"，即用文言所写的散文，与六朝以来的骈体文相对。义例：著书的主旨、体例。②《俗忌》：此篇未见于《文史通义》，疑为《砭俗》篇之旧题。

[译文]

在我写给各位知交好友的书信中，总共有数十封是论述古文义例的；撰写成论文的，又有《文德》《文理》《质性》《黠陋》《俗嫌》《俗忌》等几篇，论述得也很详细。但论述的大多是古人，很少涉及当下。今见近日的古文作者所发言论与所写文章，心中颇多不安，因此选取其中最浅显易见的弊端，归纳为十条，想与志趣相同的各位朋友讲讲清楚。其他文章中已经论述过的就不再讲了，读者可以参阅。虽然这十条还不足以把古文写作的奥妙讲透彻，但举一反三，也差不多近乎全面了。

一曰，凡为古文辞者，必先识古人大体，而文辞工拙，又其次焉。不知大体，则胸中是非，不可以凭，其所论次，未必俱当事理。而事理本无病者，彼反见为不然而补救之，则率天下之人而祸仁义矣。有名士投其母氏行述①，请大兴朱先生②作志。叙其母之节孝，则谓乃祖衰年病废卧床，溲便无时，家无次丁③，乃母不避秽亵，躬亲薰濯④。其事既已美矣。又述乃祖于时蹙然不安，乃母肃然对曰："妇年五十，今事八十老翁，何嫌何疑？"呜呼！母行可嘉，而子文不肖甚矣。本无芥蒂⑤，何有嫌疑？节母既明大义，定知无是言也。此公无故自生嫌疑，特添注以斡旋⑥其事，方自以谓得体，而不知适如冰雪肌肤，剜成疮痏⑦，不免愈濯愈痕瘢⑧矣。人苟不解文辞，如遇此等，但须据事直书，不可无故妄加雕饰⑨。妄加雕饰，谓之"剜肉为疮"，此文人之通弊也。

[注释]

①行述：又称行状，是记述死者世系、籍贯、生卒年月与生平概略的文章。②大兴朱先生：即朱筠。③次丁：要承担部分赋役的未成年男子或年老的男子。④薰濯：熏香洗涤。⑤芥蒂：介意。⑥斡旋：调解周旋。⑦痏：疮。⑧瘢：疮痕，疤瘌，斑点。⑨雕饰：雕刻并装饰。

[译文]

其一，凡是写古文的人，必须先把握古人的大局思想，而文辞的工巧或拙笨是次要的。不识大局，那么其人或作者胸中的是非观念就不可以作为评判的标准，所论定编次的东西也未必都符合事理。而事理上本来没有毛病的，他反而认为不对而想加以补救，这是赶着天下人之先来破坏仁义。有位名士送来他母亲的行状，请大兴朱先生为她撰写碑志。文中叙述他母亲的贞节与孝敬，说他祖父年老得病瘫痪在床，大小便失禁，因为家里没有别的男丁，所以他母亲不避肮脏，亲自为公公熏香擦洗。这事迹已经很好了。接着又叙述到，当时，他祖父局促不安，他母亲郑重地对公公说："我年纪有五十了，现在侍候八十岁的老公公，有什么嫌疑？"呜呼！他母亲的行为可嘉，而儿子的文章太不像样了！本来就没有什么芥蒂，哪有什么嫌疑？守节不嫁的母亲既然深明大义，可知她一定没说这个话。此公无缘无故地自己生出嫌疑，特地加注来解释这件事，自以为得体，却不知这恰如在冰雪般洁白的肌肤上割出疮疤，不免越洗瘢痕越明显。假如不懂写文章，遇到这类事情，只须根据事实直接写出来，不可无端地妄加修饰。妄加修饰，可谓"剜肉为疮"，这是文人的一大通病。

二曰，《春秋》书内不讳小恶。岁寒知松柏之后凋，然则欲表松柏之贞，必明霜雪之厉，理势之必然也。自世多嫌忌，将表松柏而又恐霜雪怀惭①，则触手皆荆棘矣。但大恶讳，小恶不讳，《春秋》之书内事，自有其权衡也。江南旧家，辑有宗谱。有群从②先世为子聘某氏女，后以道远家贫，力不能婚，恐失婚时，伪报子殇，俾女别聘。其女遂不食死，不知其子故在。是于守贞殉烈，两无所处。而女之行事，实不愧于贞烈，不忍泯也。据事直书，于翁诚不能无歉然③矣。第《周官》媒氏禁嫁殇，是女本无死法也。《曾子问》,娶女有日,而其父母死,使人致命女氏。注谓恐失人嘉会④之时,是古有辞昏之礼也。今制,婿远游,三年无闻,听妇告官别嫁,是律有远绝离昏之条也。是则某翁诡托子殇,比例原情,尚不足为大恶而必须讳也。而其族人动色相戒,必不容于直书,则匿其辞曰:"书报幼子之殇,而女家误闻以为婿也。"夫千万里外,无故报幼子殇,而又不道及男女昏期,明者知其无是理也,则文章病矣。人非圣人,安能无失?古人叙一人之行事,尚不嫌于得失互见也;今叙一人之事,而欲顾其上下左右前后之人,皆无小疵,难矣。是之谓"八面求圆",又文人之通弊也。

[注释]

①怀惭:心中惭愧。②群从:指堂兄弟及诸子侄。③歉然:不满足貌;惭愧貌。④嘉会:美好的相会,指男女结合。

[译文]

其二,《春秋》记载本国历史不避讳小的过错。天寒之后才知道松柏是最后落叶的,故而想表现松柏的坚贞,就必须说明霜雪的严厉,这是合乎情理的。自从世间的嫌疑忌讳多起来以后,要称赞"松柏",又恐过于表现"霜雪"而心有顾虑,结果就畏首畏尾了。但是,大的罪恶要避讳,小的过失可以不避讳,《春秋》记载本国的事情,自然有它的权衡标准。江南有一世家,编有宗谱,记载有堂兄弟的先人,为儿子与某家的女儿订了婚。后因路远家贫,没有能力为他们完婚,又恐怕女方错过了当嫁的年龄,便假报儿子不幸夭折,让女方另外找婆家。那个女孩得知消息后便绝食而死,不知道那家的儿子依然还活着。这在守节与殉夫两方面都不合适,但这个女孩的事迹实在不比守节、殉夫逊色,人们不忍此事湮没无闻。如果依据事情如实记载,对那位老人家来说诚然会有不满意的地方。《周礼·媒氏》中说女子嫁给未成年就死亡的男子是忌讳的事,如此，这个女孩本来没有必死的道理。《曾子问》载道：娶亲的日子很近了，男方的父母忽然死亡，便派人向女方转达不能成婚的话。注解说是怕对方错过了嫁娶的好时机，这么说古代即有推辞婚姻的礼节。本朝制度：丈夫远游，三年没有消息，听凭女子上报官府后另行改嫁，这在法律上有因远游音讯隔绝可以离婚的条文。这么说那位老人假托儿子夭折，从法令和动机上看，尚算不上是大恶而必须为之避讳。但他本族的人脸色严厉地劝告作者，一定不许如实叙述，作者便隐瞒事实改写成："来信报告幼子夭折，而女方误听为是那个女婿夭折。"写信给千万里之外的亲家，无缘无故地通报幼子夭折的消息，却又不涉及男女婚事的日期，明白人知道是没有这种道理的，那么这就是该文章的弊病了。人非圣人，怎么能没有过失呢？古人叙述一个人的行为事迹，尚且不以优缺点并见为毛病；今天叙述一个人的事迹，想顾全所有与他有关联的人，连小毛病都没有，这样就太难了呀！这叫作"八面求圆"，这又是文人的一大通病。

三曰，文欲如其事，未闻事欲如其文者也。尝见名士为人撰志，其人盖有朋友气谊，志文乃仿韩昌黎之志柳州①也，一步一趋，惟恐其或失也。中间感叹世情反复，已觉无病费呻吟矣。末叙丧费出于贵人，及内亲竭劳其事。询之其家，则贵人赠赙②稍厚，非能任丧费也；而内亲则仅一临穴而已，亦并未任其事也。且其子俱长成，非若柳州之幼子孤露，必待人为经理者也。诘其何为失实至此，则曰：仿韩志柳墓，终篇有云："归葬费出观察使裴君行立③，又舅弟卢遵④，既葬子厚，又将经纪其家。"附纪二人，文情深厚，今志欲似之耳。余尝举以语人，人多笑之。不知临文摹古，迁就重轻，又往往似之矣。是之谓"削趾适屦"，又文人之通弊也。

[注释]

①韩昌黎之志柳州：指韩愈《柳子厚墓志铭》，见《昌黎先生集》卷三十二。柳州，指柳宗元，字子厚，曾为柳州刺史，故世称柳柳州。②赠赗：送财物助人办理丧事。③观察使：官名，唐肃宗时设立，掌管考察州县官吏政绩，后监管民事，管辖地区即为一道。凡不设节度使之处，即以观察使为一道行政长官。裴君行立：绛州稷山（今属山西）人，时为桂管观察使，不久为安南都护，年四十七卒，《新唐书》卷一百二十九有传。④舅弟：舅父之子年幼于己者。卢遵：涿（今河北涿州市）人，因葬子厚并经纪其家而留名。

[译文]

其三，文章应当如实呈现它所叙述的事情，没听说过事情应当如同文章一般。曾见有位名人为别人撰写碑志，此人讲朋友义气，那篇志文完全模仿韩愈为柳宗元所作的《柳子厚墓志铭》，亦步亦趋，唯恐有一点走样。行文中间感叹世事人情的反复，已经让人觉得是在无病呻吟了。末尾叙述某位达官贵人资助全部丧葬费用，以及亲戚竭力操办此事。后来向他家里询问此事，原来是那个贵人所送的财礼稍微厚重一些，并没有承担全部丧葬的费用；而亲戚则仅仅到墓地看了一下而已，也没有操办丧事。而且他的儿子都已长大成人，不像柳宗元的幼子那样孤单无靠，必须依靠他人照料。我责问他为什么失实到这种地步，他回答说：这是模仿韩愈为柳宗元作的墓志铭，篇末说："归葬费出观察使裴君行立，又舅弟卢遵，既葬子厚，又将经纪其家。"韩愈的墓志铭附载这二人，显得感情深厚，现在的碑志想模仿它而已。我曾把这事讲给别人听，大家多感到可笑。写文章模仿古人不论轻重，往往会是这个样子。这叫作"削趾适屦"，又是文人的一大通病。

四曰，仁智为圣，夫子不敢自居。瑚琏名器，子贡安能自定？称人之善，尚恐不得其实；自作品题，岂宜夸耀成风耶？尝见名士为人作传，自云："吾乡学者，鲜知根本，惟余与某甲，为功于经术耳。"所谓某甲，固有时名，亦未见必长经术也。作者乃欲援附为名，高自标榜，恧①矣！又有江湖游士，以诗著名，实亦未足副也。然有名实远出其人下者，为人作诗集序，述人请序之言曰："君与某甲齐名，某甲既已弁言②，君乌得无题品？"夫齐名本无其说，则请者必无是言，而自诩齐名，藉人炫己，颜颃不复知忸怩矣！且经援服、郑③，诗攀李、杜④，犹曰高山景仰。若某甲之经，某甲之诗，本非可恃，而犹藉为名。是之谓"私署头衔"，又文人之通弊也。

[注释]

①恧（nǜ）：惭愧。②弁（biàn）言：前言、序言。③服、郑：指服虔、郑玄。④李、杜：指李白、杜甫。

[译文]

其四，仁义智慧即称为圣，孔夫子不敢自居。瑚琏是否名贵的器皿，子贡怎么能够自己评断呢？称赞别人的优点尚且害怕不符合实情，自我品评怎么能夸耀成风呢？曾见有位名士为他人作传，自称："我们家乡的学者，很少有人懂得为学的根本，只有我与某人在经学上下了功夫。"他所谓某人，固然颇有时名，但未必以经学见长。作者是想攀附名流提高名声，自我夸耀标榜，真叫人羞愧呀！又有个四处漫游的士人，以诗著名，其实名不副实。但有个人名声与实际能力都远在他之下，为别人的诗集作序，叙述别人请他作序的话说："您与某人齐名，某人既然已经写了前言，您怎么能没有品评呢？"本来就没有齐名的说法，那么请他写序的人一定没说这个话，却自我吹嘘说与某人齐名，借他人来炫耀自己，再也不知道有难为情一说了！况且说经学那人便援引服虔、郑玄，说诗歌那人便攀附李白、杜甫，还说"高山仰止，景行行止"这样的话。像某人的经学，某人的诗歌，本来并没有什么可夸耀的，却仍想借此扬名。这叫作"私署头衔",又是文人的一大通病。

五曰,物以少为贵,人亦宜然也。天下皆圣贤,孔、孟亦弗尊尚矣。清言①自可破俗,然在典午②,则滔滔皆是也。前人讥《晋书》列传同于小说,正以采掇清言多而少择也。立朝风节,强项敢言,前史侈为美谈。明中叶后,门户朋党,声气相激,谁非敢言之士?观人于此,君子必有辨矣。不得因其强项申威,便标风烈,理固然也。我宪皇帝③澄清吏治,裁革陋规,整饬官方,惩治贪墨,实为千载一时。彼时居官,大法小廉,殆成风俗,贪冒之徒莫不望风革面,时势然也。今观传志碑状之文,叙雍正年府州县官,盛称杜绝馈遗,搜除积弊,清苦自守,革除例外供支,其文洵不愧于《循吏传》矣。不知彼时逼于功令,不得不然,千万人之所同,不足以为盛节。岂可见阉寺而颂其不好色哉?山居而贵薪木,涉水而宝鱼虾,人知无是理也;而称人者乃独不然。是之谓"不达时势",又文人之通弊也。

[注释]

①清言:又称"清谈""玄谈",指魏晋时期,以老、庄学说及《周易》为依据而辨析明理的一种言谈。兴于魏何晏等人,至晋王衍等,清谈之风大盛,延及齐梁而不衰。②典午:"司马"的隐语,指晋朝。在十二支中,午属马。③宪皇帝:即清世宗,名胤禛,年号雍正,宪皇帝为其谥号。

[译文]

其五,物以稀为贵,人也是这样。如果天下人都是圣贤,孔子、孟子也就不用尊崇了。清雅的言论自然可以避免庸俗,但在晋代,却触目皆是。前人讥讽《晋书》列传如同小说,正是因为它采录清谈的言论过多而少加选择的缘故。在朝为官的风范节气,刚正之臣敢于直言,前代史书多作为美谈而大书特书。明代中期以后,朋党习气重,在言论意气上互相激发,哪个不是敢于直言的人?观察这种风气下的人物，君子一定要有所辨别，不能因为他们敢于直言展现威风，便赞扬他们风操刚烈，这是个自然的道理。我朝宪皇帝肃清政风，革除陋规，整顿官场，惩治贪污，实为千载难逢的时代。那时候做官，大官守法，小官廉洁，差不多形成了风俗，贪污之徒无不随着风气改换自己的面目，这是时代的趋势所造成的。今天看传记、碑志、行状这类文字，叙述雍正年间府、州、县的官员，极力称赞他们杜绝馈赠，清除积弊，以清廉贫苦为自己的操守，革除例外的供应。那些文辞的确不愧于《循吏传》。不知道那时迫于官员考核的法令，不得不如此，千万人都是相同的，不足以作为崇高的节操加以表彰。难道看见宦官就称颂他不好色吗？居住山边的人看重木柴，常在河边行走的人把鱼虾当作宝贝，人们知道没有这种道理；但是称颂人的人却唯独不懂得这个道理。这叫作"不达时势"，又是文人的一大通病。

六曰，史既成家，文存互见。有如《管晏列传》①，而勋详于《齐世家》；张耳分题，而事总于《陈余传》。非惟命意有殊，抑亦详略之体所宜然也。若夫文集之中，单行传记，凡遇牵联所及，更无互著之篇，势必加详，亦其理也。但必权其事理，足以副乎其人，乃不病其繁重尔。如唐平淮西②，《韩碑》归功裴度③，可谓当矣。后中谗毁，改命于段文昌④，千古为之叹惜。但文昌徇于李愬⑤，愬功本不可没，其失犹未甚也。假令当日无名偏裨⑥，不关得失之人，身后表阡⑦，侈陈淮西功绩，则无是理矣。朱先生尝为故编修蒋君撰志⑧，中叙国家前后平定准、回要略，则以蒋君总修《方略》，独立勤劳，书成身死，而不得叙功故也。然志文雅健，学者慕之。后见某中书舍人⑨死，有为作家传者，全袭《蒋志》原文，盖其人尝任分纂数月，于例得列衔名者耳，其实于书未寓目也。是与无名偏裨居淮西功，又何以异?而文人喜于撼事,几等军吏攘功,何可训也?是之谓"同里铭旌⑩"。昔有夸夫,终身未膺一命,好袭头衔,将死,遍召所知,筹计铭旌题字。或徇其意,假藉例封待赠修职登仕诸阶,彼皆掉头不悦。最后有善谐者,取其乡之贵显,大书勋阶师保殿阁部院某国某封某公同里某人之柩⑪,人传为笑。故凡无端而影附者,谓之"同里铭旌",不谓文人亦效之也,是又文人之通弊也。

[注释]

①《管晏列传》:与下文《齐世家》《陈余传》均是《史记》篇名。②唐平淮西:指唐王朝平定淮西吴元济的叛乱。③《韩碑》:指韩愈的《平淮西碑》,内容叙述裴度之事。载《昌黎先生集》卷三十。裴度(765—839):字中立,河东闻喜(今属山西)人。宪宗时任宰相,力主削除藩镇。晚年因宦官专权,辞官退居洛阳。两《唐书》有传。④段文昌(773—835):字墨卿,西河(今山西汾阳)人。元和时为翰林学士,穆宗朝官至宰相。两《唐书》有传。⑤李愬(773—821):字元直,洮州临潭(今甘肃临潭东)人。因破蔡有首功,进授山南东道节度使,封凉国公。后历任昭义、魏博等节度使。两《唐书》有传。⑥偏裨:偏,将佐的通称。裨,副。⑦表阡:立碑于墓道。阡,墓道。⑧"朱先生"句:朱筠曾为蒋雍植撰墓志铭,即《编修蒋君墓志铭》。载《笥河文集》卷十二。其开头曰:"君讳雍植,字秦树……辛巳以二甲第一人赐进士,改庶吉士,充平定准噶尔方略馆纂修官。……总裁诸公皆倚重之,令总办方略一书。"⑨中书舍人:清代一般用来称内阁中书,为低级文官。⑩铭旌:竖在灵柩前标志死者官职和姓名的旗幡,多用绛帛粉书。⑪师保:指太师、少师、太保、少保等官职。殿阁:指武英殿、文渊阁等内阁大学士。部院:指六部的尚书、侍郎,翰林院侍读、侍讲与都察院都御史之类。

[译文]

其六,史书虽然自成一家,但内容上仍得保留互相参见方式。比如《史记》有《管晏列传》,而管仲、晏婴的功绩却详见于《齐太公世家》;《史记》对张耳有分传叙写,而事迹总述于《陈余传》。不只是文章立意不同，也是体例的详略不同所要求的。至于文集之中的传记或单行传记，凡是遇到有关联的事物，又没有互相参见的篇目，其叙述势必更加详细，这也是符合情理的。但一定要衡量事理，足以与那人相称，才不会嫌它繁复。如唐朝平定淮西之乱，韩愈的《平淮西碑》把功绩归为裴度，可说是很适当的。后来被人谗言毁谤，皇帝下令改叫段文昌重撰，千古以来世人为之叹息。段文昌一意顺从李愬之愿，李愬本来就有不可抹杀的功绩，因此段氏此文的失误还不怎么严重。假使是与当时胜败无关的无名偏将，死后的墓志大谈平定淮西的功绩，则没有这个道理。朱先生曾经为已故的编修蒋雍植撰写墓志，文中叙述朝廷前后平定准噶尔部落的大致情况，那是因为蒋君负责修撰《平定准噶尔方略》，以个人的力量奋力编撰，书成劳累而死，却没能为他论功行赏。这篇墓志典雅有力，学者们很称羡。后来等到某个中书舍人死了，有人为他撰写家传，全部袭用了《编修蒋君墓志铭》的原文，因为他曾担任了几个月的《平定准噶尔方略》分纂，但是依惯例仅仅可以写上他的官衔姓名，实际上他对此书未曾过目。这与无名将佐以平定淮西之功自居，又有什么区别？文人喜欢采集事迹，几同于军吏抢功，怎么能当作榜样呢？这叫作"同里铭旌"。从前有个好夸耀的人，终身没有获得一官半职，而又喜欢袭用头衔，临死的时候，把所有的朋友都叫来，筹划铭旌上的题字。有人顺从他的意，准备借用例封、待赠、修职郎、登仕郎等官阶，他听了都掉过头去表示不高兴。最后有个善于说笑的人，用他同乡一个达官贵人的头衔，大写勋号官阶，称师保殿阁部院某国某公同里某人之灵柩，人们传为笑谈。以后，凡是无缘无故牵强附会的，叫作"同里铭旌"。没有想到文人也仿效这种做法，这又是文人的一大通病。

七曰，陈平[①]佐汉，志见社肉；李斯[②]亡秦，兆端厕鼠。推微知著，固相士之玄机；搜间传神，亦文家之妙用也。但必得其神志所在，则如图画名家，颊上妙于增毫。苟徒慕前人文辞之佳，强寻猥琐，以求其似，则如见桃花而有悟，遂取桃花作饭，其中岂复有神妙哉？又近来学者，喜求征实，每见残碑断石，余文剩字，不关于正义者，往往藉以考古制度，补史缺遗，斯固善矣。因是行文，贪多务得，明知赘余非要，却为有益后世，推求不惮辞费。是不特文无体要，抑思居今世而欲备后世考征，正如董泽矢材③，可胜既乎？夫传人者文如其人，述事者文如其事，足矣。其或有关考征，要必本质所具；即或闲情逸出，正为阿堵传神。不此之务，但知市菜求增，是之谓"画蛇添足"，又文人之通弊也。

[注释]

①陈平（？—前178）：阳武（今河南原阳东南）人。惠帝即位，曾任左丞相。吕后死，他与周勃定计，诛诸吕，立文帝，独任丞相。乡里祭社时，陈平为宰，分肉食均匀，受到父老称赞。陈平说："嗟乎，使平得宰天下，亦如是肉矣！"②李斯（？—前208）：楚上蔡（今河南上蔡西南）人。初为郡小吏，通过厕所里的老鼠见人就逃而粮仓中的老鼠人来不怕的比较，明白了环境选择在人生选择中的重要性，从而离开楚国，来到秦国，实现自己的理想。③董泽矢材：指董泽边的蒲柳。董泽，泽名，在山西闻喜东。蒲柳是用来制作箭杆的材料。

[译文]

其七，陈平辅佐汉王朝，其志向在乡里祭社分肉这件事中已表现出来了；李斯西入秦国游说，其能力在论厕鼠这件事已经体现出来。根据微小的征兆而知道显著的结果，固然是看相人的神机妙算；搜寻细节以表现人物神态，也是文章家的妙用。但必须知道人物的精神志气在于何处，就像绘画名家，在脸颊上妙增毫毛。如果仅仅羡慕前人文辞的美妙，勉强寻找琐细的事情以追求相似，那就像看见桃花而有所感悟，于是便摘取桃花做饭，这样哪里还会有神妙的地方呢？还有，近来学者喜欢寻找证据，每次见到残碑断石或剩余的文字，与本来的主要意义并不相关，可是学者往往借此来考释古代的制度，弥补史书的缺漏，这固然好。但因此行文贪多务得，明知是些多余不重要的，却认为有益于后世推究考求，不怕言辞多费篇幅。这样不仅是文章不切实简要，而且想身在今天却为后世考辨征引做准备，正如董泽边生长的做箭材料蒲柳，能准备得完吗？写人的文章能文如其人，叙事的能文如其事，这就行了。有的或许关系到考证，必须是事物本质上具备的；即便是闲情旁出，也正是为了此物能传神。不致力于此，而只知道像上街买菜一样只求多添点分量，这叫作"画蛇添足"，又是文人的一大通病。

八曰，文人固能文矣，文人所书之人，不必尽能文也。叙事之文，作者之言也，为文为质，惟其所欲，期如其事而已矣。记言之文，则非作者之言也，为文为质，期于适如其人之言，非作者所能自主也。贞烈妇女，明诗习礼，固有之矣。其有未尝学问，或出乡曲委巷，甚至佣妪鬻婢，贞节孝义，皆出天性之优。是其质虽不愧古人，文则难期于儒雅也。每见此等传记，述其言辞，原本《论语》《孝经》，出入《毛诗》《内则》①，刘向之《传》②，曹昭之《诫》③，不啻自其口出，可谓文矣。抑思善相夫者，何必尽识鹿车鸿案④；善教子者，岂皆熟记画荻丸熊⑤！自文人胸有成竹，遂致闺修⑥皆如板印。与其文而失实，何如质以传真也？由是推之，名将起于卒伍，义侠或奋阎间⑦，言辞不必经生，记述贵于宛肖。而世有作者，于斯多不致思，是之谓"优伶演剧"。盖优伶⑧歌曲，虽耕氓役隶，矢口⑨皆叶宫商，是以谓之戏也。而记传之笔，从而效之，又文人之通弊也。

[注释]

①《内则》:《礼记》篇名。②刘向之《传》:刘向作《列女传》,全书分为母仪、贤明、仁智、贞顺、节义、辨通、孽嬖七类,每类十五人,共一百零五人。宣扬贤妻良母的封建教育,最初供宫廷中妇女阅读,后来在社会上影响很大。③曹昭之《诫》:即班昭所作之《女诫》。④鹿车鸿案:比喻夫妻相互敬重,同甘共苦。鹿车,指鲍宣与妻共驾鹿车归乡的事。鸿案,指梁鸿妻举案齐眉的事。⑤画荻丸熊:宋欧阳修幼时,母郑氏以荻画地教子读书。唐柳仲郢幼嗜学,母韩氏用熊胆和制丸子,使郢夜咀咽以提神醒脑。后以"画荻丸熊"称赞母教有方。⑥闺修:妇德。⑦阎闾:里巷。⑧优伶:具有身段、本事突出的演艺人员。优和伶,都是演员。⑨矢口:犹开口。

[译文]

其八,文人固然善于写文章,但文人所写的对象却不一定是擅长文章的人。叙事的文章是作者的言论,文辞华丽抑或质朴,随作者而定,只希望文如其事而已。记载言论的文章,却不是作者的言论,文辞是华丽还是质朴,只希望恰如其人之言,不是作者所能自作主张的。守节殉夫的妇女,通晓诗文熟悉礼仪,固然是有的。有的从未读过书,有的出自乡里小巷,甚至是当用人的老太太、卖身的丫头,贞节孝义,都出于本性优良。她们的品质虽然不愧于古人,但她们的文辞是难以做到儒雅的。常常见到此类传记,记述主人公的话,原本于《论语》《孝经》,出入于《毛诗》《内则》,刘向的《列女传》、班昭的《女诫》如同从她们自己口中说出的,可以说是很有文采了。但是善于辅助丈夫的妻子,何必都要知道共拉鹿车、举案齐眉的典故;善于教育子女的人,哪里都熟悉用芦荻画地教儿子识字、用熊胆制药丸的事!自从文人心里有了程式化的认识之后,便导致所记载的妇女德行都像用同一块雕版刻印的一样。与其讲究文采而失实,哪有保持质朴而表现真实面貌更可贵呢?由此推论,发迹于士卒的著名将领,成长于里巷的正义侠客,他们的言语不必出自经书,记述贵在惟妙惟肖。但现在有的作者,对此却不多加思考，这叫作"优伶演剧"。因为优伶唱歌，即使是耕地的农民、服役的隶卒，出口都与宫商五音相合，所以称作戏。而书写记传的文笔，又从而仿效它，这又是文人的一大通病。

九曰，古人文成法立，未尝有定格也。传人适如其人，述事适如其事，无定之中有一定焉。知其意者，旦暮遇之①；不知其意，袭其形貌，神弗肖也。往余撰和州故给事成性志传②，性以建言著称，故采录其奏议。然性少遭乱离，全家被害，追悼先世，每见文辞。而《猛省》之篇尤沉痛，可以教孝，故于终篇全录其文。其乡有知名士赏余文曰："前载如许奏章，若无《猛省》之篇，譬如行船，鹢首③重而舵楼轻矣。今此焚尾④，可谓善谋篇也。"余戏诘云："设成君本无此篇，此船终不行耶?"盖塾师讲授《四书》文义，谓之时文，必有法度以合程式；而法度难以空言，则往往取譬以示蒙学。拟于房室，则有所谓间架结构；拟于身体，则有所谓眉目筋节；拟于绘画，则有所谓点睛添毫；拟于形家，则有所谓来龙结穴。随时取譬，习陋成风然为初学示法，亦自不得不然，无庸责也。惟时文结习⑤，深锢肠腑，进窥一切古书古文，皆此时文见解，动操塾师启蒙议论，则如用象棋枰布围棋子，必不合矣。是之谓"井底天文"，又文人之通弊也。

[注释]

①"知其意者"二句：《庄子·齐物论》："万世之后，而一遇大圣，知其解者，是旦暮遇之也。"②成性志传：章学诚作《和州志》时为当地人成性所作之传，此传今收入《章氏遗书》外篇。成性，字我存，初名宗儒，号率庵，顺治四年（1647）入国子监，次年授秘书院试中书舍人，不久举顺天乡试，成进士，改中书科中书舍人。后因病回归故里，于康熙十七年（1678）卒，终年五十八。著书十余万言。《猛省》乃成性所作之文篇名。③鹢（yì）

首：船头。古代画鹢鸟于船头，故称。④艘尾：最后；末尾。⑤结习：佛教指烦恼，后引申指积久难除的习惯。

[译文]

其九，古人文章写成后规矩也就确立了，未曾有固定的格式。记载人物恰如其人，叙述事情恰如其事，没有固定的文法之中又有一定的规矩。知道这个道理的，朝夕之间便能把握它；不知道这个道理的，虽能模仿前人的形貌，而神情却不像。过去我给和州已故给事成性写传记，成性以敢于上书建言著称，故传中采录他的奏议。成性少时遭遇乱世，全家人被害，他追悼先人，常常见诸文章。而《猛省》一篇尤其沉痛，可以教人孝道，所以在篇末全部抄录该文。他同乡中有位知名人士称赏我的文章说："前面记载了这么多奏章，若没有《猛省》篇压轴，就好像行船，船头重而舵楼轻了。现在用此篇结尾，可谓善于谋篇布局。"我开玩笑地问道："假如成君原本没有这篇文章，这条船就终究不能行走吗？"私塾先生讲授《四书》的文义，称之为时文，必有一定的作法，以便符合科举规定的格式；但时文的作法难以凭空讲授，便往往采用譬喻的方法来对启蒙者说明。以房屋打比方，便有所谓的"间架结构"；以身体打比方，则有所谓的"眉目筋节"；以绘画打比方，便有所谓的"点睛添毫"；以风水先生看风水打比方，便有所谓的"来龙结穴"。随时采用比喻，沿用这种浅陋的做法已形成了风气，但为初学者演示文章的做法，也不得不这样，不用责难。只是时文已成顽疾，深入肺腑，进而看一切古书古文，都是这种时文眼光，动不动就采用私塾先生这种启蒙的评论，这就像用象棋盘来摆围棋子，必定不会吻合。这叫作"井底天文"，又是文人的一大通病。

十曰，时文可以评选，古文经世之业，不可以评选也。前人业评选之，则亦就文论文可耳。但评选之人，多非深知古文之人。夫古人之书，今不尽传，其文见于史传，评选之家多从史传采录。而史传之例，往往删节原文以就隐括①，故于文体所具，不尽全也。评选之家不察其故，误谓原文如是，又从而为之辞焉。于引端不具而截中径起者，诩谓发轫之离奇；于刊削余文而遽入正传者，诧为篇终之峥嵘。于是好奇而寡识者，转相叹赏，刻意追摹，殆如左氏所云"非子之求，而蒲之爱②"矣。有明中叶以来，一种不情不理自命为古文者，起不知所自来，收不知所自往，专以此等出人思议夸为奇特，于是坦荡之涂生荆棘矣。夫文章变化，侔于鬼神，斗然而来，戛然而止，何尝无此景象？何尝不为奇特？但如山之岩峭，水之波澜，气积势盛，发于自然；必欲作而致之，无是理矣。文人好奇，易于受惑，是之谓"误学邯郸"，又文人之通弊也。

[注释]

①隐括：本为矫正邪曲的器具，此指就原有的文章、著作加以剪裁、改写。②非子之求，而蒲之爱：出自《左传·宣公十二年》："非子之求，而蒲之爱，董泽之蒲，可胜既乎？"比喻舍本逐末。

[译文]

其十，八股文可以评选，古文是治理世道的大业，不可以评选。前人已经有评选的，那也是就文论文而已。但评选的人，大多不是精通古文的人。古人的典籍，今天没有完全流传下来，他们的文章多见于史书列传中，评选的人多从史书列传中采录。但史书列传的写作习惯，往往删节原文，以符合传记的要求剪裁，因此从文章结构要素来看，这些选文不是很完整。评选的人没有察觉到这种情况，误认为原文如此，便替它强行辩解。对没有开头而截取中间径直起笔的，夸耀说开头起笔离奇；对删削多余的文字而急忙转入正传叙述的，惊诧为篇终峭拔突兀。于是那些好奇而见识浅陋之徒，辗转互相叹赏，刻意模仿追求，差不多就像左氏所说的"不去寻找儿子,反而吝惜蒲柳"那样本末倒置。明代中期以来,有一种不合情理、自称为古文的文章,起笔不知道它从何而来,收笔不知道它往哪里去,专门把这类出人意料的文章夸为奇特之文,于是平坦宽阔的大路上长满了荆棘。文章的变化如同鬼斧神工一般,突然而来,突然而止,何尝没有这种景象?何尝不是奇特?就像山的险峻、水的波澜,气势盈积旺盛,自然地表现出来;一定要人为地制造这种景观,没有这种道理。文人好奇,容易受迷惑,这叫作"误学邯郸",又是文人的一大通病。

辨　似

[题解]

是非之辨，难在辨似之间。或似是而非，或似非而是，若非圣贤，诚难明辨。似非而是者，不过受屈于一时，尚不致贻害于一世；而似是而非者，则窜乱真伪，混淆视听，为害甚大。章氏此篇所辨，则专为学术领域中的"似之而非者"而发。看着相似的话语，而实质上却有天壤之别。"求其所以为言者"，是有效考察"似之而非"的一条有效途径。

本篇选自《文史通义新编新注》内篇三，约作于乾隆五十四年（1789）。

人藏其心，不可测度也。言者心之声，善观人者，观其所言而已矣。人不必皆善，而所言未有不托于善也。善观人者，察其言善之故而已矣。夫子曰："始吾于人也，听其言而信其行；今吾于人也，听其言而观其行。"恐其所言不出于意之所谓诚然也。夫言不由中，如无情之讼①，辞穷而情易见，非君子之所患也。学术之患，莫患乎同一君子之言，同一有为言之也，求其所以为言者，咫尺②之间，而有霄壤之判焉，似之而非也。

[注释]

①无情之讼：情，犹实也。无实者，多虚诞之辞。②咫尺：形容距离近。周制八寸为咫，十寸为尺。

[译文]

人如果将自己的思想隐藏起来，旁人是很难猜度的。言语是人的心声，善于观察的人，只要观察其人所说的话就行了。人不一定都善良，但所说的话没有不借托善良的。善于观察的人，只要观察他说话漂亮的理由即可。孔夫子说："起初我对待人，听了他的话便相信他的行为；现在我对待人，听了他的话还要考察他的行为。"这是恐怕其人所说的话不是出于真心实意。言不由衷，如同不是实情的官司，到了无言以对的时候，实情便容易显现，君子对此是无所忧虑的。学术上的忧患，莫过同为君子之言，同属有所针对而言这种情况，探求他们说这些话的原因，咫尺之间便有了天壤之别，表面相似而实际上并不相同。

　　天下之言，本无多也。言有千变万化，宗旨不过数端可尽，故曰言本无多。人则万变不齐者也。以万变不齐之人，而发为无多之言，宜其迹异而言则不得不同矣。譬如城止四门，城内之人千万，出门而有攸往，必不止四途，而所从出者，止四门也。然则趋向虽不同，而当其发轫①，不得不同也。非有意以相袭也，非投东而伪西也，势使然也。

[注释]

①发轫：拿掉支撑车轮的木头，发车起程。比喻事物的开端。

[译文]

　　天下的言论，原本不是很多。（言语有千变万化，但主要的旨意不过数条就可概括，所以说言语本来不多。）人则千变万化各不一样。以千变万化各不一样的人，去说本来就不多的话，难怪他们行踪不同而言论却不得不相同了。就像一个城市只有四座城门，城内的人有千万个，出门后所去之处，一定不止四条道路，而他们从城里出来的路，却只有四座城门。这么说来，趋向虽然不同，但在

辨似　159

起初，却不得不相同。不是有意地要仿效，也不是明明要朝东去而伪装作朝西走，这是形势所迫的结果。

树艺五谷①，所以为烝民粒食计也。仪狄②曰："五谷不可不熟也。"问其何为而祈熟，则曰："不熟无以为酒浆也。"教民蚕桑，所以为老者衣帛计也。蚩尤③曰："蚕桑不可不植也。"诘其何为而欲植，则曰："不植无以为旌旗也。"夫仪狄、蚩尤，岂不诚然须粟帛哉？然而斯民衣食，不可得而赖矣。

[注释]

①树：种。艺：种植。五谷：稻、黍、稷、麦、菽也。②仪狄：传说为夏禹时善酿酒者。③蚩尤：传说中东方九黎族的首领，以金作兵器，并能呼风唤雨。

[译文]

种植五谷，是为老百姓的粮食而考虑的。仪狄说："五谷不能不熟呀！"问他为什么祈求五谷成熟，他则说道："粮食不熟便没有什么可用来酿酒了。"教老百姓养蚕种桑，是为了能让老人穿上丝绵。蚩尤说："蚕桑是不能不种植呀！"追问他为什么要种植，他则说道："不种植就没有东西可用来制作旗帜。"仪狄、蚩尤，难道不是诚心需要粮食、绢帛吗？然而老百姓的衣食却不能得到保障。

《易》曰："阴阳不测之谓①神。"又曰："神也者，妙②万物而为言者也。"孟子曰："大而化之③之谓圣，圣而不可知之之谓神。"此神化、神妙④之说所由来也。夫阴阳不测，不离乎阴阳也；妙万物而为言，不离乎万物也；圣不可知，不离乎充实光辉也⑤。然而曰圣曰神曰妙者，使人不滞于迹，即所知见以想见所不可知见也。学术文章，有神妙之境焉。末学肤受⑥，泥迹以求之。其真知者，以谓中有神妙，可以意会而不可以言传者也。不学无识者，窒于心而无所入，穷于辨而无所出，亦曰可意会而不可言传也。故君子恶夫似之而非者也。

[注释]

①谓：《章氏遗书》本作"为"。②妙：奇巧，神奇。③大而化之：指大行其道，使天下化之。化，改变、转变。④神化：神妙地潜移默化。神妙：神奇巧妙。⑤充实：扩而充之使全备、满盈。光辉：光明，光芒。⑥末学：浅陋的学者。肤受：比喻肤浅。

[译文]

《周易》说："阴阳变化不可测度就叫作'神'。"又说："所谓'神'，就是从它能奇妙地化育万物而又无法解释来说的。"孟子说："大行其道，能感化万物，便称之为'圣'；圣德到了不可测度的境界，便称之为'神'。"这就是神化、神妙之说的由来。阴阳变化不可测度，没离开阴阳；从奇妙地化育万物来说，没有离开万物；圣德神不可知，没有离开充实与光辉。那么称"圣"、称"神"、称"妙"，都是为了使人不拘泥于表象，根据所知所见推想所不知不见者。学术文章，有神妙的意境。浅陋的学者，拘泥于表象来寻求它。那些有真知灼见者，认为其中有神妙之处，可以意会而不可以言传。不学无知者，心灵阻塞什么也吸收不进去，穷于辨析却什么也说不出，也说这是可以意会而不可言传的东西。君子憎恶这种似是而非的论调。

伯昏瞀人谓列御寇曰①："人将保②汝矣，非汝能使人保也，乃汝不能使人毋汝保也。"然则不能使人保者，下也；能使人毋保者，上也；中则为人所保矣。故天下惟中境易别，上出乎中而下不及中，恒相似也。学问之始，未能记诵，博涉既深，将超记诵。故记诵者，学问之舟车也。人有所适也，必资乎舟车；至其地，则舍舟车矣。一步不行者，则亦不用舟车矣。不用舟车之人,乃托舍舟车者为同调焉。故君子恶夫似之而非者也。程子见谢上蔡多识经传③,便谓玩物丧志,毕竟与孔门"一贯"④不似。

[注释]

①伯昏瞀人:可能即诸子之一的彭蒙。见王青《伯昏瞀人即为彭蒙考》。列御寇:战国时期郑人。②保:守护。③程子:指程颢。谢上蔡:即谢良佐,北宋理学家,字显道,上蔡人,学者称上蔡先生。④一贯:谓用一种理论或一个道理贯穿万事万物。

[译文]

伯昏瞀人对列御寇说:"人们将要守护你,不是你能使人守护你,而是你不能使人不守护你。"那么不能使人守护你,这属于下等;能使人不守护你,这属于上等;中等的则是为人所守护。所以天下只有中等的境界容易分别,上超出于中而下又不及中,这两种情况往往很相似。学问开始的时候,还不能记诵;广泛涉猎很深之后,又将超越记诵。所以说记诵是研治学问的车船。人们要到什么地方去,一定要借助车船;到了目的地,则舍弃车船。一步路都不走的人,那也不用车船。不用车船的人,于是便把到达目的地后舍弃车船的人视作志趣相投者。所以君子憎恶似是而非的论调。(程颢看见谢良佐很熟悉经传上说到的事物,便说他玩物丧志,这毕竟与孔夫子所讲的"一以贯之"不太相似。)

理之初见,毋论智愚与贤不肖,不甚远也;再思之,则恍惚而不可恃矣;三思之,则眩惑而若夺之矣。非再三之力,转不如初也。初见立乎其外,故神全;再三则入乎其中,而身已从其旋折①也。必尽其旋折,而后复得初见之至境焉,故学问不可以惮烦②也。然当身从旋折之际,神无初见之全,必时时忆其初见,以为恍惚眩惑之指南焉,庶几哉有以复其初也。吾见今之好学者,初非有所见而为也,后亦无所期于至也,发愤攻苦,以谓吾学可以加人而已矣。泛焉不系之舟，虽日驰千里，何适于用乎？乃曰学问不可以惮烦。故君子恶夫似之而非者也。

[注释]

①旋折：盘旋曲折。②惮烦：怕麻烦。

[译文]

最初求得的道理，不论是聪明还是愚蠢，贤良还是不肖，都相差不远；再次思考，则恍惚有些不可靠了；第三次思考，则头晕眼花就好像失去了自我。如果不是再三地下功夫，反而不如最初的见解清晰。初次观察思考是站在事物的外围，所以人的精神思想还完好无缺；再三观察思考就会进入事物内部，人的身心也会随事物盘旋曲折而变化。必须随事物盘旋曲折穷尽其变化，而后才能再次得到最初认识事物时的那种至高境界，所以学问是不能怕麻烦的。但当你随着事物盘旋曲折而变化的时候，精神思想一定没有最初认识事物时那么全面，一定会时时忆起初次认识事物时的情景，作为精神恍惚、思想迷惑时的指南，如此有可能回复到初次认识事物时的境界。我看见今天有些好学的人，起初并非因为有什么发现而读书，后来也没有要达到什么境界的期望，发愤苦读，以为我的学问可以超越别人而已。如同随风漂浮而没有拴挂的一条船，即使一日奔驰千里，又有什么用处呢？竟然说学问是不能怕麻烦的。所以君子憎恶似是而非的论调。

夫言所以明理，而文辞则所以载之之器也。虚车徒饰①，而主者无闻，故溺于文辞者，不足与言文也。《易》曰："物相杂，故曰文。"又曰："其旨②远，其辞文。"《书》曰："政贵有恒，辞尚体要③。"《诗》曰："辞之辑④矣，民之洽矣。"《记》曰："毋剿说，毋雷同；则古昔，称先王⑤。"传曰："辞达而已矣。"曾子曰："出辞气，斯远鄙倍矣。"经传圣贤之言，未尝不以文为贵也。盖文固所以载理,文不备则理不明也。且文亦自有其理。妍媸⑥好丑,人见之者,不约而有同然之情,又不关于所载之理者,即文之理也。故文之至者,文辞非其所重尔,非无文辞也。而陋儒不学,猥⑦曰"工文则害道"。故君子恶夫似之而非者也。

[注释]

①饰:装饰。②旨:《章氏遗书》本作"指"。③体要:切实而简要。④辑:和,和睦。⑤雷同:雷一发声,万物同时响应。后泛指事物与人相同者。则:效法。称:举。⑥妍媸:妍指美丽,媸指相貌丑陋。⑦猥:随意。

[译文]

言语是用来阐明道理的,而文辞则是用来记载道理的工具。空空的车子白白装饰,驾车的人没有听说,所以醉心于文辞的人是不值得与他谈论文辞创作之道的。《周易》说:"阴阳两类物象互相错杂,所以就叫作'文'。"又说:"它的意旨很深远,它的言辞很有文采。"《尚书》说:"政令贵在持之以恒,文辞贵在简明扼要。"《诗经》说:"言辞和蔼可亲,人民就会与你融洽。"《礼记》说:"不要因袭别人的说法,不要与人相同;说话要效法古人,时时称引先王的言论。"《论语》说:"言辞足以表达思想即可。"曾子说:"说话时多考虑言辞和语气,这样就可以避免粗鄙和矛盾。"由此可知,经传上所载圣贤所说的话,没有不重视文辞表达的。这固然因为文辞是用来记载道理的,文辞表达不完整则道理不明确。况且文辞也有它自己的规律。美丑好坏,凡是见过的人,不约而同地产生出同样的情感,而又与所阐述的道理无关,这就是文理。所以文章的最高境界,文辞不是它所特别看重的,这样并不是说不需要文辞了。而那些不学之陋儒,随口说道:"工于文辞就会损害思想内容。"所以,君子憎恶似是而非的论调。

陆士衡曰："虽杼轴于予怀，怵他人之我先；苟伤廉而愆义，亦虽爱而必捐。"①盖言文章之士，极其心之所得，常恐古人先我而有是言；苟果与古人同，便为伤廉愆义，虽可爱之甚，必割之也。韩退之曰："惟古于文必己出，降而不能乃剿袭。"亦此意也。立言之士，以意为宗，盖与辞章家流不同科也。人同此心，心同此理。宇宙辽扩，故籍纷揉，安能必其所言古人皆未言耶？此无伤者一也。人心又有不同，如其面焉。苟无意而偶同，则其委折轻重，必有不尽同者，人自得而辨之。此无伤者二也。著书宗旨无多，其言则万千而未有已也。偶与古人相同，不过一二，所不同者，足以概其偶同。此无伤者三也。吾见今之立言者，本无所谓宗旨，引古人言而申明之，申明之旨，则皆古人所已具也。虽然，此则才弱者之所为，人一望而知之，终归覆瓿②，于事固无所伤也。乃有黠③者，易古人之貌，而袭其意焉。同时之人有创论者，申其意而讳所自焉。或闻人言其所得，未笔于书，而遽窃其意以为己有，他日其人自著为书，乃反出其后焉。且其私智小慧，足以弥缝其隙，而更张其端，使人瞢④然莫辨其底蕴焉。自非为所窃者觌⑤面质之，且穷其所未至，其欺未易败也。又或同其道者，亦尝究心，反覆勘其本末，其隐始可攻也。然而盗名欺世，已非一日之厉矣。而当时之人，且曰某甲之学，不下某氏，某甲之业，胜某氏焉。故君子恶夫似之而非者也。

[注释]

①陆士衡：即陆机。杼轴：本指织布机，比喻作文时的思考、组织。怵：恐惧，担心。廉：廉洁。愆：违反。②覆瓿：盖酱坛子，比喻著作毫无价值。③黠：聪明而狡猾。④瞢：懵懂，糊里糊涂的样子。⑤觌：相见。

[译文]

陆机说："文章构思虽然出于自己的独立思考，但还是担心他人已经在我的前面写作过；假使会伤害廉洁品行、违反道义，即使我很喜爱也一定放弃。"大概是说写文章的人，费尽心思而得到的佳句，常常担心古人在我之前已经有了这样的话；如果与古人相同，就会有伤廉正与道义，虽然非常喜欢，也一定会割爱。韩愈说："古时候文辞必由自己构思而成，此后不能自己创新便进行沿袭。"说的也是这个意思。创立学说的学者，以立意为宗旨，与诗人作家不是同一类。人心相同，心中道理相同。宇宙辽阔，古代的书籍纷纭错杂，哪能保证自己所说的都是古人没说过的话呢？这无伤大体，此其一。人心又有所不同，就如同人的面孔一般。如果是无意间偶然相同，那么其中的原委经过轻重变化，必然有不完全相同之处，人们自能分辨出来。这是没有什么关系的，此其二。著书立说的宗旨并不多，而书中的言语则千千万万还没有休止。偶然与古人相同，不过一二，所不相同的，足以总括那些偶尔相同的东西。这是没有什么关系的，此其三。我见现在一些著书立说的人，原本没有自己的宗旨，只是简单地引用古人的言论来阐明一番，如此阐明的旨意都是古人已经发现的。尽管如此，但这些都是才能低弱者所做的，人们一望便可知，终归只把它当作盖酱坛子的废纸，对事情自然没有什么损害。竟然还有狡猾的人，仅对古人的言论改头换面，因袭了古人的旨意。于同时代新创学说，则仅申述他的旨意而不说明观点的来源。或者听到别人谈论读书的心得，别人尚未写入书中，便急忙把他的思想窃为己有，日后那人自己撰写成书，竟反而落在了后面。况且窃为己有者的小聪明，足以弥补那些漏洞而另外改换门面，使人头昏眼花无法摸清他的底细。如果不是被窃者当面质问，而且穷问他所没有领悟的一些东西，那么他的这种欺骗是不容易败露的。或者是同行的学者也曾经专心研究过，反复考察他的前后过程，他的这种隐秘方可被揭穿。但是他的欺世盗名，为害于世已经不止一两天了。而当时的人，还说某人的学问不差于某人，某人的学业胜过某人呢。所以君子憎恶似是而非的论调。

  万世取信者，夫子一人而已矣。夫子之言不一端，而贤者各得其所长，不肖者各误于所似。"诲人不倦"①，非渎②蒙也；"予欲无言"，非绝教也；"好古敏求"，非务博也；"一以贯之"③，非遗物也。盖一言而可以无所不包，虽夫子之圣，亦不能也。得其一言，不求是而求似，贤与不肖，存乎其人，夫子之所无如何也。孟子，善学孔子者也。夫子言仁知④，而孟子言仁义；夫子为东周，而孟子王齐、梁；夫子"信而好古"，孟子乃曰："尽信书，则不如无书。"而求孔子者，必自孟子也。故得其是者，不求似也；求得似者，必非其是者也。然而天下之误于其似者，皆曰吾得其是矣。

[注释]

  ①诲人不倦：教导人特别耐心，从不厌倦。诲，教导。②渎：轻慢。③一以贯之：用一个根本性的事理贯通事情的始末或全部的道理。贯，贯穿。④知：同"智"，聪明。

[译文]

  万代为人所取信的人，只有孔夫子一人而已。夫子的言论不止一个方面，贤明的人各自都获得了孔夫子某一方面的精华，而不贤的人却被一些相似的东西所误。"教导人特别耐心而从不厌倦"，并不是瞧不起童蒙；"我想不再发表言论"，并不是拒绝教育人；"爱好古代文化而勤奋探求"，并不是追求广博；"用一种基本思想来贯穿"，并不是要遗弃具体的事物。大概一句话而能够无所不包，即使以夫子这样的圣人也不能做到。得到一句话，不求正确而求相似，取决于他本人的贤明与不才，孔夫子对之也无可奈何。孟子是善于学习孔子的人。孔夫子谈仁智，而孟子谈仁义；孔夫子要复兴东周，而孟子要使齐、梁称王；孔夫子以信任的态度爱好古代文化，孟子却说："完全相信书还不如没有书。"但是探求孔子，一定要从孟子入手。所以得到前人思想精髓的人，不追求表面的相似；追求表面相似的人，得到的必定不是前人的真谛。然而天下被表面相似所误的人，都说我得到了事物的真谛。

繁　称

[题解]

本篇前论人名,条分姓氏字号;后论书名,条分子史别集。以见称谓繁杂之失。在唐末五代,人物的称谓变得十分烦琐、诡怪,章氏对此一现象论析甚详。他又进而对书的名称作了详细的考察,对后世文集极为繁杂的书名十分不满。所论所述,皆明白畅快。

本篇选自《文史通义新编新注》内篇三,作年无考。

尝读《左氏春秋》,而苦其书人名字不为成法也。夫幼名,冠字,五十以伯仲,死谥,周道也。此则称于礼文之言也,非史文述事之例也。左氏则随意杂举而无义例;且名、字、谥、行以外,更及官爵、封邑,一篇之中错出互见。苟非注释相传,有受授至今,不复识为何如人。是以后世史文莫不钻仰①左氏,而独于此事不复相师也。

[注释]

①钻仰:深入研求。

[译文]

我过去读《春秋左氏传》,苦于《左传》对人名的称呼没有规律。按照周朝的制度,年幼时称名,二十岁行过冠礼以后便称字,五十岁以后便以伯仲排行相称，人死了则称谥号。这是用于礼节中的文字称呼，而不是史书叙事的义例。左氏却随意错杂称举，没有义例；况且在名、字、谥号、排行之外，又涉及官职、爵位与封邑，一篇之中错杂互见。如果不是有注释相传，有师承授受至今，便再也不知他是什么人了。所以后世的史书文字，虽然都景仰效法《左传》，而唯独对此事不再学习它的做法。

史迁创列传之体。列之为言，排列诸人为首尾，所以标异编年之传也。然而列人名目，亦有不齐者，或爵，淮阴侯之类。或官，李将军之类。或直书名。虽非左氏之错出，究为义例不纯也。或曰："迁有微意焉。"夫据事直书，善恶自见，《春秋》之意也。必标目以示褒贬，何怪沈约、魏收诸书，直以标题为戏哉！况七十列传，称官爵者，偶一见之，余并直书姓名，而又非例之所当贬；则史迁创始之初，不能无失云尔。必从而为之辞，则害于道矣。

[译文]

司马迁创立纪传的体裁。列这个词的意思，就是以人物为排列顺序，用来表示与编年传记的不同。但是人物的名目也有不整齐的，或称爵位（如淮阴侯之类），或称官职（如李将军之类），或者直书其名。虽然不像左氏那样错综复杂，终究还是义例不统一。有人说："司马迁这样做有他的深意。"根据事实忠实地记载下来，善恶自然会表现出来，这是《春秋》的宗旨。一定要通过所标传目来显示褒贬，难怪沈约、魏收等人所撰史书，简直把标题当作儿戏了！况且《史记》七十列传，称官职、爵位的只是偶尔一见，其余的都是直书姓名，而且按照义例又不是所应当贬斥的；司马迁创始之初，也不可能没有疏漏。一定要为此事曲为辩解，便会损害大道。

唐末五代之风诡矣，称人不名不姓，多为谐隐寓言，观者乍览其文，不知何许人也。如李曰"陇西"，王标"琅琊"，虽颇乖忤，犹曰著郡望也。庄姓则称"漆园①"，牛姓乃称"太牢②"，则诙嘲谐剧，不复成文理矣。凡斯等类，始于骈丽华词，渐于尺牍小说，而无识文人，乃用之以记事；宜乎试牍之文，流于茁轧③，而文章一道入混沌④矣。

[注释]

①漆园：《史记》载庄周尝为蒙之漆园吏，故后人称庄姓为漆园。②太牢：《大戴礼记·曾子天圆》："诸侯之祭，牛曰太牢。"③茁轧：谓文辞怪异生涩。④混沌：形容蒙昧无知的样子。

[译文]

唐朝末年及五代，风气诡异，称呼人既不用名也不用姓，多用一些诙谐的隐语寓言，读者乍一看，不知道说的是什么人。如姓李的称"陇西"，姓王的标"琅琊"，虽然很怪僻不合情理，还可说是标明郡望。至于姓庄的称作"漆园"，姓牛的称作"太牢"，则滑稽可笑，不再合乎文理。凡此之类，开始于华丽的骈体文中，逐渐用于书信与笔记小说，而没有见识的文人，竟用这类称呼来记事；难怪科举试卷文章会出现"茁""轧"之类怪异语言，而作文之道便陷入一种蒙昧无知状态。

自欧、曾①诸君，扩清唐末五季之诡僻，而宋、元三数百年，文辞虽有高下，气体皆尚清真，斯足尚矣。而宋人又自开其纤诡②之门者，则尽人而有号，一号不止，而且三数未已也。夫上古淳质，人止有名而已。周道尚文，幼名冠字。故卑行之于尊者，多避名而称字。故曰字以表德。不足而加之以号，则何说也？流及近世，风俗日靡，始则去名而称字，渐则去字而称号；

于是卑行之于所尊，不但讳名，且讳其字，以为触犯，岂不谄且渎乎？孔子曰："名不正，则言不顺"。称号讳字，其不正不顺之尤者乎！

[注释]

①欧、曾：指欧阳修、曾巩。②纤诡：纤巧怪异。诡，欺诈，奸滑。

[译文]

自从欧阳修、曾巩诸君廓清了唐末五代诡异怪僻的文风之后，宋、元三百多年间，文章虽然有高下之分，但文章的气势风格大都崇尚清新自然，这值得后人崇尚。不过宋人自己又另开了一条纤弱诡异的路径，人人都有号，不止一个号，有的人甚或三个号以上。上古时期风气淳朴，人只有名而已。周朝崇尚文教，年幼时称名，二十成年后称字。结果，身份卑贱的人称呼身份尊贵的，多避开他的名而称他的字。因此说字是用来表彰德行的。后来发展到了称字表德仍感不足的境地，便给他加上号。这又有什么说法呢？流传到近代，风俗一天天颓靡下去，起初是撇开人名而称字，逐渐地又除去字而称号；于是身份卑贱的遇见身份尊贵的，不但不能称他的名，而且还不能称他的字，认为称名称字触犯了尊长，这难道不是对尊长的奉承与亵渎吗？孔子说："名不正，则言不顺。"称号讳字，大概这是最不正不顺的事吧！

号之原起，不始于宋也。春秋、战国，盖已兆其端矣。陶朱、鸱夷子皮①，有所托而逃焉者也。鹖冠、鬼谷诸子②，自隐姓名，人则因其所服所居而加之号也，皆非无故而云然也。唐开元间，宗尚道教，则有真人赐号，南华、冲虚之类。法师赐号，叶靖法师之类。女冠赐号，太真玉妃③之类。僧伽赐号，三藏法师之类。三藏在太宗时，不始开元，今以类举及之。此则二氏之徒所标榜。后乃逮于隐逸，陈抟、林逋之类。寻播及于士流矣。然出朝廷所赐，虽非典要，犹非本人自号也。度当日所以荣宠之意，已死者同于谥法，未死者同于头衔，盖以空言相赏而已矣。

[注释]

①陶朱、鸱夷子皮：皆春秋时越国大夫范蠡的别号。②鹖冠、鬼谷诸子：鹖冠子，相传为战国时楚人，姓名不详，用鹖羽为冠，因以为号。鬼谷子，相传为战国时楚人，姓名传说不一。③太真玉妃：即杨贵妃。

[译文]

名号的起源并不始于宋代。春秋、战国时期已经有了端绪。陶朱公、鸱夷子皮，这是有所寄托和躲避的号。鹖冠子、鬼谷子等，自己把姓名隐藏起来，人们便根据他们的穿戴、居处而加给他们一个号，这些都不是无缘无故起的号。唐朝开元时期，朝廷尊奉崇尚道教，于是赐有真人的称号（如南华真人、冲虚真人之类），赐有法师的称号（如叶靖法师之类），赐给女道士的称号（如太真玉妃之类），赐给佛教徒的称号（如三藏法师之类。三藏法师在唐太宗时，不始于开元，现在因为按类举例而连在一起），这都是道教、佛教之徒所炫耀标榜的。后来才用到隐逸之士身上（如陈抟、林逋之类），不久便在文人之中流传开来。然而这些都出于朝廷所赐，虽然不合法度，但还不是本人所取的称号。揣想当日之所以要赏赐嘉号的意思，对已死的人如同谥法，未死的则与头衔相同，都只是用空言加以奖赏罢了。

自号之繁，仿于郡望，而沿失于末流之已甚者也。盖自六朝门第争标郡望，凡称名者，不用其人所居之本贯，而惟以族姓著望，冠于题名，此刘子玄之所以反见笑于史官也①。沿之既久，则以郡望为当时之文语②而已矣。既以文语相与鲜新，则争奇吊诡，名随其意，自为标榜。故别号之始，多从山泉林薮以得名，此足征为郡望之变，而因托于所居之地者然也。渐乃易为堂轩亭苑，则因居地之变，而反托于所居之室者然也。初则因其地，而后乃不必有其地者，造私臆之山川矣；初或有其室，而后乃不必有此室者，构空中之楼阁矣。识者但知人心之尚诡，而不知始于郡望之滥觞，是以君子恶夫作俑也。

[注释]

①"此刘"句：《史通·因习下》刘知幾自注："时修国史，予被配纂《李义琰传》。琰家于魏州昌乐，已经三代，因云：'义琰，魏州昌乐人也。'监修者大笑，以为深乖史体。遂依李氏旧望，改为陇西成纪人。"②文语：指掉书袋的语言。

[译文]

　　自号的繁杂，起源于郡望，发展到后世末流标榜郡望便出现了自号。大概从六朝开始，门第争相标明郡望，凡是称呼人名，不用那人所居住的原籍，而只将世家大族显著的郡望冠于名字前，这就是刘知幾之所以反被史官讥笑的缘故。沿袭久了，便把郡望当成当时卖弄才学的词语了。既然把它当作卖弄才学的语言而互相以新鲜为尚，那么就会争奇斗怪，名称随意而起，自我标榜。所以开始的别号多数是从山泉林薮而得名，这足以证明是从郡望演变来的，而依据所居之地起名的缘故。渐渐地又改为堂、轩、亭、苑，证明所居之地得名的变化轨迹依托于所居之室的缘故。起初则是依据所居之地，而后却不必真有此地，仅凭个人想象编造山川之名；起初或许还有那个居室名，而后却不必真有那么个居室，仅凭个人想象构筑一些空中楼阁。有识之士只知道人心崇尚诡诈，却不知其源头始于郡望，所以君子憎恨始作俑者。

　　峰、泉、溪、桥、楼、亭、轩、馆，亦既繁复而可厌矣，乃又有出于谐声隐语，此则宋、元人之所未及开，而其风实炽于前明至近日也。或取字之同音者为号，或取字形离合者为号。夫盗贼自为号者，将以惑众也；赤眉、黄巾，其类甚多。娼优自为号者，将以媚客也。燕、莺、娟、素之类甚多。而士大夫乃反不安其名字，而纷纷称号焉，其亦不思而已矣。

[译文]

以峰、泉、溪、桥、楼、亭、轩、馆等为别号，也已经够复杂而讨厌了，竟然又有一类出于谐声、隐语的称号，这是宋、元人所没来得及开启的，这种风气实从明代到近日才开始盛行。（有的取同音字为号，有的拆合字形为号。）盗贼自己立号，是为了用它来蛊惑民众（如称赤眉、黄巾，这一类的很多）；娼妓歌女自己立号，是为了用它来讨好客人（如称燕、莺、娟、素之类的很多）。而士大夫竟然不习惯自己的名字却纷纷称号，这也有欠思考。

逸囚多改名，惧人知也；出婢必更名，易新主也。故屡逸之囚，转卖之婢，其名必多，所谓无如何也。文人既已架字而立号，苟有寓意，不得不然，一已足矣。顾一号不足，而至于三且五焉。噫！可谓不惮烦矣。

[译文]

逃亡的囚徒大多要改名，因为害怕人知道；放出去的婢女必定要改名，因为换了新的主人。所以屡次逃跑的囚犯，辗转贩卖的婢女，他们的名字一定很多，这是出于无可奈何。文人既然已叠床架屋，在名字之外又立号，如果要寄托什么意思，不得不如此，一个也已经足够了。但他们用一个号还不够，以至于有三五个之多。唉！真可谓不怕麻烦呀。

古人著书，往往不标篇名，后人校雠，即以篇首字句名篇；不标书名，后世校雠，即以其人名书，此见古人无意为标榜也。其有篇名书名者，皆明白易晓，未尝有意为吊诡也。然而一书两名，先后文质，未能一定，则皆校雠诸家，易名著录。相沿不察，遂开歧异，初非著书之人，自尚新奇，为吊诡也。

[译文]

古人著书，往往不标篇名，后人进行整理的时候，便以篇首的字句作为篇名；不标书名，后世进行整理的时候，便用那个人的名字作为书名，据此可见古人无意于自我标榜。那些有篇名书名的，也都明白易晓，未曾刻意起些怪僻奇特的名称。如此说来，一书两名，前后书名的文采、质朴，不能统一固定，那都是校雠家们改变书名而著录的结果。历代相沿而没有察觉，于是书名出现歧异，这原本不是著书人自己崇尚新奇而有意弄出的怪名。

有本名质而著录从文者，有本名文而著录从质者，有书本全而为人偏举者，有书本偏而为人全称者，学者不可不知也。本名质而著录从文者，《老子》本无经名，而书尊《道德》；《庄子》本以人名，而书著《南华》之类是也。汉称《庄子》。唐则敕尊《南华真经》，在开元时。《隋志》已有《南华》之目。本名文而著录从质者，刘安之书本名《鸿烈解》，而《汉志》但著《淮南》内外；蒯通之书本名《隽永》，而《汉志》但著《蒯通》本名之类是也。《隽永》八十一首，见本传，与志不符。书名本全而为人偏举者，《吕氏春秋》有十二纪、八览、六论，而后人或称《吕览》；《屈原》二十五篇，《离骚》特其首篇，而后世竟称《骚赋》之类是也。刘向名之《楚辞》，后世遂为专部。书名本偏而为人全称者，《史记》为书策纪载总名，而后人专名《太史公书》；孙武八十余篇，有图有书，而后人即十三篇称为《孙子》之类是也。此皆校雠著录之家所当留意。已详《校雠通义》。虽亦质文升降，时会有然，而著录之家，不为别白，则其流弊，无异别号称名之吊诡矣。

[译文]

有些书的书名本来很质朴而著录时改得很华丽，有的本来很有文采但著录时改得质朴，有的书名本来是全称而被人改用简称，有的书名本来用的是简称而被人改为全称，学者不可不知道这些。本来书名很质朴而著录时改得很华丽的，如《老子》，本来没有经的名称，而目录书上尊为《道德经》；《庄子》本来是用人的名字来称呼的，而书上著录为《南华真经》之类的。这就是例证。（汉代称《庄子》，唐代则下诏尊为《南华真经》，在开元时期。《隋书·经籍志》已有《南华》的名称。）本来书名有文采的而著录时改成质朴的，如刘安的书本来名叫《鸿烈解》，而《汉书·艺文志》只著录为《淮南》内外篇；蒯通的书本来名叫《隽永》，而《汉书·艺文志》只著录为《蒯通》本名之类的。这就是例证。（《隽永》八十一首，见蒯通本传，与《汉书·艺文志》所载篇数不一致。）书名本来是全称而被人改用简称的，如《吕氏春秋》有十二纪、八览、六论，而后人有的称作《吕览》；屈原赋共二十五篇，《离骚》仅是它的首篇，而后代竟然称作《骚赋》之类的。这就是例证。（刘向取名为《楚辞》，后世便成为一个专门的门类。）书名本来用的是简称而被人改为全称的，如《史记》本来是书籍记载的总称，而后人用来专门称呼《太史公书》；孙武本来共八十余篇，有图有书，而后人把十三篇就称作《孙子》之类的。这就是例证。这些都是校雠学家、目录学家们所应当留意的。（已详见《校雠通义》。）虽然这是由尚质尚文的盛衰嬗变，时代发展的必然趋势所造成的，但目录学家如不加辨别说明，那么它的流弊，便与用别号来称名的怪僻一样了。

子史之书，名实同异，诚有流传而不能免者矣。集部之兴，皆出后人缀集，故因人立名，以示志别，东京迄于初唐，无他歧也。中叶文人，自定文集，往往标识集名，《会昌一品》，元、白《长庆》之类①，抑亦支矣。然称举年代，犹之可也。或以地名，杜牧《樊川集》，独孤及《毗陵集》之类②。或以官名，韩偓《翰林集》③。犹有所取。至于诙谐嘲弄，信意标名，如《锦囊》李松、《忘筌》杨怀玉、《披沙》李咸用、《屠龙》熊曒、《聱书》沈颜、《漫编》④元结纷纷标目，而大雅之风不可复作矣。

[注释]

①《会昌一品》：全称《会昌一品集》，二十卷，唐李德裕撰。元、白《长庆》：指《元氏长庆集》与《白氏长庆集》，前者一百卷，为唐元稹撰；后者七十五卷，为唐白居易撰。②杜牧《樊川集》：杜牧外甥裴延翰编，二十卷。独孤及《毗陵集》：独孤及门人梁肃编，二十卷。③韩偓：唐末诗人，字致尧（一作致光），自号玉樵山人，京兆万年（今陕西西安东南）人。龙纪元年（889）进士。官翰林学士、中书舍人、翰林承旨学士。著有《韩内翰别集》（即《翰林集》）、《香奁集》。④《锦囊》：《宋史·艺文志》："李松《锦囊集》三卷。"《忘筌》：《宋史·艺文志》："杨怀玉《忘筌集》三卷。"《披沙》：《直斋书录解题》卷十九："李推官《披沙集》六卷，唐李咸用撰。"《屠龙》：《直斋书录解题》卷十八："熊曒《屠龙集》五卷。"《聱书》：《新唐书·艺文志四》："沈颜《聱书》十卷。"《漫编》：未见著录，或即《漫叟文集》，十卷，唐元结撰。

[译文]

子书与史书，名称与实质的异同，在流传过程中确实不能避免。集部的兴起，则全都出于后人的编纂，所以根据人来命名文集，以示区别，从东汉到唐初，没有不一致的情况。唐代中期的文人，自己编订文集，往往标明集名，如《会昌一品集》，元、白《长庆集》之类，恐怕也是一个支派吧。但称举年代，还是可以的。有的用地名（如杜牧《樊川集》、独孤及《毗陵集》之类），有的用官名（如韩偓《翰林集》），仍然有可取之处。至于诙谐嘲弄，随意标名，如《锦囊》（李松撰）、《忘筌》（杨怀玉撰）、《披沙》

（李咸用撰）、《屠龙》（熊皦撰）、《聱书》（沈颜撰）、《漫编》（元结撰）标名纷纭杂乱，而文雅大方的风气便灭绝了。

子史之书，因其实而立之名，盖有不得已焉耳。集则传文之散著者也。篇什散著，则皆因事而发，各有标题，初无不辨宗旨之患也。故集诗集文，因其散而类为一人之言，则即人以名集，足以识矣。上焉者，文虽散而宗旨出于一，是固子史专家之遗范也；次焉者，文墨之佳，而萃为一，则亦雕龙技曲之一得也①。其文与诗，既以各具标名，则固无庸取其会集之诗文而别名之也。人心好异，而竞为标题，固已侈矣。至于一名不足，而分辑前后，离析篇章，或取历官资格，或取游历程途，富贵则奢张荣显，卑微则酝酿②寒酸，巧立名目，横分字号。遂使一人诗文，集名无数，标题之录，靡于文辞，篇卷不可得而齐，著录不可从而约；而问其宗旨，核其文华，黄茅白苇，毫发无殊。是宜概付丙丁③，岂可猥尘甲乙者乎？欧、苏诸集，已欠简要，犹取文足重也。近代文集，逐狂更甚，则无理取闹矣。

[注释]

①雕龙：指经过精雕细琢，文辞优美。技曲：才能，手艺。②酝酿：编造；罗织。③丙丁：指火。丙丁，在五行学说中均属火。

[译文]

子书与史书，根据它的内容而确定书名，是有不得已的地方。文集收录的则是作者分开撰写的文章。分篇撰写的文章，都是因事而发，各有标题，原本没有不讲宗旨的缺陷。所以汇集诗作汇集文章，根据散篇而归类为一人之言，那么根据此人的名字来命名他的文集，也足以识别了。上等的，文章虽然分散但宗旨只有一个，这固然是诸子、史家遗留下来的自成一家之说的传统；次等的，只将文字好的荟萃在一起，那是他文章写作技艺上的心得。他的诗文既然各自有标题，当诗文汇集起来后自然无须另外取一个名称了。人心好异，争相另标名称，自然已经过分了。至于一个名称还不够，而分纂为前、后集，把原有著作再拆分开来，有的取任官的资格，有的取游历的路线，富贵人则夸耀荣华显达，卑微者则编织寒酸故事，巧立名目，强拆字号。于是使得一个人的诗文有无数个文集的名称，标题的著录比文辞更华美，篇卷的记载无法一致，著录也不可能简要；仔细询问它们的宗旨，核查它们的文笔，如黄色的茅草、白色的芦苇，清清楚楚，丝毫不差。这些类文集都应该付之一炬，怎么可以随便拿来供人阅读呢？（欧阳修、苏轼等人的文集，已经缺乏简要，但采集的文章值得重视。近代的文集，追随前人更加狂乱，简直是无理取闹了。）

俗　嫌

[题解]

章氏就己身经历,举例说明"文章涉世,诚难言矣",原因在于俗讳太多,知音稀少。章氏又指出,为文的实质乃是本于学问、关于世教,因此,必须慎重对待。

本篇选自《文史通义新编新注》内篇三,作年无考。

文字涉世之难,俗讳多也。退之遭李愬之毁①,《平淮西碑》本末略李愬功。欧阳辨师鲁之志②,从古解人鲜矣。往学古文于朱先生。先生为《吕举人志》,吕久困不第,每夜读甚苦。邻妇语其夫曰:"吕生读书声高,而音节凄悲,岂其中有不自得邪?"其夫告吕。吕哭失声曰:"夫人知我。假主文者能具夫人之聪,我岂久不第乎?"由是每读则向邻墙三揖。其文深表吕君不遇伤心,而当时以谓佻薄,无男女嫌,则聚而议之。又为《某夫人志》,其夫教甥读书,不率③,挞之流血。太夫人护甥而怒,不食。夫人跪劝进食。太夫人怒,批其颊。夫人怡色有加,卒得姑欢。其文于慈孝友睦,初无所间,而当时以谓妇遭姑挞,耻辱须讳,又笞甥挞妇,俱乖慈爱,则削而去之。余尝为《迁安县修城碑》,文中叙城久颓废,当时工程更有急者,是以大吏④勘入缓工；今则为日更久，圮⑤坏益甚，不容更缓。此乃据实而书，宜若无嫌。而当时阅者，以谓碑叙城之宜修，不宜更著勘缓工者以形其短。初疑其人过虑，其后质之当世号知文者，则皆为是说，不约而同。又尝为人撰《节妇传》，则叙其生际穷困，亲族无系援者，乃能力作自给，抚孤成立。而其子则云："彼时亲族不尽穷困，特不我母子怜耳。今若云云，恐彼负惭，且成嫌隙。请但述母氏之苦，毋及亲族不援。"此等拘泥甚多，不可更仆数⑥矣。亦间有情形太逼，实难据法书者，不尽出拘泥也。又为朱先生撰《寿幛⑦题辞》云："自癸巳罢学政归，门下从游，始为极盛。"而同人中，有从游于癸巳前者，或愤作色曰："必于是后为盛，是我辈不足重乎？"又为梁文定⑧较注《年谱》云："公念嫂夫人少寡，终身礼敬如母，遇有拂意，必委曲以得其欢。"而或乃曰："嫂自应敬，今云念其少寡而敬，则是防嫂不终其节，非真敬也。"其他琐琐为人所摘议者，不可具论，姑撮大略于此，亦可见文章涉世，诚难言矣。

夫文章之用，内不本于学问，外不关于世教，已失为文之质；而或怀挟愊⑨心，诋毁人物，甚而攻发隐私，诬涅⑩清白，此则名教中之罪人，纵幸免刑诛，天谴所必及也。至于是非所在，文有抑扬；比拟之余，例有宾主；厚者必云不薄，醇者必曰无疵。殆如赋诗必谐平仄，然后音调；措语必用助辞，然后辞达。今为醇厚著说，惟恐疵薄是疑；是文句必去焉哉乎也，而诗句须用全仄全平，虽周、孔复生，不能一语称完善矣。嗟乎！经世之业，不可以为涉世之文。不虞之誉，求全之毁，从古然矣。读古乐府，形容蜀道艰难、太行诘屈，以谓所向狭隘，喻道之穷；不知文字一途，乃亦崎岖如是！是以深识之士，黯默无言，自勒名山之业，将俟知者发之，岂与容悦⑪之流较甘苦哉！

[注释]

①"退之"句：《旧唐书·韩愈传》："元和十二年八月，宰臣裴度为淮西宣慰处置使，兼彰义军节度使，请愈为行军司马。淮蔡平，十二月随度还朝，以功授刑部侍郎。仍诏愈撰《平淮西碑》，其辞多叙裴度事。时先入蔡州擒吴元济，李愬功第一，愬不平之。愬妻，出入禁中，因诉碑辞不实。诏令磨去愈文。"②"欧阳"句：欧阳修曾撰《尹师鲁墓志铭》，尹之家人病其简略。新进士孔嗣宗请诣颍州，与欧阳修辩论。修特撰《论尹师鲁墓志》一文，以辩明之。③不率：不服从。④大吏：独当一面的地方官。⑤圮：坍坏。⑥更仆数：泛指计算。⑦寿幛：用作祝贺或吊唁礼物的幛子，通常是用整幅的绸布，上面绣着祝贺或者是哀悼的词句。简单的，几个字就可以；精致的，则要配上一篇华美的幛词和吉祥精美的图案纹样。这种幛子又被称作贺幛、礼幛。其中专门用于祝寿的幛子称为寿幛。⑧梁文定：指梁国治（1723—1786），字阶平，号瑶峰，浙江会稽（今绍兴）人。乾隆十三年（1748）状元，官东阁大学士兼户部尚书。以经术勤吏治，清俭自守，好学爱才，治事敬慎缜密。有《敬思堂文集》。⑨愊：心胸狭窄。⑩涅：染黑。⑪容悦：逢迎取媚。

[译文]

关涉世事的文章之所以很难写，是因为世俗忌讳太多。韩愈遭李愬的毁谤（《平淮西碑》本来没有抹杀李愬的功劳），欧阳修为所撰写的《尹师鲁墓志铭》辩解，自古以来能善解文章的人太少了。以前我随朱筠先生学习古文。先生写过一篇《吕举人志》，说的是吕氏参加科举考试多年不中，每天夜晚都勤奋苦读。邻居有位妇人对她丈夫说："吕生读书声音很高，但语气凄凉悲伤，难道心中有不得志的地方？"她丈夫转告吕生，吕生失声哭道："您的夫人真了解我。假如主考官能有您夫人这般的聪明，我哪里会屡次考不中呢？"从此以后，每次读书都会对着邻居的墙作三次揖。这篇文章深深地表达了吕君未遇知音的伤心，而当时人则认为这很轻薄，不讲男女嫌疑，因而大家聚在一起说三道四。朱先生又撰写过《某夫人志》，说她丈夫教外甥读书，外甥不听话，被鞭打得流出血来。

太夫人疼爱外孙，因此大怒，不肯吃饭。夫人跪着请婆婆吃饭。太夫人怒气冲冲地打了她几个耳光，结果那夫人不怒反而满脸欢笑，终于博得了婆婆的欢心。这篇文章讲了慈爱、孝敬、友善与和睦，本来没有什么妨碍，而当时人认为媳妇遭到婆婆的打骂，这种耻辱必须避讳，而且鞭打外甥、打媳妇，都违背了慈爱，应当删削掉它。我曾经写了篇《迁安县修城碑》，文中叙述县城城墙久已坍塌，但当时还有其他更紧急的工程，因此地方长官把它列入暂缓的工程之中；现在时间更久了，倒塌更加严重，不容许再延缓了。这是根据实际情况而记载的，应该没有嫌疑。但当时读了此文的人，认为碑文叙述城墙应当修理，不宜写上把它当作缓行工程事，以此彰显前任地方官吏的短处。起初我怀疑是那些人多虑了，后来又把此文拿给当代号称知文的人去评判，结果不约而同都是一个看法。我又曾经为人撰写《节妇传》，叙述她活着的时候很穷困，家族中没有伸手援助的，她竟能极力劳作而供养全家，把孤儿抚养成人。但他儿子却说："那时家族中并不都是穷困的，只是不怜悯我们母子罢了。现在若这样说，恐怕令他们惭愧，而且会造成怨仇。请您只叙述母亲的艰苦，不要涉及家族不援助的事。"（这类顾忌很多，数不胜数。也偶或有的情形太逼迫人，实在难以按照常规记载，不完全是出于顾忌。）我又为朱先生撰写《寿幛题辞》说："自从癸巳年罢免学政回来，在他们下跟随他求学的，才开始到了极盛时期。"同人中有癸巳年之前即已跟随朱先生学习的人愤然变色说："一定要说在此之后为盛，那么是我等不值得重视了。"我又为梁国治校注《年谱》，写道："文定公哀怜嫂夫人年少而寡，终身像母亲一样敬重她，遇到她不顺心的时候，必定要想方设法使她欢心。"但却有人说："对嫂子自然应当敬重，现在说想着她是年少守寡而加以敬重，那么是为了防备嫂子改嫁才敬重的，不是真正的敬重。"其他细碎的事情，被人所指责议论的，无法一一论述，这里姑且摘取个大概,也可看出文章关涉到世事,确实是很难写的。

　　文章的功用,对内不以学问为根本,对外又与人世教化无关,便失去了写文章的根本;而有的人怀着狭隘的心胸,毁谤别人,甚至攻击揭发他人的隐私,诬蔑玷污他人的清白,这是礼教中的罪人,纵然幸免于刑法的惩治,也必然会遭到上天的责罚。至于是非所在的地方,文字上会有所贬抑与褒扬;比拟的时候,照例会有宾主之分;宽厚的人一定会说没有鄙薄,纯良的人一定会说没有瑕疵。大概就像作诗一定要讲究平仄,然后音节才会调和;选词造句必定要用助词,然后辞句才会通顺明白。现在为纯良、厚道的人著文立传,唯恐他们会疑心有所轻视、指责;于是文句一定要去掉"焉""哉""乎""也"这类助词,而诗句必须采用全仄全平,即使是周公、孔子再生,也不可能有一句可称为完善的。唉!经世的学业,不可以写关涉世事的文章。有意料不到的赞美,有求全责备的诋毁,自古以来就是如此。读古乐府,形容入蜀道路的艰难、太行山的曲折,以为所向狭隘,比喻道路不通;不知道写文章这条路,竟然也如此崎岖不平!所以有远见的人,默然无语,独自从事不朽的著述,将等待知音来发现它,哪里愿与阿谀逢迎之辈计较甘苦呢!

针　名

[题解]

章氏为针砭"好名者"而撰此文。他认为争名实质上就是争利,学术界有些人为了达到争名的目的,甚至不择手段,所以章氏提出"好名者,德之贼也"。此文与《黠陋》《砭异》等篇互相发明,可比对而读。

本篇选自《文史通义新编新注》内篇三,作年无考。

名者,实之宾①,实至而名归,自然之理也,非必然之事也。君子顺自然之理,不求必然之事也。君子之学,知有当务而已矣。未知所谓名,安有见其为实哉?好名者流,徇名而忘实,于是见不忘者之为实尔。识者病之,乃欲使人后名而先实也。虽然,犹未忘夫名实之见者也。君子无是也。君子出处,当由名义②。先王所以觉世牖③民,不外名教。伊④古以来,未有舍名而可为治者也。何为好名乃致忘实哉?曰:义本无名,因欲不知义者由于义,故曰名义;教本无名,因欲不知教者率其教,故曰名教。揭而为名,求实之谓也。譬犹人不知食,而揭树艺之名以劝农;人不知衣,而揭盆缲⑤之名以劝蚕;暖衣饱食者,不求农蚕之名也。今不问农蚕,而但以饱暖相矜耀,必有辍耕织而忍饥寒,假藉糠秕以充饱,隐裹败絮以伪暖,斯乃好名之弊矣。故名教名义之为名，农蚕也；好名者之名，饱暖也。必欲骛饱暖之名，未有不强忍饥寒者也。

[注释]

①宾：服从。②名义：指事物的名称与含义。③牖：导也。④伊：语气词。⑤盆缲：盆，又称"盆手"，即浸淹，蚕茧抽丝前需浸泡。缲，缲丝。

[译文]

名称是服从实体的，有了实体而名分才会到来，这是自然的道理，但不是必然的事情。君子顺从自然的道理，不强求必然的事情。君子的见识，知道有当前应做的事就行了。不知道所谓的名，又从哪里能看见它的实体呢？好名之辈，追求名声而忘记了实体，于是见到不曾忘记的名分便把它当作实体。有识之士对此不满，是想使人们把名摆在后面而把实体放在前面。尽管如此，还是没有忘记所看见的名与实。君子不是这样的。君子出仕或隐退，应当遵循名义。先王所用来启发世人开导民众的，不外乎是名教。自古以来，没有舍弃名分而可以治理好国家的。为什么追求名分竟至于忘记了实体呢？答案是：道理本来是没有名称的，因为想使不懂道理的人遵循道理行事，所以称为名义；教化本来没有名称，因为想使不懂教化的人服从教化，所以称为名教。揭示其内容而确立名称，是为了探求其实体。譬如人们不知道种植粮食，便揭示栽培种植的名称来劝人务农；人们不知道编织衣服，便揭示盆手缲丝的名称来劝人养蚕；穿得很暖、吃得很饱的人是不用关心耕种养蚕名称的。现在不问耕种蚕桑，只以饱暖互相夸耀，一定会有人停下耕织从而忍受饥寒，拿了秕糠来冒充吃饱，暗裹着破旧的棉絮来伪装暖和。这是追求名分所造成的弊病。所以说名教、名分所称的"名"，指的是耕种蚕桑；追求名利的人所称的"名"，指的则是饱暖。一定要追求饱暖之"名"，便没有不强忍饥寒的人。

然谓好名者丧名,自然之理也,非必然之事也。昔介之推^①不言禄,禄亦弗及;实至而名归,名亦未必遽归也。天下之名,定于真知者,而羽翼于似有知而实未深知者。夫真知^②者,必先自知。天下鲜自知之人,故真能知人者不多也,似有知而实未深知者则多矣。似有知,故可相与为声名;实未深知,故好名者得以售其欺。又况智干术驭^③,竭尽生平之思力,而谓此中未得一当哉?故好名者往往得一时之名,犹好利者未必无一时之利也。

[注释]

①介之推:春秋时代晋国的忠臣,又名介子推,作为不慕虚名、不计报酬的晋国国君晋文公的忠厚臣僚,留下了很多故事,被民间广为传颂。②真知:正确而深刻的认识,并且真实。③智干术驭:用智慧去牟取,用权术去驾驭。

[译文]

然而说追求名利的人会丢掉名,这也只是自然的道理,而不是必然的事情。从前介子推不提及禄位,禄位也没有赏给他;有了实体而名分便会来到,但名分也未必立即就到。天下的名称,由具有真知灼见的人来确定,而以似有见解实际上并没有深刻见识的人为辅助。具有真知灼见的人必定先能了解自己。天下很少有能了解自己的人,所以能真正了解别人的人不多,似乎有见解而实际上并没有深刻见解的人则很多。似乎有见识,所以可以一起赢得名声;实际上并无深刻的见识,所以追求名声的人能够兜售他的欺诈。又何况用智慧去牟取,用权术去驾驭,竭尽平生的心思精力,能说他在其中得不到一点合适的好处吗?所以好名的人往往能赢得一时的名声,犹如追求赢利的人未必不会赢得一时的利益。

且好名者,固有所利而为之者也。如贾之利市焉,贾必出其居积,而后能获利;好名者,亦必浇漓^①其实,而后能徇一时之名也。盖人心不同如其面，故务实者不能尽人而称善焉。好名之人，则务揣人情之所向，不必出于中之所谓诚然也。且好名者，必趋一时之风尚也。风尚循环，如春兰秋鞠②之互相变易，而不相袭也。人生其间，才质所优，不必适与之合也。好名者，则必屈曲以徇之，故于心术多不可问也。唇亡则齿寒，鲁酒薄而邯郸围③，此言势有必至，理有固然也。学问之道，与人无忮④忌；而名之所关，忮忌有所必至也。学问之道，与世无矫揉；而名之所在，矫揉有所必然也。故好名者，德之贼也。

[注释]

①浇漓：浮薄，浮艳。②鞠：通"菊"。③"唇亡"二句：《庄子·胠箧》："故曰，唇竭则齿寒，鲁酒薄而邯郸围，圣人生而大盗起。"《释文》注："楚宣王朝诸侯，鲁恭公后至而酒薄……宣王怒，乃发兵与齐攻鲁。梁惠王常欲击赵，而畏楚救。楚以鲁为事，故梁得围邯郸。言事相由也，亦是感应。"④忮：忌恨。

[译文]

况且追求名声的人，固然是有所图才去追求的。恰如商人想通过买卖来赢利，他一定要把囤积的货物上市，然后才能获利；好名的人，也一定要使其内在修养变得浮华，然后才能求得一时的名声。因为人心各不同，就像人的面孔各自有别，所以追求实在的人不能使每一个人都称好。好名的人，则务必要揣摩世俗人情的趋向，不一定要出于心中所谓的诚实想法。而且好名的人，一定会趋附当时的风尚。风尚循环变化，如春兰秋菊互相变换而不互相沿袭。人生活在其中，才能品性方面的长处不一定恰好与之相合。好名的人则必定要曲意追求它，他们的心术坏得简直无法说。失去了嘴唇，牙齿就会感到寒冷；鲁国的酒味淡，赵国的邯郸便遭到围攻，这是说有必然的趋势，有自然的道理。研究学问，不会引起什么忌恨；而名分所关，忌恨便必然随之而来。研治学问，不会故意做作；而名声所在之处，便必然会有些矫揉造作。所以说好名的人，就是对道德有害的人。

若夫真知者，自知之确，不求人世之知之矣。其于似有知实未深知者，不屑同道矣。或百世而上得一人焉，吊其落落无与俦①也，未始不待我为后起之援也；或千里而外得一人焉，怅其遥遥未接迹②也，未始不与我为比邻之洽③也。以是而问当世之知，则寥寥矣，而君子不以为患焉。浮气息，风尚平，天下之大，岂无真知者哉！至是而好名之伎，亦有所穷矣。故曰：实至而名归，好名者丧名，皆自然之理也，非必然之事也。卒之事亦不越于理矣。

[注释]

①吊其落落无与俦：吊，悬挂。落落，孤独，与人不合。俦，辈，伴侣。②怅其遥遥未接迹：怅，失意，不痛快。遥遥，形容距离远。接迹，足迹前后相接，形容前后相随。③比邻之洽：比，近也。洽，谓谐和亲近。

[译文]

至于有真知的人，对自己是很了解的，不需要取得世间别人的理解。对于那些似乎有见识而实际上并没有深刻见识的人，他不屑于与他们为伍。或许百世以上才能找到一个人，他显得十分孤单，但他未必不是在等待我来作为他后起的援助；或许千里之外能相得一人，因遥遥相隔不能前后相随而不免失意，但他未必不与我有作近邻的融洽。如果想在当代找到知音，那是寥寥无几，但君子不担心这些。浮薄的风气停息，风尚会趋向平实，天下这么大，难道没有真知灼见的人吗！到这时，追求名声的伎俩也有些枯竭了。所以说，有了实体名分自然就会到来，过分追求名分的人最后会丢掉名分，这是相当自然的道理，不是必然的事情。到最后，事情也不会超越这个道理。

砭异

[题解]

宗旨盖承袭《针名》而来，进一步指出好名之人总是标新立异，他们并非有新发现，而是故意矫造新说。章氏此文即为针砭此种现象而作。

本篇选自《文史通义新编新注》内篇三，作年无考。

古人于学求其是，未尝求异于人也。学之至者，人望之而不能至，乃觉其异耳，非其自有所异也。夫子曰："俭，吾从众；……泰也，虽违众，吾从下。"[1]圣人方且求同于人也。有时而异于众，圣人之不得已也。天下有公是，成于众人之不知其然而然也，圣人莫能异也。贤智之士，深求其故，而信其然；庸愚未尝有知，而亦安于然。而负其才者，耻与庸愚同其然也，则故矫其说以谓不然。譬如善割烹者，甘旨得人同嗜，不知味者，未尝不以谓甘也。今耻与不知味者同嗜好，则必啜糟弃醴[2]，去脍炙而寻藜藿[3]，乃可异于庸俗矣。语云："后世苟不公，至今无圣贤。"万世取信者，夫子一人而已矣。夫子之可以取信，又从何人定之哉？公是之不容有违也。夫子论列古之神圣贤人，众矣。伯夷求仁得仁，泰伯以天下让，非夫子阐幽表微[4]，人则无由知尔。尧、舜、禹、汤、文、武、周公，虽无夫子之称述，人岂有不知者哉？以夫子之圣，而称述尧、舜、禹、汤、文、武、周公，不闻去取有异于众也，则天下真无可以求异者矣。

是非之心，人皆有之。至于声色臭味，天下之耳目口鼻，皆相似也。心之所同然者，理也，义也。然天下歧趋，皆由争理义，而是非之心，亦从而易焉。岂心之同然不如耳目口鼻哉？声色臭味有据而理义无形。有据则庸愚皆知率循，无形则贤智不免于自用⑤也。故求异于人，未有不出于自用者也。治自用之弊，莫如以有据之学，实其无形之理义，而后趋不入于歧途也。夫内重则外轻，实至则名忘。凡求异于人者，由于内不足也。自知不足，而又不胜其好名之心，斯欲求异以加人，而人亦卒莫为所加也。内不足，不得不矜于外；实不至，不得不骛于名，又人情之大抵类然也。以人情之大抵类然，而求异者固亦不免于出此，则求异者何尝异人哉？特异于坦荡之君子尔。夫马，毛鬣相同也，龁⑥草饮水，秣刍饲粟，且加之鞍鞯而施以箝勒⑦，无不相同也。或一日而百里，或一日而千里。从同之中而有独异者，圣贤豪杰所以异于常人也。不从众之所同，而先求其异，是必诡衔窃辔⑧，踶跌⑨噬龁，不可备驰驱之用者也。

[注释]

①泰：倨傲。从下：堂下行礼。②糟：酒渣。醴：甜酒。③藜藿：灰菜与豆叶，比喻粗劣的饭菜。④阐幽表微：说明隐幽的道理，使之明了。阐，阐述。表，表明。幽微，是指不明显、幽深隐微（的道理）。⑤自用：自行其是，凭自己的主观意图行事。⑥龁：咬。⑦鞯：马鞍垫子。箝：马嚼子。勒：套在牲畜头上带帽子的笼头。⑧诡衔窃辔：马吐出嚼子。咬断缰绳。比喻不受束缚。诡衔，吐出马嚼；窃辔，摆脱笼头。⑨踶：踢。跌：用后蹄子踢。

[译文]

古人做学问，追求的是真知，没有说一定要与他人有所不同。学问高深的人，人们只能仰望他而达不到他那种境界，于是觉得他与众不同,并不是他刻意要有所不同。孔夫子说:"节俭,我随同大家的做法;……在堂上行礼很倨傲,虽然违背了众人,我仍然主张在堂下行礼。"圣人尚且寻求与众人一致。有时与众人不同,那是圣人出于不得已。天下有公认的真理,是在众人不知道它是啥道理时形成的,圣人也无法改变它。贤达聪明的人,深入探求其原因,最后了解了道理;平庸愚昧之辈是无法知道深层原因的,他们只能知道是什么。那些以才华自负的人,耻于与平庸之辈具有同样的见解,故意唱反调,说些不同的观点。比如善于烹调的人,美味的食物得到人们的共同喜好,不善于辨别滋味的,未尝不会说那是美味。现在为了与不善于辨别滋味的平庸人有同样的嗜好,一定要吃酒渣,不吃美酒,不吃精细的鱼肉,而特意寻找灰菜与豆叶吃,如此才显得与庸俗之人不同。俗话说:"后世如果不公道,至今不会有圣贤传世。"取信于万世的人,只是孔夫子一人而已。孔夫子之所以能够取信于世,又是什么人根据什么标准来评定的呢?众人的共识,这是不容许有任何违背的。夫子论述古代的圣人贤人有很多,说伯夷追求仁德便得到了仁德,泰伯把天下让给季历,如果不是孔夫子阐发幽隐、表明精微,人们便无从知道这些。唐尧、虞舜、夏禹、商汤、周文王、周武王及周公,即使没有孔夫子的称扬论述,人们难道会不知道吗?以夫子这样的圣人来称扬论述唐尧、虞舜、夏禹、商汤、周文王、周武王及周公,没有听说夫子的取舍与众人有什么不同,那么天下真没有可以追求歧异的人了。

　　是非之心,人皆有之。至于声音、颜色、气味、味道,天下人耳、目、口、鼻的反应都是相似的。心中所相同的东西,是理,是义。但是天下歧异的趋向,都起于理义的相争,而是非之心也随之而改变。难道是内心的认同不如耳、目、口、鼻吗?因为声音、颜色、气味、味道很有据,而理义却没有形体。有根有据,平庸愚蠢的人都知道遵循;无形无体,贤明聪颖的人也会避免刚愎自用。所以追求与众人的不同,没有不是凭自己的主观意图行事的。整治过分自信的弊端,没有什么比采用有依有据的学问更为有效了,用它来充实空泛无形的理义,然后趋向才不会误入歧途。里面重外面就会轻,实体有了就会忘记名分。大凡追求与人不同的人,都是由于内心不够充足。自己知道不足,但又承受不住好名之心的驱使,于是就会追求新异以便超过别人,当然,别人终究也没有被他超过。内心不足,便不得不向人夸耀;没有实体,便不得不追求名分,这大抵又是人之常情会出现的事。根据人之常情的共性,追求新异的人当然也不会超越这一规律,这么说刻意追求新异的人与他人有什么不同呢?主要是与襟怀坦荡的君子不同。马,它的鬃毛都是相同的,嚼草饮水,喂养饲料,再给马加上鞍垫套上笼头,没有不相同的。但有的一日跑百里,有的则一日奔千里。在相同之中出现独特的不同之处,这就是圣贤豪杰与常人不同的地方。如果一匹马不肯从众,刻意追求与其他马的不同,那就必定会出现吐出嚼子、咬断缰绳、又踢又咬、不可供人驱驰的怪现象。

砭　俗

[题解]

章氏《答朱少白书》云："文体不废应酬，昌黎墓志，其无实而姑取以应酬者，十之七八，与近代寿文有何分别？先夫子于寿序一体，多用传记之法，最为有用之文，岂可轻忽！鄙著正因世俗拘文体为优劣，而不察文之优劣，并不在体貌推求，故撰《砭俗》之篇，欲人略文而求实也。"据此可知本篇作意。

本篇选自《文史通义新编新注》内篇三，作年无考。

文章家言及于寿屏祭幛，几等市井间架①，不可入学士之堂矣。其实时为之也。涉世不得废应酬故事，而祝嘏②陈言，哀挽习语，亦无从出其性灵，而犹于此中斤斤焉计工论拙，何以异于梦中之占梦欤！夫文，所以将③其意也，意无所以自申，而概与从同，则古人不别为辞，如冠男之祝，醮女④之命，但举成文故牍而已矣。文胜⑤之习，必欲为辞，为之而岂无所善，则遂相与矜心作意⑥，相与企慕仿效，滥觞流为江河，不复可堙阏⑦矣。夫文，生于质也，始作之者未通乎变，故其数易尽。沿而袭之者之所以无善步也。既承不可遏之江河，则当相度⑧宣防，资其灌溉，通其舟楫，乃见神明⑨通久之用焉。文章之道，凡为古无而今有者，皆当然也。称寿不见于古，而叙次生平，一用记述之法；以为其人之不朽，则史传竹帛⑩之文也。挽祭本出辞章，而历溯行实，一用诔⑪谥之意，以为其人之终始，则金石刻画之文也。文生于质，视其质之如何而施吾文焉，亦于世教未为无补。又何市井间架之足疑，而学士之所不屑道哉？

[注释]

①间架：房屋建筑的结构。梁与梁之间叫"间"，桁与桁之间叫"架"。②祝嘏：祝寿。嘏，福。③将：表达。④醮女：嫁人的女子。⑤文胜：崇尚文采过了头。⑥矜心作意：刻意做作，与"矜情作态"相近。矜，自夸。作意，著述的本意。⑦堙阏：填塞。⑧相度：观察估量。⑨神明：即"神"的概念。神，是神志，知觉。⑩竹帛：竹简和白绢。古代初无纸，用竹帛书写文字。引申指书籍、史乘。⑪诔：丧礼中叙述死者生平德行，表示哀悼。

[译文]

文章家谈到寿屏挽幛之类作品，几乎视如市井中的房屋结构，以为不可进入学者的殿堂。其实这是时势造成的。在世俗生活中，不可能废弃应酬的事情，祝寿用的陈词滥调，哀吊用的习惯用语也无法表现作者的性灵，对此仍然斤斤计较它们的工巧笨拙，这与在梦中解说梦的吉凶有何区别！文章是用来表达作者思想的，没有什么自己的意思要表达，一概与他人相同，那么古人也就不需要另外撰写新的文章了。就像男子行冠礼时的祝文、女子出嫁时的诫词，只采用现成的文字即可。由于追求文采的习气，一定要另撰新辞，既已重撰，难道会没有一点优胜的地方吗，于是互相刻意做作，互相仰慕仿效，源头的小河流淌成了大江大河，再也不可能堵塞住了。文章来源于事物本体，最初为文的人未能通晓变化，所以其气数容易到头，这也是后来沿袭的人之所以效法不好的原因。既然沿承的是如同不可遏制的江河一般的习气，那么便应当进行考察防治，利用它灌溉，让它通行舟船，才能看见人的神智所发挥的变通永久的作用。文章之道，凡是古代没有而今天有的文体，都有其必然原因。祝寿不见于古代，但叙述生平，用的是记述的方法；把它作为寿诞者不朽的文字，这些是史书传记的风格。挽辞祭文原本出于辞章，但一一追述死者的生平事迹，完全采用诔文、赠谥的旨意，作为那人一生的总结，这些属于刻于金石的碑志。文章来源于事物本体，根据内容的具体情况而撰写自己的文章，对人世教化也不是没有补益的，又有什么值得你把它疑为市井中的房子，使学者们都不屑于谈论它呢？

夫生有寿言，而死有祭挽，近代亡于礼者之礼也。礼从宜，使从俗，苟不悖乎古人之道，君子之所不废也。文章之家，卑视寿挽，不知神明其法，弊固至乎此也。其甚焉者，存祭挽而耻录寿言。近世文人，自定其集，不能割爱而间存者，亦必别为卷轴，一似雅郑①之不可同日语也。汪钝翁以古文自命，动辄呵责他人，其实有才无识，好为无谓之避忌，反自矜为有识，大抵如此。此则可谓知一十而昧二五也。彼徒见前人文集有哀诔而无寿言，以谓哀诔可通于古，而祝嘏之辞为古所无也。不知墓志始于六朝，碑文盛于东汉，于古未有行也。中郎碑刻，昌黎志铭，学士盛称之矣。今观蔡、韩二氏之文集，其间无德而称，但存词致，所与周旋而俯仰②者，有以异于近代之寿言欤？宽于取古，而刻以绳今，君子以为有耳而无目也。必以铭志之伦，实始乎古，则祝嘏之文未尝不始于《周官》，六祝③之辞，所以祈福祥也。以其文士为之之晚出，因而区别其类例，岂所语于知时之变者乎？

[注释]

①雅郑：雅即雅乐，郑即郑声。古人以雅乐为"正声"，以郑声为"淫邪之音"。②俯仰：低头和抬头，泛指随便应付。俯，向前屈身或低头。③六祝：《周礼·春官·太祝》："太祝掌六祝之辞，以事鬼神示，祈福祥，求永

贞。一曰顺祝，二曰年祝，三曰吉祝，四曰化祝，五曰瑞祝，六曰策祝。"

[译文]

活着的人有祝寿的言辞，死了的人有祭奠悼念的文字，这是近代丧失礼家精神的礼仪。礼法的制定要适合时宜，适合当地的风俗，如果不违背古人的道义，君子是不会废弃的。文章家们鄙视祝寿、悼念之文，而不知道要使这种文体写得神奇，必然会出现这样的弊端。其中更有甚者，保存祭奠悼念的文章而耻于收录祝寿的文字。近代文人自己编订文集，不能忍痛割爱而间或保存的这类文字，也必定要另外编排成卷，完全像雅乐与郑声不可同日而语似的。（汪钝翁以古文自命，动不动苛责他人，其实他有才无识，喜欢在一些没有意义的禁忌上做文章，反而骄矜地自以为有见识，大抵都是这样。）这可说是只知一十而不明白二五。他只见前人文集中有哀悼的诔文而没有祝寿的文章，以为诔文可与古代相通，而祝寿之辞则为古代所无。不知道墓志始于六朝，碑文盛行于东汉，上古的时候没有通行。蔡邕的碑刻、韩愈的墓志，学者极为称赞。今天看蔡、韩二人的文集，其中有没有德行而加以称颂者，只留存一些文辞赠给与他有交际周旋的人，难道与近代的祝寿之辞有区别吗？对待古代的事物很宽容，而要求今人却很苛刻，君子以为那是只会听而不会看。一定要认为墓志碑铭之类的实际上是从上古开始的，那么祝寿之辞未尝不是从《周礼》开始的，六祝的文辞都是用来祈祷富贵吉祥的。因为这类文字是文人所作，而出现较晚，而把类例区别开来，这难道是对通晓时势变化的人所应该说的话吗？

夫文生于质，寿祝哀诔，因其人之质而施以文，则变化无方，后人所辟，可以过于前人矣。夫因乎人者，人万变而文亦万变也；因乎事者，事不变而文亦不变也。醮女之辞，冠男之颂，一用成文故典，古人不别为辞，载在传记，盖亦多矣。揖让[①]之仪文，鼓吹之节奏，礼乐之所不废也。然而其质不存焉，虽有神圣制作，无取仪文节奏，以为特著之奇也。后人沿其流而不辨其源者，则概为之辞，所为辞费也。进士题名之碑，必有记焉；明人之弊，今则无矣。科举拜献之录②，必有序焉。此则今尚有之，似可请改用一定格式，如贺表例。自唐、宋以来，秋解春集③，进士登科，等于转漕上计④，非有特出别裁之事也。题名进录，故事行焉。虽使李斯刻石，指题名碑。刘向奏书，指进呈录。岂能于寻常行墨之外，别著一辞哉？而能者矜焉，拙者愧焉，惟其文而不惟其事，所谓惑也。成室上梁，必有文焉；婚姻通聘，必有启焉。同此堂构，同此男女，虽使鲁般发号，高禖⑤绍宾，岂能于寻常行墨之外，别著一辞哉？而能者矜焉，拙者愧焉，惟其文而不惟其事，所谓惑也。而当世文人方且劣彼而优此，何哉？国家令典⑥，郊庙祝版⑦，岁举常事，则有定式，无更张也。推恩⑧循例，群臣诰敕⑨，官秩相同，则有定式，无更张也。万寿庆典，嘉辰令节，群臣贺表，咸有定式，无更张也。圣人制作，为之礼经⑩，宜质宜文，必当其可。文因乎事，事万变而文亦万变，事不变而文亦不变，虽周、孔制作，岂有异哉？揖让之仪文，鼓吹之节奏，常人之所不能损者，神圣之所不能增。而文人积习相寻，必欲夸多而斗靡⑪，宜乎文集之纷纷矣。

[注释]

①揖让：指古代宾主相见的礼节。②科举拜献之录：指古代科举放榜时进呈皇帝的题名录。③秋解春集：《宋史·选举志一》："初，礼部贡举……皆秋取解，冬集礼部，春考试。"④转漕：转运粮饷。古时陆运称"转"，水运称"漕"。上计：战国、秦、汉时地方官于年终将境内户口、赋税、盗贼、狱讼等项编造计簿，遣吏逐级上报，奏呈朝廷，借资考绩，称为上计。⑤高禖：媒神。又作"郊禖"。禖，求子所祭祀的神。⑥令典：指美好的典礼、仪式。令，美好。⑦郊庙：古代天子祭天地与祖先。祝版：书写祝文的木版、纸版

等，祭祀时所用。⑧推恩：帝王对臣属推广封赠，以示恩典。⑨诰敕：朝廷封官授爵的敕书。⑩礼经：古代讲礼节的经典。⑪夸多而斗靡：指写文章以篇幅长、辞藻华丽夸耀争胜。夸，夸耀。斗，争，赛，竞争。靡，奢侈，华丽，奢华。

[译文]

文章素材来源于事物本体，祝寿哀悼，如果能根据那人的具体情况而下笔撰文，则模式变化多样，后人的创新，就可以超过前人了。根据人来写的，人有万变文章也会万变；根据事来写的，事无变化文章也无变化。嫁女的诫辞，男子加冠的祝语，全用现成的文字、过去的惯例，古人不另外撰写新辞，记载在传记中的这类文辞，也已经很多。宾主相见时行的揖让礼仪，击打吹奏乐的节奏，是古代礼乐制度保存下来的。然而它原先所具备的本体已经不存在了。即使有圣人来制作，也不会取那些礼仪、节奏作为稀奇之物而加以特别的记述。后世顺流而下不辨其源的人，则一概记录，所写的文辞就很烦琐了。进士题名的石碑，上面必定有题记（这是明人的弊病，现在已没有了）；科举放榜时所进呈的题名录，必定要有序文（这种情况现在还有，似乎可请求改用一定的格式，如同贺表的体制）。从唐、宋以来，秋季解送应举的士子，春季会集于礼部考试，进士及第，如同漕运粮饷、上呈计簿，并非是什么特别的事情。进士题名与进呈名单，都是按例行事。即使叫李斯刻碑（指题名碑），刘向奏书（指进呈录），难道能在寻常文字之外另外再撰写一句话吗？但是擅长此道的人以此为荣，而不擅长写作的人则感到惭愧，只考虑其文而不考虑其事，这就是所谓的迷惑。新房建成上梁，一定有上梁文；婚姻中下聘礼，一定有请帖。同是这样建造房屋，同是这样的男女婚礼，即使是鲁班发话祝贺，媒神介绍宾客，难道能在套话之外另添新花样吗？但是精于此道的人以此向人炫耀，而不擅长此道的人则感到惭愧，又是只考虑其文而不考虑其事，这就是所谓的迷惑。而当代的文人尚且优彼劣此，这是为什么呢？国家著名的庆典，祭祀天地祖宗的祝文，是每年都要举行的常事，一般有固定的格式，不需要重新更改。根据惯例推行赏赠，下达给群臣的诰文敕书，官阶相同，格式就是固定的，没有重新更改的。皇帝诞辰的庆祝典礼，美好的时辰节日，群臣上呈的贺表，都有固定的格式，不需要重新更改。圣人制作定则，成为经典礼仪，有的适宜质朴，有的适宜华丽，一定符合事物特点才可以。文章根据具体事物来写，事物有万种变化，文章也有万种变化，事物不变文章也不变，即使是周公、孔子来制作，难道会有什么不同吗？宾主相见作揖谦让的礼仪，击打吹奏乐的节奏，是平常人所不能减少的，也是圣人所不能增加的。而文人积习相随，写文章一定要以篇幅长、辞藻华丽夸耀争胜，难怪后世文集会越来越趋于纷繁杂乱的境地。

《礼》曰："君子未葬，读丧礼；既葬，读祭礼；丧复常，读乐章。"丧礼远近有别，而文质以分，所以本于至情也。近世文人，则有丧亲成服①之祭文矣，葬亲堂祭之祭文矣，分赠吊客之行述②矣。传曰："孝子之丧亲也，哭不偯，礼无容，言不文，茕茕苫块③之中，杖而后能起，朝夕哭无时。"尚有人焉，能载笔而摛文，以著于竹帛，何以异于苍梧人之让妻④，华大夫之称祖⑤欤？或曰：未必其文之自为，相丧者之代辞也。夫文主于质也，代为之辞，必其人之可以有是言也。鸱鸮既处飘摇，不为睍睆之好音⑥；鲋鱼故在涸辙，不无愤然之作色。虽代禽鱼立言，亦必称其情也。岂曰代为之辞，即忘孝子之所自处欤？

[注释]

①成服：旧时丧礼大殓之后，亲属按照与死者关系的亲疏穿上不同的丧

服,叫"成服"。所谓"成服"即穿孝、戴孝。②行述:又称"行状",记述死者生平的文章。③茕茕苫块:茕茕,孤单、孤独地徘徊于草垫与尘土之间。④苍梧人之让妻:《说苑·建本》:"苍梧之弟,娶妻而美,请与兄易。忠则忠矣,然非礼也。"⑤华大夫之称祖:鲁文公十五年,宋国大夫华耦来鲁国结盟,鲁文公在宴席上提到华耦曾祖华督杀宋殇公事。杜预注:"无故扬其先祖之罪,是不敏。鲁人以为敏,君子所不为也。"⑥鸱鸮:一种小鸟。晛睆:清和婉转的鸟鸣声。

[译文]

《礼记》说:"君子服丧,在没出葬时,要诵读丧礼;安葬之后,要诵读祭礼;三年守丧期满恢复正常的生活,就可以吟唱乐章了。"丧礼亲疏有别,文质由此而分,这是根据至诚之情来决定的。近代的文人,在父母去世、亲属穿上丧服时有祭文,安葬之后在灵堂吊唁有祭文,给吊唁的宾客分送行状。经传上说:"孝子丧失父母时,哭得气短力竭,进退举止失去了平常端庄的仪容,言语也不再加以修饰,孤独地与草垫、土块为伴,拄着拐杖才能站立,从早到晚时时哭泣。"还有人竟能提笔作文,以便载入史册,这与苍梧人把美貌的妻子让给兄长,宋国大夫华耦宣扬祖先的罪过有什么区别?有的人说:那些文章不一定是孝子亲自撰写的,而是帮助料理丧事的人所代写的。文章是由其内容实质决定的,别人所写的文辞,那人必定也可以有这样的话。鸱鸮既已身处风雨飘摇之中,就不可能发出清和婉转的声音;鲋鱼身在干涸的车辙中,不可能不愤然发怒。虽然代禽鸟鱼儿说话,也一定要符合其实际情形。难道说是代写的文章,就忘记了孝子所处的境况吗?

或谓代人属草,有父母者,不当为人述考妣①也。颜氏著训,盖谓孝子远嫌,听无声而视无形,至谆谆也。虽然,是未明乎代言之体也。嫌之大者,莫过君臣;周公为成王诏臣庶,则不以南面为嫌。嫌之甚者，莫过于男女；谷永为元帝报许后，即不以内亲为忌。伊古名臣，拟为册祝制诰，则追谥先朝，册后建储，以至训敕臣下，何一不代帝制以立言，岂有嫌哉？必谓涉世远嫌，不同官守，乐府《孤儿》之篇②，岂必素冠之棘人③？古人寡妇之叹，何非须眉之男子？文人为子述其亲，必须孤子而后可，然则为夫述其妻，必将阉寺而后可乎？夫非礼之礼，非义之义，君子弗为，盖以此哉！

[注释]

①考妣：已故的父母。②乐府《孤儿》之篇：《乐府诗集》有《古辞孤儿行》。③棘人：古人居父母丧时，自称"棘人"。

[译文]

有人说代人撰写文稿，如果自己父母健在，不应当为他人叙述亡故的父母。颜氏撰写《家训》，是说孝子应当远避嫌疑，在无声无形中去聆听父母的教导，想见父母的形象，这是最恳切的话。即使如此，但还是不了解代言的文体。嫌疑最大的，没有什么能超过君臣之间的关系；但周公代成王诏令臣民，便不以觊觎君位为嫌疑。嫌疑最深的，没有什么能超过男女之间的事；但谷永上书为汉元帝责难许皇后，就不因许皇后为内亲而顾忌。古代名臣，撰写册命、祝文、制书、诰令，乃追谥先朝皇帝，册命皇后，设立太子，以至告诫臣下，哪一样不是代皇帝下令而撰拟文辞，哪里有什么嫌疑呢？如果一定要说人世间的远避嫌疑，与官员不同，那么乐府中《孤儿》这类篇章，作者难道一定是戴着白帽服丧的人吗？古人发出寡妇之叹，为什么不能是须眉男子？文人为人子称述他的父母，如果一定要身为孤儿才可以，那么替身为丈夫的叙述他的妻子，就一定要阉割之后才可以了？不合礼制的礼，不合道义的义，君子是不会做的，大概就因为这个缘故吧！

说 林

[题解]

《说林》一题,在先秦时期即由韩非撰写,所谓"说林",《史记·老子韩非列传》司马贞《索隐》对其作了诠释,认为"《说林》者,广说诸事,其多如林,故曰'说林'也"。其意思即为汇集各类故事。章氏此篇同名论题,但其意已不尽相同。章氏之"说",实为论说。因非专论一题一事,而是杂述所见所感,故称之为"说林"。本篇虽无重心,但也着重论述了"文辞"与"志识"的关系,曰:"文辞,犹金石也;志识,其炉锤也。神奇可化臭腐,臭腐可化神奇。"强调"志识"的决定作用,同时也对过轻文辞的偏失做了批评,论述颇为精彩。

本篇选自《文史通义新编新注》内篇四。作于乾隆五十四年(1789)。

道,公也;学,私也。君子学以致其道,将尽人以达于天也。人者何?聪明才力,分于形气①之私者也。天者何?中正平直,本于自然之公者也。故曰道公而学私。

[注释]

①形气:指元气、精气,古人认为其是构成万物的原始物质。

[译文]

大道,是共有的;学习,是个人的事。君子通过学习来认识掌握大道，将彻底发挥人的主观能动性而达到与天合一的境界。人指的是什么？指智慧才能，这是人在元气相分时得到的个性。天指的是什么？指中正平直，这是本于天道而自然形成的公正。所以说大道属公而学习属私。

道同而术异者，韩非有《解老》《喻老》之书，《列子》有《杨朱》之篇，墨者述晏婴之事，作用不同，而理有相通者也。术同而趣异者，子张难子夏之交，荀卿非孟子之说①，张仪破苏秦之从②，宗旨不殊，而所主互异者也。

[注释]

①荀卿非孟子之说：《荀子》有《非十二子》篇。②张仪破苏秦之从：张仪、苏秦为战国时纵横家代表，张仪主连横，苏秦主合纵。合纵一般是指齐、楚、燕、韩、赵、魏等国联合抗秦，连横则指上面六国中的某国跟随秦国进攻其他国家。从，通"纵"，即合纵。

[译文]

大道相同而学术流派可以不同，如韩非撰有《解老》《喻老》这样的文章，列子撰有《杨朱》这样的文章，墨家叙述晏婴的事迹而编成《晏子春秋》，可见各家作用不同，但道理上有相通之处。学术流派相同而个人的主张见解可以不同，如子张批评子夏关于交友的言论，荀卿非难孟子的主张，张仪攻破苏秦的合纵，宗旨没有什么差别，但他们的具体观点各有不同。

渥洼之驹①，可以负百钧②而致千里；合两渥洼之力，终不可致二千里。言乎绝学孤诣③，性灵④独至，纵有偏阙，非人所得而助也。两渥洼驹，不可致二千里；合两渥洼之力，未始不可负二百钧而各致千里。言乎鸿裁绝业，各效所长，纵有牴牾，非人所得而私据也。

[注释]

①渥洼之驹：指神马。渥洼，水名，在今甘肃安西县境，为传说产神马之处。②钧：古代重量单位，三十斤为一钧。③绝学：谓造诣独到之学。孤诣：独到的造诣。④性灵：聪慧。

[译文]

渥洼产的神马，可以载重三千斤而跑一千里；不过汇合两匹神马的力量，终究还是不能跑两千里。这说的是绝学的独到，聪慧的独到，即使有所偏颇缺失，也不是他人所能帮上忙的。两匹神马不能跑两千里路；汇合两匹神马的力量，未尝不可载重六千斤而各跑一千里。说的是文章的宏伟体制、非凡学业，只要各自施展各自的特长，即使有互相矛盾之处，也不是某个人所能独自占有的。

文辞非古人所重①，草创讨论，修饰润色，固已合众力而为辞矣；期于尽善，不期于矜私也。丁敬礼使曹子建润色其文②，以谓"后世谁知定吾文者"，是有意于欺世也。存其文而兼存与定之善否，是使后世读一人之文，而获两善之益焉，所补岂不大乎？

[注释]

①文辞非古人所重：故文之至者，文辞非其所重尔，非无文辞也。②丁敬礼：即丁廙，字敬礼。建安中为黄门侍郎。与曹植善，尝劝太祖立植为太子。太祖虽深善其言，卒未纳用。及曹丕篡汉即王位，乃假故杀之，并灭其男口。曹子建：即曹植。

[译文]

文辞不是古人所看重的，经过了起草、讨论、修改、润色四道工序，文章的完成已经汇合了众人的力量；希望能达到尽善尽美，而不是用来自我夸耀。丁敬礼让曹植为他的文章润色，说"后世有谁知道改订我文章的人是谁"，这是有意在欺骗世人。保存那篇文章而同时又保存对它进行修改的好坏情况，这样可使后人读一个人的文章而从中获得两方面的益处，所带来的补益难道不大吗？

司马迁袭《尚书》《左》《国》之文，非好同也，理势之不得不然也。司马迁点窜①《尚书》《左》《国》之文，班固点窜司马迁之文，非好异也，理势之不得不然也。有事于此，询人端末，岂必责其亲闻见哉？张甲述所闻于李乙，岂盗袭哉？人心不同，如其面也。张甲述李乙之言，而声容笑貌不能尽为李乙，岂矫异哉？

[注释]

①点窜：删改，修改。

[译文]

司马迁沿用《尚书》《左传》《国语》的文字，不是喜欢与前人一样，是因为情势上不得不这样。司马迁删改《尚书》《左传》《国语》的文字，班固删改司马迁的文字，不是喜欢与前人不同，也是因为情势上不得不这样。如同这里发生一件事，向人询问事情的原委经过，难道一定要他亲自看见听到吗？张甲把从李乙那里听到的事情讲给别人听，难道就是剽窃吗？人心不同，就像人的面孔一样。张甲虽能转述李乙的话，但表现出来的音容笑貌不可能完全像李乙，难道是故意与他不同吗？

孔子学周公，周公监①二代，二代本唐、虞，唐、虞法前古，故曰："道之大原出于天。"盖尝观于山下出泉，沙石隐显，流注曲直，因微渐著，而知江河舟楫之原始也；观于孩提呕哑②，有声无言，形揣意求，而知文章著述之最初也。

[注释]

①监：借鉴。②呕哑：小孩学说话的声音。

说 林 207

[译文]

孔子向周公学习,周公借鉴夏、商二代,二代本于唐尧、虞舜,唐尧、虞舜又效法前代,所以说:"大道的根源出于自然。"我曾经观察山下流出的泉水,在沙石中时隐时现,泉流或曲折,或笔直,由细微的源头逐渐变成较大的水流,由此可知江河能行船只的初始状况;观察初生小孩的咿呀学语,开始只有声音,不会说话,大人们只能从表情动作上去揣摩其意思,由此可知文章著述的原始状况。

有一代之史,有一国之史,有一家之史,有一人之史。整齐故事,与专门家学之义不明,详《释通》《答客问》,而一代之史鲜有知之者矣。州县方志,与列国史记①之义不明,详《方志》篇,而一国之史鲜有知之者矣。谱牒②不受史官成法,详《家史》篇,而一家之史鲜有知之者矣。诸子体例不明,文集各私撰著,而一人之史鲜有知之者矣。

[注释]

①史记:历史记录。②谱牒:记述氏族或宗族世系的书籍。始于汉代,流行于魏晋南北朝时期。

[译文]

有一个时代的史书,有一个国家的史书,有一个家族的史书,有一个人的史书。整理编排前朝旧事,与自成一家之说,这两种史书的要求不同(详见《释通》《答客问》两篇),可惜,很少有人真正懂得一个时代的历史。州县方志与诸侯国史书的含义不同(详见《方志》篇),很少有人真正懂得一个国家的历史含义了。谱牒不采取史官修史的惯用规则(详见《家史》篇),很少有人真正懂得一个家族的历史含义。诸子书的体例不明确,文集撰著各逞其意,很少有人真正懂得一个人的历史含义。

展喜受命于展禽①，则却齐之辞，谓出展禽可也，谓出展喜可也。弟子承师说而著书，友生因咨访而立解，后人援古义而敷言，不必讳其所出，亦自无愧于立言者也。

[注释]

①展喜：鲁臣，生平不详。展禽：鲁国大夫，字季，封于柳下，谥惠，后世因称柳下惠，曾任士师，三次被黜。

[译文]

鲁国大夫展喜接受展禽的命令，出面说服齐军撤退，可以说出自展禽，也可以说出于展喜。弟子继承老师的学说而撰成著作，朋友根据咨询请教的内容而确立自己的见解，后人采用古人的思想而敷演成文，不必隐瞒它们的出处，对于著书立说的人来说也没有任何难为情的。

子建好人讥诃①其文，有不善者应时改定；讥诃之言可存也，改定之文亦可存也。意卓而辞踬②者，润丹青③于妙笔；辞丰而学疏者，资卷轴于腹笥④。要有不朽之实，取资无足讳也！

[注释]

①讥诃：讥责非难。②踬：被绊倒。引申为不顺利，不畅达。③丹青：红色与青色，泛指绚丽的色彩。④腹笥：比喻腹中所记的书籍或腹中的学问。笥，书籍。

[译文]

曹植喜欢别人来批评他的文章，有不好的地方立即改正；批评的言辞可以保存下来，已改正的文字也可以保存下来。文意高超而文辞不通顺的，则通过他人的妙笔来增添文采；文采丰富而学问疏浅的，则借助他人腹中的学问来弥补。总之，要有不朽的实质内容，借鉴的东西是不必隐讳的。

陈琳为曹洪作书上魏太子①，言破贼之利害，此意诚出曹洪，明取陈琳之辞，收入曹洪之集可也。今云："欲令陈琳为书，琳顷多事，故竭老夫之思。"又云："怪乃轻其家丘②，谓为倩人③。"此掩著之丑也，不可入曹洪之集矣。

[注释]

①陈琳：字孔璋，广陵人，"建安七子"之一，原有文集，但已散佚，明人辑有《陈记室集》。曹洪：字子廉，三国谯人，曹操堂弟，东汉末随曹操起兵。②家丘：为"东家丘"的省称，后常用以比拟尚未为人所知的博识君子。③倩人：请托他人代自己做事。此谓请人代笔。

[译文]

陈琳为曹洪写信给魏太子，谈破盗贼的利弊，这番意思确实出于曹洪，公开借用了陈琳的文辞，可以收入曹洪的集子。如果曹洪说："本想让陈琳代写，但陈琳最近事多，所以还是自己动手，费尽了老夫的心思。"又说："奇怪，你竟然敢轻视东家丘，说是请人代笔。"这是掩饰别人代著的丑行，所以不可收入曹洪的文集。

譬彼禽鸟，志识其身，文辞其羽翼也。有大鹏千里之身①，而后可以运垂天之翼。鹦雀假雕鹗之翼②，势未举而先踬矣，况鹏翼乎？故修辞不忌夫暂假，而贵有载辞之志识，与己力之能胜而已矣。噫！此难与溺文辞之末者言也！

[注释]

①大鹏千里之身：《庄子·逍遥游》："鲲之大不知其几千里也，化而为鸟，其名为鹏。鹏之背，不知其几千里也。怒而飞，其翼若垂天之云。"②鹦雀：古书上说的一种小鸟。鹗：又叫鱼鹰，一种极凶猛的鸟。《汉书·邹阳传》："鸷鸟累百，不如一鹗。"

[译文]

如果以禽鸟来打比方的话，思想见解是禽鸟的躯体，文辞则是禽鸟的翅膀。有大鹏那样千里之长的躯体，然后才能挥动遮天蔽日的翅膀。鹦雀借用雕鹗的翅膀，还未摆好起飞的架势就先跌倒了，何况是大鹏的翅膀呢？所以修辞不忌讳暂时借用，贵在具有能装载文辞的思想见解，与自己的力量是否能够胜任而已。唉！这些话是很难对沉迷于文辞的肤浅之辈说明白的。

诸子①一家之宗旨，文体峻洁，而可参他人之辞；文集杂撰之统汇，体制兼该，而不敢入他人之笔。其故何耶？盖非文采辞致②不如诸子，而志识卓然，有其离文字而自立于不朽者，不敢望诸子也。果有卓然成家之文集，虽入他人之代言，何伤乎！

[注释]

①诸子：指先秦至汉代的各个学派的学者或著作。②辞致：文辞的情致意趣。

[译文]

诸子有自为一家的宗旨，文体刚劲凝练，却可以参用他人的文辞；文集是各种杂撰的汇总，体裁齐备，却不敢借用他人的文笔。这是什么道理呢？一般来说，不是文采和言辞的情致不如诸子，而是思想见解的高超，即便离开了文辞也能够自立于不朽之地，这是文集比不上诸子的地方。果真有卓然不凡自成一家的文集，虽然收入了他人代笔的文章，那也是无伤大体的！

庄周《渔父》诸篇，辨其为真为赝①；屈原《招魂》《大招》之赋，争其为玉为瑳②。固矣夫文士之见也！

[注释]

①"庄周"二句：苏轼认为《庄子》中的《让王》《盗跖》《说剑》《渔父》四篇为后人伪作。参见《东坡前集》卷三二《庄子祠堂记》。②瑳：指景瑳，战国楚辞赋家，与宋玉同时。

[译文]

后人辩论庄周《让王》《渔父》等几篇文章的真与假,后人也争论屈原《招魂》《大招》是否出于宋玉、景瑳之手。这些文人的见解多么浅陋啊!

醴泉①,水之似醴者也。天下莫不饮醴,而独恨不得饮醴泉。甚矣!世之贵夫似是而非者也!

[注释]

①醴泉:形容甘美的泉水。醴,甜酒。

[译文]

醴泉,就是像醴酒一样甘甜的泉水。天下人都喜欢喝醴酒,唯独遗憾的是不能喝到甘甜如醴的泉水。世人看重那些似是而非的论调,过于偏颇了!

著作之体,援引古义,袭用成文,不标所出,非为掠美,体势有所不暇及也。亦必视其志识之足以自立,而无所藉重于所引之言;且所引者并悬天壤,而吾不病其重见焉,乃可语于著作之事也。考证之体,一字片言,必标所出。所出之书,或不一二而足,则必标最初者。譬如马、班并有,用马而不用班。最初之书既亡,则必标所引者。譬如刘向《七略》①既亡,而部次见于《汉·艺文志》;阮孝绪《七录》既亡,而阙目见于《隋·经籍志》注。则引《七略》《七录》之文,必云《汉志》《隋注》。乃是"慎言其余②"之定法也。书有并见,而不数其初,陋矣;引用逸书而不标所出,使人观其所引,一似逸书犹存,罔矣。以考证之体,而妄援著作之义,以自文其剽窃之私焉,谬矣。

[注释]

①刘向《七略》:《七略》为刘歆所撰,但刘歆是在继承父业的基础上完

成此书的,故也有人把它视为刘氏父子的共同成果。而章氏在此称"刘向《七略》",盖即此意。②慎言其余:《论语·为政》:"子曰:'多问阙疑,慎言其余,则寡尤。'"

[译文]

著作的体裁,援引古书的义理,袭用现成的文字,不标明出处,不算掠人之美,因为体裁的限制让人无暇顾及。当然也一定要看著作的思想见解是否足以自立,没有什么需要借重于所引用的言辞;而且所引的文字均在世上流传,那我不反对著作中出现重复现象,这样才可以与他谈论著作的事情。考证体裁,片言只字,也要标明出处。材料出处之书,有的不止一二种,那一定要标最早的。(譬如司马迁、班固的书中都有,那就使用《史记》,不用《汉书》。)最早的书如果已经亡佚,则一定要标明引用之书名。(譬如刘向的《七略》已经亡佚,但其分类尚见于《汉书·艺文志》;阮孝绪的《七录》已经亡佚,但其所载亡阙书目还见于《隋书·经籍志》自注中。那么引《七略》《七录》的文字,便一定要标出《汉志》《隋注》。)这就是"谨慎地说出其余知道的东西"的成规定法。几部书同时存在,不引用最初的,这是浅陋的;引用亡佚的书而不标明出处(使人看了他所引用的书,简直就像逸书还存在似的),这是蒙骗人。以考证体裁妄自援引著作义例,以掩饰其剽窃的私货,这是荒谬的。

文辞,犹三军也;志识,其将帅也。李广入程不识之军,而旌旗壁垒一新焉,固未尝物物而变,事事而更之也。知此意者,可以袭用成文,而不必己出者矣。文辞,犹舟车也;志识,其乘者也。轮欲其固,帆欲其捷,凡用舟车,莫不然也;东西南北,存乎其乘者矣。知此义者,可以以我用文,而不致以文役我者矣。文辞,犹品物也;志识,其工师也。橙橘楂梅,庖人得之,选甘脆以供笾①实也；医师取之，备药毒以疗疾疢②也。知此义者，可以同文异取，同取异用，而不滞其迹者矣。古书断章取义，各有所用，拘儒不达，介介③而争。文辞，犹金石也；志识，其炉锤也。神奇可化臭腐，臭腐可化神奇。知此义者，可以不执一成之说矣。有所得者即神奇，无所得者即臭腐。文辞，犹财货也；志识，其良贾也。人弃我取，人取我与④，则贾术通于神明。知此义者，可以斟酌风尚而立言矣。风尚偏趋，贵有识者持之。文辞，犹药毒也；志识，其医工也。疗寒以热，热过而厉甚于寒；疗热以寒，寒过而厉甚于热。良医当实甚，而已有反虚之忧，故治偏不激，而后无余患也。知此义者，可以拯弊而处中矣。

[注释]

①笾：古代祭祀和宴会时盛果脯的竹器，形状像木制的豆。②疢：疾病。③介介：形容心中有所不安，不能忘怀。④人弃我取，人取我与：战国时期的大商人白圭善于预测市场行情变化并据以进行理财决策，坚持"人弃我取，人取我与"的原则经商，取得相当大的成功。"人弃我取"是指当商品供过于求、人们不愿问津时，就趁机买进。"人取我与"则是当自己手中的商品供不应求、价格大涨时，就趁机卖出。

[译文]

文辞，犹如军队士兵；思想见解，就像它的将帅。李广来到程不识的军队中，旌旗营垒为之一新，不过并未每样东西都更换它，每件事情都改变它。知道这个道理的人，才可以袭用现成的文字，而不必样样出于自己所作。文辞，犹如车船；思想见解，就像驾驶车船的人。车轮要牢固，船帆要迅捷，凡是使用车船的人，都是懂这个道理的；要驶向东西南北的哪一个方向，完全由驾驶人员来决定。知道这个道理的人，可以任凭我的意志来使用文字，而不会受到文字的驱使。文辞，犹如物品；思想见解，就像使用它的工匠、医师。橙子、橘子、山楂、梅子，厨师得到它以后，选择又甜又脆的来做祭祀用的果品；医师拿过来，备做药物以便治疗疾病。知道这个道理的人，相同的文字可以有不同的采用方法，采用相同的文字可以有不同的用途，而不会留下它原来的痕迹。（古书引文的断章取义，各有自己的用意，固执守旧的儒生不明白这个道理，因此耿耿于怀且争论不休。）文辞，犹如金属和石头；思想见解，就像熔炉与铁锤。神奇可以转变为腐臭，腐臭也可转变为神奇。知道这个道理的人，会不拘守过去的定论。（有自己的心得就是神奇，没有自己的心得就是腐臭。）文辞，犹如财货；思想见解，就像善于经营的商人。别人丢弃的我拿过来，别人需要的我供给出去，这样的经商之术是相当高明的。知道这个道理的人，可以斟酌风尚而著书立说了。（社会风尚趋向的偏与正，贵在有识之士来把握它。）文辞，犹如药品；思想见解，就像医生。如果用性热的药物治疗寒症，其结果会比原来的寒症更严重；如果用性寒的药物治疗热症，其结果会比原来的热症更严重。高明的医生当病人寒、热之性过盛的时候，就已经考虑到了由过盛而反变为亏缺的后果，所以治疗寒热之症不采用过激的手段，因而不会留下后患。知道这个道理的人，可以拯救弊病而不会矫枉过正。

转桔槔[①]之机者，必周上下前后而运之。上推下挽，力所及也；正前正后，力不及也。倍其推，则前如坠；倍其挽，则后如跃；倍其力之所及，以为不及之地也。人之聪明知识，必有力所不及者，不可不知所倍以为之地也。五味之调，八音[②]之奏，贵同用也。先后尝之，先后听之，不成味与声矣。邮传之达，刻漏[③]之宜，贵接续也。并驰同止，并直同休，不成邮与漏矣。书有数人共成者，历先后之传而益精，获同时之助而愈疏也。先后无争心，而同时有胜气也；先后可授受，而同时难互喻也；先后有补救，而同时鲜整暇也。

[注释]

①桔槔：井上汲水的工具。在井旁设一杠杆，一端系水桶，一端悬绑大石块等重物，一起一落，汲水可以省力。②八音：古代对乐器的统称，通常为金、石、丝、竹、匏、土、革、木八种不同材质所制。③刻漏：为古代的计时器。以铜为壶，壶底穿孔，壶中立一根有刻度的箭形浮标，壶中水滴渐少，箭上度数即渐次显露，视之可知时刻。

[译文]

要想转动桔槔这种汲水工具，必须上下前后环绕着来运转。朝上举往下拉，如此力气才用得上；但正前方与正后方，则是力量够不到的。如果加倍用力一举，那么前头便如忽然坠落；如果加倍用力一拉，那么后头便如凌空跃起；这是在力所能及的方面加倍用力，以代替力所不及之处。一个人的聪明知识，一定有力所不能及的地方，不可不知道在力所能及的方面应当加倍努力。五味的调和，八音的演奏，贵在同时并用。如果先后去品尝，先后去聆听，便不成味道与音乐了。驿站的传递，漏壶计时的值班，贵在延续不断。所有的驿马一起停下来，所有的值班人员同时都休息，便不成邮递与计时了。那些由数人共同完成的书，经历先后流传越来越精密，获得同时人相助的书越来越粗疏。因为先后相隔便没有竞争的念头，而同时代人之间则有好胜的意气；有先有后便可以传授，而同时之人则难以互相理解；先后相继便有补救，而同时之人则很少能从容整理。

人之有能有不能者，无论凡庶圣贤，有所不免者也。以其所能而易其不能，则所求者，可以无弗得也。主义理者拙于辞章，能文辞者疏于征实，三者交讥而未见有已也。义理存乎识，辞章存乎才，征实存乎学，刘子玄所以有三长难兼之论也①。一人不能兼，而咨访以为功，未见古人绝业不可复绍也。私心据之，惟恐名之不自我擅焉，则三者不相为功，而且以相病矣。

[注释]

①刘子玄：即刘知幾。三长：谓才也，学也，识也。

[译文]

人有能做到的也有不能做到的地方，无论是平民百姓还是圣人贤士，都难免会遇到这种情况。如果以他人所能来代替己所不能，那么他所追求的就没有什么不能实现的了。一般说来，注重义理之学的人拙于诗文创作，擅长文章的人短于事实征引，三派互相讥刺便会无休无止。义理之学在于见识，诗文创作在于才华，征引事实在于学问，所以刘知幾有才、学、识三长难兼一身的说法。因为一个人不能同时兼有三长，所以要向别人咨询以取长补短，如此，还不曾看见古人中断的学问不能被继承下来的事。如果被私欲控制，唯恐不是由我来独占其名，那么三派就不能互相补益，只会互相损害。

所谓好古者，非谓古之必胜乎今也，正以今不殊古，而于因革异同，求其折衷也。古之糟魄①，可以为今之精华。非贵糟魄而直以为精华也，因糟魄之存而可以想见精华之所出也。如类书本无深意，古类书尤不如后世类书之详备；然援引古书，为后世所不可得者，藉是以存，亦可贵宝矣。古之疵病，可以为后世之典型②；非取疵病而直以之为典型也，因疵病之存，而可以想见典型之所在也。如《论衡》最为偏驳，然所称说，有后世失其传者，未尝不藉以存。是则学之贵于考征者，将以明其义理尔。

[注释]

①糟魄：比喻废弃无用的事物。糟，糟粕，造酒剩下的渣滓。②典型：又作"典刑"，谓常规，旧法。

[译文]

所谓仰慕古代的文化,不是说古代的一定胜过今天的,恰恰是因为今天与古代没有什么本质不同,只想在沿革的同异上寻求到折中的好办法。古代的糟粕,可以变成今天的精华。不是看重糟粕而把它直接作为精华,而是根据糟粕的存在可以寻找到精华所产生的地方。(如类书本来没有深意,古代的类书尤其不如后世的类书那样详备;但是它援引古代的书籍,后世所无法看到的典籍借此书得以保存,也值得当作宝贝珍惜了。)古代的瑕疵毛病,可以当作后世引以为戒的法则;不是把瑕疵毛病拿过来直接作为法则,而是根据毛病之所在可以想见法则之所在。(如《论衡》最为驳杂不纯,但它所称引的,有的后代已经失传了,未尝不是凭借它而得以保存下来。)这么说,治学上重视考征的原因,不过是为了用它来阐明义理罢了。

"出辞气①,斯远鄙悖矣。"悖者,修辞之罪人,鄙则何以必远也?不文则不辞,辞不足以存,而将并所以辞者亦亡也。诸子百家,悖于理而传者有之矣,未有鄙于辞而传者也。理不悖而鄙于辞,力不能胜;辞不鄙而悖于理,所谓五谷不熟,不如荑②稗也。理重而辞轻,天下古今之通义也。然而鄙辞不能夺悖理,则妍媸③好恶之公心,亦未尝不出于理故也。

[注释]

①辞气:语气,口气。②荑:通"稊",一种似稗子的草,实如小米。③妍媸:美丑。

[译文]

"说话时多考虑言辞声调,这样就可以远离粗鄙与错误。"错误是修辞的大忌,却又为何一定要远离粗鄙?没有文采便不成言辞,言辞不足以流传,那么连同用言辞来表达的思想内容也将一起消亡。诸子百家，有违背道理而能流传下来的，却没有言辞粗鄙而能流传下来的。道理上没有违背而言辞上很粗鄙，只是写作技巧不能胜任；言辞不粗鄙却违背道理，这就是所谓的五谷不熟，还不如稗草。道理重要而言辞轻微，这是天下古今共通的道理。粗鄙的言辞敌不过错误的道理，这是因为喜欢美丽厌恶丑陋的从众心理，也未尝不是出于一定的道理。

波者水之风，风者空之波，梦者心之华，文者道之私。止水无波，静空无风，至人①无梦，至文无私。演口技者，能于一时并作人畜、水火、男妇、老稚千万声态②，非真一口能作千万态也。千万声态，齐于人耳，势必有所止也。取其齐于耳者以为止，故操约而致声多也。工绘事者，能于尺幅并见远近、浅深、正侧、回互千万形状，非真尺幅可具千万状也。千万形状齐于人目，势亦有所止也。取其齐于目者以为止，故笔简而著形众也。夫声色齐于耳目，义理齐于人心，等也。诚得义理之所齐，而文辞以是为止焉，可以与言著作矣。

[注释]

①至人：道家称超凡脱俗，达到忘我境界的人。②"演口技者"二句：《虞初新志》卷一载林嗣环《秋声诗自序》，描述口技表演，极为生动细致，可参阅。

[译文]

波浪是水上的风，大风是天空的波浪，美梦是心中的花朵，文章是道理的个人想法。不动的河水没有水波，宁静的天空没有大风，超凡脱俗的人没有美梦，最完美的文章没有私心。表演口技的人，能在一时之间同时表演出人畜、水火、男女、老幼的千万种声音情态，并非真的能用一张口发出千万种声音情态。千万种声音情态汇集于人的耳朵，势必要有所限制。只选取那些能汇集到人耳的声音就可以了，所以用简单的道具而能达到声音众多的效果。善于绘画的人，能在一尺见方的画面内同时表现远近、浅深、正面侧面、回环交错的千万种形状，并非真的在尺幅之内可以具备千万种形状。千万种形状一起展现在人的眼前，势必也要有所限制。只选取那些能展现于眼前的形状就行了，所以用笔简略而表现的形状很多。声音、色彩汇集于人的耳目，经义、道理汇集于人的心中，道理是相通的。如果义理已得到充分表现，那么文辞的使用可以到此为止，如此可以与他谈论著作了。

天下有可为其半，而不可为其全者。偏枯之药，可以治偏枯①；倍其偏枯之药，不可以起死人也。此说见《吕氏春秋》。天下有可为其全，而不可为其半者。樵夫担薪两钧，捷步以趋，去其半而不能行；非力不足，势不便也。风尚所趋，必有其弊，君子立言以救弊，归之中正而已矣。惧其不足夺时趋也，而矫之或过，则是倍用偏枯之药而思起死人也。仅取救弊，而不推明斯道之全量，则是担薪去半，而欲恤樵夫之力也。

[注释]

①偏枯：偏瘫，半身不遂。

[译文]

天下有的事物只能局部起作用，而不能对整体有作用。救治偏瘫的药可以治疗好偏瘫；即便把治偏瘫药量加大一倍，也不能够让死人起死回生。（此说见《吕氏春秋》。）天下有的事物从整体上可以做好，却无法分开做。打柴的人挑着六十斤重的柴火，快步朝前，拿掉它一头却不能行走；不是力量不够，而是力量不平衡。一个时代的风尚所趋，必定有它的弊端，君子著书立说来纠正弊端，使它回到中正之道上就行了。因为害怕不足以压倒时尚，于是便矫枉过正，那是想加倍使用治偏瘫之药而想让死人起死回生。只管纠正弊端而不将这个道理阐明,这便如挑柴火拿掉一头而想要照顾打柴人体力一样。

十寸为尺,八尺曰寻。度八十尺而可得十寻,度八百寸而不可得十寻者,积小易差①也。一夫之力,可耕百亩,合八夫之力而可耕九百亩者,集长易举也。学问之事,能集所长,而不泥小数,善矣。风会所趋,庸人亦能勉赴;风会所去,豪杰有所不能振也。汉廷重经术,卒史亦能通六书,吏民上书,讹误辄举劾。后世文学之士,不习六书之义者多矣。羲之俗书,见讥韩氏。韩氏又云:"为文宜略识字。"岂后世文学之士,聪明智力不如汉廷卒史之良哉?风会使然也。越人相矜以燕语,能为燕语者,必其熟游都会,长于阅历,而口舌又自调利过人者也。及至燕,则庸奴贱婢,稚女髫童②,皆燕语矣。以是矜越语之丈夫,岂通论哉?仲尼之门,五尺童子羞称五霸。必谓五尺童子,其才识过于管仲、狐、赵诸贤焉,夫子之所不许也。五谷之与稊稗,其贵贱之品有一定矣。然而不熟之五谷,犹逊有秋之稊稗焉。而托一时风会所趋者,诩然自矜其途辙,以谓吾得寸木,实胜彼之岑楼焉,其亦可谓不达而已矣。尊汉学③,尚郑、许,今之风尚如此;此乃学古,非即古学也。居然唾弃一切,若隐有所恃。

[注释]

①积小易差:微小的积累容易产生误差。②髫童:儿童。髫,小孩子头上垂下的头发。③汉学:又称"朴学",指汉儒考据训诂之学,与"宋学"相对。

[译文]

十寸为一尺,八尺为一寻。量八十尺可以得到十寻,量八百寸却不能够得到十寻,因为微小的积累容易产生误差。一个男人的力量可以耕种一百亩,汇合八个男人的力量却可以耕种九百亩,这是因为发挥了集体的长处而容易成功。学问这种事,能汇集众人之所长而不拘泥小的差别,那就好了。风气所向,平庸之人也会勉强投入其中;风气一过,即便豪杰也无法振衰起弊。汉朝重视经学,小官吏也能通晓六书,官吏百姓上书,如果文字有讹误,便会受到弹劾。后代的文人学者,不熟悉六书的人太多了。(王羲之的那种通俗流行的书体,受到了韩愈的讥讽。韩氏又说:"凡是写诗作文的人应该略微懂点文字。")难道后代文人学士的聪明智力比不上汉朝的小官吏吗?这是风气造成的。越国人以能说燕国的语言互相夸耀,能懂燕国语言的人,他一定周游了各大都会,阅历丰富,而口舌又自然伶俐过人。等到了燕国,连平凡的奴隶、卑贱的婢女以及幼小的儿童,都能说燕国话。以此向讲越国语言的士大夫来夸耀,难道是通达的观点吗?孔子门下,五尺高的儿童,也羞于称扬五霸。一定要说五尺高的儿童,他们的才能见识超过了管仲、狐偃、赵衰诸位贤士,孔夫子也难以苟同。五谷与稊草,它们的贵贱品位是有定论的。但是没有成熟的五谷,仍然比不上秋天丰收的稊草。依托于一时的风气所向的人,很神气地自我夸耀起他所开辟的道路,认为我所得到的寸木,实际上胜过了别人的高楼,这也可称作不明事理呀!(尊崇汉学,崇尚郑玄、许慎,今天的风尚如此;这是学古,并非就是古学。竟然唾弃一切,似乎私下有所倚仗。)

  王公之仆圉①,未必贵于士大夫之亲介②也。而是仆圉也,出入朱门甲第③,诩然负异而骄士大夫曰:"吾门大。"不知士大夫者固得叱而系之,以请治于王公,王公亦必挞而楚之,以谢闲家之不饬也。学问不求有得,而矜所托以为高,王公仆圉之类也。

[注释]

  ①仆圉:仆,驾车的人。圉,养马的人。②介:传宾主之言的人,引见

人。③朱门：红漆大门，指贵族富豪之家。甲第：最好的住宅，指贵族豪门的宅第。

[译文]

王公家驾车养马的人，其地位未必比士大夫的亲信和引见人更高。但是这些驾车养马的人，出入朱门大院，很神气地自认为不同凡响，骄傲地对士大夫说："我的门很大。"不知道士大夫可以大声斥责并把他绑起来，以便请王公治罪；王公也一定会用鞭子抽打得他们痛苦不堪，以表达治家不够谨慎的歉意。学问不求有自己的心得，而夸耀所依托的靠山以为很高明，这与王公家赶车养马的人是同一类的。

"丧欲速贫，死欲速朽"，有子以谓非君子之言。然则有为之言，不同正义，圣人有所不能免也。今之泥文辞者，不察立言之所谓，而遽断其是非，是欲责人才过孔子也。《春秋》讥佞人①。《公羊传》。夫子尝曰："恶佞口之覆邦家者。"是佞为邪僻之名矣。或人以为"雍也仁而不佞"②。或人虽甚愚，何至惜仁人以不能为邪僻？且古人自谦称不佞，岂以不能邪僻为谦哉？是则佞又聪明才辨之通称也。荀子著《性恶》，以谓圣人为之"化性而起伪"。伪于六书，人为之正名也。荀卿之意，盖言天质不可恃，而学问必藉于人为，非谓虚诳欺罔之伪也。而世之罪荀卿者，以谓诬圣为欺诳，是不察古人之所谓，而遽断其是非也。

[注释]

①佞人：指善于花言巧语、阿谀奉承的人。②或人：某人，有人。雍：孔子学生冉雍，字仲弓，鲁国人。

[译文]

"丧失了禄位就希望赶快变得贫困，人死了就希望赶快腐朽掉"，有子认为这不像仁爱君子说的话。这么说，针对某些特定的事情而讲的话，与通常的含义不同，这在圣人孔夫子身上也在所难免。现在那些拘泥于文辞的人，不考察别人发表这番言论所针对的具体情况，而匆忙给它定下是非结论，这是想要求普通人的才能必须胜过孔子。《春秋》讥刺奸佞之人。（见《公羊传》。）孔夫子曾经说过："我憎恨那些能颠覆国家的佞人。"这么说，"佞"是一个邪恶不正的名称。有人以为"冉雍有仁德却没有佞才"。说这话的人即使很愚蠢，也不至于因可惜仁人而叹息他不能做邪恶不正的事情。而且古人自己谦称"不佞"，难道是把不才作为谦逊吗？这么说，"佞"又是聪明才智机辩的通称。荀子撰写《性恶》篇，以为圣人为了"改变人的恶劣本性而兴起了人为的做法"。从六书上讲，"伪"字就是人为它正名。荀卿的意思，大概是说天生的资质不可依赖，而学问一定要借助于人的后天努力，不是指欺骗虚伪的"伪"。世上指责荀卿的人，认为他诬蔑圣人为欺骗，这是未明察古人所说的意思，便匆忙判断他的对错。

　　古者文字无多，转注①通用，义每相兼。诸子著书，承用文字，各有主义，如军中之令，官司之式，自为律例。其所立之解，不必彼此相通也。屈平之"灵修"，庄周之"因是"，韩非之"参伍"，鬼谷之"捭阖"，苏张之"纵衡"，皆移置他人之书而莫知其所谓者也。佛家之根尘、法相②，法律家之以准、皆各、及其、即若，皆是也。

[注释]

　　①转注：六书之一。段玉裁注："转注，犹言互训也。注者，灌也。数字展转，互相为训，如诸水相为灌注，交输互受也。"②根尘：佛教术语。佛家谓眼、耳、鼻、舌、身、意为六根，色、声、香、味、触、法为六尘，合称根尘。法相：佛教术语。泛指事物的相状、性质、名称、概念及含义等。

[译文]

　　古时候文字不多，辗转训释互相通用，字义上常常互相兼通。

诸子著书，沿用前人的文字，各有自己确定的含义，就像军队中的命令，官府的制度，自己制定法律条例。他们所确立的解释，不一定要彼此相通。屈原所称的"灵修"，庄子所用的"因是"，韩非所用的"参伍"，鬼谷子所用的"捭阖"，苏秦、张仪所说的"纵横"，都是改用在他人文章中而不知道它所说的意思的词。（佛教中的"根尘""法相"等，法律上的"以准""皆各""及其""即若"等词，都是这样的。）

冯煖问孟尝君，收责反命，何市而归？则曰："视吾家所寡有者。"学问经世，文章垂训，如医师之药石偏枯，亦视世之寡有者而已矣。以学问文章，徇世之所尚，是犹既饱而进粱肉，既暖而增狐貉①也。非其所长，而强以徇焉，是犹方饱粱肉，而进以糠秕；方拥狐貉，而进以裋褐②也。其有暑资裘而寒资葛者，吾见亦罕矣。

[注释]

①狐貉：指用狐、貉的毛皮制成的皮衣。貉，一种似狐的野兽。②裋褐：粗陋的布衣。裋，粗布衣服。

[译文]

冯煖曾经问孟尝君，收完债后回来报告，买什么东西带回家？孟尝君便回答说："根据我们家所缺少的东西决定吧。"学问能治理国事，文章能垂示教训，如同医生用药物治疗偏瘫一样，也要根据世上所缺少的东西而决定。以学问、文章来追随世人所崇尚的东西，这就像已经吃饱了还给他送上精美的膳食，已经很暖和了还给他增添皮衣。不是他所擅长的而勉强他去追随，这就像正好吃饱了精美的饭食，却给他糠皮和瘪谷；正穿着狐皮大衣，却给他送来粗布衣服。如果在夏天供给人皮衣而在冬天资助人葛衣，这种反常的事也很罕见。

说　林

宝明珠者，必集鱼目①；尚美玉者，必竞碔砆②。是以身有一影，而罔两居二三也。罔两③乃影旁微影，见《庄子》注。然而鱼目碔砆之易售，较之明珠美玉为倍捷也。珠玉无心而碔砆有意，有意易投也；珠玉难变而碔砆能随，能随易合也；珠玉自用而碔砆听用，听用易惬也。珠玉操三难之势而无一定之价，碔砆乘三易之资而求价也廉，碔砆安得不售，而珠玉安得不弃乎？

[注释]

①鱼目：鱼眼睛。成语有鱼目混珠，即拿鱼眼睛冒充珍珠。②碔砆：似玉的石头。比喻以假乱真，以次充好。③罔两：《庄子·齐物论》郭象注："罔两，景外之微阴也。"

[译文]

收藏明珠的人，必定会收集鱼目；崇尚美玉的人，一定会竞购碔砆石。因此身上有一个影子，而淡影却有两三个。（罔两就是影子旁边隐微的淡影，见《庄子》注。）但是鱼目、碔砆出售很容易，与明珠美玉比较要快出一倍。珠玉无心但碔砆有意，有意便容易投机；珠玉难变但碔砆能随意，能随意雕饰便容易投合人的所好；珠玉自用但碔砆却任人使用，任人使用便容易让人满足。珠玉身处这三种艰难的形势下而又没有一定的价钱，碔砆兼备以上三种有利的条件而开价又低廉，碔砆哪能卖不出去，而珠玉又怎么会不被抛弃呢？

鸩之毒也，犀可解①之；瘴之厉也，槟榔苏之。有鸩之地，必有犀焉；瘴厉之乡，必有槟榔。天地生物之仁，亦消息制化②之理有固然也。汉儒传经贵专门，专门则渊源不紊也。其弊专己守残，而失之陋。刘歆《七略》，论次诸家流别，而推官礼之遗焉，所以解专陋之瘴厉也。唐世修书置馆局，馆局则各效所长也。其弊则漫无统纪，而失之乱。刘知幾《史通》，扬榷③古今利病，而立法度之准焉，所以治散乱之瘴厉也。学问文章，随其风尚所趋，而瘴厉时作者，不可不知槟榔犀角之用也。

[注释]

①解：化解。②制化：制即克制，化即化生。五行学说认为，化生和克制是互相为用的，事物生中有克，克中有生，才能维持其相对的平衡协调。这样生克的配合，称为制化。③扬榷：评论。

[译文]

鸩鸟的毒，犀牛角可以消解它；瘴气引起的疾病，槟榔可以治好它。有鸩鸟的地方，必定有犀牛；流行瘴疠之处，一定有槟榔。天地生育万物的规律，也是事物消长、相生相克道理中所本来就有的。汉代的儒生讲解经文注重专门传授，专门传授则渊源关系不会混乱。其弊端在于个人独断、抱残守缺，而失之于狭隘孤陋。刘歆的《七略》，论定各家流派，重点推阐官府礼法的遗蕴，就是用来救治孤陋这种瘴疠的。唐代修史设置馆局，在史馆里史官可以各自施展自己的长处。其弊端则在于漫无纲纪，而失之于散乱。刘知幾的《史通》，评论古今史著利弊，确立新的法度准则，就是用来治疗散乱这种瘴疠的。学问文章，如果追随风尚所向而瘴疠不时地发作起来，不可不知道槟榔、犀角的补救作用。

所虑夫药者，为其偏于治病，病者服之可愈，常人服之，或反致于病也。夫天下无全功，圣人无全用。五谷至良贵矣，食之过乎其节，未尝不可以杀人也。是故知养生者，百物皆可服。知体道者，诸家皆可存。六经三史①，学术之渊源也，吾见不善治者之瘴厉矣。

[注释]

①三史：原指《史记》《汉书》及《东观汉记》。唐以后，《东观汉记》

失传，于是以范晔《后汉书》当三史之一。

[译文]

对于药的担忧，主要是它偏于治病，病人服用它可以治好病，正常人服用它，或许反而致病。天下不可能有全效的事物，圣人也不是万能的。五谷是最宝贵的食物，但食用超过了限度，未尝不可以杀死人。因此，懂得养生的人，万物都可以服用。知道躬行正道的人，各家学说都可以并存。六经三史，是学术的渊源所在，我观察到了不善于治学的人所患的瘴疠。

学问文章，聪明才辨，不足以持世；所以持世者，存乎识也。所贵乎识者，非特能持风尚之偏而已也，知其所偏之中，亦有不得而废者焉。非特能用独擅之长而已也，知己所擅之长，亦有不足以该者焉。不得而废者，严于去伪，风尚所趋，不过一偏，惟伪托者，并其偏得亦为所害。而慎于治偏，真有得者，但治其偏足矣。则可以无弊矣。不足以该者，阙所不知，而善推能者；无有其人，则自明所短，而悬以待之，人各有能有不能，充类至尽①，圣人有所不能，庸何伤乎？今之伪趋逐势者，无足责矣。其间有所得者，遇非己之所长，则强不知为知，否则大言欺人，以谓此外皆不足道。夫道大如天，彼不见天者，曾何足论！己处门内，偶然见天，而谓门外之天皆不足道，有是理乎？曾见其人，未暇数责。亦可以无欺于世矣。夫道公而我独私之，不仁也。风尚所趋，循环往复，不可力胜。乃我不能持道之平，亦入循环往复之中，而思以力胜，不智也。不仁不智，不足以言学也。不足言学，而嚣嚣言学者乃纷纷也②。

[注释]

①充类至尽：谓用同类事物比照类推，把道理引申到极点。②嚣嚣：七嘴八舌的样子。纷纷：众多的样子。

[译文]

学问文章，聪明才智，不足以维持世道；能够用来维持世道的，在于见识。之所以重视见识，不只是能够把握风尚的偏颇而已，还知道风尚偏差之中也有不可废弃的东西。不只是能够使用独自擅长的东西而已，还知道自己所擅长的也有不足以包罗的地方。对于不能废弃的，要严格地去除虚假的东西（风尚所向，不过是一种偏向，唯有伪托者，连同风尚偏差中的独自心得也被它所损害），慎重治理其偏差（对真正有心得的，只治理其偏差就可以了），那么就可以没有弊端了。知道不足以包罗全部，就会保留自己的疑问，会去寻找更高明的人；如果找不到那样的人，便会说清自己不懂的地方而等待后人来解决（人各有所能也有所不能，推到极点来说，圣人也有所不能，有什么伤害呢？现今那些假惺惺追逐风尚的人，是不值得去责怪的。其中有点创见的人，遇到不是自己所擅长的，强装着将不知道的东西当作知道的东西，要不然便说些大话欺骗人，认为除他所言之外都不值得谈论。道大如天，那些没看见过天的人，又哪里值得去谈论呢！自己身处门内，偶然见到一片蓝天，就说门外的天空都不值得谈论，有这种道理吗？我曾经见过这种人，可惜没有工夫来一一批评他们），这样也可以于世无欺了。大道属于共有而我独自据为己有，这是不仁义的。风尚的发展变化，循环往复，不可用人力战胜它。我不能使大道回归平正，就像卷入到风尚的循环往复之中，想用人力来战胜它，这是不明智的。不仁不智的人，是没有资格与它谈论学问的。不足以谈论学问，但七嘴八舌谈论学问的人却到处都是。

知 难

[题解]

"知""行"的问题,历来即是认识论上的一个基本命题。"知"指认识、了解,而"行"即是实行、实践。二者孰难孰易,古人一般认为是"知易行难"。即认为认识一个事物并不难,而实行起来就相当困难。章氏此文论题为"知难",即一反前人之成说,提出了"知难"的观点。章氏认为知难的原因大致有三种:一是人的心志情感不同,不能以己度人。二是人无自知之明,都以为自己所学所做的才是天下最好不过的。三是"人不能无争心"。有此三者,所以"遇合之知""同道之知""身后之知",都是困难的。章氏在文中强调"知难",是为了纾解自己的"寡和无偶"、不遇于时的愤懑心情,并申明自己"不能曲折以从众"的志向。

本篇选自《文史通义新编新注》内篇四,作于乾隆五十四年(1789)。

为之难乎哉?知之难乎哉?夫人之所以谓知者,非知其姓与名也,亦非知其声容之与笑貌也;读其书,知其言,知其所以为言而已矣。读其书者,天下比比矣;知其言者,千不得百焉。知其言者,天下寥寥矣;知其所以为言者,百不得一焉。然而天下皆曰:我能读其书,知其所以为言矣。此知之难也。人知《易》为卜筮之书①矣,夫子读之,而知作者有忧患②,是圣人之知圣人也；人知《离骚》为词赋之祖③矣，司马迁读之，而悲其志④，是贤人之知贤人也。夫不具司马迁之志而欲知屈原之志，不具夫子之忧而欲知文王之忧，则几乎罔矣。然则古之人，有其忧与其志，不幸不得后之人有能忧其忧、志其志，而因以湮没不彰者，盖不少矣。

[注释]

① 《易》为卜筮之书：《汉书·艺文志》："及秦燔书，而《易》为卜筮之事，传者不绝。"② "夫子读之"二句：《易·系辞下》："《易》之兴也，其于中古乎？作《易》者，其有忧患乎？"《系辞》为《易传》中的两篇，旧传为孔子所作。③ 《离骚》为词赋之祖：《文心雕龙·辨骚》："其文辞丽雅，为辞赋之宗。"④ "司马迁读之"二句：《史记·屈原列传》："余读《离骚》《天问》《招魂》《哀郢》，悲其志。"

[译文]

是实践难呢，还是认识难呢？人们所说的认识，不是说知道他的姓与名，也不是说熟悉他的音容笑貌；必须是读他的书，理解他的话，并知道他为什么说这些话。读他的书的人，天下比比皆是；能理解他的话的人，千人之中还没有一百。理解他的话的人，天下寥寥无几；能知道他为什么说这个话的人，一百个里面也找不到一个。然而天下人都说道：我能够读他的书，懂得他为什么要这样说。这就是认识理解的困难呀！人们都知道《周易》是占卜用的书，孔夫子读了它，却能知道作者内心有其忧虑所在，这是圣人能理解圣人；人们知道《离骚》为辞赋的鼻祖，司马迁读了，便会为屈原的志向不能实现而悲伤，这是贤人能理解贤人。如果不具有司马迁的志向，而想知道屈原的志向；不具有孔夫子的忧患，而想了解文王的忧患，那几乎是不可能的事。古人有他们的忧患与志向，不幸的是，后代很少能遇到能像他们那样有忧患的人，有他们那样志向的人，结果前人湮没无闻的，大概有不少吧！

刘彦和①曰："《储说》始出，《子虚》初成，秦皇、汉武恨不同时；既同时矣，韩囚马轻。"盖悲同时之知音不足恃也。夫李斯之严畏韩非②，孝武之俳优司马③，乃知之深，处之当，而出于势之不得不然，所谓迹似不知而心相知也。贾生远谪长沙，其后召对宣室，文帝至云："久不见生，自谓过之"，见之乃知不及。君臣之际，可谓遇矣；然不知其治安之奏，而知其鬼神之对，所谓迹似相知而心不知也。刘知幾负绝世之学，见轻时流，及其三为史臣，再入东观④，可谓遇矣；然而语史才则千里降追⑤，议史事则一言不合⑥，所谓迹相知而心不知也。夫迹相知者，非如贾之知而不用，即如刘之用而不信矣。心相知者，非如马之狎而见轻，即如韩之逸而遭戮矣。丈夫求知于世，得如韩、马、贾、刘，亦云盛矣；然而其得如彼，其失如此。若可恃，若不可恃；若可知，若不可知；此遇合之知所以难言也。

[注释]

①刘彦和：即刘勰，字彦和。②李斯之严畏韩非：《史记·老子韩非列传》："非与李斯俱事荀卿，斯自以为不如非。"③孝武之俳优司马：《汉书·严助传》："相如常称疾避事，上颇以俳优畜之。"④"三为史臣"二句：见《史通·自叙》，又自注云："则天朝为著作佐郎，转左史。今上（中宗）初即位，又除著作。长安中，以本官兼修国史。会迁中书舍人，暂罢其任。神龙元年，又以本官兼修国史，迄今不之改。今之史馆，即古之东观也。"⑤语史才则千里降追：《史通·忤时》："求史才，则千里降追；语宦途，则十年不进。"⑥议史事则一言不合：《史通·自叙》："长安中，会奉诏预修唐史；及今上（中宗）即位，又敕撰《则天大圣皇后实录》。凡所著述，尝欲行其旧议，而当时同作诸士及监修贵臣，每与其凿枘相违，龃龉难入。"

[译文]

刘勰说："韩非子《储说》开始流传，司马相如《子虚赋》刚刚写成，秦始皇、汉武帝恨不能与他们一道相处；后来见了面，韩非进了监狱,而司马相如也没受到重视。"这大概是在悲叹同时代的知音是不足以依赖的。李斯非常害怕韩非,汉武帝把司马相如当作杂耍艺人,是因为对他们了解得很透彻,处置得还算适当,是迫于形势不得不这样做,这就是所谓表面上似乎不了解而内心里非常了解。贾谊被贬斥到很远的长沙,后来文帝在宣室召见他,汉文帝说道:"很久没见到你,自以为超过了你",见到后才知道比不上。君臣之间,可说是彼此契合;然而文帝不理解贾谊治国安邦的奏疏,而赏识他关于鬼神的对话,这就是所谓的表面上似乎很了解而内心里并不了解。刘知幾具有举世无匹的学问,却受到当时人的轻视,待他三次成为史官,两次进入史馆,可说是受到赏识了;但说到修史之才,便不远千里下敕征还,而进史馆议论史事却没有观点相合的地方,这就是所谓的表面上很了解而内心里并不了解。如果是表面上了解,其结果不是像贾谊那样知而不用,就是像刘知幾那样用而不信。如果是内心里相知的,不是像司马相如那样被玩弄轻视,就是像韩非那样受谗言陷害而遭杀身之祸。大丈夫在世寻求知遇,能如韩非、司马相如、贾谊、刘知幾,也可说很隆重气派了;然而他们的所得是那样,而所失又是这样。好像可以依赖,又好像不可以依赖;似乎可以了解,又似乎不可了解;君臣之际的遇合真是不好说。

庄子曰:"天下之治方术①者,皆以其有为不可加矣。"夫"耳目口鼻,皆有所明,而不能相通",而皆以己之所治,为不可加,是不自知之过也。天下鲜自知之人,故相知者少也。凡封己护前不服善者②,皆不甚自知者也。世传萧颖士③能识李华《古战场文》,以谓文章有真赏。夫言根于心,其不同也如面。颖士不能一见而决其为华,而漫云华足以及此,是未得谓之真知也。而世之能具萧氏之识者,已万不得一;若夫人之学业,固有不止于李华者,于世奚赖焉?凡受成形者,不能无殊致也;凡禀血气者,不能无争心也。有殊致,则入主出奴,党同伐异之弊出矣。有争心,则挟恐见破,嫉忌诋毁之端开矣,惠子④曰:"奔者东走,追者亦东走;东走虽同,其东走之心则异。"今同走者众矣,亦能知同走之心欤?若可恃,若不可恃;若可知,若不可知;此同道之知所以难言也。

[注释]

①方术:指特定的学问,为道术的一部分。②封己:谓固步自封。护前:回护以前的过错,护短。服善:佩服、肯定别人的长处。③萧颖士:字茂挺,兰陵人。开元时进士,曾任秘书正字、扬州功曹参军等职。一生致力于古文写作。原有集,已散佚,后人辑有《萧茂挺文集》。④惠子:即惠施,战国时名家的代表人物,宋国人,与庄子为友,曾做过魏国的宰相。

[译文]

庄子说:"天下研究方术的人,都认为自己所学是无以复加的。""耳目口鼻,都有它的亮点,却不能互相通用",却都以为自己的妙用是无以复加的,这犯的是没有自知之明的过错。天下有自知之明的人很罕见,所以能彼此深知的人很少。(凡是固步自封、掩饰过错、不肯承认别人长处的人,都是不怎么有自知之明的人。)世人相传萧颖士能赏识李华的《古战场文》,认为文章能得到真正的赏识。言语根植于思想,言语的不同就如同人的面孔一样。萧颖士不能一见到此文就断定为李华的文章,而只是空泛地说李华足以写出这样的文章,因此不能称之为真正了解。而世上能具备萧氏这种见识的人,已经是万中挑一了;至于说到人的学业,固然有超过李华的人,在世上又能靠谁来赏识呢?大凡受天地化育而成形的东西,不可能没有不同的地方;大凡具有血气的东西,不可能没有竞争之心。有不同的地方,那么便会持有门户之见,党同伐异的弊病就出现了。有竞争之心,那么便会因恐怕损害个人利益而挟带私心，妒忌毁谤的大门就打开了。惠施说："奔走的人朝东跑，追赶的人也朝东跑；朝东奔跑虽然是相同的，但他们朝东奔跑的用心是不一样的。"当今一同奔走的人很多，也能知道他们一同奔走的用心吗？好像可以依赖，又好像不可以依赖；似乎可以了解，又似乎不可以了解；所以说同行之间的这种了解是很难说的。

欧阳修尝慨《七略》、四部①目存书亡，以谓其人之不幸，盖伤文章之不足恃也。然自获麟以来，著作之业，得如马迁、班固，斯为盛矣。迁则藏之名山，而传之其人②，固则女弟③卒业，而马融伏阁以受其书，于今犹日月也。然读《史》《汉》之书，而察徐广、裴骃、服虔、应劭诸家之诂释，其间不得迁、固之意者，十常四五焉。以专门之攻习，犹未达古人之精微，况泛览所及，爱憎由己耶！夫不传者，有部目空存之慨；其传者，又有推求失旨之病与爱憎不齐之数。若可恃若不可恃，若可知若不可知，此身后之知所以难言也。

[注释]

①四部：经、史、子、集。②藏之名山，而传之其人：把著作藏在名山，传给志趣相投的人。后指著述极有价值，能传之后世。藏，收存。传，传给。③女弟：妹妹。

[译文]

欧阳修曾经慨叹《七略》、四部中许多书目录尚存而书已亡佚，认为这是那些作者的不幸，大概是感伤文章的不足以寄托。但是自《春秋》以后，著作这一事业，能如司马迁、班固那样，这就算很气派了。司马迁想把《史记》藏在名山而传给志趣相投的人，班固则由他的妹妹班昭来续完《汉书》，其后马融进入东观，师从班昭传习此书，由此两书在今天仍像日月那样光照千古。但是读《史记》《汉书》，考察一下徐广、裴骃、服虔、应劭诸家的注释，其中不符合司马迁、班固原意的地方，常常有十分之四五。经过专门的研治学习，仍然未能通晓古人精深隐微的东西，何况是泛览所及，爱憎由己呢！没有传下来的书有书目空存的慨叹，那些流传下来的书又有探求作者旨意失当的毛病与爱憎不公正的情况。好像可以依赖又好像不可以依赖，似乎可以了解又似乎不可以了解，所以说死后的这种了解是很难说的。

人之所以异于木石者，情也；情之所以可贵者，相悦以解也。贤者不得达而相与行其志，亦将穷而有与乐其道；不得生而隆遇合于当时，亦将殁而俟知己于后世。然而有其理者，不必有其事；接以迹者，不必接以心。若可恃，若不可恃；若可知，若不可知。后之视今，亦犹今之视昔。嗟乎！此伯牙之所以绝弦不鼓①，而卞生之所以抱玉而悲号者②也。夫鹦雀啁啾③，和者多也。茅苇黄白④，靡者众也。凤高翔于千仞⑤，桐孤生于百寻⑥，知其寡和无偶，而不能屈折以从众者，亦势也。是以君子发愤忘食，暗然自修，不知老之将至，所以求适吾事而已。安能以有涯之生，而逐无涯之毁誉哉！

[注释]

①"伯牙"句：钟子期是伯牙鼓琴知音。钟子期死，伯牙破琴绝弦，以为世无足复为鼓琴者。②"卞生"句：楚人卞和在荆山上伐薪得美玉，前后两次将此宝献给楚王，结果因玉石匠鉴别有误，卞和的左脚与右脚被砍。直到楚文王上台才识货，这块玉石被琢成一块价值连城的稀世珍宝"和氏璧"。③啁啾：鸟叫声。④茅苇黄白：连片生长的黄色茅草或白色芦苇。形容齐一而单调的情景。⑤千仞：形容极高或极深。古以八尺为仞。⑥寻：古代长度单位，八尺叫一寻。

[译文]

人之所以与树木、石头不同，就在于有情感；情感之所以可贵，就在于能使人与人互相带来愉快和理解。贤明的人不能仕途通达而能与君王一道推行自己的主张，也一定会在穷困中快乐地探求儒家之道；不能在活着时当世受到隆重的礼遇，也一定会在死后等待着后世的知己。然而有这个道理，不一定有相应的事情；表面上能与你相交的人，不一定心灵与你相通。好像可以依赖又好像不可以依赖，似乎可以了解又似乎不可以了解。后世看今天，也就像今天看过去一样。唉！这就是伯牙之所以断弦不弹，卞生之所以怀抱玉石而悲伤号哭的缘由所在。小鸟啾啾，跟着叫唤的很多。黄黄的茅草、雪白的芦苇，随风倒伏的很多。凤凰在千仞高空上飞翔，梧桐孤独地生长在百寻高山上，因为知道自己很少有可以与之为伍的，但又不能委屈自己以顺从大家，这也是势所必然。所以君子发愤努力以至忘记了吃饭，独自闭门学习，没有感觉到衰老将要到来，这么做只是为了实现自我的理想事业罢了。怎么能够以有限的生命，去追逐无穷无尽的毁谤和赞誉呢！

释 通

[题解]

本篇乃章氏论述历史编纂学尤其是通史编修问题的重要文章。章氏论学注重会通,修史主张编修通史,本篇则集中反映了他的这一思想,故刘咸炘《识语》认为此文"乃先生学说之大本,亦即此书所以名为通义也"。本篇先论述通史编修之起源,列举以"通"为名的相关论著和史书,后面则重点论述通史编纂的不同形式和发展,最后则从理论上全面分析了通史的长短得失。

本篇选自《文史通义新编新注》内篇四,作于乾隆五十五年(1790)与五十六年之间。

《易》曰:"惟君子为能通天下之志。"说者谓君子以文明为德,同人之时①,能达天下之志也。《书》曰:"乃命重、黎②,绝地天通。"说者谓人神不扰,各得其序也。夫先王惧人有匿志,于是乎以文明出治,通明伦类,而广同人之量焉;先王惧世有棼治,于是乎以人官分职,绝不为通,而严畔援③之防焉。自六卿分典,五史治书,内史、外史、太史、小史、御史。学专其师,官守其法,是绝地天通之义也。数会于九,书要于六,杂物撰德④,同文共轨,是达天下志之义也。夫子没而微言绝,七十子丧而大义乖。汉氏之初,《春秋》分为五,《诗》分为四。然而治《公羊》者，不议《左》《穀》；业《韩诗》者，不杂齐、鲁，专门之业，斯其盛也。自后师法渐衰，学者聪明旁溢，异论纷起。于是深识远览之士，惧《尔雅》训诂之篇不足以尽绝代离辞⑤、同实殊号，而缀学之徒无由汇其指归也，于是总五经之要，辨六艺之文，石渠《杂议》之属，班固《艺文志》《五经杂议》十八篇。始离经而别自为书，则通之为义所由仿也。刘向总校五经，编录三《礼》，其于戴氏诸记，标分品目，以类相从，而义非专一，若《檀弓》《礼运》诸篇，俱题通论，则通之定名所由著也。《隋志》有《五经通义》八卷，注：梁有九卷，不著撰人；《唐志》有刘向《五经通义》九卷，然唐以前记传无考。

[注释]

①文明：谓文德辉耀。同人：即赞同、应和他人，彼此和谐。②重、黎：传说中颛顼时司天地之官。重，司天；黎，司地。③畔援：犹跋扈。④杂物撰德：即杂聚天下之物、撰数众人之德。⑤离辞：不同的词语。

[译文]

《周易》说："只有君子才能通晓天下人的心志。"后世人解释说，君子以文明为德，在赞同、应和他人的同时，能够洞察天下人的心志。《尚书》说："于是命令羲、和，断绝天地相通。"后世人解释说这是为了使人与神互不干扰，各自回到自己的位置上。先王担忧人们会把自己的意志隐藏起来，于是以文明之德来治理天下，使人伦之理通明，使人们和谐相处、心胸宽广；先王害怕世道混乱，于是把人和官的职责分开，绝不相通，严防出现专横跋扈的局面。自从六卿分管诸事，五史负责文字（内史、外史、太史、小史、御史），学业的传授有专门的老师，官员各守其法，这就是隔绝天地相通的意思。算术总合起来有九种，造字之法概括起来有六种，错杂各类事物，列出众人的德行，统一文字与车辆轮距，这就是通达天下人心志的含义。自孔夫子死后，微言大义就断绝了；七十弟子死后，孔门的微言大义便出现了错乱。汉代初兴，《春秋》分为五家，《诗经》分为四家。但是研究《公羊传》的学者，不谈论《左传》与《穀梁传》；传习《韩诗》的，不参照《齐诗》《鲁诗》，专门的学业，这个时期最为昌盛。自此以后，师承之法逐渐衰落，学者的聪明才智开始用在旁门左道上，各种奇异的言论纷纷出现。具有远见卓识的人，担忧《尔雅》这种训诂书籍不足以囊括远古时代不同的词语，以及实质一样但名称不同的词汇，致使从事编纂前人旧文的人无法融合前人的宗旨，于是便总括五经的要义，辨别六经的文字，形成汉代石渠阁会议《五经杂议》之类的书（班固《汉书·艺文志》载：《五经杂议》十八篇），开始脱离经书而独自为部，这是"通"作为体例使用的开始。刘向汇集五经进行校理，编次三《礼》，他对戴氏《礼记》的各篇，都标明所分的类目，按类编排，含义并不固定，如《檀弓》《礼运》诸篇，都题为"通论"，从此，"通"作为确定的名称变得显著起来。（《隋书·经籍志》著录《五经通义》八卷，注：梁朝有九卷，未著录撰写人的名字；《旧唐书·经籍志》《新唐书·艺文志》有刘向《五经通义》九卷，但唐代以前的史书没有记载，无法考察。）

班固承建初之诏，作《白虎通义》[①]；《儒林传》称《通义》，固本传称《通德论》，后人去"义"字，称《白虎通》，非是。应劭愍时流之失，作《风俗通义》。盖章句训诂，末流浸失，而经解论议家言起而救之。二子为书，是后世标通之权舆也。自是依经起义，则有集解、杜预《左传》、范宁《穀梁》、何晏《论语》。集注、荀爽[②]《九家易》、崔灵恩《毛诗》、孔伦、裴松之《丧服经传》。异同、许慎《五经异义》、贺玚[③]《五经异同评》。然否、何休《公羊墨守》、郑玄《驳议》、谯周[④]《五经然否论》。诸名；离经为书，则有六艺、郑玄论。圣证、王肃论。匡谬、唐颜师古《匡谬正俗》。兼明宋邱光庭[⑤]《兼明书》。诸目。

其书虽不标通，而体实存通之义，经部流别不可不辨也。若夫尧、舜之典，统名《夏书》；《左传》称《虞书》为《夏书》。马融、郑玄、王肃三家，首篇皆题《虞夏书》。伏生《大传》，首篇亦题《虞夏传》。《国语》《国策》，不从周记；《太史》百三十篇，自名一子；本名《太史公书》，不名《史记》也。班固《五行》《地理》，上溯夏、周。《地理》始《禹贡》，《五行》合《春秋》，补司马迁之阙略，不必以汉为断也。古人一家之言，文成法立，离合铨配，惟理是视，固未尝别为标题，分其部次也。梁武帝以迁、固而下，断代为书，于是上起三皇，下讫梁代，撰为《通史》一编，欲以包罗众史。史籍标通，此滥觞也。嗣是而后，源流渐别。总古今之学术，而纪传一规乎史迁，郑樵《通志》作焉；《通志》精要在乎义例。盖一家之言，诸子之学识，而寓于诸史之规矩，原不以考据见长也。后人议其疏陋，非也。统前史之书志，而撰述取法乎官礼，杜佑《通典》作焉；《通典》本刘秩《政典》。合纪传之互文，纪传之文，互为详略。而编次总括乎荀、袁，荀悦《汉纪》三十卷，袁宏《后汉纪》三十卷，皆易纪传为编年。司马光《资治通鉴》作焉；汇公私之述作，而铨录略仿乎孔、萧，孔逭《文苑》百卷，昭明太子萧统《文选》三十卷。裴潾⑥《太和通选》作焉。此四子者，或存正史之规，《通志》是也。自《隋志》以后，皆以纪传一类为正史。或正编年之的，《通鉴》。或以典故为纪纲，《通典》。或以词章存文献，《通选》。史部之通，于斯为极盛也。大部总选，意存掌故者，当隶史部，与论文家言不一例。至于高氏《小史》、唐元和中，高峻及子迥。姚氏《统史》⑦唐姚康复之属，则搏节⑧繁文，自就隐括者也；罗氏《路史》宋罗泌、邓氏《函史》明邓元锡之属⑨，则自具别裁成其家言者也。谯周《古史考》、苏辙《古史》、马骕《绎史》之属，皆采摭经传之书，与通史异。范氏《五代通录》，宋范质以编年体纪梁、唐、晋、汉、周事实。熊氏《九朝通略》，宋熊克合吕夷简《三朝国史》，王珪《两朝国史》，李焘、洪迈等《四朝国史》，以编年体为九朝书⑩。标通而限以朝代者也。易姓为代，传统为朝。李氏《南、北史》，李延寿。薛、欧《五代史》薛居正、欧阳修俱有《五代史》。断代而仍行通法者也。已上二类，虽通数代，终有限断，非如梁武帝之《通史》，统合古今。其余纪传故事之流，补辑纂录之策，纷然杂起，虽不能一律以绳，要皆仿萧梁《通史》之义，而取便耳目，史部流别不可不知也。夫师法失传，而人情怯于复古，末流浸失，而学者囿于见闻。训诂流而为经解，一变而入于子部儒家，应劭《风俗通义》、蔡邕《独断》之类。再变而入于俗儒语录，程、朱语录，记者有未别择处，及至再传，而后浸失，故曰俗儒。三变而入于庸师讲章，《蒙存》《浅达》之类，支离蔓衍，甚于语录。不知者习而安焉，知者鄙而斥焉，而不知出于经解之通而失其本旨者也。载笔⑪汇而有通史，一变而流为史钞，《小史》《统史》之类，但节正史，并无别裁，当入史钞。向来著录，入于通史，非是。史部有史钞，始于《宋史》。再变而流为策士之括类，《文献通考》之类，虽仿《通典》，而分析次比，实为类书之学。书无别识通裁，便于对策敷陈之用。三变而流为兔园之摘比。《纲鉴合纂》及《时务策括》之类。不知者习而安焉，知者鄙而斥焉，而不知出于史部之通，而亡其大原者也。且《七略》流而为四部，类例显明，无复深求古人家法矣。然以语录讲章之混合，则经不为经，子不成子也；策括、类摘之淆杂，则史不成史，集不为集也。四部不能收，九流无所别，纷纭杂出，妄欲附于通裁，不可不严其辨也。夫古人著书，即彼陈编，就我创制，所以成专门之业也。后人并省凡目，取便检阅，所以入记诵之陋也。夫经师但殊章句，即自名家；费直之《易》，申培之《诗》，《儒林传》言其别无著述训诂，而《艺文志》有《费氏说》《申公鲁诗》，盖即口授章句也。史书因袭相沿，无妨并见；如史迁本《春秋》

《国策》诸书，《汉书》本史迁所记及刘歆所著者，当时两书并存，不以因袭为嫌。专门之业，别具心裁，不嫌貌似也。剿袭讲义，沿习久而本旨已非；明人修《大全》，改先儒成说以就己意。摘比典故，原书出而舛讹莫掩。记诵之陋，漫无家法，易为剽窃也。然而专门之精与剽窃之陋，其相判也盖在几希⑫之间，则别择之不可不慎者也。

[注释]

①"班固承建初之诏"二句：《后汉书·儒林列传》："建初中，大会诸儒于白虎观。"《班固传》："天子会诸儒，讲论五经，作《白虎通德论》，令固撰集其事。"②荀爽（128—190）：东汉经学家，字慈明，颍川颍阴（今河南许昌）人。《隋书·经籍志》载："《周易荀爽九家注》十卷。"其书已佚。③贺玚（451—510）：南朝梁官吏，字德琏，会稽山阴（今浙江绍兴）人。历太学博士、太常丞、步兵校尉。著有《五经异同评》《宾礼仪注》等。④谯周（201—270）：字允南，三国巴西西充（今四川阆中西南）人。曾劝刘禅降魏，受魏封为阳城亭侯。入晋后，曾任散骑常侍。著有《古史考》及《五经然否论》。⑤邱光庭（907—960）：又作"丘光庭"，五代乌程（今浙江湖州市南下菰城）人，官太学博士。⑥裴潾（？—838）：唐朝官吏。河东闻喜（今属山西）人。尝集历代文章，续《昭明文选》，成《太和通选》三十卷。⑦高氏《小史》、姚氏《统史》：《新唐书·艺文志》载："高氏《小史》一百二十卷，高峻初六十卷，其子迥厘益之。……姚康复《统史》二百卷。"二书均已亡佚。⑧搏节：抑制。⑨《路史》：四十七卷，宋罗泌撰。泌字长源，庐陵（今江西吉安）人。《函史》：上编八十一卷，下编二十一卷，明邓元锡撰。元锡，字汝极，南城（今属江西）人。⑩熊克：字子复，建阳（今属福建）人。宋孝宗时官至起居郎，兼直学士院。出知台州，卒。所著《九朝通略》一百六十八卷，今已亡佚。吕夷简（979—1044）：字坦夫，寿州（治今安徽凤台）人。宋仁宗时曾为宰相。撰有《宋三朝国史》一百五十五卷，今已佚。王珪（1019—1085）：字禹玉，成都华阳人。宋神宗时曾为宰相。所撰《宋两朝国史》一百二十卷，今已亡佚。李焘（1115—1184）：南宋史家。字仁甫，一字子真，号巽岩，眉州丹棱（今属四川）人。官至敷文阁学士。撰《续资治通

鉴长编》九百八十卷，今存五百二十卷。洪迈（1123—1202）：南宋学者。字景卢，别号野处，鄱阳（今属江西）人。官至端明殿学士。著有《容斋随笔》《夷坚志》等书。九朝：指北宋九朝。⑪载笔：指史传、制疏、表奏一类文字。⑫几希：相差极微小。

[译文]

建初时，班固秉承汉章帝的诏令，撰成《白虎通义》（《后汉书·儒林传》称作《通义》，班固本传称作《通德论》，后人省去"义"字称作《白虎通》，是错误的）；应劭有感于时人的不足，撰写了《风俗通义》。讲解章句与训释词语之学，在后世末流逐渐迷失了方向，因而自成一家地解释经文、论说经义的著作便出来进行拯拔。班固、应劭二人的书，是后世著作标"通"的开始。自此之后，依据经文解释阐述的，有"集解"（如杜预的《左氏经传集解》，范宁的《穀梁传集解》，何晏的《论语集解》）、"集注"（如荀爽的《九家易》，崔灵恩的《集注毛诗》，孔伦、裴松之的《集注丧服经传》）、"异同"（如许慎的《五经异义》，贺玚的《五经异同评》）、"然否"（如何休的《公羊墨守》，郑玄的《驳何氏汉议》，谯周的《五经然否论》）等名称；脱离经文而独自为部的，则有"六艺"（如郑玄的《六艺论》）、"圣证"（如王肃的《圣证论》）、"匡谬"（如颜师古的《匡谬正俗》）、"兼明"（如宋邱光庭的《兼明书》）等名目。这些书虽然不标"通"字，而体裁上实质还保留了"通"的含义，经部的源流派别不可不慎重考察。至于《尚书》中的《尧典》《舜典》，都统称为《夏书》（《左传》称《虞书》为《夏书》。马融、郑玄、王肃三家，首篇都题作《虞夏书》。伏生《大传》，首篇也题作《虞夏传》）；《国语》《战国策》，不称"周记"；《太史公书》一百三十篇，自成为一家之书（本名《太史公书》，不叫作《史记》）；班固《汉书》中的《五行志》《地理志》，上溯到夏朝与周朝（《地理志》始于《禹贡》，

《五行志》与《春秋》一致,补司马迁《史记》所缺,不必以汉代为断限)。古人的一家之言,文章撰成后体例便确立了,分离聚合、衡量调配,只看思想内容的要求,固然未曾另立题目,划分部类。梁武帝因司马迁、班固以后都断代为史,于是撰成《通史》一书,上起三皇,下至梁代,想以它来包罗众史。史籍当中标用"通"字,这是最早的。从此以后,源流逐渐分离。总述古今学术,纪传体史书全都以司马迁的《史记》为典范,于是郑樵的《通志》出现了(《通志》精粹的地方在于它的义例。作为一家之言,他的学识都寄托在所作的史书的义例之中,原本就不以考据见长。后人讥讽他的疏漏,是不对的);综合前代史书的"志",而撰述则效法《周礼》,于是杜佑的《通典》出现了(《通典》是根据刘秩的《政典》编成的);参用纪传互文的方法(本纪与列传的文字,互为详略),而编排材料上总括了荀、袁二人的作法(荀悦《汉纪》三十卷,袁宏《后汉纪》三十卷,都改纪传体为编年体),于是司马光的《资治通鉴》出现了;汇集官方与私人的著作,而选录大略仿照孔、萧二人(孔逭《文苑》一百卷,昭明太子萧统《文选》三十卷),于是裴潾的《太和通选》出现了。这四位先生的著作,有的保存了正史的体例(《通志》就是这样的。自从《隋书·经籍志》以后,后世著录都以纪传体之书为正史),有的规范了编年体的模式(如《资治通鉴》),有的以典故为纲纪(如《通典》),有的以诗文来保存文献(如《通选》),史部当中以"通"为名的情况,在这个时期是最兴盛的了(大部头的包括一代或数代的选集,主旨在于保存掌故的,应当归属于史部,与文论家所说的不相同)。至于高氏《小史》(唐元和中高峻及其子高迥撰)、姚氏《统史》(唐姚康复撰)之类,则属于抑制烦琐的文字,对原有的内容、文字进行加工改写的一种体裁;罗氏《路史》(宋罗泌撰)、邓氏《函史》(明邓元锡撰)之类,则属于别出心裁,自成一家之言的著作（谯周的《古史考》、苏辙的《古史》、马骕的《绎史》等这类书，都是从经传中采集摘抄的，与通史的体制有异）。范氏《五代通录》（宋代范质用编年体记载后梁、后唐、后晋、后汉、后周的史事），熊氏《九朝通略》（宋熊克综合吕夷简的《三朝国史》，王珪的《两朝国史》，李焘、洪迈的《四朝国史》，用编年体编为九朝史），则属于标明"通"字而以朝代为起始断限的著作（改换姓氏称为"代"，帝业相传称为"朝"）。李氏《南史》《北史》（李延寿撰），薛、欧《五代史》（薛居正、欧阳修都有《五代史》），这是断代但仍然采用通史写法的著作。（以上两类，虽然贯通数代，但终究还有断限，不像梁武帝的《通史》那样总括古今。）其余的纪传故事之类，补辑纂录之书，纷然而出，虽然不能以齐律的标准来要求，但大致都仿照萧梁《通史》的作法，其主旨是为了阅读方便，所以史部书籍的源流派别不能不知道。师承之法失传，人情害怕复古，末流逐渐迷误，学者见闻有限。训诂演化为经书的注释，第一次变化成了子部儒家（如应劭《风俗通义》、蔡邕《独断》之类），第二次变化成了俗儒语录（如程颐、程颢、朱熹的语录，记录者有的地方没做选择、辨别，等到二传以后便逐渐出现讹误，所以称为俗儒），第三次变化成了平庸塾师的讲义（如《蒙存》《浅达》之类的启蒙读物，支离破碎、烦琐枝蔓，比语录更厉害），不知道的人习以为常，知道的人加以鄙视排斥，却不知道它是出于经书通解而失去了通解本来宗旨的图书。史传文字汇合起来因而有通史，第一次演变而成为史抄（《小史》《统史》之类，只节录正史，并没有什么别出心裁的地方，应当归入史抄类。以前的著录，都归入通史，这是不对的。史部有史抄类，始于《宋史》），第二次演变则变成了参加策试的读书人所用的应试材料（如《文献通考》之类，虽然模仿《通典》，但它的剪裁排比，实为类书之学。该书并没有特别的见识与会通的体例，只便于应对策试时为陈述试题之用），第三次演变则变成了儿童启蒙一类的读物（如《纲鉴合纂》《时务策括》之类）。不知道的人习以为常，知道的人加以鄙视排斥，而不知道这是出于史部通史却失去了通史本来的宗旨。况且《七略》演变为四部，分类体例非常明白，不再需要深究古人的师承家法了。但是因为语录、讲义这类东西的混合，归入经部又不能算作经书，归入子部又不能算作子书；策括、类摘这类东西的混杂，归入史部又不能算作史书，归入集部又不能算作文集。四部不能收录，九流也无法辨录，纷纭错杂而出，妄想归附于会通的名称之下，这是不能不严加察辨的。古人著书，采用他人的旧文，融进自己所创立的体制中，所以能成为专门的学业。后人合并省略总目，图的是便于查检翻阅，这就是造成很少背记诵读的原因。儒家经师只要章句解释不同，即可自成一家（如费直的《易》学，申培的《鲁诗》，《汉书·儒林传》说他们并没有著述、训诂，但《汉书·艺文志》上有《费氏说》与《申公鲁诗》，大概是他们口头传授的章句注释）；史书因袭相沿，无妨同时并见（如司马迁的《史记》本于《春秋》《国语》等书，《汉书》则又根据《史记》与刘歆的著作，当时两书并存，不以因袭为嫌疑）；专门的学业，别具心裁，不怕外表相似。抄袭讲义，沿袭久了以至本来的宗旨完全变了（明朝人修撰《四书大全》等，篡改先儒的解说以迎合自己的意图）；摘抄排列典故，用原书一对照便讹误毕现。背记诵读太少的陋习，漫无家法，容易流入剽窃之途。然而专门学业的精深与剽窃的浅陋，在表面上的区别是相当小的，所以就要谨慎地辨别、选择了。

通史之修，其便有六：一曰免重复，二曰均类例，三曰便铨配，四曰平是非，五曰去牴牾，六曰详邻事。其长有二：一曰具翦裁，二曰立家法。其弊有三：一曰无短长，二曰仍原题，三曰忘标目。何谓免重复？夫鼎革之际，人物事实，同出并见。胜国亡征，新王兴瑞，即一事也；前朝草窃，新主前驱，即一人也。董卓、吕布，范、陈各为立传；禅位册诏，《梁》《陈》并载全文，所谓复也。《通志》总合为书，事可互见，文无重出，不亦善乎！何谓均类例？夫马立《天官》，班创《地理》，《齐志·天文》，不载推步；《唐书·艺文》，不叙渊源。伊古以来，参差如是。郑樵著《略》，虽变史志章程，自成家法，但《六书》《七音》，原非沿革，《昆虫草木》，何尝必欲易代相仍乎？①惟通前后而勒成一家，则例由义起，自就隐括。《隋书·五代史志》，梁、陈、北齐、周、隋。终胜沈、萧、魏氏之书矣。沈约《宋志》、萧子显《南齐志》、魏收《魏志》，皆参差不齐也。何谓便铨配？包罗诸史，制度相仍；惟人物挺生，各随时世。自后妃宗室，标题著其朝代；至于臣下，则约略先后，以次相比。《南、北史》以宗室分冠诸臣之上，以为识别。欧阳《五代史》，始标别朝代。然子孙附于祖父，世家会聚宗支。《南、北史》王、谢诸传，不尽以朝代为断。一门血脉相承，时世盛衰，亦可因而见矣。即楚之屈原，将汉之贾生同传；周之太史，偕韩之公子同科，古人正有深意，相附而彰，义有独断，末学肤受，岂得从而妄议耶？何谓平是非？夫曲直之中，定于易代。然晋史终须帝魏，而周臣不立韩通；虽作者挺生，而国嫌宜慎，则亦无可如何者也。惟事隔数代，而衡鉴至公，庶几笔削平允，而折衷定矣。何谓去牴牾？断代为书，各有裁制，详略去取，亦不相妨。惟首尾交错，互有出入，则牴牾之端，从此见矣。居摄之事，班殊于范；二刘始末，刘表、刘焉。范异于陈。统合为编，庶几免此。何谓详邻事？僭国载纪②，四裔外国，势不能与一代同其终始，而正朔纪传，断代为编，则是中朝典故居全，而藩国载纪乃参半也。惟南北统史，则后梁、东魏悉其端，而五代汇编，斯吴越、荆、潭③终其纪也。凡此六者，所谓便也。何谓具翦裁？通合诸史，岂第括其凡例，亦当补其缺略，截其浮辞，平突填砌，乃就一家绳尺。若李氏《南》《北》二史，文省前人，事详往牒，故称良史。盖生乎后代，耳目闻见自当有补前人，所谓凭藉之资易为力也。何谓立家法？陈编具在，何贵重事编摩？专门之业，自具体要。若郑氏《通志》，卓识名理，独见别裁，古人不能任其先声，后代不能出其规范。虽事实无殊旧录，而辨名正物，诸子之意寓于史裁，终为不朽之业矣。凡此二者，所谓长也。何谓无短长？纂辑之书，略以次比，本无增损，但易标题，则刘知幾所谓"学者宁习本书，怠窥新录"者矣。何谓仍原题？诸史异同，各为品目，作者不为更定，自就新裁。《南史》有《孝义》而无《列女》，详《列女》篇。《通志》称《史记》以作时代，《通志》汉、魏诸人，皆标汉、魏，称时代，非称史书也。而《史记》所载之人，亦标《史记》，而不标时代，则误仍原文也。一隅三反，则去取失当者多矣。何谓忘题目？帝王、后妃、宗室、世家，标题朝代，其别易见。臣下列传，自有与时事相值者，见于文词，虽无标别，但玩叙次，自见朝代。至于《独行》《方伎》《文苑》《列女》诸篇，其人不尽涉于世事，一例编次。若《南史》吴逵、韩灵敏诸人，几何不至于读其书不知其世耶？凡此三者，所谓弊也。

[注释]

①《六书》《七音》《昆虫草木》：均为《通志》二十略之篇名。②僭国：割据一方的非正统王朝政权。载纪：古代史书的一种体裁，用于记述不可列入所谓正统而又曾建立名号者的事迹。③吴越：五代时十国之一。公元907年，镇海节度使钱镠受后梁封为吴越王，都杭州。978年降于北宋，共历五主。荆：史称荆南，又称南平，亦五代时十国之一。924年，后梁荆南节度使高季兴受后唐封为南平王，建都荆州（今荆州市荆州区）。963年为北宋所灭，

共历五主。潭：史称楚，五代时十国之一。907年，马殷受后梁封为楚王，建都长沙。951年为南唐所灭，共历六主。

[译文]

通史的修撰，便利之处有六：一为避免重复，二为统一体例，三为便于安排组织，四为是非评判公允，五为去除前后矛盾，六为相邻之事详细。其长处有二：一是能合理剪裁，二是可创立家法。其弊端有三点：一为没有增减，二为沿袭原题，三为忘记标目。避免重复指的是什么？改朝换代的时候，人物事实，同出共见。前朝灭亡的征兆与新王朝兴起的吉瑞，实际就是同一件事的两个方面；前朝所称的草寇、盗贼与新王朝所称的先锋，实际就是同一个人。如董卓、吕布，范晔《后汉书》、陈寿《三国志》各自为他们立传；禅让帝位的册书、诏令，《梁书》《陈书》都载录了全文，这就是所说的重复。这《通志》汇总在一起撰写成书，事情可用互见的方法，文字不会重复，不是很好吗？统一体例指的是什么？司马迁创立《天官书》，班固创立《地理志》，《南齐书·天文志》不记载日月星辰运行的度数；《唐书·艺文志》不叙述各类书籍的源流演变。自古以来，都是这样参差不齐。郑樵著《通志》二十略，虽然改变了史书中"志"的体例，自成一家，但《六书略》《七音略》，原本并非沿袭前人之例，《昆虫草木略》，何曾一定要与前代相因袭呢？唯有通晓古今而撰成一家，那么体例可根据其书主旨而定，自己对旧文加以剪裁，重新组织。《隋书·五代史志》（指梁、陈、北齐、周、隋五个朝代），终究胜过了沈氏、萧氏、魏氏三家的史志（沈约《宋书》、萧子显《南齐书》、魏收《魏书》的志，都参差不齐）。便于安排组织指的是什么？包罗众史，制度相沿；只有人物的横空出世，各随时代而变。从后妃到宗室，标题上即可写明他们的朝代；至于臣下，则大致据年代先后，按次序排列。（《南史》《北史》将宗室分别冠于群臣之上，作为识别标志。欧阳修《新五代史》才开始标明朝代。）但子孙附在祖父传下，世家大族同一宗族的会聚在一起。（《南史》《北史》中王、谢等人的传，不完全按朝代为断限。）一门之中血脉相承，时代的盛衰变化，也可从此看出。就是楚国的屈原，与汉代的贾谊同在一传；周朝的太史老子，与韩国的公子韩非合为一传，古人也正有深意，合为一传可以相得益彰，其用心有独到之处。后世浅陋之人，怎能妄加评议呢？是非评判公允指的是什么？对是非曲直的公正评判，到改换朝代之后才能确定。晋史终究还必须以曹魏为正统，而《新五代史》却不给后周的臣子韩通立传；虽然作者很杰出，但面对本朝的政治忌讳应该慎重，那也是无可奈何的事情。只有数代之后才能公正地衡量审察，差不多可以褒贬得当而取舍评判才能有定论。去除前后矛盾指的是什么？以朝代为断限的史书，各有自己的剪裁体例，详略取舍，也不互相妨碍。只是首尾交错，互有出入，那么互相抵触的端倪从这里就可以发现了。王莽摄政的事情，班固《汉书》与范晔《后汉书》所载不一致；二刘的始末（即刘表、刘焉），范晔《后汉书》与陈寿《三国志》所载详略不同。总合为一编，应该可以避免这类问题。详于邻国之事指的是什么？僭称帝号的非正统政权的历史记载，周边的少数民族与其他国家，势必不能与一个正统王朝的兴亡时间正好相同，但正统王朝的纪传体史书，是以朝代的终始为断限的，那么正统王朝的典制与掌故是很齐全的，但地方政权、少数民族与外国史事的记载就只有一半了。只有南北朝有统一的史书，那么后梁、东魏的历史才能有头有尾；而五代历史合编在一起，这样吴越、荆南、楚等小国的记载才能记录完整。以上这六点，就是我所说的便利之处。能合理剪裁指什么？融会贯通众史，岂能只是概括它们的凡例，也应当弥补它们的简略与缺漏，删除那些多余的文字，结构上的起伏安排与文字上的详略，都是根据一家的准绳来处理的。像李氏的《南史》《北史》，文字比前人简练，事情比过去的记载更详细，所以称得上良史。大概生在后世，耳闻目见自然超越前人，这就是所说的凭借的资料多更容易成功。什么是创立家法？过去的史书都还在流传，为什么要重视重新编写？这是因为专门的学业，自然具有它本身独到的体制。如郑氏的《通志》，见识卓越，别出心裁，古人不能成为他的先导，后代没有人能跳出他创立的模式。虽然事实与旧史所载没有什么差别，但分析名称、辨正事物，把创立一家之言寄托在史书的剪裁组织当中，终于成为不朽的事业。以上这两条，就是我所说的长处。没有增减指什么？编纂而成的书，略加排比，本来没有增加、减损，只是改换了标题，刘知幾所说"学习的人宁肯读原来的史书，而懒得看新编的著作"，指的就是这类书籍。沿袭原题指什么？众史异同，各自标目，作者不进行改订，让它符合新著的要求。《南史》有《孝义传》而无《列女传》（详《列女》篇），《通志》叙述人物，用《史记》来作为所应标明的时代（《通志》中汉、魏时代的人，都标明"汉""魏"等字来称时代，不是称史书。而对《史记》所记载的人物，也标《史记》而不标时代，则是因为错误地沿用了原书的文字），举一反三，那么取舍失当的情况可见是很多的。忘记标目指什么？帝王、后妃、宗室、世家，标明朝代，它们的分别还容易看见。臣下的传记，本身有与时事相关联的，表现在文词上，虽然没标明年代，但玩味传文的叙述次序，其朝代自然就能明白。至于《独行》《方伎》《文苑》《列女》等传，其人与世事无关，按照一种体例编写。像《南史》中的吴逵、韩灵敏等人，即使阅读他们的传记也不知道他们的时代。以上三条，就是我所说的通史弊端。

《说文》训通为达，自此之彼之谓也。通者，所以通天下之不通也。读《易》如无《书》，读《书》如无《诗》，①《尔雅》治训诂，小学明六书，通之谓也。古人离合撰著，不言而喻。汉人以"通"为标目,梁世以"通"入史裁,则其体例盖有截然不可混合者矣。杜佑以刘秩《政典》为未尽,而上达于三五,《典》之所以名通也。奈何魏了翁取赵宋一代之掌故,亦标其名谓之《国朝通典》乎?既曰国朝,画代为断,何通之有?是亦循名而不思其义者也。六卿联事,职官之书,亦有通之义也。奈何潘迪取有元御史之职守,亦名其书谓之《宪台通纪》耶?又地理之学,自有专门,州郡志书,当隶外史。详《外篇·亳州志议》。前明改元代行省为十三布政使司,所隶府州县卫,各有本志。使司幅员既广,所在府县,惧其各自为书,未能一辙也,于是裒合所部,别为通志。通者,所以通府州县卫之各不相通也。奈何修通志者,取府州县山、川、人、物,分类为编,以府领县,以县领事实人文,摘比分标,不相联合。如是为书,则读者但阅府县本志可矣,又何所取于通哉?夫通史人文,上下千年,然而义例所通,则隔代不嫌合撰。使司所领,不过数十州县,而斤斤分界,惟恐越畔为虞,良由识乏通材,遂使书同胥史[2]矣。

[注释]

① "读《易》如无《书》"二句:意指诸经之间看不出因袭的痕迹。
② 胥史:本指胥吏,此处指胥吏抄录的文书。胥,官府中办理文书的小吏。

[译文]

《说文解字》将"通"释为"达",就是从此到彼的意思。通,就是沟通天下原本不相通的东西。读《周易》时就如同没有《尚书》一样,读《尚书》时就如同没有《诗经》一样,《尔雅》是训诂的专门之书,小学是阐明六经的,这就是所谓的通。古人著作或分为专门或合为通论,这是不言而喻的。汉代人以"通"作为书名,梁代把"通"引入史书之中,那么它们的体例应当有截然不可混淆的地方。杜佑认为刘秩的《政典》没有穷尽,因而上起于三皇五帝,这就是《通典》所以称通的缘故。为什么魏了翁编纂赵宋一个朝代的掌故，也把书名称作《国朝通典》呢？既称本朝，以朝代为断限，又有什么通可言的呢？这也是沿用名称而不考虑它的含义的缘故。六卿联合处理政务，叙述官制的书，也有通的意义。为什么潘迪采录元代御史的职守，也把他的书叫作《宪台通纪》呢？还有地理这门学问，自然属于专门的学科，州郡等地方志，应当由外史掌管。(详见《外篇·亳州志议》。)明朝改元代的行省为十三布政使司，所属的府、州、县、卫，各自都有自己的方志。一个布政使司的幅员很广阔，害怕所在的府县各自为书而不能统一，于是汇合所统辖各地区的方志，另撰省通志。所谓通，就是沟通府州县卫原来各不相通的地方。为什么修通志的人，又把府州县的山川、人物等，一一分类编纂，以府统县，以县统属掌故人文，摘录排比、分类标目，不相联合。如果这样编纂通志，那么读者只要阅读原来的府志、县志就可以了，又有何必要阅读通志呢？通史所载的人文情况，上下千年，然而义例相通，那么朝代相隔也不妨合撰在一起。一个布政使司所管辖的范围不过数十个州县，却斤斤计较各自的分界，唯恐超越界限引起麻烦，这的确是因为缺乏有见识的通才，于是使史书等同于衙门小吏所抄录的文书。

答客问上

[题解]

　　此篇主要论述"纂类之业"与"家学"的区别。所谓"纂类之业",指的是政府设史馆集体编纂而成的《晋书》《隋书》等断代史。这类史书,"守其绳墨","以存一代之旧物"为目的,只是"整齐故事",而没有"心裁别识"。所谓"家学",是指能"通古今之史,而成一家之言者",如《春秋》《史记》《汉书》《通志》等。这类史书,旨在阐发史义,"推明大道",因此强调"独断于一心"。这两类著作,虽然"其功用足以相资",但其"流别不能相混"。

　　本篇选自《文史通义新编新注》内篇四,成于乾隆四十五年至四十六年(1780—1781)间。

　　癸巳在杭州,闻戴征君①震与吴处士②颖芳谈次,痛诋郑君《通志》,其言绝可怪笑,以谓不足深辨,置弗论也。其后学者,颇有訾謷③,因假某君叙说,辨明著述源流。自谓习俗浮议,颇有摧陷廓清之功。然其文上溯马、班,下辨《通考》,皆史家要旨,不尽为《通志》发也。而不知者又更端以相诘难,因作《答客问》三篇。

[注释]

①征君：指被朝廷征聘而不肯就职的人。②处士：指隐居不仕的有才德的人。③訾謷：指责、诋毁。

[译文]

癸巳年（乾隆三十八年，1773年）在杭州，我听到了戴震与吴颖芳的一段谈话，对郑樵的《通志》痛加诋毁，这种言论让人觉得很奇怪可笑，我以为不值得深入辨析，便搁置在一边，不加评论。但其后不少学者继续发挥这种观点，因而，我决定用回答某君问的形式表明自己的观点，以辨明史书著述的源流。我自认为那篇文章（即《申郑》）对那些鄙陋的治学风气与没有根据的议论，有很大的摧陷肃清的功绩。但是那篇文章上溯司马迁、班固，下至考辨《文献通考》，都是史学家的基本思想，不只是为《通志》而写的。有的人不懂，又另外生事对我发难，于是我作了这三篇《答客问》。

客有见章子《续通志叙书后》者，问于章子曰：《通志》之不可轻议，则既闻命矣。先生之辨也，文繁而不可杀，其推论所及，进退古人，多不与世之尚论者同科，岂故为抑扬以佐其辨欤，抑先生别有说欤？夫学者皆称二十二史，著录之家，皆取马、班而下至于元、明而上，区为正史一门矣。今先生独谓唐人整齐晋、隋故事，亦名其书为一史，而学者误承流别，不复辨正其体焉。岂晋、隋而下，不得名为一史欤？观其表志成规，纪传定体，与马、班诸史，未始有殊。开局设监，集众修书，亦时势使然耳。求于其实，则一例也。今云学者误承流别，敢问晋、隋而下，其所以与陈、范而上截然分部者安在？

[译文]

有客人看到我写的《续通志叙书后》（即《申郑》），问我道：

《通志》这部书不能随便讥议,这个观点我已经听说了。先生的辩论,文字丰繁,而又不可削减,推论所涉及的问题,对古人的褒扬贬抑,多半与当代那些喜欢评论的人看法不同,难道是故意褒贬扬抑以帮助辨析清楚,还是先生另有什么说法?学者都称二十二史,目录学家进行著录,也都取司马迁、班固以下至元、明以上,划分为正史一类。现在您偏偏说唐朝人整理晋、隋之间各朝的旧事,也把他们的书称为史书,后来学者错误地继承了唐人官修史书的源流,不能再辨别修史的体例了。难道晋、隋以下,就不能有一部史书可称为史吗?我考察那些史书,表、志、纪、传都有固定的规矩体例,与司马迁、班固等人的史书体例不曾有差异。开史馆,设置监修国史之职,招集众人纂修史书,也都是时势所决定的。探求其实质,则都是一样的。现在说学者错误地继承了修史的源流,那么我冒昧地问一下,自晋、隋以后,那些正史与陈寿、范晔以前的正史所截然不同的分别在什么地方呢?

　　章子曰:史之大原本乎《春秋》,《春秋》之义昭乎笔削①。笔削之义,不仅事具始末、文成规矩已也。以夫子"义则窃取"之旨观之,固将纲纪天人,推明大道,所以通古今之变而成一家之言者,必有详人之所略,异人之所同,重人之所轻,而忽人之所谨,绳墨之所不可得而拘,类例之所不可得而泥,而后微茫杪忽②之际,有以独断于一心。及其书之成也,自然可以参天地而质鬼神,契前修而俟后圣,此家学之所以可贵也。陈、范以来,律以《春秋》之旨,则不敢谓无失矣。然其心裁别识,家学具存,纵使反唇相议,至谓迁书退处士而进奸雄,固书排忠节而饰主阙,要其离合变化,义无旁出,自足名家学而符经旨;初不尽如后代纂类之业,相与效子莫之执中③,求乡愿④之无刺,侈然自谓超迁轶⑤固也。若夫君臣事迹,官司典章,王者易姓受命,综核前代，纂辑比类，以存一代之旧物，是则所谓整齐故事之业也。开局设监，集众修书，正当用其义例，守其绳墨，以待后人之论定则可矣，岂所语于专门著作之伦乎？

[注释]

①笔削：指著述。笔，书写记录。削，删改时用刀削刮简牍。②微茫杪忽：微茫，隐约模糊。杪忽，比喻极其细微。杪，仓修良本作"秒"。③子莫之执中：语出《孟子·尽心上》："子莫执中，执中为近之。"古人好断文截意，说"子莫"而意在"执中"，并无"子莫"其人。④乡愿：孔子所谓乡愿大概是指伪君子，指那些看似忠厚实际没有一点道德原则，只知道媚俗趋时的人。孟子所言大约是说言行不一，当面背后各一套的四方讨好、八面玲珑的人就是乡愿。⑤轶：超过。

[译文]

我答道：史学出于《春秋》，《春秋》的大义是通过著述来彰显的。著述的大义，不仅仅是事情记录完整，文辞要按规矩那么简单。根据孔夫子所说的"史义由个人斟酌"这个宗旨来看，史书本来是要用来规范天人、阐明大道的。之所以能通达古今变化，创立一家之说，必定是详细叙述他人省略之处，而对他人共识之处有不同看法，重视他人轻视之处，而对他人谨慎之处则有所忽略，规则也不受框架限制，体例也不受约束，而后在微妙隐约之际，能够做出独立的决断。待到其书撰成，自然可以与天地并列、鬼神互鉴，能契合前代贤人而等待后世圣人，这就是一家之学之所以可贵的原因所在。陈寿、范晔以后的史家，以《春秋》的宗旨来衡量，不能说他们没有失误。然而他们独具匠心、见识卓越，自成一家学说的精神还保留着，纵使有人反唇相讥，说司马迁的《报任安书》贬低隐士而抬高奸雄，班固的《汉书》排斥忠臣义士而掩饰君主的过失。但是，总括他们书中的离合变化，史义并没有掺和旁门左道，所以符合经书的旨意，自然足以称为一家之学；一点儿都不像后代分类编纂之书，争相效法采取折中的办法，讨好别人，以求免受讥刺，大言不惭地自称超过了司马迁与班固。至于君臣事迹，官府的典章制度，帝王的改朝换代，汇聚前朝事迹加以考核、编纂排比，以便保存一代的典章文物，这就是所说的整理旧事。开设史馆，创立监修之制，招集众人修史，正当采用这种义例，遵守这种法度，以便等待后人来论定，如此做是可以的，但这哪里是我们所谈论的专门著作这一类的书呢？

《易》曰："苟非其人，道不虚行。"史才不世出，而时世变易不可常，及时纂辑所闻见，而不用标别家学，决断去取为急务，岂特晋、隋二史为然哉？班氏以前，则有刘向、刘歆、扬雄、贾逵①之《史记》；范氏以前，则有刘珍②、李尤、蔡邕、卢植、杨彪之《汉记》。其书何尝不遵表志之成规，不用纪传之定体。然而守先待后之故事，与笔削独断之专家，其功用足以相资，而流别不能相混，则断如也。溯而上之，百国宝书之于《春秋》，《世本》《国策》之于《史记》，其义犹是耳。

[注释]

①贾逵（30—101）：东汉经学家，字景伯，扶风平陵（今陕西咸阳西北）人，博通经史，世称通儒。②刘珍（？—126）：东汉学者，字秋孙，蔡阳（今湖北枣阳）人。

[译文]

《周易》载："如果不是那个合适的人，大道就不能凭空而行。"具备史才的人并非任何时代都有，而时事变化无常，所以及时纂辑所见所闻，不用标明区分为某家之学，而以裁断取舍为当务之急，难道只是《晋书》《隋书》两部史书是这样的吗？班固之前，有刘向、刘歆、扬雄、贾逵的《史记补作》；范晔以前，则有刘珍、李尤、蔡邕、卢植、杨彪的《汉记》。那些书何尝不遵循前人确立的志、表、纪、传的规则体例，然而那些遵守先例以待后人整理旧事的著作，与使用笔削手法进行定夺而自成一家的著作，它们的功用足以互相取资借鉴，但源流派别却不能互相混淆，这是决然无疑的。向上追溯，诸侯各国的史书对于《春秋》，《世本》《战国策》对于《史记》，其意义都是这样的。

唐后史学绝而著作无专家，后人不知《春秋》之家学，而猥以集众官修之故事，乃与马、班、陈、范诸书并列正史焉。于是史文等于科举之程式，胥吏之文移，而不可稍有变通矣。间有好学深思之士，能自得师于古人，标一法外之义例，著一独具之心裁；而世之群怪聚骂，指目牵引为言词①，譬若猵狙②见冠服，不与龁决毁裂至于尽绝不止也。郑氏《通志》之所谤，凡以此也。

[注释]

①群怪聚骂，指目牵引：群怪，大家都以为怪事。聚骂，群起而骂。指目，指指点点。牵引，拉拉扯扯。②猵（biān）狙：此处意指不懂礼仪没见过世面的禽兽。猵，古书上说的一种獭类动物。狙，古书上说的一种猴子。

[译文]

唐代以后史学废绝，没有自成一家的著作。后人不知道《春秋》为自成一家的史学，竟然随便地把聚集众多史官纂集的旧事，与司马迁、班固、陈寿、范晔等人的史书并列为正史。于是史书的文辞便如同科举考试的特定格式、官府小吏的公文，不能稍有变通。间或有好学深思的人，能自行师法古人，在前人确定的法例之外另标一种义例，另著一种独具匠心的史著。结果世人都觉得奇怪，聚集起来辱骂，指指点点、拉拉扯扯，就像猕猴看见了人的帽子衣服，不把它咬烂撕裂至一点不剩便不罢休。郑氏《通志》被世人毁谤，大概因为这个缘故。

嗟乎！道之不明久矣。六经皆史也。形而上者谓之道，形而下者谓之器①。孔子之作《春秋》也，盖曰："我欲托之空言，不如见诸行事之深切著明。"然则典章事实，作者之所不敢忽，盖将即器而明道耳。其书足以明道矣，笾豆②之事，则有司存，君子不以是为琐琐也。道不明而争于器，实不足而竞于文，其弊与空言制胜、华辩伤理者，相去不能以寸焉，而世之溺者不察也。太史公曰："好学深思，心知其意③。"当今之世，安得知意之人而与论作述之旨哉？

[注释]

①形而上：成形以前，指无形、抽象的东西。形而下：成形以后，指具体、实在的东西。②笾豆：笾、豆均为古代食器，笾为竹制，豆为木制，此处指祭祀之具体事物。③好学深思，心知其意：好学而心细，勤于思考，心中领会了文章的主旨或技艺的要领。意，意义。

[译文]

唉！大道隐晦不明已经很久了。六经都是史书。无形抽象的叫作道，有形具体的称为器。孔子作《春秋》，这样说道："与其把儒家大道寄托在空泛的言论中，还不如通过具体的行动事迹来表现会更为深切显著。"那么，典章制度、历史事实，都是作者所不敢忽视的，这是想通过实际的器来阐明抽象的道。其书足以阐明史义，像祭祀这类具体的事物，有主管其事的人员去负责，君子因此不去过问琐碎之事。大道不明反而在具体事物上争个不休，实质不足反而在文采上竞相比拼，这样的弊端与通过空言来取胜、善辩而伤理相比，其危害程度是差不多的，但那些沉溺其中的人却不能觉察。司马迁说："好学而深思的人，能够领会别人文章的旨意。"当今之世，哪里能找到心知其意的人可以一起来谈论著作与传述的不同呢？

答客问中

[题解]

章学诚在文中将群书区分为三类:一曰"比次之书",二曰"独断之学",三曰"考索之功"。三者虽然各有其用,却不能等量齐观。作者认为,天下之学术不出"独断之学"与"考索之功"两途,将"比次之书"排斥在外。

客曰:孔子自谓"述而不作,信而好古",又曰"好古,敏以求之"。夏殷之礼,夫子能言,然而无征不信,慨于文献之不足也①。今先生谓作者有义旨,而笾豆器数不为琐琐焉,毋乃悖于夫子之教欤?马氏《通考》之详备,郑氏《通志》之疏舛,三尺童子所知也。先生独取其义旨,而不责其实用,遂欲申郑而屈马,其说不近于偏耶?

[注释]

①"夏殷之礼"四句:《论语·八佾》:"子曰:夏礼吾能言之,杞不足征也;殷礼吾能言之,宋不足征也。文献不足故也。足,则吾能征之矣。"

[译文]

客人说:孔子自己称"只传述而不创作,相信并爱好古代文化",又说"爱好古代文化,要用个人的聪敏智慧去求索"。孔子能讲夏殷两代的礼制,然而由于没有可靠证据,因而不敢完全相信,他慨叹文本不足征。如今先生却说作者著述有独到的义旨，对笾豆礼器数目这类烦琐的细节不太重视，这恐怕违背了孔夫子的教导吧？三尺高的儿童都知道，马端临的《文献通考》详细完备，郑樵的《通志》疏漏讹误。可是您只取它们的义旨来评论，而不问它们实用与否，褒扬郑樵而贬抑马端临，这种说法不是近于偏颇吗？

章子曰：天下之言，各有攸当；经传之言，亦若是而已矣。读古人之书，不能会通其旨，而徒执其疑似之说以争胜于一隅，则一隅之言不可胜用也。天下有比次之书，有独断之学，有考索之功，三者各有所主而不能相通。六经之于典籍也，犹天之有日月也。读《书》如无《诗》，读《易》如无《春秋》，虽圣人之籍，不能于一书之中备数家之攻索也。《易》曰"不可为典要"，而《书》则偏言"辞尚体要"焉；读《诗》不以辞害志，而《春秋》则正以一言定是非焉。向令执龙血鬼车之象①，而征粤若稽古②之文，托熊蛇鱼旐之梦③，以纪春王正月之令，则圣人之业荒而治经之旨悖矣。若云好古敏求，文献征信，吾不谓往行前言可以灭裂也。多闻而有所择，博学而要于约，其所取者有以自命，而不可概以成说相拘也。大道既隐，诸子争鸣，皆得先王之一端，庄生所谓"耳目口鼻，皆有所明，不能相通"者也。目察秋毫，而不能见雷霆，耳辨五音，而不能窥泰山。谓耳目之有能有不能，则可矣；谓耳闻目见之不足为雷霆山岳，其可乎？

[注释]

①龙血：见于《易·坤》："龙战于野，其血玄黄。"鬼车：见于《易·睽》："见豕负涂，载鬼一车。"②粤若稽古：粤，助词，与"曰"通。若，顺。稽，考。③熊蛇鱼旐之梦：《诗》载熊罴虺蛇众鱼旐旟之梦，著明大人之占，以考吉凶，盖参卜筮。

[译文]

我答道：天下的言论，都有它各自合理的地方；经传上的话，也是这样的。读古人的书，不能综合理解它的旨意，却只是拿些书中似是而非的话，在某一方面来争个胜负，那么这种片面的事例是用不完的。天下有排比编纂的书籍，有自成一家的学说，有考订求索的功业，三者各有其核心要求，无法相通。从典籍来说，六经就像天上的日月一样。读《尚书》时不理会《诗经》，读《周易》时不理会《春秋》，即使是圣人制作的典籍，也不能在一书之中兼备数家所要研治的内容。《周易》说"不要当作经典"，而《尚书》则偏偏说"文辞崇尚切实简要"；读《诗经》不能拘泥于辞句而误解了诗意，而《春秋》则正是通过一个字的褒贬来判定是非的。如果拿《易经》中"龙血"与"鬼车"等事，来验证《尚书》中"粤若稽古"这样的古文；依凭《诗经》中熊蛇鱼旟这类吉梦的记载，来约束《春秋》中"春王正月"的记载，那便要荒废圣人的事业，背离研治经书的宗旨了。即使爱好古代文化并勤奋探求，文献足以验证取信，我不认为就可以草率对待前代圣贤的言行。广泛听取且有所选择，广泛地学习且能归于简约，作者所选取的材料都有自己的特殊用意，而不可一概拘泥于过去的说法。大道被遮蔽以后，诸子争鸣，各自都只得到先王的某一方面，这就是庄子所说的"耳朵、眼睛、口与鼻子，都各有所长，不能互相替换"。眼睛能明察秋毫却无法看见雷霆，耳朵能辨析五音却不能窥见泰山。说耳朵、眼睛各自有所能与有所不能，这是可以的；说耳闻目见不能够听到雷霆看见山岳，这样行吗？

由汉氏以来，学者以其所得，托之撰述以自表见者，盖不少矣。高明者多独断之学，沉潜者尚考索之功，天下之学术不能不具此二途。譬犹日昼而月夜，暑夏而寒冬，以之推代而成岁功①，则有相需之益；以之自封而立畛域②，则有两伤之弊。故马、班史祖而伏、郑③经师，迁乎其地而弗能为良，亦并行其道而不相为背者也。使伏、郑共注一经，必有牴牾之病；使马、班同修一史，必有矛盾之嫌。以此知专门之学，未有不孤行其意，虽使同侪④争之而不疑，举世非之而不顾。此史迁之所以必欲传之其人，而班固之所以必待马融受业于其女弟，然后其学始显也。迁书有徐广、裴骃诸家传其业，固书有服虔、应劭诸家传其业。专门之学，口授心传，不啻⑤经师之有章句矣。然则《春秋》经世之意，必有文字之所不可得而详，绳墨之所不可得而准。而今之学者，凡遇古人独断之著述，于意有不惬，嚣然纷起而攻之，亦见其好议论而不求成功矣。

[注释]

①岁功：一年的时序。②畛（zhěn）域：界域、分界。③伏、郑：指伏胜与郑玄。④同侪：同类、同辈，此指同行的人。⑤不啻：不异于、如同。

[译文]

从汉代以来，学者习惯将自己所得的见解，通过著述来加以表达，这样的人不少。天下做学术的人，见识高明的大多从事独自裁断的一家之学，秉性深沉的崇尚考订求索的功业，没有脱离这两条途径的。譬如日出为白天而月出为夜晚，炎暑为夏而寒冷为冬，让它们互相循环更替而成就年岁的轮转，会有互相配合的好处；假使它们自我封闭、划分界域，便有两败俱伤的弊端。所以司马迁、班固二位成为史学祖师，伏胜、郑玄二位成为经学大师，如果调换他们的位置便不能做出很好的成就，这是并行其道而不致互相矛盾的。如果伏胜与郑玄共同注释一种经书，必定有互相抵牾的毛病；如果司马迁与班固共同修撰一部史书，必定有互相矛盾的嫌疑。因此可知，自成一家的学说，没有谁不是在推行自己的旨意，即使同行的人争论不休他也不会怀疑自己，即使天下人都来指责他也不会有所顾虑。司马迁之所以一定要把《史记》传授给那个合适的人，班固的书之所以一定要等待马融师从他的妹妹，然后他们的学说才开始显达，就是这个原因。司马迁的《史记》有徐广、裴骃等人的注解传播他的学业，班固的《汉书》有服虔、应劭等人的注解传播他的学业。专门的学术，口头传授，以心传心，不啻于经学老师的章句授受。既然如此，那么以《春秋》治理天下的旨意，一定有文字无法详细表达的地方，一定有现成的条规无法涵盖的地方。但今天的学者，凡是遇到古人能独立决断的著作，与自己思想有不合的地方，便吵吵嚷嚷地纷纷起来攻击它，这也正可看出他们喜欢议论而不求能否真正成就功业。

若夫比次之书，则掌故令史之孔目①，簿书记注之成格，其原虽本柱下之所藏，其用止于备稽检而供采择，初无他奇也。然而独断之学，非是不为取裁；考索之功，非是不为按据②。如旨酒之不离乎糟粕，嘉禾之不离乎粪土。是以职官故事案牍图牒之书，不可轻议也。然独断之学、考索之功欲其智，而比次之书欲其愚。亦犹酒可实尊彝而糟粕不可实尊彝③，禾可登簠簋④而粪土不可登簠簋，理至明也。

[注释]

①孔目：指档案目录。②按据：依据。③尊彝：尊同"樽"。彝，古代盛酒的器具。④簠簋：古代两种盛黍稷稻梁的礼器。

[译文]

至于排比编纂的书，就如同掌故、令史的档案目录，如同簿册、起居注的固定格式，它的起源虽然出于朝廷藏书室所典藏，它的用途也只是预备检查与供人选择，原本没有其他什么奇特之处。但是别出心裁的一家著作，没有它便不能进行取舍剪裁；考订求索的功业，没有它便没有依据。这就如同美酒离不开酒渣，好禾苗离不开粪土。因此职官掌故、文书图谱之类的书籍，不可随便讥议。但是别出心裁的一家之学与考订求索的功业要求见解高明睿智，而排比编纂的书要求品性忠厚踏实。这也就像酒可以装入杯盏中饮用而酒渣却不能，稻禾可以登上礼器用束祭祀而粪土却不能，这道理是最明白不过的了。

古人云："言之不文，行之不远。""文不雅驯，荐绅先生难言之。"为职官故事、案牍图牒之难以萃合而行远也，于是有比次之法。不名家学，不立识解，以之整齐故事，而待后人之裁定，是则比次欲愚之效也。举而登诸著作之堂，亦自标名为家学，谈何容易邪？且班固之才，可谓至矣。然其与陈宗、尹敏之徒，撰《世祖本纪》与《新市》《平林》诸列传，不能与《汉书》并立，而必以范蔚宗书为正宗，则集众官修之故事，与专门独断之史裁不相缀属又明矣。自是以来，源流既失，郑樵无考索之功，而《通志》足以明独断之学，君子于斯有取焉。马贵与①无独断之学，而《通考》不足以成比次之功，谓其智既无所取，而愚之为道又有未尽也。且其就《通典》而多分其门类，取便翻检耳；因史志而衷集其论议，易于折衷耳。此乃经生决科之策括，不敢抒一独得之见，标一法外之意，而奄然②媚世为乡愿，至于古人著书之义旨，不可得闻也。俗学便其类例之易寻，喜其论说之平善，相与翕然③交称之，而不知著作源流之无似。此呕哑嘲哳④之曲，所以属和万人也。

[注释]

①马贵与：即马端临。②奄然：一致的样子。形容一心与世俗投合的媚态。③翕然：一致的样子。④嘲哳（zhāo zhā）：象声词。形容声音琐杂细碎。

[译文]

古人说："文章若没有文采，就不可能流传久远。""文辞不典雅纯正,士大夫难以出口。"因为职官掌故、文书图谱难以全部聚集而流传后世,于是有排比编纂的方法。不自称以一家之说,不阐发自己的见解,整理前朝的旧事,等待后人的裁断评定,这就是排比编纂的书追求忠厚踏实的结果。把它抬上著作的殿堂,也自我标榜为一家之学,谈何容易呀?况且班固的才能,可称得上是最好的了。但他与陈宗、尹敏等人合撰的《世祖本纪》及《新市》《平林》等列传,不能与《汉书》并列,而一定要以范晔的《后汉书》所记载的为正宗。那么由官府聚集众人所修的纂集旧事的史书,与一家独撰、别出心裁的史著互不关联,又是很明白的事了。从那以后,源流已经迷失,郑樵没有考订求索的功业,但《通志》足以阐明自成一家的学说,君子于此有可取之处。马端临没有自成一家的学说,而《通考》又不足以成就排比编纂的事业。他在见识方面既无可取之处,而踏实功夫又还没有完全做好。况且它依据《通典》而将门类分得更细,只是便于翻检罢了;因袭史志而把它们的议论汇集起来,方便折中罢了。这像是儒生为科举考试所作的策括,不敢表达一点独立的见解,显示一点法外的用意,完全迎合讨好世俗,成了伪善的乡愿。至于古人著书的意义宗旨,就无法看到了。世俗的学者因为其书的门类体例容易翻检而感到便利,喜欢书中的论说平稳和善,便一起交口称赞它,却不知道著作源流的不同。这就如同嘶哑繁杂的乐曲,会有万人跟唱一样。

答客问下

[题解]

此篇专门讨论"比次之书",文中作者对古代"比次之书"的"比次之道"作了大致的分析,认为编次方法大概有三种:"及时撰集,以待后人之论定者","有志著述,先猎群书,以为薪樵者","陶冶专家,勒成鸿业者"。不同类型的"比次之书"有不同的要求:第一种要求"详略去取,精于条理",第二种要求"辨同考异,慎于覈核",第三种要求"钩玄提要,达于大体"。最后,章学诚对晚近出现的"比次之书"作了激烈的批评,列举了七个方面的弊病,指出它们"难于凭藉"。

客曰:独断之学与考索之功,则既闻命矣。敢问比次之书,先生拟之糟粕与粪土,何谓邪?

[译文]

客人说:我已经聆听了您关于独断的学问与考订求索的功业不同的教诲。那么请问,对排比编纂类书,为什么您把它比作酒渣与粪土呢?

章子曰:斯非贬辞也。有璞而后施雕,有质而后运斤①,先后轻重之间,其数易明也。夫子未删之《诗》《书》,未定之

《易》《礼》《春秋》，皆先王旧典也。然非夫子之论定，则不可以传之学者矣。李焘谓左氏将传《春秋》，先聚诸国史记，国别为语，以备《内传》之采摭。是虽臆度之辞，然古人著书，未有全无所本者，以是知比次之业，不可不议也。比次之道，大约有三：有及时撰集，以待后人之论定者，若刘歆、扬雄之《史记》，班固、陈宗之《汉记》是也；有有志著述，先猎群书，以为薪楮②者，若王氏《玉海》，司马《长编》之类是也；有陶冶专家③，勒成鸿业者，若迁录仓公技术，固裁刘向《五行》之类是也。夫及时撰集以待论定，则详略去取，精于条理④而已；先猎群书，以为薪楮，则辨同考异，慎于覈核而已；陶冶专家，勒成鸿业，则钩玄提要，达于大体而已。比次之业，既有如是之不同；作者之旨，亦有随宜之取辨。而今之学者，以谓天下之道，在乎较量名数之异同，辨别音训之当否，如斯而已矣；是何异观坐井之天，测坳堂⑤之水，而遂欲穷六合之运度，量四海之波涛，以谓可尽哉！

[注释]

①质：箭靶，引申为目标。运斤：挥动斧头。②薪楮：比喻基础。楮，积也。③专家：专门技术。④条理：脉络，层次，秩序。⑤坳堂：多释为"堂上的低洼处"，实际上是楚方言，意为"很小的坑"。参见王光汉《词典问题研究》中的《释"坳堂"》一文。

[译文]

我回答说：这不是贬低之辞。有了璞玉然后才能进行雕琢，有了目标然后才来挥动斧头，其间的先后轻重次序，很容易明白。孔夫子没有删削时的《诗》《书》，没有编订前的《易》《礼》《春秋》，都是先王原有的典籍。但是，如果不经过夫子的论述删定，便不可能传给后世学习的人。李焘说：左丘明将要为《春秋》作解释，先聚集各国的史书，按照国别来编纂各诸侯国贵族的言论，以供作《内传》(即《左传》)时采用。这虽然是臆测之辞，但是古人著书都是有所依据的。据此可知，排比编纂的事情是不能不有所论断的。编次的方法，大致有三种：一种是及时纂集，以便等待后人加以论述删定，如刘歆、扬雄的《史记》，续作班固、陈宗的《汉记》之类的书；一种是有志于著述，先涉猎群书作为基础，如王应麟的《玉海》、司马光的《资治通鉴长编》一类的书；一种是专门对文献进行加工，然后撰成鸿篇巨制，如司马迁在《史记·仓公列传》中记录仓公的药方，班固撰《五行志》采用刘向的《五行传》等就属于这种情况。那些及时纂集以便等待后人来论述删定的，只在于详略取舍，精于条理而已；而那些先涉猎群书作为基础的，则主要在于辨别相同者与考察相异点，谨慎地考核而已；专门对文献进行加工的人，撰成鸿篇巨制，在于探索精微、摘出纲要，掌握大概而已。排比编纂的事情，已然有这些不同；作者的宗旨，也要根据具体情况而进行变通。今天的学者，以为天下的学问，就在于考核验证名称数目的异同，辨别读音释义是否正确，如此而已。这与那些坐在井中观测天的大小，通过小坑测量水多少，以为可以穷尽宇宙中日月星辰运行的法度、测量到四海波涛的人有何不同！

夫汉帝春秋，年寿也。具于《别录》；臣瓒①注。伏生、文翁②之名，征于石刻；高祖之作新丰③，详于刘记；《西京杂记》。孝武之好微行，著于外传；《汉武故事》④。而迁、固二书，未见采录，则比次之繁，不妨作者之略也。曹丕让表，详《献帝传》；甄后懿行，盛称《魏书》；哀牢之传，征于计吏⑤。见《论衡》。先贤之表，著于黄初，而陈、范二史，不以入编，则比次之私，有待作者之公也。然而经生习业，遂纂典林⑥；辞客探毫，因收韵藻⑦。晚近浇漓之习，取便依检，各为兔园私册以供陋学之取携。则比次之业,虽欲如糟粕粪土,冀其化朽腐而出神奇,何可得哉?

[注释]

①臣瓒:晋代人,其姓氏、籍贯不详。曾注《汉书》。②伏生:名胜,汉代济南人。文翁:西汉庐江舒县(今安徽庐江西)人。③新丰:故城在今陕西临潼东北。④《汉武故事》:旧题汉班固撰,或谓出于南齐王俭。⑤哀牢:我国古代西南地区少数民族。计吏:汉时谓郡国送文书之使为计吏。⑥典林:典故总汇。⑦韵藻:有韵律的词语。多指诗词。

[译文]

汉代皇帝的春秋(指年寿),都保存在《别录》中(见臣瓒注);伏胜、文翁的名字,从留传的石刻可以证实;汉高祖为太上皇作新丰城的事,刘歆有详细的记载(《西京杂记》);汉武帝喜欢微服私行,在外传上有记载(见《汉武故事》);而司马迁、班固两家史书,没有采录,那么排比编纂的丰繁,不妨碍后来简略的价值。曹丕推辞汉献帝让位的表文,详载于《献帝传》;甄皇后的美德,《魏书》盛加称赞;关于哀牢的传记,是从进账簿的官吏手中收集来的。(见《论衡》。)前代贤哲的劝进表,黄初之时颇有盛名,但陈寿、范晔两家史书未予收入。那么排比编纂者的私见有待于后来作者的公心来裁定。儒生学习经书,于是有人编纂典故总汇;文人挥毫,于是有专门收集诗词的类书。晚近风气轻浮,为便于翻检,便各自编纂兔园册子一类的书,以方便浅薄儒生携带翻检。如此,将排比编纂的书籍当作酒渣、粪土一样,希望它能化腐朽为神奇,又怎么能做到呢?

夫村书俗学①,既无良材,则比次之业难于凭藉者一矣。所征故实②,多非本文,而好易字句,漓其本质,以致学者宁习原书,怠窥新录,则比次之业难于凭藉者二矣。比类相从,本非著作,而汇收故籍,不著所出何书,一似己所独得,使人无从征信,则比次之业难于凭藉者三矣。传闻异辞,记载别出,不能兼收并录以待作者之决择,而私作聪明,自定去取,则比次之业难于凭藉者四矣。图绘之学,不入史裁③,金石之文,但征④目录,后人考核,征信无从,则比次之业难于凭藉者五矣。专门之书,已成巨编,不为采录大凡,预防亡逸,而听其孤行,渐致湮没,则比次之业难于凭藉者六矣。拘牵类例,取足成书,不于法律之外,多方购备,以俟作者之辨裁,一目之罗⑤,得鸟无日,则比次之业难于凭藉者七矣。凡此多端,并是古人未及周详,而后学尤所未悉。苟有志于三月聚粮⑥,则讲习何可不豫?而一世之士,不知度德量力,咸嚣嚣以作者自命,不肯为是筌蹄嚆矢之功程⑦,刘歆所谓"挟恐见破之私意,而无从善服义之公心⑧"者也,术业如何得当,而著作之道,何由得正乎?

[注释]

①村书:村塾教授蒙童所用的书。俗学:世俗流行之学。②故实:出处,典故。③史裁:原指史事的裁断能力,此当指史书。④征:收集。⑤一目之罗:一个网眼的罗网。⑥三月聚粮:比喻长期准备。《庄子》"适千里者,三月聚粮",想要去千里之外的人,得预备几个月吃的食粮。千里,千里以外。三月,数月。⑦筌蹄嚆矢之功程:筌蹄,比喻达到目的的工具。筌,即捕鱼用的竹笼。蹄,即兔网。嚆矢,响箭。因发射时声先于箭而到,故常用以比喻事物的开端,犹言先声。功程,指需要投入较多人力物力的营建项目。⑧"挟恐"二句:心里怀着害怕自己利益被破坏的自私想法,而没有向往善良的品行和服从仁义的大公无私的心愿。

[译文]

那些乡村私塾教育中,没有好的人才,因此他们排比编纂的书便难以作为凭借,这是第一点。所征引的典故多非本文,又喜欢改动字句,背离原意,导致学习的人宁愿学习原典,而懒于翻看新编的类书,因此排比编纂的书难以作为凭借,这是第二点。按类编次，本来就不是著作，汇集旧籍中的文字却不标明出自何书，完全像是自己的独到心得，使人无从验证而相信，因此排比编纂的书难以作为凭借，这是第三点。传闻有不同说法，记载有别的版本，不能兼收并录，以待后来的作者选择裁决，而自作聪明，自己决定取舍，因此排比编纂的书难以作为凭借，这是第四点。图谱方面的内容，不载入史书，金石文字，只收目录，后人考核，无从验证，因此排比编纂的书难以作为凭借，这是第五点。专门方面的书籍，已经编成巨帙，不把它的主要内容采录进来，为了防止亡佚就任它自行流传，致使它逐渐湮没无闻，因此排比编纂的书难以作为凭借，这是第六点。拘泥于门类体例，只求凑成一本书，而不在法则之外，多方搜求采集，以便等待后来作者的辨别裁断，一个网眼的罗网，不可能有捕到鸟儿那一天，因此排比编纂的书难以作为凭借，这是第七点。凡此种种，都是古人没来得及考虑周详，而后世学者更未能详细了解的。如果有志于从事远大的著述事业，那么怎么可以不预先讨论学习呢？但是世上的士人，不会衡量自己德行学力高低，全都吵吵嚷嚷地以作家自居，而不肯做一些可以达到目标的基础性、先导性的工作，这就是刘歆所说的"怀着害怕受到指责的私心，而没有信服善良正义的公心"的那种人，学术事业如何能顺利发展，而著作的门道怎么能得以匡正呢？

横 通

[题解]

章氏认为,"通"亦有别。横通之人,虽与通人相似,但胸无知识,亦无心得。故章氏作此篇以讥刺之,殆与当时目录版本之学兴盛亦有关。

本篇选自《文史通义新编新注》内篇四,作于嘉庆五年(1800)。

通人之名,不可以概拟也。有专门之精,有兼览之博,各有其不可易,易则不能为良;各有其不相谋,谋则不能为益。然通之为名,盖取譬于道路,四冲①八达,无不可至,谓之通也。亦取其心之所识,虽有高下、偏全、大小、广狭之不同,而皆可以达于大道,故曰通也。然亦有不可四冲八达,不可达于大道,而亦不得不谓之通,是谓横通。横通之与通人,同而异,近而远,合而离。

[注释]

①冲:《说文解字·行部》:"冲,通道也。"

[译文]

"通人"这个称号,不可一概类比。有的是专门精深,有的是综览渊博,各自都有不可替代的方面,互相替代就不能产生好的结果;各自都有不相干涉的地方,互相干预便不会产生益处。通的取名,大概是以道路来比喻的,四通八达,什么地方都可以到,故称之为通。这就好比人心中的见识,虽然有高下、偏全、大小、广狭的不同,但都可以通向真理,因此叫作通。但也有不能四通八达的,不能通向真理的,却又不得不称之为通,这就是横通。横通与通人,似同而实异,似近而实远,似合而实离。

老贾善于贩书,旧家①富于藏书,好事勇②于刻书,皆博雅名流所与把臂入林③者也。礼失求野④,其闻见亦颇有可以补博雅名流所不及者,固君子之所必访也。然其人不过琴工碑匠,艺业之得接于文雅者耳。所接名流既多,习闻清言名论,而胸无智珠⑤,则道听涂说,根底之浅陋,亦不难窥。周学士长发⑥以此辈人谓之横通,其言奇而确也。故君子取其所长而略其所短,譬琴工碑匠之足以资用而已矣。无如学者陋于闻见,接横通之议论,已知疾雷之破山,遂使鱼目混珠,清流⑦无别。而其人亦遂嚣然⑧自命,不自知其通之出于横也。江湖挥麈⑨,别开琴工碑匠家风,君子所宜慎流别也。

[注释]

①旧家:即世家,指上代有功勋和社会地位的家族。②勇:踊跃。③把臂入林:与朋友一道手拉手归隐山林,表示交往亲密。④礼失求野:《汉书·艺文志》:"仲尼有言:礼失而求诸野。"颜师古注:"言都邑失礼,则于外野求之,亦将有获。"⑤智珠:谓智慧圆妙,明达事理。⑥周学士长发:周长发,字兰坡,浙江山阴(今浙江绍兴)人。雍正二年(1724)进士。曾任翰林院庶吉士、江西广昌知县、乐清教谕。乾隆元年(1736),召试博学鸿词,授检讨,累迁侍读学士,后因事降为侍讲。曾参与修纂《纲目》《皇朝文类》,校勘《辽史》《续文献通考》《词林典故》诸书。著有《赐书堂集》。⑦清流:指负有时望、不肯与权贵同流合污的士大夫,此指博雅名流。⑧嚣然:轻狂、浮躁的样子。⑨挥麈:晋人清谈时,常挥动麈尾以为谈助。后因称谈论为挥麈。麈,一种鹿类动物。

[译文]

资深书商善于贩书,世家大族富于藏书,好事之人争着刻书,这些都是学识渊博的名流所密切交往的人。当上层社会抛弃传统礼乐文化以后,只能到郊野民间去寻找礼乐文化了,他们的见闻多可弥补博学名流的欠缺,因此也是君子所必须访寻的人物。不过,这些人多为有机会与文雅之士交往的琴师、刻碑匠一类人。他们接触的名流多了,经常能听到一些清高不凡的言论,但因为胸中没有明达事理的圆妙智慧,那么道听途说,根底的浅陋,也就不难窥见了。周长发学士把这种人称作横通,这话真是奇妙而准确。所以君子采用他们的长处而抛弃他们的短处,譬如琴师、刻碑匠足以供你使用就可以了。无奈有的学者见闻浅陋,听到横通的议论,就像迅雷炸开了山头,从而使得鱼目混珠,与博雅名流没有区别。而那人也便轻狂地自命不凡,连自己也不知道他的通是出于旁道。江湖上到处讲学说道,别开一种琴师、刻碑匠似的家风,君子应当谨慎考察其渊源流别。

徐生善礼容①,制氏识铿锵②,汉廷讨论礼乐,虽宿儒耆学,有不如徐生、制氏者矣。议礼乐者,岂可不与相接?然石渠天禄之议论,非徐生、制氏所得参也。此亦礼乐之横通者也。

[注释]

①礼容:容貌威仪之礼。②制氏识铿锵:《汉书·礼乐志》:"汉兴,乐家有制氏,以雅乐声律,世世在太乐官。但能纪其铿锵鼓舞,而不能言其义。"

[译文]

徐生精通容貌威仪之礼,制氏善识雅乐声律,汉代朝廷讨论礼乐,即使是年高博学之士,也有不如徐生、制氏的地方。讨论礼乐的人,怎么可以不与他们来往呢?但石渠阁、天禄阁中讨论、校理儒家经典,却不是徐生、制氏能参加的。这也是礼乐方面可称为横通的人。

横通之人可少乎？不可少也。用其所通之横以佐君子之纵也，君子亦不没其所资之横也。则如徐生之礼容，制氏之铿锵，为补于礼乐，岂少也哉？无如彼不自知其横也，君子亦不察识其横也。是礼有玉帛，而织妇琢工可参高堂①之座；乐有钟鼓，而熔金制革可议河间之记②也。故君子不可以不知流别，而横通不可以强附清流，斯无恶矣。

[注释]

①高堂：指高堂生，西汉礼学最早的传授者。②河间之记：《汉书·艺文志》："武帝时，河间献王好儒，与毛生等共采《周官》及诸子言乐事者，以作《乐记》。"

[译文]

横通之人可以少吗？不可以。用他所熟悉的横通来辅助君子的纵通，君子也不必掩饰从横通那儿获得的借鉴。就像徐生通晓的礼制仪容，制氏熟知的雅乐声律，对礼乐的益处难道少吗？无奈他自己不知道这是出于横通，君子也没察觉到他的横通。这么一来，等于说礼制中有玉帛二物，织帛的妇女和雕琢玉器的工匠也可以登上高堂生的座位来讨论《仪礼》了；乐舞中有钟鼓二器，制作钟鼓的工匠也可以评议河间献王的《乐记》了。所以君子不能不知道渊源流别，而横通也不可以强附于渊博的名流，这样就没有什么害处了。

评妇女之诗文，则多假借①；作横通之序跋，则多称许。一则怜其色，一则资其用也。设如试院之糊名易书②，俾略知臭味之人，详晰辨之，有不可欺者矣。虽然，妇女之诗文，不过风云月露，其陋易见；横通之序跋，则称许学术。一言为智为不智③，君子于斯宜有慎焉。

[注释]

①假借：宽容。②糊名：古代科举考试时，为防止考官作弊将考生姓名密封。易书：为防止考官认出笔迹由专门人员誊录试卷。③一言为智为不智：《论语·子张》："君子一言以为知，一言以为不知，言不可不慎也。"

[译文]

评论妇女的诗文，则多有宽容；为横通作序跋，则多有称许。一是因为爱怜她们的美色，一是因为要借助于他们。假如像科举考试一样密封姓名、重新誊录试卷，即使叫略知文墨的人去详细辨别，也有骗不过人的地方。虽然如此，妇女的诗文，不过写些风云月露之类的东西，其浅陋是显而易见的；为横通所作的序跋，则称许他们的学术。一句话可以表现人的明智与不明智，君子对此应当很谨慎。

横通之人，无不好名。好名者，陋于知意者也。其所依附，必非第一流也。有如师旷①之聪，辨别通于鬼神，斯恶之矣。故君子之交于横通也，不尽其欢，不竭其忠；为有试之誉②，留不尽之辞，则亦足以相处矣。

[注释]

①师旷：春秋时晋国乐师，目盲，辨音能力强。②有试之誉：《论语·卫灵公》："吾之于人也，谁毁谁誉？如有所誉者，其有所试矣。"

[译文]

被称作横通的人，没有不好名的。好名的人，一般都是见识很浅的人。他们所依附的人，一定不是第一流的学者。如有师旷那样的听觉、有鬼神相助般是非辨别力的人，会很厌恶那种人的。所以君子与横通之人交往，不必完全讨他们的欢心，也不要竭尽完全的忠诚；只要说有根据的称赞，说话留有一点余地，如此也足以和他们友好相处了。

史　德

[题解]

唐代史家刘知幾曾提出史家三长"史才""史学""史实",章学诚在此又提出了"史德"这个概念,本篇即主要阐述"史德"的蕴意,所谓"慎辨于天人之际,尽其天而不益以人",这就要求史家秉持客观态度,如实反映历史面貌,秉笔直书,使主观符合于客观。梁启超即以史德冠诸"史才""史学""史实"三长之首,而目之为史家四长。

本篇选自《文史通义新编新注》内篇五,成于乾隆五十六年(1791)。

才、学、识三者得一不易,而兼三尤难,千古多文人而少良史,职是故也。昔者刘氏子玄①,盖以是说谓足尽其理矣。虽然,史所贵者义也,而所具者事也,所凭者文也。孟子曰:"其事则齐桓、晋文,其文则史②,义则夫子自谓窃取之矣。"非识无以断其义,非才无以善其文,非学无以练其事,三者固各有所近也,其中固有似之而非者也。记诵以为学也,辞采以为才也,击断以为识也,非良史之才、学、识也。虽刘氏之所谓才、学、识,犹未足尽其理也。夫刘氏以谓有学无识,如愚估操金,不解贸化。推此说以证刘氏之指,不过欲于记诵之间,知所决择,以成文理耳。故曰:古人史取成家,退处士而进奸雄,排死节而饰主阙，亦曰一家之道然也③。此犹文士之识，非史识也。能具史识者，必知史德。德者何？谓著书者之心术也。夫秽史者所以自秽，谤书者所以自谤，素行为人所羞，文辞何足取重！魏收④之矫诬，沈约⑤之阴恶，读其书者先不信其人，其患未至于甚也。所患夫心术者，谓其有君子之心而所养未底于粹也。夫有君子之心，而所养未粹，大贤以下所不能免也。此而犹患于心术，自非夫子之《春秋》不足当也。以此责人，不亦难乎？是亦不然也。盖欲为良史者，当慎辨于天人之际，尽其天而不益以人也。尽其天而不益以人，虽未能至，苟允知之，亦足以称著述者之心术矣。而文史之儒，竞言才、学、识而不知辨心术以议史德，乌乎可哉？

[注释]

①刘氏子玄：即刘知幾（661—721），字子玄，唐代史学家，其撰著的《史通》一书，是中国第一部史学理论专著。②其文则史：史官会集众辞以成词谊。文，会。史，史官。见刘建民《孟子离娄"其文则史"考辨》（《北京师范大学学报》2010年第1期）：此话不甚通，如将"文"释为"文本"就通顺了。③"古人史取成家"四句：此处章学诚所引，出自《史通·忤时》。④魏收（506—572）：字伯起，北齐史学家，传世史著《魏书》。⑤沈约（441—513）：字休文，南朝史学家，传世史著《宋书》。

[译文]

才、学、识三者，具备其一已属不易，如想兼备三者则尤为困难。千古以来，文人辈出而良史少见，原因就在于此。过去，刘知幾认为史家三长的说法已经很完备了。虽然，史书所贵者为史义，但它所记载的是史事，所赖以传世的是史文。孟子说："《春秋》所记载的事情无非如齐桓公、晋文公之类，所参用的文本材料均是各国史官所写，但书中所寄寓的大义则由孔子裁断。"缺乏史识便无法判断史义，缺乏史才便无法增益文采，缺乏史学素养便无法简练地表达史事，三者固然有相近之处，亦有似是实非之处。以记诵为史学，以文采为史才，以决断为史识，这些不是合乎良史标准的史才、史学、史识。因此刘知幾提出的"才学识"一说，尚不能尽善尽美。刘知幾认为有史学的积累而无史识的裁断，如同愚蠢的商人手握黄金而不懂以之经营生利。以此来推论刘氏之意，不过是想在记诵之间，知道如何选择判断而成条理罢了。因此刘知幾说：古人修史讲究自成一家，如《史记》降低隐士的地位而抬高奸雄的作用，如《汉书》贬低忠臣而掩饰君主的过错，这是讲究一家之言的缘故。但这仍旧是文士之见识，并非史家之史识。具备史识的人，必须明了史德。何谓史德？史德系指著书者的心术。撰写秽史的人自污其身，撰写谤书的人自取其辱。如果平素的品行为人所耻，他们的文章又哪里值得人们重视呢！魏收喜好欺诈诬谤，沈约暗中作恶事，读他们的书先已不信其为人，所以这类书造成的危害尚不至于很严重。应当忧虑的是作者的心术之境界，指的是有君子之心，但修养尚未臻纯粹的境界。有君子之心而修养未臻纯粹的境界，这是圣贤以下的人所不能避免的。在此仍要为心术而忧虑，若非孔子的《春秋》，哪部著作能达到这种境界呢！用这种标准来要求人，不是太严苛了吗？其实也未必。若想成为良史，就应当审慎地分辨天道与人道，尽量尊重客观史实而不要掺杂个人的主观成分。如果能尽力反映客观真实而不感情用事，即使未能完全达到期望的效果，如果确实知晓且这么去做了，那也足以体现著述者的心术了。但一般懂文史的文人学士争相称道才、学、识，而不知道通过慎辨心术来讨论史德，如此怎么可以呢？

夫是尧、舜而非桀、纣，人皆能言矣；崇王道而斥霸功，又儒者之习故矣。至于善善而恶恶，褒正而嫉邪，凡欲托文辞以不朽者，莫不有是心也。然而心术不可不虑者，则以天与人参，其端甚微,非是区区之明所可恃也。夫史所载者事也,事必藉文而传,故良史莫不工文,而不知文又患于为事役也。盖事不能无得失是非,一有得失是非,则出入予夺相奋摩①矣,奋摩不已而气积焉。事不能无盛衰消息,一有盛衰消息,则往复凭吊生流连矣,流连不已而情深焉。凡文不足以动人,所以动人者气也;凡文不足以入人,所以入人者情也。气积而文昌,情深而文挚;气昌而情挚,天下之至文也。然而其中有天有人,不可不辨也。气得阳刚而情合阴柔,人丽②阴阳之间,不能离焉者也。气合于理,天也;气能违理以自用③,人也。情本于性,天也;情能汩④性以自恣,人也。史之义出于天,而史之文不能不藉人力以成之。人有阴阳之患,而史文即忤于大道之公,其所感召者微也。夫文非气不立,而气贵于平。人之气,燕居⑤莫不平也,因事生感,而气失则宕,气失则激,气失则骄,毗⑥于阳矣。文非情不深,而情贵于正。人之情,虚置无不正也,因事生感,而情失则流,情失则溺,情失则偏,毗于阴矣。阴阳伏沴⑦之患,乘于血气而入于心知,其中默运潜移,似公而实逞于私,似天而实蔽于人,发为文辞,至于害义而违道,其人犹不自知也。故曰心术不可不慎也。

[注释]

①奋摩:纠结。②丽:附着。③自用:自以为是,不接受别人的意见。④汩:扰乱。⑤燕居:闲居,日常在家。⑥毗:败坏,损坏。⑦沴(lì):气不和。

[译文]

称赞尧、舜,批评桀、纣,这种评判性的话人人会说;尊崇王道而贬斥霸功,又是儒士所熟悉的伎俩。至于颂扬善良而憎恨丑恶,褒赞正义而痛恨邪恶,凡是想借著书立说以求永垂不朽的人,都会有这种愿望。然而心术不得不慎重考虑的缘故,是因为天道与人道交集，其端绪细微难察，不是一般人所谓的区区明辨之力可以依靠的。史书所记载的是史事，史事必须依托文辞而流传，所以良史无不擅长文辞，但却不知文辞容易受到史事的支配。因为事情不可能没有是非得失，而一有是非得失，那么取舍定夺之间，思想便会很纠结，思想纠结不已，烦恼就会郁积。事情也不可能没有盛衰消长，而一有盛衰消长，那么往复凭吊感慨便会产生流连之意，流连不已则情感也随之加深。大凡文章本身并不足以打动人，能打动人的，是作者的文气；文章本身也并不足以感染人，能感染人的，是作者的情感。文气盈满则文辞繁茂，情感深沉则文辞真挚；文气昌盛而情感真挚，那就是天下最完美的文章了。然而其中有天道有人为，不可不作分辨。文气得自阳刚而情感合于阴柔，人附着于阴阳之间，不能与之分离。文气若与天理相符，就是天道；文气若违背天理而自以为是，就是人为。情感出于人性，是天道；情感也能扰乱人性而随心所欲，亦是人为。史书的史义出于天道，而史书的文辞却不能不借人力来完成。写文章的人对阴阳关系处理存有担忧，史文就会违逆大道的公正，它的感召力就很有限了。文章没有文气则不成，而文气贵在平和。人的气，闲居时没有不平和的，遇事就会生出感慨，气失去平和则会陷入跌宕、过激、骄恣的状况，阳气受损。文章没有情感就不会深深打动人，而情感贵在平正。人的情感，空放时没有不平正的，遇事就会生出感慨，而情感失去平正则蹈于游移、沉溺、偏颇的境地，阴气受损。这种阴阳不和的隐患，伴随血气浸入内心，在心中潜移默化，貌似公允而实际显现为私心，似乎符合天道而实际蒙蔽于人的主观，写成文字，就会损害文义，违背大道，而本人尚且不能觉察。所以说心术不可不慎辨。

夫气胜而情偏，犹曰动于天而参于人也。才艺之士，则又溺于文辞以为观美之具焉，而不知其不可也。史之赖于文也，犹衣之需乎采，食之需乎味也。采之不能无华朴，味之不能无浓淡，势也。华朴争而不能无邪色，浓淡争而不能无奇味。邪色害目，奇味爽①口，起于华朴浓淡之争也。文辞有工拙，而族史②方且以是为竞焉，是舍本而逐末矣。以此为文，未有见其至者；以此为史，岂可与闻古人大体③乎？

[注释]

①爽：败坏。②族史：整齐而成的史书，此指唐以后官修正史。族，聚合，集中。③大体：有关大局的重要道理。

[译文]

文气过盛，情感就会偏颇，犹如改变了客观自然而夹杂着主观因素。文学创作之士又往往沉溺于文辞，将其当作好看的工具，却不知道这样做是不行的。史书依赖于文采，就如衣饰需要色彩，饮食需要味道。色彩不能没有华丽、质朴之分，味道不能没有浓重、清淡之别，这是必然规律。华丽与质朴相争，便会出现怪异的色彩；浓重与清淡相争，便会产生畸异的味道。怪异的色彩伤害眼睛，奇异的味道败坏味觉，这都是导因于华丽与质朴、浓重与清淡的相争。文辞有工巧与拙朴，而那些集史尚且以此为追求的目标，这是在舍本逐末呀。如此撰文，不会产生至善至美的文章；如此修史，怎么可能领悟古人修史的大局之理呢？

韩氏愈曰："仁义之人，其言蔼如。"仁者情之普，义者气之遂也。程子尝谓有《关雎》《麟趾》之意，而后可以行《周官》之法度。吾则以谓通六艺比兴之旨而后可以讲春王正月之书①。盖言心术贵于养也。史迁百三十篇，《报任安书》所谓"究天地之际，通古今之变，成一家之言"，自序以谓"绍名世，正《易传》，本《诗》《书》《礼》《乐》之际"，其本旨也。所云"发愤著书"，不过叙述穷愁而假以为辞耳。后人泥于发愤之说，遂谓百三十篇皆为怨诽所激发，王允②亦斥其言为谤书。于是后世论文，以史迁为讥谤之能事，以微文③为史职之大权，或从羡慕而仿效为之。是直以乱臣贼子之居心，而妄附《春秋》之笔削，不亦悖乎！今观迁所著书，如《封禅》之惑于鬼神，《平准》之算及商贩，孝武之秕政也。后世观于相如④之文，桓宽⑤之论，何尝待史迁而后著哉？《游侠》《货殖》诸篇不能无所感慨，贤者好奇，亦洵有之。余皆经纬古今，折衷六艺，何尝敢于讪上哉？朱子尝言《离骚》不甚怨君，后人附会有过。吾则以谓史迁未敢谤主，读者之心自不平耳。夫以一身坎轲，怨谤及于君父，且欲以是邀千古之名，此乃愚不安分，名教中之罪人，天理所诛，又何著述之可传乎？夫《骚》与《史》，千古之至文也。其文之所以至者，皆抗怀⑥于三代之英而经纬乎天人之际者也。所遇皆穷，固不能无感慨。而不学无识者流，且谓诽君谤主不妨尊为文辞之宗焉，大义何由得明，心术何由得正乎？夫子曰："《诗》可以兴。"说者以谓兴起好善恶恶之心也。好善恶恶之心，惧其似之而非，故贵平日有所养也。《骚》与《史》，皆深于《诗》者也，言婉多风⑦，皆不背于名教⑧，而梏于文者不辨也。故曰必通六义比兴之旨，而后可以讲春王正月之书。

[注释]

①春王正月之书：系指《春秋》。②王允（137—192）：字子师，东汉献帝时任司徒，与吕布合谋诛灭董卓。③微文：隐约讽刺之文。④相如：即司马相如（约前179—前118），字长卿，蜀郡成都（今属四川）人，西汉著名赋家。⑤桓宽：字次公，西汉汝南（治今河南上蔡西南）人，撰有《盐铁论》十卷。⑥抗怀：坚守高尚的情怀。抗，通"亢"，高尚。⑦风：通"讽"，讽谏。⑧名教：以正名定分为中心的封建礼教。

[译文]

韩愈说："仁爱正义的人，其言语多和蔼温婉。"仁爱是情感的扩展，正义是气的实现。程颢曾经说过具备了《关雎》《麟趾》篇中的意境，然后可以施行《周礼》记载的规章制度。我认为通晓了六义比、兴的要旨，才可以谈论春王正月义例的史书（指《春秋》）。总之，讲求心术，贵在修养。司马迁《史记》一百三十篇，其《报任安书》所说的"探究天道与人事之间的关系，通晓古今变化的规律，著成一家之说"，《太史公自序》所谓的"继承清明之世，订正《易传》，本着《诗》《书》《礼》《乐》旨意"，这是《史记》的原始宗旨。司马迁所说的发愤著书，不过是借着叙述穷困忧愁而表达自己思想罢了。后人拘泥于发愤之说，认为《史记》一百三十篇都是怨恨毁谤所激发的，王允也指斥它为谤书。于是后世人评论文章，认为司马迁的《史记》极尽讥谤之能事，把隐约讥讽当作史官的主要职权，或者有人由于羡慕进而仿效。这简直是用乱臣贼子之心妄自比附《春秋》笔削的手法，不是太悖谬了吗！现在看看司马迁所写的《史记》，如《封禅书》所载武帝对鬼神的迷惑，《平准书》所载武帝为赋税算计商贩，这是汉武帝政治的流弊。后人看一下司马相如的文章、桓宽的《盐铁论》即可得到证明，何曾要等到《史记》之后才彰显于世呢？《游侠列传》《货殖列传》等篇有一些个人感慨，贤者感到好奇，这也是确实存在的现象。其余的都是纵横古今，根据六经来折中的，哪里敢讥谤当今皇帝呢？朱熹曾说《离骚》对楚国国君不甚怨恨，后人附会得过头了。我却认为司马迁也不敢诽谤君主，那是读者自己心中不平的缘故。若因为一生的坎坷遭遇，便怨恨诽谤到君父身上，而且还想用它获取千古功名，这真是愚蠢而又不安本分，是名教中的罪人，天理不容，又有什么著作可以流传后世的呢？《离骚》与《史记》，都是千古以来最完美的文章。其文章之所以能达到最高境界，因为作者都是以三代精英之士高尚情怀自相期许且以经天纬地为己任的人。由于他们的遭遇都很困窘，因此不得不有所感慨。而不学无术且缺乏见识的人，尚且说讥刺君主毁谤皇上并不妨碍尊奉他们为文章之宗师，果真如此，大义怎么能够彰明，心术怎么能够持正呢？孔子说："《诗经》可以感发人的情志。"解说《诗经》的人认为是激发人们爱好善良憎恨邪恶的心志。爱好善良憎恨邪恶的心志，就怕似是而非，因此贵在平常要有所修养。《离骚》与《史记》，都深得《诗经》的精髓，言辞委婉而多讽喻，均不违背名教，而拘泥于文辞的人却分辨不清。所以说一定要通晓六义中的比、兴之意，然后才可以谈论史书。

史 释

[题解]

史书由史官记载和保存,其目的在于"皆守掌故而以法存先王之道也"。所以全篇文章都在阐述掌故的重要性。章氏认为《周礼》中府史的史与内史、外史、太史、小史、御史的史在实质上没有什么区别,其作用都在于"守掌故而以法存先王之道"。虽然后世治教分途,道法分离,但"法显而易守,书吏所存之掌故,实国家之制度所存,亦即尧、舜以来因革损益之实迹"。欲"学为实事而文非空言","则必求当代典章以切于人伦日用,必求官司掌故而通于经术精微"。"不知当代而言好古,不通掌故而言经术",若此,学问虽然精湛,亦无甚实用价值。

本篇选自《文史通义新编新注》内篇五,作于乾隆五十四年(1789)。

或问《周官》府史①之史,与内史、外史、太史、小史、御史之史②,有异义乎?曰:无异义也。府史之史,庶人在官供书役者,今之所谓书吏是也。五史则卿、大夫、士为之,所掌图书、纪载、命令、法式之事,今之所谓内阁六科、翰林中书之属是也。官役之分,高下之隔,流别之判,如霄壤③矣。然而无异义者,则皆守掌故而以法存先王之道也。

[注释]

①府史：《周礼》六官之属吏皆有府、史。府，管理钱财出纳。史，掌管文书。②内史、外史、太史、小史、御史之史：《周礼·春官宗伯》所提出的五史，系由后人构想。黄云眉《略论〈周礼〉五史与〈礼记〉左右史》中对此作了详尽的考订。③霄壤：天和地，天地之间。

[译文]

有人问《周礼》中府史之史，与内史、外史、太史、小史、御史之史，有不同的含义吗？我的回答是：没有不同的意思。府史之史是在官府中担任文书差事的布衣百姓，也就是今天所谓的书吏。其他五史则由卿、大夫、士担任，掌管图书、记录、命令、法律制度等事，如同现今的内阁六科、翰林中书之类的官职。官与吏的不同，高低的相隔，流品的区分，如天壤之别。说它们性质没有什么不同，那是因为它们都主管典章制度，而通过法令制度保存先王的治国大道。

史守掌故①而不知择，犹府守库藏而不知计也。先王以谓太宰②制国用，司会质岁之成③，皆有调剂盈虚、均平秩序之义，非有道德贤能之选不能任也，故任之以卿、士、大夫之重。若夫守库藏者，出纳不敢自专，庶人在官足以供使而不乏矣。然而卿、士、大夫，讨论国计，得其远大，若问库藏之纤悉，必曰府也。五史之于文字，犹太宰司会之于财货也。典、谟、训、诰④，曾氏以谓"唐、虞、三代之盛，载笔而纪，亦皆圣人之徒"，其见可谓卓矣。五史以卿、士、大夫之选，推论精微；史则守其文诰、图籍、章程、故事，而不敢自专；然而问掌故之委折，必曰史也。

[注释]

①掌故：旧例、旧制，史实，即历史档案。②太宰：《周礼》中为天官

之长,辅佐天子,总管全国政务。③司会质岁之成:司会把一年的统计文书报请天子评断。④典、谟、训、诰:此处代指《尚书》。

[译文]

担任史职的史官保管历史档案而不知道选择,犹如府吏守护财库而不知道计算。先王认为太宰制定国家预算,司会评断全年的统计文书,都有调节盈亏、平衡秩序的意义,若不是德才兼备的人,无法胜任,所以任用卿、士、大夫这种有声誉的人来担当。至于守护财库的府吏,支出收入是不敢擅自做主的,官府中任职的布衣百姓,足以供给差遣且不乏其人。然而卿、士、大夫,讨论国事,往往从长远宏观之处着眼;若要问库藏货物方面的详细情况,必须去找府史。五史与文字的关系,犹如太宰、司会与钱财货物的关系。典、谟、训、诰,曾巩认为是"唐尧、虞舜与夏、商、周三代兴盛之世的文章,执笔的也都是圣贤一类的人",他的见识可谓卓越。五史选用卿、士、大夫来担任,推导论述精深微妙之义;府史则主管文告、图书典籍、规程条例、典章制度,而不敢擅自做主;然而若问及详细周到的历史档案,必须去找府史。

夫子曰:"民可使由之①,不可使知之。"先王道法,非有二也;卿、士、大夫能论其道,而府史仅守其法。人之知识有可使能与不可使能尔,非府史所守之外,别有先王之道也。夫子曰:"俎豆②之事,则尝闻之矣。"曾子乃曰:"君子所贵乎道者三,笾豆之事,则有司③存。"非曾子之言异于夫子也,夫子推其道,曾子恐人泥其法也。子贡曰:"文武之道未坠于地,在人。夫子焉不学,亦何常师之有?""入太庙,每事问。"则有司、贱役、巫祝、百工,皆夫子之所师矣。问礼问官④,岂非学于掌故者哉?故道不可以空诠,文不可以空著。三代以前未尝以道名教,而道无不存者,无空理也;三代以前未尝以文为著作,而文为后世不可及者，无空言也。盖自官师治教分，而文字始有私门之著述，于是文章学问，乃与官司掌故为分途，而立教者可得离法而言道体⑤矣。《易》曰："苟非其人，道不虚行。"学者崇奉六经，以谓圣人立言以垂教。不知三代盛时，各守专官之掌故，而非圣人有意作为文章也。

[注释]

①由之：用之，是指顺道而行，这里则是指按统治者的意志办事，叫干什么干什么。郭店楚简《尊德义》"民可使道之，而不可使知之"与此相近。②俎豆：祭祀、宴客用的器具。此借指礼仪中的具体细节。③有司：主管其事的官吏。④问礼：孔子向老子问礼。问官：孔子向郯子学习官制。⑤道体：道的本体，道的主旨。

[译文]

孔子说："让百姓依照规定去做，但不可让他们知道那是为什么。"先王的大道法则并无不同，卿、士、大夫能论述大道，而府史只能遵守其法则。人的学问与见识不同，造成他们对大道的理解的透彻与不透彻，并非府史之外，另有一种先王之道。孔子说："俎豆这类礼仪小事，我曾经听到过。"曾参却说："君子关于道的修养应在三方面予以注重，至于礼仪方面的细节，自有司职人员。"并非曾子的话与孔子的话有本质差异，孔子推求先王之道，曾子则恐后人拘泥于具体之法。子贡说："文王、武王的大道没有掉在地上，还存留在人们当中。孔夫子何处不可学习，要什么固定的老师呢？""孔子到了太庙，事必躬问。"于是，司职官吏、卑贱的差役、巫祝及各种工匠，都成了孔子所求教的对象。向老聃讨教礼仪，向郯子学习官制，难道不是在学习传统典章制度吗？因此，大道不可以凭空诠释，文章不可以凭空著述。夏、商、周三代以前，先王之道未曾用道来命名教化，但道却无所不在，因为不存在空洞的道理；三代以前，未曾将文章当作著作，但其文章却为后代所不及，因为不存在空洞的言论。自从官员与教师、政事与教化分离之后，文字开始有了私家的著述，于是文章学问便与官府的历史档案分途，履行教化者也可离开具体法理而谈论道的精义。《周易》载："如果没有适当的圣贤之人，人间正道也不会自己凭空实行起来。"学者崇奉六经，认为这是圣人通过创立学说来垂训后世。不知道三代兴盛之时，有专门的官员各自负责朝廷掌故，而并非圣人有意创立文章。

《传》①曰："礼，时②为大。"又曰："书同③文。"盖言贵时王之制度也。学者但诵先圣遗言而不达时王之制度，是以文为鞶帨缔绣之玩④，而学为斗奇射覆⑤之资，不复计其实用也。故道隐而难知，士大夫之学问文章，未必足备国家之用也；法显而易守，书吏所存之掌故，实国家之制度所存，亦即尧、舜以来因革损益之实迹也。故无志于学则已，君子苟有志于学，则必求当代典章以切于人伦日用，必求官司掌故而通于经术精微，则学为实事而文非空言，所谓有体必有用也。不知当代而言好古，不通掌故而言经术，则鞶帨之文，射覆之学，虽极精能，其无当于实用也审矣。

[注释]

①《传》：指《礼记》。汉代《礼记》不在五经之列，后人认为它是解释礼经《仪礼》的书，故又称其为《传》。②时：现在的、当前的。③同：统一。④文为鞶（pán）帨（shuì）缔（chī）绣之玩：鞶帨本为外饰，又从而绣之，这里指当时解经的章句华多实少。鞶，盛佩巾的小囊。帨，古代妇女的佩巾。缔绣，绣有彩纹的细葛布。⑤射覆：古代一种游戏，猜测覆盖着的东西。

[译文]

《礼记》载："礼法，以合乎时宜为最高准则。"又载："书写的文字应统一规格。"意为重视当代君王颁行的制度。学者只诵读先贤留下的著作，而不通晓当代的制度，这是将文章当作佩巾彩绣之类的玩物，把学问当作斗奇争异的游戏，不再考虑其实用效用。所以大道隐微而难知，士大夫的学问文章，无法充分为朝廷所用；法令显见且易于掌握，书吏所保存的历史档案，实系国家制度之传存，也就是尧舜以来历代沿革损益的实际痕迹。所以若无心学问则罢，君子若有志学问，则一定要探求当代的典章制度以切合日常社会人伦；一定要探求官府的历史档案，进而通晓经学所蕴涵的精微之义；如此学问便是实事求是之学，而文章亦非空洞的说教，所谓有体有用。不了解当代而仰慕古代，不精通历史档案而谈论经学，那么佩巾彩绣一般的文章，游戏斗奇一类的学问，即使极尽精巧之能事，其不切实用也确凿无疑了。

孟子曰："力能举百钧而不足举一羽；明足察秋毫①之末，而不见舆薪。"难其所易而易其所难，谓失权度之宜也。学者昧今而博古，荒掌故而通经术，是能胜《周官》卿士之所难而不知求府史之所易也。故舍器而求道，舍今而求古，舍人伦日用而求学问精微，皆不知府史之史通于五史之义者也。

[注释]

①秋毫：指秋天鸟兽身上新长的细毛，后用来比喻最细微的事物。

[译文]

孟子说："有人膂力足以举起三千斤，却举不起一根羽毛；目力能够明察秋毫，却看不见眼前的一车柴火。"容易之事反为艰难，困难之事反为容易，这说的是权衡事物的尺度严重偏失。学者对当代之事糊涂，但对古代之事却十分精通，不懂历史但通晓经术，这是说能胜任《周礼》中卿士所能胜任的艰难之事，而不能把握好府史所能担任的容易之事。所以，舍弃具体的事物而探求抽象的道理，舍弃当代而探求古代，舍弃日常社会人伦而探求精细隐微的学问，这都是不明白府史的史与五史的史本义相通的缘故。

"以吏为师"，三代之旧法也。秦人之悖于古者，禁《诗》《书》而仅以法律为师耳。三代盛时，天下之学无不以吏为师。《周官》三百六十①，天人之学备矣。其守官举职而不坠天工②者，皆天下之师资也。东周以还，君师政教不合于一，于是人之学术不尽出于官司之典守。秦人以吏为师，始复古制。而人乃狃于所习，转以秦人为非耳。秦之悖于古者多矣，犹有合于古者，"以吏为师"也。

[注释]

①《周官》三百六十：六官，官各六十，则合有三百六十官。②天工：天的职能。古人以为帝王效法天象而建立职官，代天行其职事。

[译文]

"以官吏为师法的对象"，这是夏、商、周三代的旧法。秦朝有悖于古人的地方，就是禁止《诗》《书》的流传而仅以法律为依据。三代兴盛之时，天下人的学习无一不是以官吏为效仿对象的。《周礼》记载了三百六十个官职，关于天道人事的学问非常完备。恪守官职而不违背天意的人，都是天下人学习的对象。东周以来，君主与老师、政事与教化不再合为一体，于是世间的学术不再完全出自官府。秦朝以官吏为效仿的对象，开始恢复古代的制度，但人们囿于当时的见惯，反以为秦人不对。秦朝违背古人的地方很多，但仍然有与古代相合之处，那就是"以官吏为师法的对象"。

孔子曰："生乎今之世，反①古之道，灾及其身者也。"李斯请禁《诗》《书》，以谓"儒者是古而非今"。其言若相近而其意乃大悖，后之君子不可不察也。夫三王不袭礼，五帝不沿乐。不知礼时为大而动言好古，必非真知古制者也。是不守法之乱民也，故夫子恶之。若夫殷因夏礼，百世可知，损益②虽曰随时，未有薄尧、舜而诋斥禹、汤、文、武、周公而可以为治者。李斯请禁《诗》《书》,君子以谓愚之首也。后世之去唐、虞、三代,则更远矣。要其一朝典制,可以垂奕世③而致一时之治平者,未有不于古先圣王之道得其仿佛④者也。故当代典章,官司掌故,未有不可通于《诗》《书》六艺之所垂。而学者昧于知时,动矜博古,譬如考西陵⑤之蚕桑,讲神农之树艺,以谓可御饥寒而不须衣食也。

[注释]

①反:同"返",回复。②损益:兴革。③奕世:一代接一代。④仿佛:梗概,大略。⑤西陵:系指黄帝之妻嫘祖。

[译文]

孔子说:"生活在当今之世,却要恢复古代的治国之道,灾祸就会降临到这种人身上。"李斯请求禁止《诗》《书》,是因为"儒生称赞古代而非难当代",其言论同孔子似乎相近,但其用意却大相径庭,后世君子不可不明察。三王各不袭用前代的礼制,五帝各不沿用前代的乐章。不知道礼制以合乎时宜为准则而动辄仰慕古代,必定不是真正通晓古代典制的人。这是不守法的乱民,所以孔子憎恶这种人。至于殷代沿袭夏代的礼制,百代之后尚可知晓,沿革虽说要合乎时宜,但未曾有鄙薄尧、舜,诋毁指斥夏禹、商汤、周文王、周武王、周公而达成大治的人。李斯请求禁止《诗》《书》,君子认为这是最大的愚蠢。后世离陶唐氏、有虞氏及夏、商、周三代则更远了。总之,一朝的典章制度,可以代代流传而达到一时的政治太平,都是得到了古代先王治国大道的梗概精要。所以当代的典章制度、官府的历史档案,与《诗》《书》六经所流传下来的精义没有什么不相通的。学者们对当代一窍不通,动辄夸耀自己博通古代,就好比考辨嫘祖养蚕治丝,讲述神农种植庄稼,以为就可以抵御饥寒而不需要衣服粮食一般。

史　注

[题解]

　　史家为史籍作注，是有益史学的，同时也是嘉惠后学的益举，其著名者如裴松之《三国志注》，颜师古《汉书注》。本篇中章学诚对史注作了评价，他认为史学是"专门之学，必有法外传心"，史注即为"史学家法"之产物。他认为后代纪传史书日益浩繁的原因，主要是"史无注例，其势不得不日趋于繁富也"。他尤其提倡自注之法，认为自注中作者征引了大量文献，可用来"校正艺文著录之得失"，更重要的是通过自注可以看见作者"闻见之广狭，功力之疏密，心术之诚伪"，从而恢复古代质朴的学风。

　　本篇选自《文史通义新编新注》内篇五，约作于乾隆五十四年（1789）。

　　昔夫子之作《春秋》也，笔削①既具，复以微言大义②口授其徒。三传之作，因得各据闻见，推阐经蕴，于是《春秋》以明。诸子百家，既著其说，亦有其徒相与守之，然后其说显于天下。至于史事，则古人以业世其家，学者就其家以传业。孔子问礼必于柱下史③。盖以域中三大④，非取备于一人之手，程功于翰墨之林者也⑤。史迁著百三十篇，《汉书》谓之《太史公》，《隋志》始曰《史记》。乃云："藏之名山，传之其人。"其后外孙杨恽⑥始布其书。班固《汉书》，自固卒后，一时学者未能通晓。马融乃伏阁

史　注　297

下从其女弟受业⑦,然后其学始显。夫马、班之书,今人见之悉矣,而当日传之必以其人,受读必有所自者,古人专门之学,必有法外传心,笔削之功所不及,则口授其徒而相与传习其业,以垂永久也。迁书自裴骃⑧为注,固书自应劭⑨作解,其后为之注者犹若干家,则皆阐其家学者也。

[注释]

①笔削:笔,记载。削,删除。②微言大义:指精微的语言中所隐含的深奥意义。③柱下史:指老聃,相传老子曾做过周朝的柱下史(管理藏书的史官)。因此后世以柱下史为老子或《道德经》的代称。④三大:指天、道、史。⑤程功:衡量功绩。翰墨:笔墨,指诗文。⑥杨恽(?—前54):西汉华阴(今属陕西)人,字子幼。宣帝时因告发霍氏谋反升任中郎将,封平通侯。后因罪被腰斩。⑦"班固《汉书》"四句:班固撰写《汉书》,其中八表与《天文志》尚未完稿就去世了。汉和帝便下令命班固之妹班昭进东观藏书阁继承兄业,终于完成了《汉书》。《汉书》问世后,学者多有不懂之处,于是马融入东观跟随班昭研读《汉书》。马融(79—166),东汉经学大师。字季长,右扶风茂陵(今陕西兴平东北)人。曾遍注群经,又兼注子书,其著作今已亡佚。阁,指东观藏书阁,在当时洛阳宫中。东观,为当时修史之地。⑧裴骃:南朝宋史家,字龙驹,河东闻喜(今属山西)人。骃采集经史百家、先儒旧说及徐广《史记音义》,撰成《史记集解》八十卷。⑨应劭:东汉汝南南顿(今河南项城市西)人,字仲远。献帝时官至泰山太守。劭博学多识,平生著作甚多,今尚存《汉官仪》《风俗通义》两书。

[译文]

过去孔夫子撰写《春秋》,修改写定之后,又以微言大义的形式口授给其弟子。左氏、公羊、穀梁三家为《春秋》作传,因为能够根据各自的所见所闻,阐发经文蕴涵的意义,由此《春秋》得以明白畅晓。诸子百家创建了自己的学说,也有各自的弟子共同来传习阐发,然后他们的学说才得以流传天下。至于历史记录,古人的史职是世代相承的,学习的人必须到他们家中去受业。(孔子学习礼制，一定要去请教柱下史老聃。）之所以将史学与天、道并称为宇宙间"三大"，是因为它们不是靠一个人能完善的，不是靠著述之林来衡量功绩的。司马迁撰写了一百三十篇的《史记》（《汉书》称之为《太史公书》，《隋书·经籍志》开始称《史记》），于是说："将《史记》藏进名山之中，传给后世能够理解并发扬光大的人。"后来，至司马迁的外孙杨恽才开始将此书传播开来。班固的《汉书》，自从班固去世之后，当时学者读不懂。于是马融就到东观藏书阁跟随班固的妹妹班昭学习《汉书》，然后《汉书》方才显扬天下。司马迁、班固的书，今天能见到的人多了，而当时是通过特定的人传授此书的，受业必定追随有师承的老师，这是因为古人父子、师徒相传的学问，必然有常规之外的独门理解可以传播，文字上无法表达的，就口头传授弟子，从而世代互相传习，以便永久流传。司马迁的《史记》自裴骃作注以后，班固的《汉书》自应劭作解以后，为二书作注的仍有若干家，都是为了阐发他们的家学。

魏、晋以来，著作纷纷，前无师承，后无从学。且其为文也，体既滥漫，绝无古人笔削谨严之义，旨复浅近，亦无古人隐微难喻之故，自可随其诣力孤行于世耳。至于史籍之掌，代有其人，而古学失传，史存具体，惟于文诰案牍之类次，月日记注之先后，不胜扰扰，而文亦繁芜复沓，尽失迁、固之旧也。是岂尽作者才力之不逮，抑史无注例，其势不得不日趋于繁富也？古人一书而传者数家，后代数人而共成一书。夫传者广，则简尽微显之法存；作者多，则牴牾复沓之弊出。循流而日忘其源，古学如何得复，而史策何从得简乎？是以《唐书》倍《汉》，《宋史》倍《唐》，检阅者不胜其劳，传习之业安得不亡？

[译文]

魏晋以来，著作纷繁复杂，前无师承渊源，后无弟子传习。而且撰者作文，体例紊乱，绝无古人严谨笔削的原则；主旨也非常浅显，也没有古人那种隐微难喻的内容，各以其造诣传世。至于史书的修撰，每个朝代都有专人负责，但是古代史学的史法已经失传，只保留了枝节的东西，唯独存有对诏敕文告、公函案卷的分类排比，及月日记事的先后的记载之法，纷繁不堪，而文字也繁芜冗沓，完全失去了司马迁、班固留下的传统。这难道全是因为作者的才力比不上他们，抑或史书没有注释成例，以致其发展态势不得不趋向繁富？古人的一部书，传授者有数家，后代则合数人之力，共同撰成一部书。传授的人广，那么《春秋》简略与详尽、隐微与显露的笔法就能保存下来；作者多，则会产生彼此矛盾、重复拖沓的弊病。循流却逐渐迷失源头，古代的史学传统如何能够恢复，史书何以能够精简呢？《唐书》的卷帙是《汉书》的一倍，《宋史》又是《唐书》的一倍，翻阅者不胜其烦，所对应的传授学习事业怎能不消亡呢？

夫同闻而异述者，见崎而分道也；源正而流别者，历久而失真也。九师之《易》①，四氏之《诗》②，师儒林立，传授已不胜其纷纷。士生三古③而后，能自得于古人，勒成一家之作，方且徬徨乎两间，孤立无徒，而欲抱此区区之学，待发挥于子长之外孙，孟坚之女弟，必不得之数也。太史叙例之作，其自注之权舆④乎？明述作之本旨，见去取之从来，已似恐后人不知其所云而特笔以标之。所谓"不离古文⑤"乃"考信六艺"云云者，皆百三十篇之宗旨，或殿卷末，或冠篇端，未尝不反覆自明也。班《书》年表十篇与《地理》《艺文》二志皆自注，则又大纲细目之规矩也。其陈、范二史，尚有松之、章怀⑥为之注。至席惠明注《秦记》⑦，刘孝标⑧注《世说新语》，则杂史支流犹有子注⑨，是六朝史学家法未亡之一验也。自后史权既散，详《三变》

篇。纪传浩繁，惟徐氏《五代史注》⑩，亦已简略，尚存饩羊⑪于一线。而唐、宋诸家，则茫乎其不知涯涘焉。宋范冲修《神宗实录》⑫，别为《考异》⑬五卷以发明其义，是知后无可代之人而自为之解，当与《通鉴举要》⑭《考异》之属，同为近代之良法也。

[注释]

①九师之《易》：刘向《别录》载：西汉淮南王刘安曾聘请九位精于《易》学的经师讲授《易经》，又采集他们的学说编纂成书，称为《淮南九师书》，或称《淮南九师道训》。②四氏之《诗》：指《齐诗》《鲁诗》《韩诗》《毛诗》四家所传《诗经》。③三古：上古、中古、下古的合称。上古指伏羲之时，中古指周文王之时，下古指孔子之时。④权舆：草木萌芽的状态，引申为起初，开始。⑤不离古文：见《史记·五帝本纪赞》。古文，指《五帝德》《帝系姓》二书，为《大戴礼记》与《孔子家语》中的篇名。⑥章怀：即章怀太子李贤（654—684），字明允，唐高宗第六子。上元二年（675）立为皇太子，后被废为庶人。武则天临朝，逼令自杀。⑦席惠明注《秦记》：《秦记》十一卷，南朝裴景仁撰。席惠明，南朝梁史学家，为《秦记》作注，已亡佚。⑧刘孝标（462—521）：名峻，字孝标，南朝梁平原（今山东平原西南）人，有《世说新语注》传世。⑨子注：古书正文中的夹行小注。⑩徐氏《五代史注》：欧阳修撰《五代史记》，徐无党为之作注。⑪饩（xì）羊：古代祭告太庙用的羊。饩，用来祭祀而尚未宰杀的牲口。⑫范冲（1067—1141）：字元长，成都华阳（今四川成都市）人。范祖禹之子。官至翰林侍读学士。宋高宗时奉敕重修《神宗实录》及《哲宗实录》。《神宗实录》：前后修撰过四次，第四次为范冲等修撰，二百卷，成书于绍兴六年（1136）。⑬《考异》：范冲重修《神宗实录》时，为了表明取舍的依据，另外撰写了《神宗实录考异》一书。⑭《通鉴举要》：又名《通鉴举要历》，宋司马光撰，八十卷。司马光撰成《资治通鉴》后，认为原书卷帙浩繁，难得要领，于是又编撰了《通鉴举要》。

[译文]

见闻相同而表述不同，是见解不同而分道扬镳；源头正直而分流相别，是历时久远而失去了真貌。《易》有九师之说，《诗》有四家之学，经师林立，各家传授已纷乱不堪。生于三古之后的儒生，能学得古人学术的精要，撰成一家之说者，尚且徘徊不定，孤独而没有同道，想要抱着区区之学，期待有如司马迁的外孙、班固的妹妹般的继承者来发扬传播，注定会落空。司马迁撰写《太史公自序》，大概就是自注的起源吧？《自序》阐明撰述的本意，交代作者取舍的依据，似乎就在担心后人不明白他所要传达的意旨，因而特地标明。他所说的"不离古文"及"考信六艺"等，都是《史记》一百三十篇的宗旨，有的置于卷末，有的冠于篇首，未尝不是在反复地自我阐明。班固《汉书》中的十篇年表与《地理》《艺文》二志都有自注，则又立下了大纲与细目的规矩。陈寿与范晔所撰的两部史书，尚有裴松之与章怀太子为之作注。到席惠明注《秦记》，刘孝标注《世说新语》，杂史一类的著作仍然有子注，这是六朝史学家法尚未消亡之验证。自此以后，修史之权被分散（详见《三变》篇），纪传体史书卷帙浩繁，仅有徐无党著过《五代史注》，却也已经比较简略了，但仍如饩羊一般尚存有一线生机。而唐、宋其他各家，则茫然不知边际。宋代范冲修撰《神宗实录》，另外又撰写了《神宗实录考异》五卷来阐发《实录》的义例，这是他知道后代没有可以代笔的人而自己为之注解，此应当与《通鉴举要》及《通鉴考异》之类，一同视为近代修史的楷则。

刘氏《史通》，画补注之例为三条，其所谓小书人物之《三辅决录》[①]《华阳士女》[②]，与所谓史臣自刊之《洛阳伽蓝》[③]《关东风俗》[④]者，虽名为二品，实则一例，皆近世议史诸家之不可不亟复者也。惟所谓思广异闻之松之《三国》、刘昭[⑤]《后汉》一条，则史家之旧法，与《索隐》《正义》之流大同而小异者也。

[注释]

①《三辅决录》：东汉赵岐撰，七卷。该书记汉代三辅（西汉时于京畿之地所设京兆尹、左冯翊、右扶风的合称）地区的人物事迹，已亡佚。②《华阳士女》：即《华阳国志》。晋常璩撰，十二卷。记载远古至东晋间巴蜀的史事。③《洛阳伽蓝》：即《洛阳伽蓝记》，北魏杨衒之撰，五卷。记载京城洛阳伽蓝（梵语，指佛寺）四十余年兴衰之变，兼叙当时的政治、人物、风俗、地理、掌故传闻。原书有子注，今本子注已与正文混同。④《关东风俗》：即《关东风俗传》，北齐宋孝王撰。⑤刘昭：南朝梁人，字宣卿，祖籍平原高唐（今山东禹城市西南）。曾任临川王萧宏的记室，撰有《后汉书注》，原书绝大部分已亡佚，仅有八篇志保留在今本《后汉书》中。

[译文]

刘知幾《史通》将补注的体例划分为三条，其所谓属于"史传小书、人物杂记"的《三辅决录》《华阳国志》，与所谓史臣亲自修订的《洛阳伽蓝记》《关东风俗传》，虽然名义上分为两类，实际上却为同一体例，都是近代史学评论家们不可不亟待恢复的。只有他所谓的属于"想扩充异闻"的裴松之《三国志注》、刘昭《后汉书注》这一条，则是史家的旧法，与《史记索隐》《史记正义》之类的史注大同小异。

夫文史之籍，日以繁滋，一编刊定，则征材所取之书，不数十年，尝失亡其十之五六，宋、元修史之成规可覆按焉。使自注之例得行，则因援引所及而得存先世藏书之大概，因以校正艺文著录之得失，是亦史法之一助也。且人心日漓①，风气日变，缺文之义②不闻，而附会之习且愈出而愈工焉。在官修书，惟冀塞责；私门著述，苟饰浮名。或剽窃成书，或因陋就简，使其术稍黠，皆可愚一时之耳目，而著作之道益衰。诚得自注以标所去取，则闻见之广狭，功力之疏密，心术之诚伪，灼然可见于开卷之顷，而风气可以渐复于质古，是又为益之尤大者也。然则考之往代，家法既如彼；揆之后世，系重又如此。夫翰墨省于前而功效多于旧，孰有加于自注也哉？

[注释]

①漓：薄，指风俗不淳厚。②缺文之义：指古代良史阙文存疑的严谨风范。

[译文]

文史方面的典籍，日益繁多。一部史书编定后，其所征引取材的书籍，数十年间常常会亡佚十分之五六，从宋、元两朝修史的成例可得验证。若使自注的体例得以推行，就会通过征引所及的书目而得以保存前代藏书的大致情况，用之来校正史书艺文志著录典籍的得失，这也是有益修史之法的一大补充。况且人心日益不古，世风日下，存疑不书的古义不曾听说，而附会的陋习却越来越工巧了。官府修史，只求完成任务；私家著述，随意粉饰虚美。有的是剽窃成书，有的则因陋就简，假使其手法稍微狡黠一点，都可蒙蔽住时人的耳目，从而著述之法愈加衰落。如果能用自注来标明取舍，那么作者见闻的广博与狭窄，功力的稀疏与缜密，心术的淳朴与虚伪，在开卷之际便灼然可见，而质朴的古风也可以逐渐恢复，这又是好处尤其大的。然而考察前代，史学家法既如上所述；揆之后世，关系又如此重大。文字比前人简省而功效却多于过去，还有比自注更好的方法吗？

传　记

[题解]

本篇论述传记文体的产生、发展和演变,自明代嘉靖以来,有种观点认为作传是史家的专职,不任史职者则不能为他人作传,文中考察了传体的历史演变,并对这种观点作了有理有据的批判,认为:"辨职之言,尤为不明事理。如通行传记,尽人可为,自无论经师与史官矣。"章学诚指出:"盖包举一生而为之传,《史》《汉》列传体也;随举一事而为之传,《左氏》传经体也。"另外,章氏对其在修撰《湖北通志》时有关修志义例方面所遭受的攻击,也进行了有力的辩驳。

本篇选自《文史通义新编新注》内篇五,作年无考。

　　传记之书,其流已久,盖与六艺先后杂出。古人文无定体,经史亦无分科。《春秋》三家之传,各记所闻,依经起义,虽谓之记可也。经《礼》二戴之记①,各传其说,附经而行,虽谓之传可也。其后支分派别,至于近代,始以录人物者区为之传,叙事迹者区为之记。盖亦以集部繁兴,人自生其分别,不知其然而然,遂若天经地义之不可移易。此类甚多,学者生于后世,苟无伤于义理,从众可也。然如虞预《妒记》②,《襄阳耆旧记》③之类,叙人何尝不称记?《龟策》《西域》诸传,述事何尝不称传?

大抵为典为经，皆是有德有位纲纪人伦之所制作，今之六艺是也。夫子有德无位，则述而不作，故《论语》《孝经》皆为传而非经，而《易·系》亦止称为《大传》。其后悉列为经，诸儒尊夫子之文而使之有以别于后儒之传记尔。

[注释]

①《礼》二戴之记：指《大戴礼记》与《小戴礼记》。②虞预《妒记》：《隋书·经籍志·杂传类》载："《妒记》二卷，虞通之撰。"虞通之，南朝宋余姚人，官终散骑常侍，著有《晋书》《会稽典录》。文中所言《妒记》，出处不详。③《襄阳耆旧记》：晋习凿齿撰，五卷。记载襄阳人物及山川城邑，该书今已亡佚。

[译文]

传与记这两类书，其源流久远，大概与六经先后相间而出。古人文章没有固定的体例，经、史也不分家。《春秋》有左氏、穀梁、公羊三家传，各记所闻，依据经文诠释旨意，称它为记也是适宜的。礼经有大、小二戴《礼记》，各自传授学说，依附于经文而流传，把它称作传也是适宜的。后来产生各种分支流派，到了近代，开始把记载人物的区分为传，叙述事情的区分为记。大概也是因为集部著作兴旺繁盛起来了，人们自然要加以分门别类，具体为何要这么区分的理由谁也说不清，于是就被认为是天经地义不可变更的习惯。此类情况很多，对于后世学者来说，如果不妨害义理，则从众随俗亦可。然而像虞通之的《妒记》，《襄阳耆旧记》这类典籍，记叙人物何尝不称作记呢？《史记》的《龟策传》，《汉书》的《西域传》等史传，叙述事情何尝不称作传呢？大致上称为经和典的，都是有德行有地位者为树立纲纪人伦的楷则而撰著的，遗传至今的六经就是此类作品。孔夫子有德行而无爵位，因此述而不作，所以《论语》《孝经》，都是传而不是经，而《易·系辞》也只称为《大传》。后来全归入经书之列，只是儒生们尊崇孔夫子的文章，使它与后世儒生所作的传记有所区别罢了。

周末儒者，及于汉初，皆知著述之事，不可自命经纶，蹈于妄作；又自以立说当禀圣经以为宗主，遂以所见所闻各笔于书而为传记。若二《礼》诸记、《诗》《书》《易》《春秋》诸传是也。盖皆依经起义，其实各自为书，与后世笺注自不同也。后世专门学衰，集体日盛，叙人述事，各有散篇，亦取传记为名，附于古人传记专家之义尔。明自嘉靖而后，论文各分门户，其有好为高论者，辄言传乃史职，身非史官，岂可为人作传？世之无定识而强解事者，群焉和之，以谓于古未之前闻。夫后世文字，于古无有而相率而为之者，集部纷纷，大率皆是。若传则本非史家所创，马、班以前，早有其文。孟子答苑囿汤、武之事，皆曰："于传有之。"彼时并未有纪传之史，岂史官之文乎！今必以为不居史职，不宜为传，试问传记有何分别？不为经师，又岂宜更为记耶？记无所嫌而传为厉禁，则是重史而轻经也！文章宗旨，著述体裁，称为例义①。今之作家，昧焉而不察者多矣，独于此等无可疑者，辄为无理之拘牵，殆如村俚巫妪妄说阴阳禁忌，愚民举措为难矣。明末之人，思而不学，其为瞽说②，可胜唾哉！今之论文章者，乃又学而不思，反袭其说以矜有识，是为古所愚也。

[注释]

①例义：即义例，著述的宗旨与体例。②瞽说：胡说。瞽，盲、瞎眼，引申为昏聩。

[译文]

东周末至西汉初的儒者，都明晓著述之事，不敢自负为经纶天下之才，而陷入妄自写作的境地；又认为立说应当宗奉儒家经典，于是各以所见所闻，载入书中而作为传记。如大小二戴《礼记》及《诗》《书》《易》《春秋》等传。这类著作都是依据经文创立旨意，其实各自别为一书，与后代的笺注自不相同。后代专门之学衰落，集体著述日益兴盛，记载人物叙述事情，各成散篇，也采用传、记作为篇名，这是附会古人传记隶属专门之学范畴的做法。明代自嘉靖以后，评论文章各分门户，其中有好发高见的人，便说作传是史官的职责，自己不是史官，怎可为他人写传？世间缺乏主见而强行辩解的人，群起附和，认为这是自古未闻的事情。后世的一些文章，古代不曾出现而后世却相继产生，诸如纷繁芜杂的集部著作，大致都是这类作品。至于传体原本并非史家所独创，司马迁、班固之前，早有这种文章了。（孟子回答弟子询问关于园囿和商汤、周武王的事情，都说："在传记当中有记载。"当时并没有纪传体的史书，难道是史官的文章吗？）如今以为不担任史官的职务，就不适合作传，试问传与记有何分别？不是经师，难道又适合作记吗？记没有什么禁忌而传则严加限制，则是重史轻经的表现！文章的宗旨，著述的体裁，称为义例。现在的作者，对此茫然无知而不加察辨的人很多，唯独对这些毫无疑义的事情，却做些无理的纠缠，简直如同乡村的巫婆胡说阴阳禁忌，令无知的百姓感到手足无措。明朝末年的人，一味空想却不学习，其糊涂言论，可唾弃者不胜枚举！现今评论文章的人，却是一味学习而不思考，反而沿袭他们的谬论来自夸见多识广，这是受了古人的愚惑。

辨职之言，尤为不明事理。如通行传记，尽人可为，自无论经师与史官矣。必拘拘于正史列传而始可为传，则虽身居史职，苟非专撰一史，又岂可别自为私传耶？若但为应人之请，便与撰传，无以异于世人所撰。惟他人不居是官，例不得为，己居其官，即可为之，一似官府文书之须印信者然。是将以史官为胥吏，而以应人之传为倚官府而舞文之具也，说尤不可通矣。道听之徒，乃谓此言出大兴朱先生①，不知此乃明末之矫论，持门户以攻王、李②者也。

[注释]

①大兴：县名，在北京城西南。朱先生：指朱筠（1729—1781），字美叔，曾预修《四库全书》。章学诚早年曾从朱筠学文，故称朱先生而不名。②王、李：此处系指王世贞（1526—1590）与李攀龙（1514—1570），二人皆为明末文坛领袖，与谢榛、宗臣、梁有誉、徐中孚、吴国伦等，并称"后七子"，主张文必秦汉，诗必盛唐，倡导文学复古。

[译文]

关于辨析职能的言论，尤其不明事理。如通行的传记，人人都可以写，自不必讲究是否经师或史官。一定要拘泥于正史列传才可称为传，即使身居史官之职，如果不是专门撰写某一史书，又怎可另外撰写私传呢？若只是为了应他人之请，便替人作传，就无异于常人所作的传。只是常人不在史官的位置上，照例不得作传，自己身居史职，便可为人作传，这简直就像官府的文书必须盖公章那样。这是把史官当作官府之吏员，把应他人之请而做传当作依靠官府来舞文弄墨的工具，这种说法尤其不合理。道听途说的人，竟说此言出于大兴朱筠先生，不知道这是明末之人的虚妄之说，是出于门派之见用来攻击王世贞、李攀龙的。

朱先生尝言："见生之人，不当作传。"自是正理。但观于古人，则不尽然。按《三国志》庞淯母赵娥为父报仇杀人，注引皇甫①《烈女传》云："故黄门侍郎安定梁宽为其作传。"是生存之人，古人未尝不为立传。李翱②撰《杨烈妇传》，彼时杨尚生存，恐古人似此者不乏。盖包举一生而为之传，《史》《汉》列传体也；随举一事而为之传，《左氏》传经体也。朱先生言，乃专指列传一体尔。

[注释]

①皇甫：系指皇甫谧（215—282），字士安，晋朝那县（今宁夏固原东南）人，著有《帝王世纪》《烈女传》《高士传》《逸士传》等。《烈女传》，六卷，今已亡佚。②李翱（772—836）：字习之，唐陇西成纪（今甘肃静宁西南）人，师从韩愈，古文运动的重要人物之一。

[译文]

朱先生曾经说："活着的人，不应该为其作传。"自然是正理。但观照古人，则并非全都如此。考察《三国志》所载庞淯的母亲赵娥为报父仇而杀人，裴松之《三国志注》引皇甫谧《烈女传》说："已故黄门侍郎安定人梁宽为她作了传。"可见，对健在的人，古人也未尝不为之立传。李翱撰写《杨烈妇传》，当时杨氏也还活着。恐怕古人中类似这种情况的并不少见。总括一生而为之立传，这是《史记》《汉书》列传的体例；随意选取一件事情而为之作传，这是《左氏春秋》作传的体例。朱先生的话，是专指正史列传这一体例而言的。

邵念鲁与家太詹①，尝辨古人之撰私传，曰："子独不闻邓禹之传，范氏固有本欤？"按此不特范氏，陈寿《三国志》，裴注引东京、魏、晋诸家私传相证明者，凡数十家。即见于隋、唐《经籍》《艺文志》者，如《东方朔传》《陆先生传》之类，亦不一而足，事固不待辨也。彼挟兔园之册②，但见昭明《文选》、唐宋八家③鲜入此体，遂谓天下之书不复可旁证尔。

[注释]

①邵念鲁：即邵廷采（1648—1711），字念鲁，浙江余姚人。著有《思复堂集》十卷。家太詹：指章大来，字太颢，山阴（今浙江绍兴）人，为毛奇龄门生。官至詹事府詹事，故称太詹，著有《后甲集》。家，称与自己同姓的人。②兔园之册：原指《兔园册府》，又称《兔园册》，三十卷（或云十卷）。唐杜嗣先奉蒋王李恽之命，仿应科目策，自设问对，引经史为注而编

成。因李恽为太宗之子,故以汉氏梁孝王兔园名其书。五代时此书流行民间,多作为村塾读本,后用以泛称浅近的书籍。③唐宋八家:即唐宋八大家,是唐宋时期八大散文代表作家的合称,即唐代的韩愈、柳宗元和宋代的欧阳修、苏轼、苏洵、苏辙、王安石、曾巩。

[译文]

邵廷采与本家章大来先生曾经讨论过古人撰写私传的问题,邵廷采说:"您难道没听说邓禹的传,范晔原本就有所依据吗?"考察此类情形也不只范氏是这样,陈寿的《三国志》,裴松之注中引用东汉、魏、晋诸家私传以互相证明的共有数十家。就是见于《隋书·经籍志》与《旧唐书·经籍志》《新唐书·艺文志》的,如《东方朔传》《陆先生传》之类的,也不一而足,这种事自然不须多辨。那些只熟读儿童启蒙读物的人,只见昭明太子的《文选》与唐宋八大家中很少收入这种文体,于是便认为天下的书中就再也找不到可以旁证的材料了。

往者聘撰《湖北通志》,因恃督府①深知,遂用别识心裁,勒为三家之学②。人物一门,全用正史列传之例,撰述为篇。而隋、唐以前,史传昭著,无可参互详略施笔削者,则但揭姓名,为《人物表》。说详本篇《序例》。其诸史本传,悉入《文征》以备案检。所谓三家之学,《文征》以拟《文选》。其于撰述义例,精而当矣。时有佥人③,穷于宦拙,求余荐入书局,无功冒餐给矣。值督府左迁④,小人涎利搆谗,群刺蜂起,当事惑之,檄委其人校正。余方恃其由余荐也,而不虞其背德反噬,昧其平昔所服膺者而作诪张⑤以罔上也。别有专篇《辨例》。乃曰:"《文征》例仿《文选》《文苑》,《文选》《文苑》本无传体。"因举《何蕃》《李赤》《毛颖》《宋清》诸传,出于游戏投赠,不可入正传也。上官乃亟赞其有学识也,而又阴主其说,匿不使余知也。噫!

《文苑英华》有传五卷，盖七百九十有二，至于七百九十有六，其中正传之体，公卿则有兵部尚书梁公李岘，节钺则有东川节度卢坦，皆李华撰传。文学如陈子昂，卢藏用撰传。节操如李绅，沈亚之撰传。贞烈如杨妇、李翱。窦女，杜牧。合于史家正传例者凡十余篇，而谓《文苑》无正传体，真丧心矣！

[注释]

①督府：指毕沅，当时任湖广总督。②三家之学：指纂修地方志的三条义例，即"仿纪传正史之体而作'志'，仿律令典例之体而作'掌故'，仿《文选》《文苑》之体而作'文征'"。详见《文史通义·外篇一·方志立三书议》。③佥人：小人。④左迁：降职。⑤诪（zhōu）张：欺诳。

[译文]

过去，我受聘主持《湖北通志》撰写，因仗着总督大人对我的深刻了解和信任，于是就别出心裁，把《通志》撰成三家之学。人物这一门类，全用正史列传的体例，各自撰写成篇。隋、唐以前的人物，史传上记载得非常清楚，没有什么新材料可以让我施展笔削才能，就只提出姓名列为《人物表》。（此说详见《人物表·序例》。）他们在正史中的本传，全部归入《文征》以备考察。（所谓三家之学，《文征》是模仿《文选》设立的。）这在撰述义例上，是精审而妥当的。当时有个小人，仕途潦倒，求我推荐进入著书局，不过是滥竽充数白吃干饭而已。恰逢总督降职离任，一些小人为个人私利而编造谣言，指责中伤蜂拥而起，当权者也受此迷惑，下文委任那个人进行校正。我正倚恃着他是我推荐的人，而没料到他忘恩负义反咬一口，抛弃平素所信仰的理念而弄些胡说八道的东西来蒙骗上司。（此事另见于专篇《湖北通志辨例》。）竟然说："《文征》的体例是模仿《文选》《文苑英华》的，而《文选》《文苑英华》原本没有'传'这种体裁。"因此举出《何蕃传》《李赤传》《毛颖传》《宋清传》，等等，认为这些传都出于游戏投赠，不可归入正传之列。上司于是极力夸赞他富有学识，同时在私下赞同他的说法，隐瞒起来不让我知道。怪哉！《文苑英华》有传五卷，从七百九十二卷到七百九十六卷，其中属于正传之体的，公卿大臣有兵部尚书梁公李岘，方镇将帅有剑南东川节度使卢坦（都是李华写的传），文学有陈子昂（卢藏用作传），节操有李绅（沈亚之作传），烈女有妇人杨氏（李翱撰写）、窦氏女（杜牧撰写），符合史家正传体例的共有十余篇，而此人却说《文苑英华》中没有正传之体，真是违心之论！

宋人编辑《文苑》，类例固有未尽，然非金人所能知也。即传体之所采，盖有排丽如碑志者，庾信《邱乃敦崇传》①之类。自述非正体者，《陆文学自传》②之类。立言有寄托者，《王承福传》之类。藉名存讽刺者，《宋清传》之类。投赠类序引者，《强居士传》之类。俳谐为游戏者，《毛颖传》之类。亦次于诸正传中；不如李汉集韩氏文，以《何蕃传》入杂著，以《毛颖传》入杂文，义例乃皎然矣。

[注释]

①庾信《邱乃敦崇传》：见《文苑英华》卷七九二。庾信（513—581），字子山，南阳新野（今属河南）人。历仕梁、西魏、北周，官至骠骑大将军、开府仪同三司。梁代，与徐陵皆为当时宫廷文学的代表，时称"徐庾体"。②《陆文学自传》：陆羽撰，见《文苑英华》卷七九三。陆羽（733—约804），字鸿渐，复州竟陵（今湖北天门）人。幼孤，为僧人收养。德宗时曾拜太子文学。陆羽以嗜茶出名，著《茶经》三卷，为我国最早的论茶专著。

[译文]

宋朝人编辑《文苑英华》，在分类体例上固然还有不尽完善的地方，但这不是这位小人所能理解的。如书中所选录的传体，有的铺排骈丽如同碑刻墓志（如庾信的《邱乃敦崇传》之类），有的是作者记述自己，不属于正统的传体（如《陆文学自传》之类），有的文章含有作者的寄托（如《王承福传》之类），有的假托此名而意在讽刺（如《宋清传》之类），有的赠文作序引（如《强居士传》之类），有的诙谐滑稽实为游戏（如《毛颖传》之类），也都编次在那些正传之中；不像韩愈弟子李汉纂集韩愈文章，将《何蕃传》归入杂著，将《毛颖传》列入杂文，如此义例便清晰明白了。

文　集

[题解]

此篇对文集的源流、优劣作了细致的讨论。章氏认为文集产生于汉魏之世，但"文集之名，实仿于晋代"，而目录学上集部分类的确立则更晚。由于文集内容庞杂，"难定专门"，所以后世著录颇为混乱，论著、传记混入集部者甚多。故作者感叹"三集既兴，九流必混"，并进一步指出"著录既无源流，作者标题，遂无定法"，因此史部地理、经部小学、子部释家都有以"集"命名的；而在"百家杂艺之末流"中，甚至出现"本非集类而纷纷称集"的混乱状况。

本篇选自《文史通义新编新注》内篇六，作于乾隆五十四年（1789）。

集之兴也，其当文章升降之交乎！古者朝有典谟①，官存法令，风诗采之间里，敷奏②登之庙堂，未有人自为书，家存一说者也。刘向校书，叙录诸子百家，皆云出于古者某官某氏之掌，是古无私门著述之征也。余详外篇。自治学分途，百家风起，周、秦诸子之学，不胜纷纷，识者已病道术之裂矣。然专门传家之业，未尝欲以文名。苟足显其业，而可以传授于其徒，诸子俱有学徒传授，《管》《晏》二子书多记其身后事，《庄子》亦记其将死之言，《韩非·存韩》篇之终以李斯驳议，皆非本人所撰。盖为其学者各据闻见而附益之尔。则其说亦遂止于是，而未尝有参差庞杂之文也。两汉文章渐富，为著作之始衰。然贾生奏议，编入《新书》，即《贾子书》。唐《集贤书目》始有《新书》之名。相如词赋，但记篇目，《艺文志》，《司马相如赋》二十九篇，次《屈原赋》二十五篇之后，而叙录总云，诗赋一百六家，一千三百一十八篇。盖各为一家言，与《离骚》等。皆成一家之言，与诸子未甚相远，初未尝有汇次诸体，裒③焉而为文集者也。自东京以降，迄乎建安、黄初之间，文章繁矣。然范、陈二史，《文苑传》始于《后汉书》。所次文士诸传，识其文笔④，皆云所著诗、赋、碑、箴⑤、颂、诔⑤若干篇，而不云文集若干卷，则文集之实已具，而文集之名犹未立也。《隋志》："别集之名，东京所创。"盖未深考。自挚虞创为《文章流别》，学者便之，于是别聚古人之作，标为"别集"。则文集之名，实仿⑥于晋代。陈寿定《诸葛亮集》二十四篇，本云《诸葛亮故事》，其篇目载《三国志》，亦子书之体。而《晋书·陈寿传》云，定《诸葛集》，寿于目录标题，亦称《诸葛氏集》，盖俗误云。而后世应酬牵率之作，决科⑦俳优之文，亦泛滥横裂，而争附别集之名，是诚刘《略》所不能收，班《志》所无可附。而所为之文，亦矜情饰貌，矛盾参差，非复专门名家⑧之语无旁出也。夫治学分而诸子出，公私之交也；言行殊而文集兴，诚伪之判也。势屡变则屡卑，文愈繁则愈乱。苟有好学深思之士，因文以求立言之质，因散而求会同之归，则三变而古学可兴。惜乎循流者忘源，而溺名者丧实，二缶⑨犹且以钟惑，况滔滔之靡有底极者耶⑩！

[注释]

①典谟：本为《尚书》中《尧典》《舜典》《大禹谟》《皋陶谟》等文的并称，后又用来指《尚书》。②敷奏：陈奏，向君上报告。③裒：聚集。④文笔：文指韵文，笔指散文。⑤箴：文体的一种，以告诫规劝为内容，大多用韵。颂：以颂扬为目的的诗文。诔：诔文，为叙述死者生平德行以悼念死者的一种文辞。⑥仿：通"昉"，开始。⑦决科：谓参加射策，决定科第。后指参

加科举考试。⑧名家：谓有专长而自成一家。⑨缶：古容量单位，等于十六斗，一说三十二斗。二缶为一钟。⑩滔滔：比喻言行或其他事物连续不断。底极：终极。

[译文]

　　文集的兴起，正值文章盛衰变化之际吧！古时候朝廷有典谟诰训，官府存有法令制度，《风》采自民间闾巷，奏章上呈给皇帝，未曾出现个人独自著书，各家自成学说现象。(刘向校书，为诸子百家撰写提要，都指明是出于古代某官某氏主管，这是古代没有私家著述的一个证明。其余详见外篇。)自从政治与学术分途，诸子百家风起云涌，周、秦诸子学说不胜纷扰，有识之士已指出治道与学术分裂的弊端。那些世代相传的专门学说，未曾想用文章来扬名。如果足以表现他的学说而可以传授给他的弟子（诸子都有弟子传授，《管子》《晏子》两部书多记他们身后的事情，《庄子》也记载了他临死的话，《韩非子·存韩》篇以李斯的驳议殿后，都不是本人所撰。大概是继承他们学说的弟子，各自根据自己的见闻而增添进去的），那么他的学说也只限于在弟子中流传，而未曾有那些参差抵牾、庞杂混乱的文章。两汉时期文章渐渐多了起来，这正是著作开始衰落的时候。然而贾谊的奏议，编入《新书》（即《贾子书》。唐代《集贤书目》上才开始有《新书》之名），司马相如的辞赋，只记篇目（《汉书·艺文志》载《司马相如赋》二十九篇，编排在《屈原赋》二十五篇之后，而《艺文志·诗赋略序》总称诗赋一百零六家，一千三百一十八篇。大概各自都被看作一家之言，与《离骚》等同），都自成一家之言，与诸子相去不是太远，原本未曾有汇纂各种文体，聚在一起而编为文集的。自从东汉之后，到建安、黄初之间，文章已经很繁盛了。但范晔、陈寿的两部史书（《文苑传》始于《后汉书》），所编纂的那些文人列传，记载他们的文章，都称所著诗、赋、碑、箴、颂、诔若干篇，而不称文集若干卷，可说文集的基本要素已经具备，而文集的名称尚未确立。(《隋书·经籍志》："别集之名，东汉创立。"大概没有深入考察。)自从挚虞首创《文章流别集》这种形式后，学者感到很方便，于是另外汇聚古人的作品，标为别集。由此可知，文集的名称实际上始于晋代。(陈寿编订《诸葛亮集》二十四篇，本来名为《诸葛亮故事》，其篇目载于《三国志·蜀书·诸葛亮传》，也是子书的体例。而《晋书·陈寿传》则定名为《诸葛集》，陈寿在目录标题上也称为《诸葛氏集》，大概是世俗误传。)而后世为应酬而草率撰著的作品，科举策问、戏谑逗笑的文辞，争相依附在别集类之下，如此都泛滥成灾，这诚然是刘歆的《七略》所不能收，班固的《汉书·艺文志》所不可附录的。而他们所作的文章，也矜夸修饰、矫揉造作，参差矛盾，不再像有专门传授而能自成一家者的言辞那样没有旁门左道的东西。政治与学术分离而产生了诸子百家，这是公私交替的表现；言辞与行动不一致而出现了文集，这是真诚与虚假有区分的开始。时代形势越变则越衰，文章越多就越乱。如果有好学深思的人，凭借文章来探求创立学说的实质，顺着分散来寻求汇集的途径，那么经历三次变革便可以复兴古学。可惜的是，沿着水流而行者忘记了它的源头，沉溺于名分者丢掉了它的内涵，对二缶与一钟的容量大小犹且感到疑惑，又何况面对那些连续不断、没有终极的问题呢！

昔者向、歆父子之条别，其《周官》之遗法乎！聚古今文字而别其家，合天下学术而守于官，非历代相传有定式，则西汉之末，无由直溯周、秦之源也。《艺文志》有录无书者，亦归其类，则刘向以前必有传授矣。且《七略》分家亦未有确据，当是刘氏失其传。班《志》而后，纷纷著录者，或合或离，不知宗要，其书既不尽传，则其部次之得失，叙录之善否，亦无从而悉考也。荀勖[①]

《中经》有四部,诗赋图赞②与汲冢之书③归丁部。王俭④《七志》,以诗赋为文翰志,而介于诸子、军书之间,则集部之渐日开,而尚未居然列专目也。至阮孝绪⑤撰《七录》,惟技术、佛、道分三类,而经典、纪传、子兵、文集之四录,已全为唐人经、史、子、集之权舆⑥,是集部著录实仿于萧梁。而古学源流,至此为一变,亦其时势为之也。呜呼!著作衰而有文集,典故穷而有类书。学者贪于简阅之易而不知实学之衰;狃于易成之名而不知大道之散。江河日下,豪杰之士从狂澜既倒⑦之后,而欲障百川于东流,其不为举世所非笑而指目牵引⑧为言词,何可得耶?

[注释]

①荀勖(xù)(?—289):西晋目录学家、律学家。字公曾,颍阴(今河南许昌)人。初仕魏,入晋后为秘书监,官终尚书令。所撰《中经新簿》,分群书为甲、乙、丙、丁四部,大致相当于经、子、史、集四部。其书久佚,此据《隋书·经籍志序》。《晋书》有传。②图赞:文体的一种,写在画面或图页上的赞美诗文。③汲冢之书:晋武帝太康二年(281年。或作咸宁五年,即279年;或作太康元年),汲郡(治所在今河南卫辉市西南)人不準盗发魏襄王墓,得竹书数十车,皆为科斗文,世称为"汲冢书"。《逸周书》即为其中有名的一种。④王俭(452—489):南朝齐目录学家。字仲宝,琅邪临沂(今属山东)人。由宋入齐,曾任侍中、尚书令、国子祭酒等职。宋后废帝元徽时,曾撰《宋元徽四年四部书目》;又依刘歆《七略》体例撰《七志》,均失传。⑤阮孝绪(479—536):南朝梁陈留尉氏(今属河南)人,字士宗。隐居不仕。普通(520~527)中,撰《七录》一书,总结了前人目录学的成就。⑥权舆:起始。⑦狂澜既倒:比喻挽救事物于极危险的境地。狂澜,巨大而汹涌的波浪,比喻动荡不定的局势或猛烈的潮流。⑧指目:手指而目视,谓众所注视或从所指责。牵引:拉拉扯扯。

[译文]

过去,刘向、刘歆父子对群书分门别类,大概是《周礼》遗传下来的古法吧!汇集古今的文字作品,辨别它们的学术流派,汇合

文集 319

天下的学术，官府来统一掌管。如果不是历代相传有固定的方式，那么到西汉末年便无从追溯到周、秦的学术源头。（《汉书·艺文志》中有目录而无书的也将它们归了类，那么刘向以前一定是有传授的。但是《七略》对各家的分类也没有说明确凿的根据，当是从刘氏开始失传的。）班固《艺文志》之后纷纷著录的图书目录，分类或合或离，不知其宗旨与要义。既然那些书没有全部流传下来，那么它们分类编排的得失，著录的好坏，也无从详细考察了。荀勖《中经》有四部分类，诗赋、图赞与汲冢书归入丁部。王俭《七志》以诗赋为"文翰志"，介于诸子与兵书之间，那么可见集部的端绪越来越显著，但尚未明显到要标专门的类目。到阮孝绪撰《七录》，将术技、佛法、仙道分为三类，而"经典""纪传""子兵""文集"等四录，则已经完全成了唐人经、史、子、集四部分类的开始，可见集部的著录实际上开始于萧梁时代。而古代学术的源流，至此出现一次巨变，这也是那个时代的形势所造成的。呜呼！著作衰落因而有了文集，典故搜集陷入窘途便有了类书。学者只图检阅的便利，却不知实学在衰落；拘泥于容易成就的虚名，而不管儒家大道的离散。江河日下，巨大而汹涌的波浪已经使大坝坍塌，豪杰之士要想阻挡百川的东流，他们不为举世所非难讥笑，不被众人指指点点、拉拉扯扯而留下话柄，又怎么可能呢？

且名者，实之宾也；类者，例所起也。古人有专家之学而后有专门之书；有专门之书而后有专门之授受，郑樵盖尝云尔。即类求书，因流溯源，部次之法明，虽三坟五典，可坐而致也。自校雠失传而文集类书之学起，一编之中，先自不胜其庞杂，后之兴者，何从而窥古人之大体哉？夫《楚词》，屈原一家之书也；自《七录》初收于集部，《隋志》特表《楚词》类，因并总集别集为三类，遂为著录诸家之成法。充其义例，则相如之赋，苏、李之五言，枚生之《七发》，亦当别标一目，而为赋类、五言类、《七发》类矣。总集别集之称何足以配之？其源之滥，实始词赋不列专家而文人有别集也。《文心雕龙》，刘勰专门之书也。自《集贤书目》收为总集，《隋志》已然。《唐志》乃并《史通》《文章龟鉴》《史汉异义》①为一类，遂为郑《略》、马《考》②诸子之通规。《郑志》以《史通》入通史类，以《雕龙》入文集类。夫渔仲校雠，义例最精，犹舛误若此，则俗学之传习已久也。充其义例，则魏文《典论》，葛洪③《史钞》，张骘《文士传》④，《典论·论文篇》如《雕龙》，《史钞》如《史汉异义》，《文士传》如《文章龟鉴》，类皆相似。亦当混合而入总集矣，史部子部之目何得而分之？《典论》，子类也；《史钞》《文士传》，史类也。其例之混实由文集难定专门，而似者可乱真也。著录既无源流，作者标题，遂无定法。郎蔚之⑤《诸州图经集》，则史部地理而有集名矣；《隋志》所收。王方庆《宝章集》⑥，则经部小学而有集名矣；《唐志》所收。玄觉⑦《永嘉集》，则子部释家而有集名矣。《唐志》所收。百家杂艺之末流，识既庸暗，文复鄙俚，或钞撮古人，或自明小数，本非集类而纷纷称集者，何足胜道！虽曾氏《隆平集》，亦从流俗，当改为传志，乃为相称。然则三集既兴，九流必混，学术之迷，岂特黎丘有鬼，歧路亡羊而已耶？

[注释]

①《文章龟鉴》：唐倪宥撰，一卷，已佚。《史汉异义》：唐裴杰撰，三卷，已佚。②马《考》：指马端临的《文献通考·经籍考》。马端临（约1254—1323），宋元之际史学家。字贵与，饶州乐平（今属江西）人。宋朝宰相马廷鸾之子。元初任慈湖、柯山两书院山长。所著《文献通考》，三百四十八卷，历二十余年始成，为记述历代典章制度的重要著作。③葛洪（281—341）：东晋道教学者、医学家。字稚川，自号抱朴子，丹阳句容（今属江苏）人。东晋时曾任谘议参军，晚年辞官谢客，于罗浮山（在广东增城市东）精

研炼丹，追求神仙之术。著作有《抱朴子》《神仙传》等，又曾托名刘歆编纂《西京杂记》。④《文士传》：五十卷，记叙战国至南朝宋代文人雅士的事迹。其作者，或作"张隐"，或题作"张鹭"。据今人考证，此书实由晋代张隐、南齐张鹭二人先后编成。其书早佚，今人周勋初有辑本。⑤郎蔚之：隋代定州新乐（今属河北）人。文帝时曾为河北大使，炀帝时任左丞。所撰《隋诸州图经集》，一百卷，后亡佚。⑥王方庆（？—702）：名綝，以字行，雍州咸阳（今属陕西）人。历仕高宗、武后朝，官至同凤阁鸾台平章事（宰相）。方庆博学，尤精《三礼》，门人曾编有《杂礼问答》，今已佚。传世著作有《魏郑公谏录》。《宝章集》：十卷，王方庆撰。但据新、旧《唐书·王方庆传》，此书为崔融奉武后之命而编，编成后武后又赐给王方庆，以嘉奖方庆父子进献墨宝之举。⑦玄觉（665—713）：唐代僧人，字道明，永嘉（今属浙江）人。居温州龙兴寺，精《华严经》。有《永嘉集》行世，十卷，为唐庆州刺史魏靖编次。

[译文]

况且，名称是服从于内容的，类别是依据体例而确定的。古人有世代传习的学问，然后才有自成一家的著作；有自成一家的著作，然后才有专门的传授学习（郑樵曾经这样说过），根据门类来探求书的内容，沿着水流来追溯源头，分类编排的方法明确了，即使是远古时代的三坟五典，也可以毫不费力地找到它们。自从校雠学失传而文集、类书兴起之后，一编之中先已不胜庞杂，后世的人又怎能窥见古人著述的要义呢？《楚辞》是屈原一家之书，自从《七录》开始收归集部，《隋书·经籍志》特地标明《楚辞》类，因而与"总集""别集"并列为集部的三类，于是便成了诸家著录的固定法式。推衍它的义例，那么司马相如的赋，苏武、李陵的五言诗，枚乘的《七发》，也应当另外标明类目，称为赋类、五言类、《七发》类了。总集、别集的名称哪能完全与之匹配呢？源头的泛滥无边，实际上是从辞赋不列为专门一家而文人各有别集开始的。《文心雕龙》是刘勰自成一家的著作。自从《集贤书目》收入总集之后（《隋书·经籍志》已经如此），《新唐书·艺文志》便把它与《史通》《文章龟鉴》《史汉异义》合为一类，于是成了郑樵《通志·艺文略》、马端临《文献通考·经籍考》诸书著录的通则。（郑樵《通志》把《史通》归入通史类，把《文心雕龙》归入文集类。郑樵的校雠，义例最为精审，仍有这样的舛误，可见目录学约定俗成作法已经传习很久了。）推衍它的义例，那么魏文帝的《典论》，葛洪的《史钞》，张骘的《文士传》（《典论·论文篇》如《文心雕龙》，《史钞》如《史汉异义》，《文士传》如《文章龟鉴》，类别都很相似），也应当混合起来归入总集了。如此，史部、子部的类别怎么能够区分开呢？（《典论》，属于子类；《史钞》《文士传》，属于史类。）著录义例的混乱，实在是由于文集难以确定为专门的一类，而貌似者又可以乱真造成的。著录既然没有源流可寻，作者又标立书名，便没有切实固定的方法。郎蔚之的《诸州图经集》，本属于史部地理类著作而用了文集之名（为《隋书·经籍志》所收）；王方庆的《宝章集》，则为经部小学类著作而用了文集之名（为《新唐书·艺文志》所收）；玄觉的《永嘉集》，则为子部释家书而用了文集之名（为《新唐书·艺文志》所收）。百家杂说及各种技艺的末流之辈，见识既平庸肤浅，文辞又鄙陋粗俗，或者是摘抄古人的东西，或者是说明自己的一点雕虫小技，本不属于集部却纷纷争着以集来命名的著作，哪能一一列举呢！（即使是曾巩的《隆平集》，也顺从世俗以"集"来命名，应当改为传或志，才算相称。）但是集部的三类既已产生，各家学说必然混杂难辨，学术上的迷惑混乱，难道只是像黎丘有鬼、歧路亡羊那样简单吗？

答　问

[题解]

　　章学诚认为"文人之文与著述之文，不可同日语也"。著述"重其意"，"假文辞以达之而已"，因此不必担心与前人文辞雷同，不必对前人文辞有所窜改，窜改前人之文也不算过失。"文人之文"则不然，章氏认为后人对前人之文应当慎重对待。本篇着重批判了桐城派创始人方苞"删改唐宋大家"的做法。

　　本篇选自《文史通义新编新注》内篇六，作于清嘉庆元年（1796）。

　　或问：前人之文辞，可改窜为己作欤？答曰：何为而不可也！古者以文为公器，前人之辞如已尽，后人述而不必作也。赋诗断章①，不啻若自其口出也，重在所以为文辞，而不重文辞也。苟得其意之所以然，不必有所改窜，而前人文辞与己无异也。无其意而求合于文辞，则虽字句毫无所犯，而阴仿前人之所云，君子鄙之曰窃矣②。或曰：陈琳为曹洪报魏太子，讳言陈琳为辞。丁敬礼求曹子建润色其文，则曰后世谁知定吾文者。唐韩氏云："惟古于文必己出，降而不能乃剽窃。""古人必欲文辞自己擅也，岂曰重其意而已哉？"答曰：文人之文与著述之文，不可同日语也。著述必有立于文辞之先者，假文辞以达之而已。譬如庙堂行礼，必用锦绅③玉佩，彼行礼者不问绅佩之所成，著述之文是也。锦工玉工未尝习礼，惟藉制锦攻玉以称功，而冒他工所成为己制，则人皆以为窃矣，文人之文是也。故以文人之见解而议著述之文辞，如以锦工玉工议庙堂之礼典也。

[注释]

①赋诗断章：春秋时，常用吟诗来表达外交辞令，赋者与听者都各取所求，不顾本义，故称为断章。②君子鄙之曰窃矣：语出《日知录》卷一八《窃书》。意为"君子鄙视地称之为偷窃"。③绅：古代士大夫束在外衣腰间的大带子。

[译文]

有人问：前人的文辞可以稍加改动作为自己的话吗？我的回答是：有什么不可以呢！古代把文章作为大家共有的东西，前人的文辞如果已经很完美了，后人只需传述，不必重作。见面赋诗，断章取义，与从自己口中说出的没有太大差别，重在为什么说这些话，而不看重文辞本身。如果知道文辞意思为什么要这样表达，就不必作修改，借用前人的文辞与自己所写的也就没有什么不同。没有那种意思而刻意追求与他人文辞相合，那么即使字句上与前人丝毫不同，但别人仍是可以发觉其模仿痕迹的，君子鄙视地将此称为"剽窃"。有人说：陈琳代曹洪给魏文帝写信，曹洪信中不说陈琳代笔而说是自己所作。丁敬礼请求曹子建为他润色文章，说："后世谁知道为我删定文章的人呢？"唐代韩愈说："在古代，文辞一定是出于自己所作，后来学者不能自己创作便剽窃他人的。""古人写作坚持文辞为自己所特有，怎么说只是重视文意而已呢？"我的回答是：文人的文辞与著述的文辞不可同日而语。著述一定要在文辞之先就要有自己的主张，然后只是借用文辞来恰如其分地表达自己思想而已。譬如在庙堂里举行祭祀活动，一定要用锦带玉佩，如果行礼的人不问锦带玉佩是怎么制成的，就是著述类文章。织锦治玉的工匠从未学习过礼制，只凭制作的锦带、雕琢的玉器来衡量功绩；如果把别人制作的东西拿来说成是自己的作品，那么大家会公认是剽窃，文人的文辞就像这样。所以用文人的见解来讨论著述的文辞，就像织锦治玉的工匠议论庙堂里的礼仪制度一样可笑。

或曰：古人辞命，草创加以修润；后世诗文，亦有一字之师①。如所重在意，而辞非所计，譬如庙堂行礼，虽不计其绅佩，而绅佩敝裂不中制度，亦岂可行耶？答曰：此就文论文，别自为一道也。就文论文，先师有辞达②之训，曾子有鄙悖③之戒；圣门设科，文学④言语并存，说辞亦贵有善为者。古人文辞未尝不求工也，而非所论⑤于此疆彼界，争论文必已出以矜私耳。自魏、晋以还，论文亦自有专家矣。乐府改旧什之铿锵⑥，《文选》裁前人之篇什，并主声情色采，非同著述科也。《会昌制集》之序，郑亚削义山之腴；元和《月蚀》之歌，韩公擢⑦玉川之怪。或存原款以归其人，或改标题以入己集。虽论文末技，有精焉者，所得既深，亦不复较量于彼我字句之琐也。

[注释]

①后世诗文，亦有一字之师：陶岳《五代史补》卷三载，齐己携诗拜访郑谷，咏《早梅》云："前村深雪里，昨夜数枝开。"郑谷曰："数枝非早也，未若一枝。"齐己拜谷为一字师。②辞达：辞取达意而止，不以富丽为工。③鄙悖：浅陋背理。悖，仓修良本作"倍"。④文学：文章博学，或谓指古代文献。⑤而非所论：仓修良本"非"前有"特"字。⑥铿锵：形容乐器声音响亮，节奏分明，也用来形容诗词文曲声调响亮，节奏明快。铿锵是象声词，有响亮、激越、向上的含义。⑦擢：仓修良本作"摧"。

[译文]

有人说：古人的辞令草拟之后，还要修改润色。留传后世的诗文，有能改动其中一个字的就当得起老师的称号了。如果所重视的是文意而不是文辞，就好比在庙堂里举行礼仪活动，虽然不计较所用的锦带玉佩，但锦带玉佩破旧开裂，不合制度，又怎么行呢？我回答说：这是就文辞而论文辞，属另外范畴的一个问题。就文章讨论文章，先师孔子有"言辞只要达意即可"的教诲，曾子告诫人们所写言辞要远离鄙陋粗野；儒家设立学科，文学与言语两科并存，言辞也重视善于表达的人。古人对文辞未尝不追求精工，但不计较彼此的分界，不会争着文辞必须是自己所作，以此炫耀自己的才能。自魏晋以来，文学评论也有专家。乐府改变古辞的节奏，《文选》选录前人的诗文而有所裁断，都以声情色彩为准则，与著述不属于同一类。《会昌一品集》的序言由郑亚删削李商隐代撰的序文而成，唐元和时的《月蚀》诗是韩愈删削卢仝诗中的怪言冗语而来的。有的保存原来的题款而将题名归于其人，有的改换标题而收入自己的集中。虽然评论文章是细枝末节的事，但有的人擅长此道，深刻领悟以后，也就不再计较字句归属谁这类琐碎问题了。

或曰：昔者乐广善言而挚虞妙笔，乐谈挚不能对，挚笔乐不能复，人各有偏长矣。①然则有能言而不能文者，不妨藉人为操笔邪？答曰：潘岳亦为乐广撰让表矣②，必得广之辞旨而后次为名笔，史亦未尝不两称之。两汉以下，人少兼长，优学而或歉于辞，善文而或疏于记。以至学问之中，又有偏擅，文辞一道，又有专长。本可交助为功，而世多交讥互诋，是以大道终不可得而见也。文辞末也，苟去封畛而集专长，犹有卓然之不朽，而况由学问而进求古人之大体③乎？然而自古至今，无其人焉，是无可如何者也。

[注释]

①"昔者乐广善言"四句：语出《世说新语·文学》。②潘岳：字安仁，西晋荥阳中牟（今属河南）人，官至给事黄门侍郎，因谄事权贵贾谧，后为

赵王司马伦等所杀。乐广：字彦辅，南阳人，累迁侍中、河南尹、吏部尚书左仆射，官至尚书令，惠帝永兴元年（304）卒。让表：古代辞让官职的奏文。③大体：有关大局的重要道理。

[译文]

有人说：从前乐广善于言谈，而挚虞文章写得漂亮，乐广高谈阔论的时候，挚虞无法应对；而挚虞写了反驳文章以后，乐广又无法反击，可见人各有所长。那么有善于言谈而不善于撰文的人，不妨让他人为自己代笔可以吗？我的回答是：潘岳也曾为乐广撰写辞官的表文，这一定是在听了乐广的言辞与旨意后才撰成名篇的，有关史书对两人的合作都给予了称赞。两汉以后，很少有人能兼通两方面特长的，学问好的人在辞采表达方面或有欠缺，擅长文章辞采的人可能在知识记诵方面很粗疏。进而在学问上又只擅长某个方面，在文章写作中又只擅长某一类型。本来可以互相补益而成就功业，但世人大多互相讥讽诋毁，因此大道也就无法得见了。文辞是细枝末节，如果打破界限而汇集多方面的专长，就会有卓越不朽的成绩，更何况从学问入手进而探求古人的大道理呢？然而从古至今，没有这样的人，这也是没办法的事。

或曰：诚如子言，文章学问，可以互托。苟有黠者，本无所长，而谬为公义以滥竽其中，将何以辨之？答曰：千钧之鼎，两人举之，不能胜五百钧者，仆且蹶矣。李广入程不识之军，而旗旌壁垒为之一新，才智苟逊于程，一军乱矣。富人远出，不持一钱，有所需而称贷，人争与之，他人不能者，何也？惟富于钱而后可以贷人之钱也。故文学苟志于公，彼无实者不能冒也。

[译文]

有人说：假如果真像您说的那样，文章与学问可以互相依托。如果有个狡黠的人，本来没有什么专长，却假托文章为共有的规则，在其中滥竽充数，您以什么来辨别呢？我的回答是：千钧重的大鼎，两个力量不能胜任五百钧的人想把它举起来，就会被压得趴下来。李广进入程不识的军中，旌旗营垒因而气象一新。如果由才智比不上程不识的人统率，那整个军队就会乱套。富人出远门，不带一个钱，有需要时便借贷，人们争着借给他，别的人做却不能这样，这是为什么呢？只有家里有很多钱，然后才可以借到别人的钱。所以文章学问假如以公器为追求目标，那些没有真才实学的人是不能假冒的。

或曰：前人之文不能尽善，后人从而点窜以示法，亦可为之欤？答曰：难言之矣。著述改窜前人，其意别有所主，故无伤也；论文改窜前人，文心不同，亦如人面，未可以己所见，遽谓胜前人也。刘氏《史通》，著《点烦》之篇矣①。左、马以降，并有涂改，人或讥其知史不知文也。然刘氏有所为而为之，得失犹可互见。若夫专事论文，则宜慎矣。今古聪敏智慧，亦自难穷；今人所见，未必尽不如古。大约无心偶会，则收点金之功；有意更张，必多画墁②之诮。盖论文贵乎天机自呈，不欲人事为穿凿耳。

[注释]

①刘氏《史通》，著《点烦》之篇矣：《史通》卷一五有《点烦》篇。②画墁：指在新粉刷的墙壁上乱画，比喻劳而无用。

[译文]

有人说：前人的文章不可能尽善尽美，后人对此作些适当修订，以便给大家树立更好的范本，这样可以吧？我的回答是：一言难尽。在著述上，作者删改前人的东西，因有不同的宗旨，所以无伤大体；在诗文创作上，如果删改前人的东西，因为为文的旨意不同，就像人的面孔一样，不能根据自己的见解，便轻易地说自己胜过了前人。所以，刘知幾《史通》特地写了篇《点烦》。自左丘明、司马迁以下，刘知幾对他们的史书均有删改，有人讥讽刘知幾熟悉史书而不懂文章。但刘氏是有的放矢地来做的，得失仍可以交错互见。如果专门就文章辞采进行修订，则应该慎重。古今人的聪明才智是很难穷尽的，今人所见到的未必全都不如古人。大概无心而为、偶然领悟，便能收到点石成金的效果；如果有意更改，就好像在粉刷完好的墙壁上乱画，必定会受到讥讽。讨论文章辞采，贵在自然呈现作者的灵性，而不需要人为地穿凿附会。

或问：近世如方苞氏删改唐、宋大家①，亦有补欤？夫方氏不过文人，所得本不甚深，况又加以私心胜气，非徒无补于文，而反开后生小子无忌惮之渐也。小慧私智，一知半解，未必不可攻古人之间，拾前人之遗。此论于学术，则可附于不贤识小②之例，存其说以备后人之采择可也。若论于文辞，则无关大义，皆可置而不论。即人心不同如面，不必强齐之意也。果于是非得失，后人既有所见，自不容默矣，必也出之如不得已，详审至再而后为之，如国家之议旧章，名臣之策利弊，非有显然什百之相悬，宁守旧而毋妄更张矣。苟非深知此意而轻议古人，是庸妄之尤。即未必无尺寸之得，而不足偿其寻丈之失也。方氏删改大家，有必不得已者乎？有是非得失显然什百相悬者乎？有如国家之议旧章，名臣之策利弊，宁守旧而毋妄更张之本意者乎？在方氏亦不敢自谓然也。然则私心胜气，求胜古人，此方氏之所以终不至古人也。凡能与古为化者必先于古人绳度尺寸不敢逾越者也。盖非信之专而守之笃，则入古不深，不深则不能化。譬如人于朋友，能全管、鲍通财之义③，非严一介取与之节④者，必不能也。故学古而不敢曲泥乎古，乃服古而谨严之至，非轻古也。

方氏不知古人之意，而惟徇于文辞；且所得于文辞者本不甚深；其私智小慧又适足窥见古人之当然，而不知其有所不尽然，宜其奋笔改窜之易易也。

[注释]

①近世如方苞氏删改唐、宋大家：《古文约选·凡例》："《诗》《书》《春秋》及《四书》一字不可增减，文之极则也。降而《左传》《史记》、韩文，虽长篇，字句可薙芟者甚少。其余诸家，虽举世传诵之文，义支辞冗者，或不免矣。未便削去，姑钩划于旁，俾观者别择焉。"②不贤识小：语出《论语·子张》。③管、鲍通财之义：《史记·管晏列传》："管仲夷吾者，颍上人也。少时常与鲍叔牙游，鲍叔知其贤。管仲贫困，常欺鲍叔，鲍叔终善遇之，不以为言。"④一介取与之节：语出《孟子·万章上》。

[译文]

有人问：近代如方苞删改唐宋八大家的文章，也有些补益吗？我的回答是：方氏不过是个文人，所领会的东西本就不是很深刻，又加上私心与好胜的性格，不仅对文章没有补益，反而开了后生小子肆无忌惮删改前人作品的先河。凭着小小的聪明狡黠，一知半解，有时未必不可补正古人留下的阙误，拾取前人遗漏的东西。这种做法用于学术上，那么可以归附在"不贤""识小"这一类人之中，只要保留他们的说法，以备后人采择即可。这种做法如果用在文章上，则无关宏旨，都可放在一边不用管它。这就是人心如同人的面孔一样，不必强求一致的意思。如果真的用在是非得失上，后人有所发现，自然容不得沉默。如果到了不得已表现的时候，也要反复再三地详细审察之后才付诸行动。这好比朝廷讨论旧的法规，名臣应付时代利弊的奏章，没有十倍百倍的明显差异，宁愿守旧而不敢妄自更改。如果不是深知此意而随便议论古人，那是最平庸狂妄的人。即使没有一点可取之处，也不足以补偿其很大的失误。方氏删改唐宋大家的文章，有不得已的原因吗？有是非得失相差十倍百倍那样明显的距离吗？有如同朝廷讨论从前的法规，名臣考虑应付时代利弊的奏章，宁愿守旧而不妄自改弦更张的本意吗？在方氏自己也不敢说是这样的。因为私心与好胜性格，追求胜过古人，这就是方氏之所以最终到达不了古人境界的缘故。凡是对古代文化的理解运用出神入化的人，必先对古人的准绳恪守不变，不敢越雷池半步。因为如果不是坚定地信服、忠实地持守，那么涉猎古代文化就不会很深入，不深入则不能融会贯通。譬如对于朋友，能够具备管仲与鲍叔牙之间互通财物的情谊，不是一丁点东西的索取与给予都严格遵守道义准则的人，一定是做不到的。所以学习古人而不敢拘泥于古人，是信服古人最为严谨的，而不是轻视古人。方氏不知道古人的旨意，而只是曲从文章辞采；况且他从文辞中所领会的东西本来就不很深刻；他的小聪明与狡黠，又刚好能窥见古人应该这样的一些道理，却不知古人并不完全是这样，怪不得他举起笔来进行删删改改是那么容易。

篇 卷

[题解]

此篇对"篇""卷"的起源、性质与演变作了非常精当的考证,作者认为"篇"的名称从竹简而来,"卷"则从帛书而来,都是"因物定名"。篇、卷在使用上也有差别,篇表示内容意义上的起讫,卷则表示书写材料的起讫。鉴于后世篇卷连标,有的则卷册叠用,有的数篇合为一卷,有的一篇又分割在数卷,世人著录,无定式可循,因此章学诚主张论篇即可,不用计卷。

本篇选自《文史通义新编新注》内篇六,约作于乾隆五十四年(1789)。

《易》曰:"艮其辅①,言有序。"《诗》曰:"出言有章。"古人之于言,求其有章有序而已矣。著之于书,则有简策。标其起讫,是曰篇章。孟子曰:"吾于《武成》,取二三策而已矣。"是连策为篇之证也。《易·大传》曰:"二篇之策,万有一千五百二十。"是首尾为篇之证也。左氏引《诗》,举其篇名而次第引之,则曰某章云云。是篇为大成而章为分阕②之证也。要在文以足言,成章有序,取其行远可达而已。篇章简策,非所计也。后世文字繁多,爰有校雠③之学,而向、歆著录,多以篇卷为计。大约篇从竹简,卷从缣素④,因物定名,无他义也。而缣素为书,后于竹简,故周、秦称篇,入汉始有卷也。第彼时竹素并行,而名篇必有起讫,卷无起讫之称,往往因篇以为之卷,故《汉志》所著几篇,即为后世几卷,其大较也。然《诗经》为篇三百,而为卷不过二十有八;《尚书》《礼经》,亦皆卷少篇多,则又知彼时书入缣素,亦称为篇。篇之为名,专主文义起讫,而卷则系乎缀帛短长,此无他义,盖取篇之名书,古于卷也。故异篇可以同卷,而分卷不闻用以标起讫。至班氏《五行》之志,《元后》之传,篇长卷短,则分子卷,是篇不可易而卷可分合也。嗣是以后,讫于隋、唐,书之计卷者多,计篇者少。著述诸家所谓一卷,往往即古人之所谓一篇,则事随时变,人亦出于不自知也。惟司马彪⑤《续后汉志》,八篇之书,分卷三十,割篇徇卷,大变班书子卷之法,作俑唐、宋史传,失古人之义矣。《史》《汉》之书,十二本纪、七十列传、八书、十志之类,但举篇数,全书自了然也。《五行志》分子卷五,《王莽传》分子卷三,而篇目仍合为一,总卷之数仍与相符。是以篇之起讫为主,不因卷帙⑥繁重而苟分也。自司马彪以八志为三十卷,遂开割篇徇卷之例,篇卷混淆,而名实亦不正矣。欧阳《唐志》五十,其实十三志也,年表十五,其实止四表也;《宋史》列传二百五十有五,《后妃》以一为二,《宗室》以一为四,李纲一人,传分二卷,再并《道学》《儒林》,以至《外国》《蛮夷》之同名异卷,凡五十余卷;其实不过一百九十余卷耳。

[注释]

①艮其辅:艮,止。辅,牙床。此处指口舌。②阕:歌曲的每一次终止即每一遍为一阕,此指段落。③校雠:谓考订书籍,纠正讹误。④缣素:指古人写书用的白色细绢。古代无纸,用竹或帛作书写材料,在缣帛上写的后人称为帛书。⑤司马彪(?—约306):西晋史学家,字绍统,河内温县(今河南温县西南)人。晋宗室。著有《续汉书》八十卷,其中八志三十卷,南朝梁刘昭注范晔《后汉书》时,将其补入其中并作注,而司马彪原纪传部分则均散佚。他还著有《庄子注》《九州春秋》等。⑥卷帙:书籍或书籍的册数或篇章。书籍可舒卷的叫卷,编次的叫帙。

[译文]

《易经》上说:"控制你的口舌,说话要有条理。"《诗经》里说:"言辞要有章法。"古人对于言辞,追求有章法有条理。将之写到书上,就有了简册。标明它的起始与终止,这就叫篇章。孟子说:"我对于《武成》一篇,所取信采用的不过两三简册罢了。"这是简册编连起来成为篇的证据。《周易·系辞》说:"《易经》上、下两篇六十四卦占筮所得的蓍草数,共有一万一千五百二十根。"这是首尾俱全才成其为篇的证据。左氏引用《诗经》,举出它的篇名,然后依次引用,则称某章如何如何说。这是篇为完备的单位而章为分段的证据。关键在于用文采来修饰语言,积辞成篇而具有条理,所追求的不过是能使文章流传久远、足以表达思想感情而已。篇章简册,不是古人所计较的。后世文字繁多,于是有了校雠学。刘向、刘歆著录古书,多用篇卷作为著录单位。大约篇是从竹简得来的,卷是从绢帛得来的,依据物体而确定名称,没有别的什么含义。绢帛用来书写文字,晚于竹简,所以周朝与秦朝著录文章称篇,到汉代才开始有卷的名称。只是那时竹简与绢帛同时使用,称篇必定有起止首尾,而卷不是表示起止的名称,往往根据篇来确定卷,故《汉书·艺文志》所著录的为几篇,也就是后世的几卷,这是大致的情况。但《诗经》为三百篇,而卷数才不过二十八;《尚书》《仪礼》,也都是卷少篇多,据此则又可知当时书写在绢帛上,也可称为篇。篇作为一个名称,专门注重文义的起始与结束,而卷则关系到联结绢帛的长短,此外没有别的含义,大概采用篇来称呼文章,时代比卷更早。所以不同的篇目可以同在一卷,而分卷没听说可用来标志起始与结束的。到班固《汉书》中的《五行志》《元后传》,篇长卷短,便分子卷,这么说来是篇不可改变而卷可以分合。继此之后,直到隋、唐,对书用卷计算的多,用篇计算的少。著作家们所说的一卷,往往就是古人所说的一篇,这是事情随着时代而变化了，作者身处其间难以自知。只有司马彪《续后汉志》的八篇志，分为三十卷，割裂篇目而曲从卷的需要，大大改变了班固《汉书》中采用子卷的做法，为唐、宋正史列传首先开了不好的榜样，丧失了古人的用意。(《史记》《汉书》这两种书，十二本纪、七十列传、八书、十志之类，只是篇数，全书自然就明白了。《汉书·五行志》分为五个子卷，《王莽传》分为三个子卷，但篇目却仍合为一个，总卷数仍与篇数相符。这是以篇的起止为主，并不因为卷帙浩繁而随便割裂开来。自从司马彪将八志分为三十卷，便开了割裂篇目来曲从分卷的先例，篇卷混淆，那名实也不相符了。欧阳修编撰的《新唐书》有志五十卷，其实只有十三志；年表十五卷，其实只有四个表。《宋史》列传二百五十五卷，《后妃列传》把一篇分为二卷，《宗室列传》把一篇分为四卷，李纲一人，传分二卷，再把《道学列传》《儒林列传》以及《外国列传》《蛮夷列传》等一传分为多卷的合并起来，共五十余卷；那么《宋史》其实也不过一百九十余卷罢了。)

至于其间名小异而实不异者，《道书》①称弓，即卷之别名也，元人《说郛》②用之；蒯通《隽永》称首，则章之别名也，梁人《文选》用之。此则标新著异，名实故无伤也。唐、宋以来，卷轴之书，又变而为纸册，则成书之易，较之古人，盖不啻倍蓰③已也。古人所谓简帙繁重，不可合为一篇者，分上中下之类。今则再倍其书而不难载之同册矣。故自唐以前，分卷甚短。六朝及唐人文集，所为十卷，今人不过三四卷也。自宋以来，分卷遂长。以古人卷从卷轴，势自不能过长；后人纸册为书，不过存卷之名，则随其意之所至，不难巨册以载也。以纸册存缣素为卷之名，亦犹汉人以缣素而存竹简为篇之名，理本同也。然篇既用以计文之起讫矣，是终古不可改易，虽谓不从竹简起义可也；卷则限于轴之长短而并无一定起讫之例。今既不用缣素而用纸册，自当量纸册之能胜而为之界。其好古而标卷为名，从质而标册为名，自无不可；不当又取卷数与册本故作参差，使人因卷寻篇，又复使人挟册求卷，徒滋扰也。夫文之繁省起讫，不可执定，而方策之重，今又不行，古人寂寥短篇，亦可自为一书，孤行于世。盖方策体重，不如后世片纸难为一书也。则篇自不能孤立，必依卷以连编，势也；卷非一定而不可易，既欲包篇以合之，又欲破册而分之，使人多一检索于离合之外，又无关于义例焉，不亦扰扰多事乎？故著书但当论篇，不当计卷；卷不关于文之本数，篇则因文计数者也。故以篇为计，自不忧其有阙卷；以卷为计，不能保其无阙篇也。必欲计卷，听其量册短长，而为铨配可也。不计所载之册，而铢铢④分卷，以为题签署录之美观，皆是泥古而忘实者也。《崇文》《宋志》⑤，间有著册而不详卷者。明代《文渊阁目》⑥，则但计册而无卷矣；是虽著录之阙典，然使卷册苟无参差，何至有此弊也？古人已成之书，自不宜强改。

[注释]

①《道书》：即《道书十二种》，为清乾嘉时龙门派道士刘一明所撰之道教丛书。收入的著作不止十二种，且各种版本有所差异。据《藏外道书》所收上海翼化堂光绪庚辰年（1880）刻本，共收二十六种道书。②《说郛》：元陶宗仪编。《四库全书总目提要》著录一百二十卷，并说明原本七十卷，后经过多次编辑，已非原貌。所录书凡一千二百九十二种，其中有七十六种有录无书。今传本乃清顺治年间姚安陶珽所编。③不啻倍蓰：啻，仅。蓰，五倍。④铢铢：比喻精细、微小。铢，古代衡制中的重量单位，为一两的二十四分之一。⑤《崇文》《宋志》：指《崇文总目》与《宋史·艺文志》。《崇文总目》是宋朝的国家书目。由王尧臣、欧阳修等人于庆历元年（1041）编成。宋仁宗赐名为《崇文总目》。全书六十六卷，分四部四十五类，著录图书三万零六百六十九卷，是一部有解题的目录。崇文，指崇文院，为当时宫廷藏书处。太平兴国二年（977），修建三馆书院，次年，赐名崇文院，迁贮西馆书籍。

⑥《文渊阁目》:明朝国家书目。明正统六年(1441)由大学士杨士奇等人编成。著录内容很简略,无题解、小序,也不录作者和卷数,只在书名下注册数。著录图书七千二百五十六部,四万二千六百多册。文渊阁,为明代宫廷藏书楼。

[译文]

至于这当中出现的名称小异而实质并没有什么差别的情况,如《道书》中所称的"弓",就是卷的别名,元代人编纂的《说郛》使用了它;蒯通撰写的《隽永》称"首",则是章的别名,梁朝人编的《文选》使用了它。这不过是为了标新立异,名实并没有受到什么伤害。唐、宋以来,卷轴形式的书籍,又演变成了册页形式的纸书,那么成书之容易,与古人相比,大概不只是强几倍的问题了。古人所说的简册部头繁重,不可合为一篇的(如分上、中、下之类的),现今就是再多出一倍也不难把它载入同一册之中了。所以自唐代以前,分卷很短。六朝及唐朝人的文集分成十卷的,今人才不过分为三四卷。从宋代以来,分卷便拉长了。因为古人称卷源于卷轴,据此情势自然不能过长;后人用册页形式来装订书籍,不过只保存了一个卷的名称,那么便可随人的意愿而确定分量的多少,是不难用巨册来装载的。以册页形式的纸书而保存帛书称卷的名称,也就像汉代人用帛书而保存竹简称篇的名称,道理原本是相同的。但篇既然是用来表示文章的起始与终止的,这是从古至今都没有改变的,即使说篇的意义不来源于竹简也是可以的;卷则限于卷轴的长短,而并没有固定的表示起止的体例。现在既然不用绢帛而采用册页形式,自然应当根据纸书的册页所能胜任的容量而为它确定分合界限。人们好古而用卷字标名,根据实质则标用册字为名,自然是没有什么不可以的;只是不该又把卷数与册本故意弄得错综不齐,使人根据卷次来寻找篇目,又再使人凭借册本来寻求卷次,凭空增加了这些烦扰。文章繁简起止的古义,既不能坚持下来,而繁重的简牍,现在又不再使用(古人沉寂无名的短篇,也可以自成一书,单独流传于世。大概是简牍繁重,不像后世的几张纸片难以自成一书),那么篇自然不能孤立使用,必须依据卷来联结成编,这是大势所趋;卷并不是固定而不可改变的,既想包举篇来合并它,又想突破册而分开它,使人在篇卷的离合之外多增加了一次检索,又与义例无关,这不也是徒增纷乱自找麻烦吗?所以著书只应当论篇,不应当算卷(卷与文章本来的数目无关,篇则是根据文章来计算数量的。故用篇当计算单位,自然不用担忧书有缺卷;以卷为计算单位,便不能保证它没有缺篇);如果一定要采用卷来标计,听任他们根据册的长短而进行统筹安排是可以的。不考虑册的分量而进行细微的分卷,把它作为题签著录的一种美观的形式,那都是拘泥古制而忽略了实质的人。《崇文总目》《宋史·艺文志》,间或有著录册数而不注明卷数的。明代的《文渊阁书目》,则只著录册数而不载卷数。这虽然是由于著录典籍缺少准则可依,但如果卷、册没有这种参差不齐的情况,又怎么会有这种弊端呢?(古人已有的书,自然不宜强作改动。)

师　说

[题解]

唐代韩愈曾作《师说》，章氏认为韩愈之说并没有达到"师之究竟"，即没有解决"老师"的根本问题。章氏认为，老师有两类，一为"可易之师"，一为"不可易之师"，二者相去甚远，有着本质的不同。传授知识，最主要的是传授"道"，这需要"心传"，必须亲自拜掌握此道之人为老师，否则就吸收不了老师的思想精髓。对于弟子尊奉老师的礼节，弟子事"不可易之师"，当如侍奉君、亲那样，表达了对"不可易之师"的一种崇敬心情。

本篇选自《文史通义新编新注》内篇六，作于乾隆五十四年（1789）。

韩退之①曰："师者，所以传道授业②解惑者也。"又曰："师不必贤于弟子，弟子不必不如师。""道之所存，师之所存也。"又曰："巫医百工之人，不耻相师。"而因怪当时之人以相师为耻，而曾巫医百工之不如。韩氏盖为当时之敝俗而言之也，未及师之究竟也。《记》曰："民生有三，事之如一，君、亲、师也。"此为传道言之也。授业解惑，则有差等矣。业有精粗，惑亦有大小，授且解者之为师，固然矣；然与传道有间矣。巫医百工之相师，亦不可以概视也。盖有可易之师与不可易之师，其相去也不可同日语矣。知师之说者，其知天乎？盖人皆听命于天者也，天无声臭③而俾君治之；人皆天所生也，天不物物而生而亲则生之；人皆学于天者也，天不谆谆④而诲而师则教之。然则君子而思事天也，亦在谨事三者而已矣。

[注释]

①韩退之：即韩愈，字退之。②授业：讲授专业知识。③声臭：声音和气味。④谆谆：形容诚恳教导。

[译文]

韩愈说："老师，是传授真理、讲授专业知识、解答疑惑的人。"又说："老师不一定比弟子高明，弟子也不一定不如老师。""真理掌握在谁手上，谁就是老师。"又说："巫医和各种工匠，他们都不耻于拜师学艺。"因而对当时的士大夫耻于拜师学习感到非常奇怪，竟然连巫医、工匠都不如。韩愈大概是针对当时的陋俗而说的，没有涉及老师的根本问题。《国语》说："人生在世，有三种人应当始终如一地侍奉他们，那就是君王、父亲和老师。"这是针对传授真理的老师而说的。讲授学业、解答疑惑，则是有差别等次的。学问有精有粗，疑惑也有大有小，能传授知识并且解答疑惑的被称作老师，这固然不错；但与传授真理还是有一定差距的。巫医、工匠间的师从学习，也不可以等同视之。世上有可以改换的老师，也有不可以改换的老师，他们之间的差别是不可同日而语的。知道师道的人，还知道天道吗？大概人都是听命于天的，天没有声音没有气味，因而让君王来治理；人都是天所生育的，天不能样样事物由其生育，因而由父母生儿育女；人都向天学习，天不能谆谆教诲每个人，因而靠老师来讲授知识。既然如此，君子要想敬奉天，也就在于恭敬地侍奉君主、父亲、老师三种人而已。

人失其道则失所以为人，犹无其身则无所以为生也。故父母生而师教，其理本无殊异。此七十子之服孔子，所以可与之死，可与之生，东西南北，不敢自有其身。非情亲也，理势不得不然也。若夫授业解惑，则有差等矣。经师①授受，章句②训诂，史学渊源，笔削义例，皆为道体所该。古人"书不尽言，言不尽意"。竹帛之外别有心传，口耳转受必明所自，不啻宗支谱系不可乱也。此则必从其人而后受，苟非其人即已无所受也，是不可易之师也。学问专家，文章经世，其中疾徐甘苦，可以意喻，不可言传。此亦至道所寓，必从其人而后受，不从其人，即已无所受也，是不可易之师也。苟如是者，生则服勤③，左右无方；没则尸祝④俎豆，如七十子之于孔子可也。至于讲习经传，旨无取于别裁；斧正文辞，义未见其独立；人所共知共能，彼偶得而教我。从甲不终，不妨去而就乙；甲不我告，乙亦可询；此则不究于道，即可易之师也。虽学问文章，亦末艺耳。其所取法，无异梓人之甃⑤琢雕，红女之传缔绣，以为一日之长，拜而礼之，随行隅坐，爱敬有加可也。必欲严昭事⑥之三而等生身之义，则责者罔而施者亦不由衷矣。

[注释]

①经师：讲授经书的老师。②章句：剖章析句。经学家解说经义的一种方式。③服勤：服持职事勤劳。④尸祝：立尸而祝祷，表示崇敬。尸，代表鬼神受享祭的人；祝，传告鬼神言辞的人。⑤甃：教，指点。⑥昭事：勤勉地服侍。昭，通"劭"，勤勉。

[译文]

人若失掉了尊师之道，则就失去了做人的资格，犹如没有了身体，则没有了生存的资本。因此父母生养人而老师教育人，此中道理本来没有差别。这就是七十弟子侍奉孔子，可以与他一起死，可以与他一块儿活，无论在何地，都不敢把生命看作是自己的缘故。不是出于感情的亲密，而是从人伦道理上讲不得不如此。至于传授知识和解答疑惑，则有差别等次了。经师讲授学业，分章析句解释词义，史学的渊源，笔削义例，都是儒家大道所包括的。古人有"书中不能详尽地表达自己的语言，而语言又不能完全表达心中的意思"。竹简帛书所载之外，另有心得传授，口耳相传，一定要弄明它的来源，就像宗族里的谱系不可混淆。这是说必定要师从某人而后才能得到传授，如果不是特定的那个人，那么自己就无法得到心传，这就是不可替代的老师。学问上的专家，文章用以经世致用，其中快慢甘苦的体验，可以意会，不可言传。这也是至道所在之处，必须师从那个人而后才能得到传授，不拜那人为师，自己便一无所得，这也是不可替代的老师。如果是这样的老师，他活着时弟子便应竭力服侍他，事事躬亲而没有定规；他去世了则应为他立尸祝祷、祭祀不绝，就像七十弟子对待他们的老师孔子那样也是可以的。至于讲解经传，没有别出心裁的旨意；纠正文辞，看不见有什么独立的见解；别人都知道、都能做到，只是偶然有东西教我。不能自始至终师从某甲，不妨离开他再拜某乙为师；某甲不告诉我，某乙也可请教；这与儒家大道没有什么关联，这就是那种可以替代的老师。即使是学问与文章，也属于雕虫小技。他们所效法的，与工匠教人雕刻，工女教人刺绣没有什么差别，把他们当作一日之长，跪拜礼敬，跟随他们而行，陪着他们对坐，加倍地尊敬拥戴是可以的。一定要人严格地奉行勤勉服侍君、亲、师的准则，把老师与生身父母等同起来，那么要求的人会感到迷惘，而实行的人也是情不由衷的。

巫医百工之师，固不得比于君子之道，然亦有说焉。技术之精，古人专业名家，亦有隐微①独喻，得其人而传，非其人而不传者，是亦不可易之师，亦当生则服勤而没则尸祝者也。古人饮食，必祭始为饮食之人，不忘本也；况成我道德术艺，而我固无从他受者乎？至于"弟子不必不如师，师不必贤于弟子"，则观所得为何如耳。所争在道，则技曲艺业之长，又何沾沾②而较如不如哉？

[注释]

①隐微：隐约细微。②沾沾：固执的样子。

[译文]

巫医与各种工匠的师傅，固然不能与儒家所说的老师相比，但是也有一定的说法。技术的精湛，古代专门从事某种事业的那些专家，对隐秘精微之处也有独到的见解，师从那个人便能得到他的传授，不是那个专家便得不到这种传授，这也是不可替代的老师，也应当在他活着的时候便尽心尽力地服侍他，在他去世后则为他祝祷祭祀。古人在饮食的时候，一定要祭祀最先制作这种食物的人，表示不忘本；况且是成就我的道德技艺，而我本来是无法从他人那里得到传授的人呢？至于说"弟子不一定不如老师，老师也不一定比弟子高明"，那要看他所取得的成绩是什么样的了。所追求的在于思想的精髓，那么技艺方面的长处，又何必那么固执地计较如不如呢？

嗟夫！师道失传久矣。有志之士，求之天下，不见不可易之师；而观于古今，中有怦怦动者，不觉辴然①而笑，索焉②不知涕之何从，是亦我之师也。不见其人，而于我乎隐相授受，譬则孤子见亡父于影像，虽无人告之，梦寐必将有警焉。而或者乃谓古人行事，不尽可法，不必以是为尸祝也。夫禹必祭鲧③，尊所出也；兵祭蚩尤④，宗创制也。若必选人而宗之，周、孔乃无遗憾矣。人子事其亲，固有论功德而祧祢⑤以奉大父者耶？

[注释]

①辴然：笑的样子。②索焉：流泪的样子。③鲧：传说为禹的父亲。④蚩尤：古代传说中九黎族的首领，勇猛善战，秦汉时曾把他作为战神来祭

祀。⑤祧：把神主迁入远祖的庙。祢：指去世后在宗庙中立了神主牌位的父亲。

[译文]

唉！师道之伦失传已经很久了。有志向的人，找遍天下，也没见到那种不可替代的老师；但考察古今人物，其中有使人怦然心动的，不禁粲然而笑，热泪潸潸而不知从何而来，这也是我的老师。没看见那个人，而对我在暗中传授，如同孤儿从相片图画上见到去世的父亲，虽然没有人告诉他，但在睡梦中一定会有所警示的。然而有人却认为古人的言行，不是什么都可以效法的，不一定要因此为他祭祀祝祷。大禹一定要祭祀鲧，是为了遵崇他的先人；打仗祭祀蚩尤，是为了遵奉他创立的新制。如果一定要选择人来祭祀，那么选周公、孔子就没有什么遗憾了。做儿子的尊奉父母，难道有根据功德把父亲的神主迁入祧庙而直接祭祀爷爷的吗？

感 遇

[题解]

  君臣遇合之难,人生际遇难测,古来都是一样,也引发了无数感慨。此篇即写出了君臣遇合之难,也描绘了学术显晦与时代的关系。学术上的"一时缓急之用,与一代风尚所趋不必适相合";且"中人之情,乐易而畏难,喜同而恶异,听其言而不察其言之所谓者,十常八九也",故"欲行其学者,不得不度时人之所喻以渐入也"。作者感叹:"君子不难以学术用天下,而难于所以用其学术之学术"。其根本原因即是由于"古今时异势殊"。作者又进一步阐述了古今的不同,认为"古之学术简而易","后之学术曲而难"。因此,必须"用其学术之学术",这样才能真正地推行自己的学说。

  本篇选自《文史通义新编新注》内篇六,成于乾隆五十四年(1789)。

  古者官师政教出于一,秀民①不艺其百亩,则饩于庠序②,不有恒业,谓学业。必有恒产③,无旷④置也。周衰,官失道行,私习于师儒⑤,于是始有失职之士,孟子所谓尚⑥志者也。士与公、卿、大夫,皆谓爵秩,未有不农不秀之间,可称尚志者也。孟子所言,正指为官失师分,方有此等品目。进不得禄享其恒业,退不得耕获其恒产,处世孤危所由来也。圣贤有志斯世,则有际可公养之仕⑦,三就三去之道,遇合之际,盖难言也。夫子将之荆,先之以子夏，申⑧之以冉有。泄柳、申详⑨，无人乎缪公之侧，则不能安其身。孟子去齐，时子致矜式之言，有客进留行之说⑩。相需⑪之殷，而相遇之疏，则有介绍旁通，维持调护，时势之出于不得不然者也。圣贤进也以礼，退也以义，无所撄⑫于外，故自得者全也。士无恒产，学也禄在其中；非畏其耕之馁，势有不暇及也。虽然，三月无君，则死无庙祭，生无宴乐，霜露怛心，凄凉相吊⑬，圣贤岂必远于人情哉！君子固穷，枉尺直寻，羞同诡御⑭，非争礼节，盖恐不能全其所自得耳。古之不遇时者，隐居下位；后世下位不可以幸致也。古之不为仕者，躬耕乐道；后世耕地，不可以幸求也。古人廉退之境，后世竭贪幸之术而求之，犹不得也。故责古之君子，但欲其明进退之节，不苟慕夫荣利而已；责后之君子，必具志士沟壑、勇士丧元⑮之守而后可；圣人处遇，固无所谓难易也；大贤以下，必尽责其丧元沟壑而后可，亦人情之难者也。

[注释]

①秀民：德才优异的平民。②饩于庠序：饩，给养，俸禄。庠序，古代的地方学校。③恒产：指土地、田园、房屋等不动产。④旷：空。⑤道行：六艺与德行。师儒：民间传道授艺的老师。⑥尚：尊崇。⑦际可：谓接遇以礼。公养：指国君以礼奉养贤士。⑧申：重申，再命。⑨泄柳：又称子柳，鲁国贤人。申详：为孔子学生子张之子。⑩时子：齐国的臣子。矜式：效法。留行：挽留，使不离去。⑪相需：也作"相须"，互相依存，互相配合。⑫撄：扰乱。⑬怛心：凄怆之心。相吊：互相慰问。⑭枉尺直寻：谓所弯曲的只有一尺，而所伸直的却有八尺，比喻小有所损而大有所获。诡御：《孟子》原作"诡遇"，义同，指不依法驾驭。⑮志士沟壑、勇士丧元：有志之士不怕弃尸山沟，勇敢的人不怕丢掉脑袋。沟壑，山沟。元，脑袋。

[译文]

古时候官员与老师、政治与教化都合二为一，才德优异之士若不在百亩之地中种植劳作，就在学校里传道授业，没有恒业（指学业），必有恒产，没有荒废职守无所事事的。周代衰落，官员失去教化职守，人们私下向老师学习道德学问，于是开始出现失职的士人，就是孟子所说的"尚志"者。（士与公、卿、大夫，都是一种爵位的称号，没有既不会耕种又缺乏才德的人可以称为"尚志"的。孟子所言，正是指官员与老师分离这种情形，因而有了这种名称。）出仕不能凭学业享有恒业，退隐又不能通过耕种获得恒产，这就是立身处世孤立危急的缘由。圣人贤士有志于治理这个世道，于是就有可以推行主张、礼遇不错、国君聘任而做官的，有了三就三离的进退原则，君臣之间相处是很难说的。孔夫子将到楚国去，先派子夏去安排，接着又派冉有去帮办。如果没有泄柳、申详这样的贤人在鲁穆公身边，就不能使自己安心。孟子离开齐国，时子向孟子转达齐王想请他安居下来之意，还有客人为挽留孟子而进言。双方有殷切的互助需要，但彼此投缘的机会很少，这就需要有人从中介绍，互相沟通，维系关系，调教辅佐，这也是时势所逼而不得不如此。圣人贤士按照礼义出仕，也按照礼义退隐，一点也不受外界的干扰，因此他们自身所得很圆满。读书人没有固定的家产，学习就成了俸禄的来源；不是畏惧耕种劳作带来的饥饿，而是形势所迫无暇顾及。虽然如此，孔子三个月没有国君任用他，则惶惶不可终日，担心人死了不能立庙祭祀，活着也不敢充分享受宴饮娱乐，踩着霜露心中就有凄怆之心，孤寂凄凉时互相安慰，圣贤哪里一定与常人的感情相差很远呢！君子固然很穷，但对于弯曲一尺以便伸直八尺的利己行为，与违规驾车而感到羞耻一样，并非是为了争什么礼节，而是害怕不能保全自己所获得的思想罢了。古代时运不济的人，可以隐居在下位；后世连下位也不能够侥幸获得。古代不做官的人，亲自耕田种地，闲暇业余爱好圣贤之道；后世连耕田种地机会也不容易得到。古人谦让的地方，后世的人竭尽贪婪的手段去追求，还恐怕得不到呢。因此要求古代的君子，只希望他分清做官退隐的原则界限，不苟且贪图名利而已；要求后世的君子，一定要具备有志之士不怕弃尸山沟、勇士不怕丢掉脑袋的操守才算可以；圣人处世遇合，固然无所谓困难和容易；对大贤以下的人，一定要求他们都必须具备不怕弃尸山沟、不怕丢掉脑袋的操守才算可以，这也是人之常情所难做到的。

商鞅浮尝以帝道，贾生①详对于鬼神，或致隐几之倦，或逢前席②之迎，意各有所为也。然而或有遇不遇者，商因孝公之所欲，而贾操文帝之所难也。韩非致慨于《说难》，曼倩③托言于谐隐，盖知非学之难，而所以申其学者难也。然而韩非卒死于说而曼倩尚畜于俳④，何也？一则露锷⑤而遭忌，一则韬锋而幸全也。故君子不难以学术用天下，而难于所以用其学术之学术。古今时异势殊，不可不辨也。古之学术简而易，问其当否而已矣；后之学术曲而难，学术虽当，犹未能用，必有用其学术之学术；而其中又有工拙焉。身世之遭遇，未责其当否，先责其工拙。学术当而趋避不工，见摈于当时；工于遇而执持不当，见讥于后世。沟壑之患逼于前，而工拙之效驱于后。呜呼！士之修明学术，欲求寡过，而能全其所自得，岂不难哉！

[注释]

①贾生：即贾谊，西汉著名的政论家、文学家。《史记·贾生列传》详于鬼神之事。②前席：谓欲更接近而向前移动座位。③曼倩：即东方朔（前154—前93），字曼倩，平原厌次（今山东惠民东）人。汉武帝时，为太中大夫。性诙谐滑稽。善辞赋，《答客难》是其较著名之篇章。④俳：表演杂戏、滑稽戏的艺人。⑤锷：剑刃。

[译文]

商鞅不着边际地以帝王之道试探秦孝公，贾谊对汉文帝详细陈述鬼神之事，一个使帝王听得昏昏欲睡，一个则让帝王听得入迷而不知不觉地向前移动了他的座位。这是因为他们心中都想有所作为。然而一个最终得到了赏识而另一个则未被重用，这是因为商鞅迎合了孝公的愿望，而贾谊上疏所言则是文帝感到棘手的事。韩非在《说难》中感慨推行自己学说的困难，而东方朔则借诙谐滑稽之言来寄托讽喻，大概知道不是学术本身有什么困难，而是难在如何推销自己的学说。但是韩非最终还是死于自己所游说的秦国，而东方朔仍然被当作艺人供养着，这是为什么呢？一个是太露锋芒而遭人妒忌陷害，一个则因韬光养晦而侥幸保全下来。因此君子不是难在用学术治理天下，而是难在怎样使用学术的技巧上。古今时代不同形势有别，不可不分辨清楚。古代的学术简单而且容易，只管它是否适宜而已；后世的学术曲折而艰深，学术虽然合理适当，但仍不能使用，必须要有使用这一学术的技巧才行，而这种学术又有灵巧与拙笨之别。士人一生中能否遭遇好的君主，不要去追究他的学术是否确当，而要先追究他使用学术的手段是否精巧高明。学术正确合宜但不善于投其所好、避其所难，则会被当世所摈弃；精通迎合之技但所持学说不当，则会受到后世的指责。前面有弃尸山沟的灾祸在逼近，后面有推销手段高下的不同后果又在追赶。唉！读书人阐明自己的学说，要想少犯错误而能保全自己所获得的真知灼见，这不是太难了吗！

且显晦，时也；穷通，命也。才之生于天者有所独，而学之成于人者有所优。一时缓急之用，与一代风尚所趋不必适相合者，亦势也。刘歆经术而不遇孝武，李广①飞将而不遇高皇；千古以为惜矣。周人学武而世主尚文，改而学文，主又重武；方少而主好用老，既老而主好用少，白首泣涂②，固其宜也。若夫下之所具，即为上之所求，相须綦亟③，而相遇终疏者，则又不可胜道也。孝文拊髀而思颇、牧,而魏尚不免于罚作;理宗端拱而表程、朱,而真、魏不免于疏远;则非学术之为难,而所以用其学术之学术,良哉其难也!望远山者,高秀可挹④,入其中而不觉也;追往事者,哀乐无端,处其境而不知也。汉武读相如之赋,叹其飘飘凌云,恨不得与同时矣;及其既见相如,未闻加于一时侍从诸巨之右也。人固有爱其人而不知其学者,亦有爱其文而不知其人者。唐有牛、李之党⑤,恶白居易者,缄置白氏之作,以谓见则使人生爱,恐变初心,是于一人之文行殊爱憎也。郑畋之女讽咏罗隐之诗,至欲委身事之;后见罗隐貌寝,因之绝口不道。是于一人之才貌分去取也。文行殊爱憎,自出于党私;才貌分去取,则是妇人女子之见也。然而世以学术相贵,读古人书,常有生不并时之叹;脱有遇焉,则又牵于党援异同之见,甚而效郑畋女子之别择于容貌焉。则士之修明学术,欲求寡过,而能全其所自得,岂不难哉!

[注释]

①李广:西汉名将。景帝、武帝时,任陇西、北地等郡太守。后任右北平太守,匈奴数年不敢攻扰,称之为"飞将军"。②白首泣涂:过去周朝有个人,一生多次求官没有得到君主赏识,直到年老鬓发斑白,在路上哭泣。③綦:极。亟:急速。④挹:舀。⑤牛、李之党:唐代穆宗至宣宗年间(821—859),以牛僧孺、李宗闵为首和以李德裕为首的两个党派,两派轮番执政,互为倾轧,斗争将近四十年。

[译文]

况且显明与隐晦,这是时势所决定的;困窘与通达,这是命运所决定的。天生的才华有其独特性,后天获得的学术也有其优势。学术的缓用与急用,与一代风尚的趋向不一定恰好相合,这也是必然的情势。刘歆精通经学却没有遇上独尊儒术的汉武帝,李广善战却没有遇上汉高祖;千古后人为之惋惜。周代有人从小学习武艺而当时的君主却崇尚文德，等他改而学文，此时的君主却又重武；年方少壮而君主好用年老者，待到老了君主又好用年少者，最后结局是白发苍苍的老人在路边哭泣，这自然是不足为怪的。至于说到臣下所具备的学术，正好是皇上所需求的，相互需求那么急切，但君臣相合概率又那么小，这种事是没法说了。汉文帝拍打着大腿思念廉颇、李牧这样的将才，但身边的魏尚还是不免于被罚为苦工；宋理宗庄重恭敬地表彰程、朱道学，而真德秀、魏了翁仍不免于被疏远。由此可见，做好学术本身并没有什么困难，难的是怎样使用学术的推销技巧。遥望远山，高峻秀丽似可掬入手中，进入山中则不觉得了；追忆往事，哀伤欢乐无端而生，身处其境就浑然不知。汉武帝读司马相如的赋，感叹它飘飘然有凌云之气，恨不得立刻与司马相如相见；待见到司马相如之后，也未听说把他看得比当时的诸位侍从大臣更重。世上固然有喜爱他这个人而不了解他的学问的人，也有喜爱他的诗文而不了解其人的人。唐代有牛、李两个朋党，因为憎恨白居易，便把白氏的作品捆扎封存起来，说是看了就会使人产生喜爱之心而改变原先的看法，这是对一个人的文章和品行爱憎不同。郑畋的女儿喜欢吟咏罗隐的诗，以至想委身嫁给他；后来看见罗隐相貌丑陋，从此绝口不提罗隐。这是对一个人的才华和容貌分别有所取舍。对文章与品行爱憎不同，自然是出于朋党之私见；对才华与相貌取舍有别，则是出于妇人之见解。然而，世人以学术为贵，读古人的书，常有生不同时的感叹；倘或有幸相遇，却又拘泥于党同伐异的偏见，甚至效法郑畋的女儿对人的外貌挑三拣四的。那么读书人阐明自己的学说，要想少出差错而能保全自得之见，这不是很难吗！

　　淳于量饮于斗石，无鬼论相于狗马，所谓赋《关雎》而兴淑女之思，咏《鹿鸣》而致嘉宾之意也。有所托以起兴，将以浅而入深，不特诗人微婉之风，实亦世士羔雁之质①，欲行其学者，不得不度时人之所喻以渐入也。然而世之观人者，闻《关雎》而索河洲，言《鹿鸣》而求苹野，淑女嘉宾则弃置而弗道也。中人之情，乐易而畏难，喜同而恶异，听其言而不察其言之所谓者，十常八九也。有贱丈夫者，知其遇合若是之难也，则又舍其所长而强其所短，力趋风尚，不必求慊于心。风尚岂尽无所取哉？其开之者尝有所为，而趋之者但袭其伪也。夫雅乐不亡于下里而亡于郑声②，郑声工也；良苗不坏于蒿莱，而坏于莠草③，莠草似也；学术不丧于流俗而丧于伪学，伪学巧也。天下不知学术，未尝不虚其心以有待也。伪学出，而天下不复知有自得之真学焉。此孔子之所以恶乡愿④，而孟子之所为深嫉似是而非也。然而为是伪者，自谓所以用其学术耳。昔者夫子未尝不猎较，而簿正之法卒不废，兆不足行而后去也⑤。然则所以用其学术之学术，圣贤不废也。学术不能随风尚之变，则又不必圣贤，虽梓匠轮舆⑥，亦如是也。是以君子假兆以行学，而遇与不遇听乎天。昔扬子云早以雕虫⑦获荐，而晚年草《玄》寂寞；刘知幾先以词赋知名，而后因述史减誉，诚知其不可奈何而安之若命也。

[注释]

①羔雁：羊羔和大雁，古代用作卿大夫的礼物。质：通"贽"，谓见面礼。②雅乐：古代帝王祭祀天地、祖先及朝贺、宴享时所用的舞乐。下里：即《下里巴人》，为古代民间通俗歌曲。郑声：春秋战国时郑国的民间音乐。③蒿莱：野草、杂草。莠草：俗称狗尾草。④乡愿：伪君子，指那些看似忠厚实际没有一点道德原则，只知道媚俗趋时的人。⑤猎较：争夺猎物，用以祭祀。簿正：谓立文书以正其不正。兆：开始。⑥梓匠：木工。轮舆：轮人和舆人，为古代制车的木工。⑦雕虫：比喻微不足道的技能（多指文字技巧）。雕，雕刻。古代没有纸，写字用刀刻在木板上。虫，虫书，为秦代书法八体

之一。

[译文]

淳于髡以斗、石来决定不同心情下的酒量,徐无鬼对君主谈论相马相狗的不同技巧,这就是《诗序》所说的吟诵《关雎》便产生了爱慕淑女的情思,吟咏《鹿鸣》便产生敬重嘉宾的意思。以起兴的手法来寄托自己的用意,逐渐地从表面而深入,不仅仅是诗人委婉讽喻的一种风格,实际也是读书人小羊、大雁一类的见面礼,想推行自己学说的人,不得不考虑推销对象的理解程度而采用循序渐进的手法。但是世俗看人,听到《关雎》便考究河洲在哪里,说到《鹿鸣》便寻求苹野的所在,对淑女、嘉宾则搁置不理了。中等以下常人的心态,贪图容易而畏惧艰难,喜欢相同而厌恶不同,听别人的话而不能理解他话中的含意,通常有十之八九。有个低贱的人,知道彼此投合是如此的困难,于是便舍弃他的专长而勉强从事自己所不擅长的学问,极力迎合当时的风尚,而不考虑是否合自己的心愿。一个时代的风尚难道没有一点可取之处吗?那些开创风尚的人曾经也有所作为,而后来的追随者却只是继承了他们虚假的一面。雅乐不会亡于《下里巴人》这类民乐而亡于郑国的音乐,因为郑国的音乐淫靡工巧;禾苗不会坏于野草而坏于莠草,因为莠草与禾苗很相似;学术不会毁于流俗而毁于伪学,因为伪学隐匿得很巧妙。天下人不懂得学术,未尝不会虚心等待。假冒的学术一旦出现,天下人便不再知道有出自个人心得的真学术了。这就是孔子为什么憎恶乡愿,孟子为什么痛恨似是而非的缘故。然而制造这种虚假学术的人,却自认为这就是在用他们的学术。古时候孔夫子在鲁国做官,未尝不和鲁国人一样也争夺猎物,但是他用文书规定祭器、祭品的方法却一直没有废弃,试行的结果说明不能推行他的政治主张,然后他才会离去。这么说来关于怎样使用学术的学术,即使是圣贤也不会把它废弃。而学术不能随着风尚而变化,且不必说是圣贤，即使是一般的工匠也是如此。所以君子尝试着来推行自己的学说，而能不能得到赏识则听天由命了。从前扬雄早年因为会赋而获得时贤的称许，晚年却因撰写《太玄》而受到冷落；刘知幾先前因为辞赋而知名于世，后来却因撰述《史通》而声誉顿减。诚然他们知道这是无可奈何的事，但却能心安理得。

方志立三书议

[题解]

章学诚为湖广总督毕沅修《湖北通志》，在编修中实行自己的主张：在通志之外，设立《掌故》《文征》，又附录《丛谈》。本篇明确提出立志必立三家之学。把志当作地方史的主体，掌故和文征当作重要资料汇编，从而纠正了历来把志当作地理书的错误，并将史书著作与文献保存联系在一起。

本篇选自《文史通义新编新注》外篇四，作于乾隆五十七年（1792）。

凡欲经纪一方之文献，必立三家之学，而始可以通古人之遗意也。仿纪传正史之体而作志，仿律令典例之体而作掌故，仿《文选》《文苑》之体而作文征。三书相辅而行，阙一不可；合而为一，尤不可也。惧人以谓有意创奇，因假推或问以尽其义。

[译文]

要想整理一个地方的文献，必须建立起三家的学术，才有可能贯通古人留下来的思想。仿照纪传体正史的体例而作志，仿照政典的体例而作掌故，仿照《文选》《文苑》的体例而作文征。三种书相辅相成而流行，缺一不可；合而为一，尤为不可。我担心别人认为这是有意创设新奇事物，因此假设有人提问来完整解释其中的含义。

或曰：方志之由来久矣，未有析而为三书者。今忽析而为三，何也？曰：明史学也。贾子尝言：古人治天下，至纤至析。余考之于《周官》，而知古人之于史事，未尝不至纤析也。外史掌四方之志，注谓："若晋《乘》、鲁《春秋》、楚《梼杌》之类"，是一国之全史也。而行人①又献五书，太师②又陈风诗。详见《志科议》③，此但取与三书针对者。是王朝之取于侯国，其文献之征，固不一而足也。苟可阙其一，则古人不当设是官；苟可合而为一，则古人当先有合一之书矣。

[注释]

①行人：《周礼》秋官司寇属官，有大行人、小行人之分，掌管接待四方邦国的宾客使臣。②太师：西周、春秋时掌管音乐的官员。③《志科议》：即《州县请立志科议》。

[译文]

有人说：方志由来已久，从未有过将方志分开而作三种书的。现在忽然分开为三种，这是为什么呢？我的回答是：突出方志的史学性。贾谊曾经说过：古人治理天下，划分得极为细致周密。我从《周官》中考察得之，古人对于历史，未尝不极细致周到。"外史掌管各个方国的记录"，注说："四方之志指晋《乘》、鲁《春秋》、楚《梼杌》之类"，这是一国的全史。而行人又献上五种书，太师又呈上民间诗歌。（详见《志科议》，这里仅仅取和三书相符合的。）这样，朝廷从侯国取得的文献资料就不止一个方面了。假设可以缺少其中一方面，那么古人就不应该设立这些官职了；假设可以合并为一种，那么古人早就有了合并为一体的书了。

或曰：封建罢为郡县，今之方志，不得拟于古国史也。曰：今之天下，民彝物则，未尝稍异于古也。方志不得拟于国史，以

方志立三书议　357

言乎守令之官，皆自吏部迁除，既已不世其家，即不得如侯封之自纪其元于书耳。其文献之上备朝廷征取者，岂有异乎？人见春秋列国之自擅，以谓诸侯各自为制度，略如后世割据之国史，不可推行于方志耳。不知《周官》之法，乃是同文共轨之盛治，侯封之禀王章，不异后世之郡县也。

[译文]

　　有人说：封邦建国制度废止而实行郡县制，当今的方志，不能比照古时诸侯国史。我的回答是：现在的天下，伦理道德准则、事物法则，未尝和古代有稍微不同。方志不能比照诸侯国史，指的是郡守、县令这些官职都由吏部调任，既然已经不是世袭，那么方志就不能像诸侯国那样用自己纪元记载本国历史。但文献预留给朝廷征取的作用，难道有什么不同吗？世人见到春秋各国自行擅权，各自实行自己的制度，诸侯国史大概像后世地方诸侯割据时的地方史，这套制度不可再行于方志罢了。他们不知道，《周官》的制度是使用共同文字、共同车轨的盛世制度，各地侯国奉行朝廷的法令，与后世的郡县没有什么不同。

　　古无私门之著述，六经皆史也。后世袭用而莫之或废者，惟《春秋》《诗》《礼》三家之流别耳。纪传正史，《春秋》之流别也；掌故典要，"官礼"之流别也；文征诸选，"风诗"之流别也。获麟绝笔①以还，后学鲜能全识古人之大体②，必积久而后渐推以著也。马《史》、班《书》以来，已演③《春秋》之绪④矣；刘氏《政典》、杜氏《通典》始演"官礼"之绪焉；吕氏《文鉴》、苏氏《文类》始演"风诗"之绪焉。并取括代为书，互相资证，无空言也。

[注释]

　　①获麟绝笔：春秋时鲁哀公十四年（前481）狩猎时得麒麟，相传孔子

作《春秋》到"西狩获麟"而辍笔。②大体：重要的义理，有关大局的道理。③演：根据事理推广发挥。④绪：前人未完成的事业，功业。

[译文]

古代没有私人的著作，六经都是史书。后世沿用而没有废除的，只有《春秋》《诗》《礼》三种流派了。纪传体正史，是《春秋》的流派；档案、政典，是《周礼》的流派；文章选集之类，是《诗》的流派。自孔子《春秋》成书以来，后世学者很少能完全理解古人有关大局的道理，必须经过较长时间的积累然后才逐渐明白。司马迁《史记》、班固《汉书》以来，发扬了《春秋》的遗业；刘秩《政典》、杜佑《通典》，则发扬了《周礼》一派；吕祖谦《宋文鉴》、苏天爵《元文类》，发扬了《诗经》的功业。以上诸书，都是涵盖一代，编纂成书，互相引证，没有泛泛而谈。

或曰：文中子①曰："圣人述史有三，《书》《诗》与《春秋》也。"今论三史，则去《书》而加《礼》，文中之说，岂异指欤？曰：《书》与《春秋》本一家之学也，《竹书》虽不可尽信，编年盖古有之矣。《书》篇乃史文之别具，古人简质，未尝合撰纪传耳。左氏以传翼经，则合为一矣。其中辞命，即训、诰之遗也；所征典实，即《贡》《范》之类也。故《周书》讫平王，《秦誓》②乃附侯国之书。而《春秋》托始于平王，明乎其相继也。左氏合而马、班因之，遂为史家一定之科律，殆如江、汉分源而合流，不知其然而然也。后人不解，而以《尚书》《春秋》分别记言记事者，不知六艺之流别者也。若夫《官礼》之不可阙，则前言已备矣。

[注释]

①文中子：即王通，王通（584—617）字仲淹，号文中子，隋朝河东郡龙门县（今山西河津）人，著名教育家、思想家。②《秦誓》：《尚书》中最

后一篇,是春秋时秦穆公率军在崤山败于晋军归后,在军中的誓词。

[译文]

有人说:王通曾说:"圣人著有三部史书,即《书》《诗》《春秋》。"而当今谈论的三种史书,去掉了《书》而加上《礼》,与文中子的说法难道有什么不同吗?回答是:《书》和《春秋》本来就是一派的学术。《竹书纪年》虽然不可全信,但说明编年体在古代就已经出现。《尚书》的篇章是别具风格的史书文字,古人简朴,没有聚合写成纪传罢了。左氏用传辅经,则合二为一了。其中的应对言辞,就是训、诰体的遗留;所引证的典故史实,就是《禹贡》《洪范》一类。所以《周书》到平王时截止(《秦誓》是附入侯国的书),而《春秋》从平王时代开始,表明它是继承《尚书》的。左氏合传、经,司马迁、班固承袭,于是成为史学家固定的准则,就像长江、汉水源头不同而合流,也就不知道为什么是这样了。后人不了解底细,而将《尚书》《春秋》当作分别记言、记事的体裁,这是不知道六经的流派。至于《周官》的不可缺少,前面已经说得很清楚了。

或曰:《乐》亡而《书》合于《春秋》,六艺仅存其四矣。既曰六经皆史矣,后史何无演《易》之流别欤?曰:古治详天道而简于人事,后世详人事而简于天道,时势使然,圣人有所不能强也。上古云鸟纪官,命以天时,唐、虞始命以人事。《尧典》详命羲、和,《周官》保章,仅隶春官之中秩,此可推其详略之概矣。《易》之为书也,开物成务,圣人神道设教,作为神物,以前民用。羲、农、黄帝不相袭,夏、商、周代不相沿,盖与治历明时,同为一朝之创制,作新兆人之耳目者也。后世惟以颁历授时为政典,而占时卜日为司天之官守焉,所谓天道远而人事迩,时势之不得不然。是以后代史家,惟司马犹掌天官,而班氏以下，不言天事也。

[译文]

有人说：《乐经》亡佚后，《尚书》开始融合到《春秋》，六经只剩下了四经了。既然说六经都是史书，为什么后世史书没有延续《易经》的流派呢？答道：古时治理天下详于天道而略于人事，后世详人事而略天道，这是由时势决定的，圣人也有不能勉强的地方。上古时期用云名、鸟名作官名，是根据天时来确定的；唐尧、虞舜开始，根据人事来命名。《尧典》详细命令羲、和，《周官》里的保章氏一职只是隶属于春官的中等级别，由此可以推断之所以详细和简略的大概情形了。《易经》作为揭示事理、成就事业的一部书，圣人利用鬼神迷信作为教育手段，用来引导百姓使用。伏羲、神农、黄帝不相承袭，夏、商、周三代不相沿用，大概这和制定历法说明法令，同是一个朝代的制度创新，都是让百姓有耳目一新感觉的手段。后世只颁布历法、时令作为典章制度，预测天象成为掌管观测天象官员的职责，这就是所说的天道远而人事近，时势不得不这样的结果。所以后世的史学家只有司马迁还掌管天文，而班固之后的史学家已不再谈论天文之事了。

或曰：六经演而为三史，亦一朝典制之巨也。方州蕞尔①之地，一志足以尽之，何必取于备物②欤？曰：类例不容合一也。古者天子之服，十有二章③，公、侯、卿、大夫、士差降，至于元裳一章，斯为极矣。然以为贱，而使与冠履并合为一物，必不可也。前人于六部卿监④，盖有志矣。然吏不知兵而户不侵礼，虽合天下之大，其实一官之偏，不必责以备物也。方州虽小，其所承奉而施布者，吏、户、礼、兵、刑、工无所不备，是则所谓具体而微⑤矣。国史于是取裁，方将如《春秋》之藉资于百国宝书也，又何可忽欤？

[注释]

①蕞尔：形容小。②备物：备办各种器物。③章：古代君臣礼服上的图案。每图为一章。天子十二章，公九章，以下群臣按七、五、三章递减，至玄裳一章。文中改玄裳为元裳，是避清朝康熙帝玄烨讳。④六部：指中央机构吏部、户部、礼部、兵部、刑部、工部。卿：封建社会中央事务机构的长官，汉代有太常等九卿。监：封建社会官府机构名称，如国子监。⑤具体而微：指事物的各个组成部分大体都有了，不过形状和规模比较小些。具体，各部分已大体具备。微，微小。

[译文]

有人说：六经演变为三史，也是一个朝代典章制度中的重要部分。州郡这样的小地方，一部志书就足以囊括全部，何必要求全面呢？答道：类别和体例不允许合而为一。古时天子的服饰有十二章，公、侯、卿、大夫、士依次递减，到玄裳一章，算是到底儿了。如果认为它卑微，就将它和鞋帽合起来当作一样东西，一定是不行的。前人对于六部卿、监，作过志书了。但是吏部不知道兵部，而户部也不侵夺礼部，虽然空间上涵盖了全国，实际上是一个官署的部分，不必求全责备。州郡虽然较小，但它所承受并施行的政策，吏、户、礼、兵、刑、工无所不备，这就是所谓麻雀虽小，五脏俱全。国史从这里选取资料，就像《春秋》选取各国史书，又怎么能被忽视呢？

或曰：自有方志以来，未闻国史取以为凭也。今言国史取裁①于方志，何也？曰：方志久失其传，今之所谓方志，非方志也。其古雅者，文人游戏、小记短书②、清言丛说而已耳；其鄙俚者，文移案牍、江湖游乞、随俗应酬而已耳。搢绅先生每难言之。国史不得已而下取于家谱、志状、文集、记述，所谓礼失求诸野也。然而私门撰著，恐有失实，无方志以为之持证，故不胜其考核之劳，且误信之弊，正恐不免也。盖方志亡而国史之受病也久矣。方志既不为国史所凭，则虚设而不得其用，所谓觚不觚③也，方志乎哉！

[注释]

①取裁：选取。②短书：小说、杂记之类的书籍。③觚不觚：比喻事物名实不符。觚，酒器，身长，口部与底部呈喇叭状。孔子慨叹觚的形制发生变化，不合古法。

[译文]

有人说：有方志以来，就没听说国史采取方志资料作为证据。现在说国史选取方志，为什么呢？答道：方志长期失去传承，现在人们口中的方志不是真正意义上的方志。那些古雅的，是文人游戏、小说杂记、清谈丛说而已；那些粗陋的，是公文案卷、江湖乞丐、随世俗应酬而已。著名的士大夫常常没法说它们。国史不得已，只好向下采取家谱、墓志、行状、文集、记述，所谓礼制消亡而从郊野求取。然而私人著述，恐怕有失实的地方，没有方志为它们佐证，所以承受不了考察核实的劳苦，且误信的弊端也是不可避免的。方志消亡而国史受到牵连也很久了。方志既然不能作为国史的凭据，那是摆摆样子，没有实际的用处，所谓的觚不再像觚，名实不符，说的恐怕就是方志了！

或曰：今三书并立，将分向来方志之所有而析之欤？抑增方志之所无而鼎立欤？曰：有所分，亦有所增，然而其义难以一言尽也。史之为道也，文士雅言与胥吏簿牍，皆不可用；然舍是二者，则无所以为史矣。孟子曰：其事、其文、其义，《春秋》之所取也。即簿牍之事，而润以尔雅之文，而断之以义，国史、方志，皆《春秋》之流别也。譬之人身，事者其骨，文者其肤，义者其精神也。断之以义，而书始成家。书必成家，而后有典有法，可诵可识，乃能传世而行远。故曰：志者，志也，欲其经久而可记也。

[译文]

有人说：现在三种书并立，是将向来的方志所含的名目加以分开，还是增加原来方志所没有的而三足鼎立呢？答道：有分开的，也有新增的，其中意思，一言难尽。治史的套路，文人的文辞和胥吏的公文都不能用；但舍弃这两种作品，也没其他材料了。孟子说：事情、文辞、思想，是《春秋》的三大要素。就是对胥吏的公文记录，用儒雅的文辞修饰，再融入大义评判而已，国史、方志均属于《春秋》的流别。这就好比人的身体，事如骨骼，文辞如肌肤，思想如精神。须用思想加以贯串，史书才可能自成一家。书必定自成一家后，才有规则有法度，可以背诵，可以理解，然后可以流传至后世。所以说：志就是记载，是想长久保存而记载下来。

或曰：志既取簿牍以为之骨矣，何又删簿牍而为掌故乎？曰：说详《亳州掌故》之例议矣，今复约略言之。马迁八书[1]皆综核典章，发明大旨者也。其《礼书》例曰："笾豆之事，则有司存。"此史部书志之通例也。马迁所指为有司者，如叔孙朝仪、韩信军法、萧何律令，各有官守而存其掌故，史文不能一概而收耳。惜无刘秩、杜佑其人，别删掌故而裁为典要。故求汉典者，仅有班《书》，而名数不能如唐代之详，其效易见也。则别删掌故以辅志，犹《唐书》之有《唐会要》[2]，《宋史》之有《宋会要》[3]，《元史》之有《元典章》[4]，《明史》之有《明会典》[5]而已矣。

[注释]

[1]马迁八书：《史记》八书即礼、乐、律、历、天官、封禅、河渠、平

准。②《唐会要》：宋初王溥撰。记述唐代典章制度的沿革变迁。唐德宗时苏冕编四十卷，宣宗时杨绍复续编四十卷。王溥重加整理，并补收唐末史事。③《宋会要》：宋代各朝连续编修会要，成书二千二百余卷，未刊行。元灭南宋，稿本北运。明代编《永乐大典》，曾采用《宋会要》。清嘉庆时，徐松从《永乐大典》中辑出，名为《宋会要辑稿》，三百六十六卷。④《元典章》：六十卷，附新集不分卷。元代官修，记载元英宗以前的典章制度，分为十门。今人陈垣有《元典章校补》十卷。⑤《明会典》：明代李东阳等撰，一百八十卷，弘治十五年（1502）成书。万历十五年（1587）年续修书成，二百二十八卷。

[译文]

有人说：方志既然已经将公文作为方志的骨骼，为什么又要删减公文而作为掌故呢？答道：答案详见《亳州掌故》的例义，现在再大致说一下。司马迁《史记》里的八书都是综合考察典章制度，阐明核心主旨的。《礼书》凡例谈道："祭祀和礼节仪式，自有主管这些事务的官吏来负责。"这是史籍书志的通行原则。司马迁所指的主管官吏，如叔孙通制定朝仪、韩信申明军法、萧何制定法律法令，各有官员保存自己的掌故，史书不可能一概地收录。可惜的是，没有刘秩、杜佑这样的人去删减、选取掌故而编为简要而有法度的典章制度书。所以研究汉代的典章制度，只有班固的《汉书》，而礼仪制度记录不可能像唐代那样详细，这样的后果也不言自明。节取掌故用来补充志，就像《唐书》有《唐会要》，《宋史》有《宋会要》，《元史》有《元典章》，《明史》有《明会典》，道理是相通的。

或曰：今之方志所谓艺文，置书目而多选诗文，似取事言互证，得变通之道矣。今必别撰一书为文征，意岂有异乎？曰：说详《永清文征》之序例矣，今复约略言之。志既仿史体而为之，则诗文有关于史裁①者，当入纪传之中，如班《书》传志所载汉廷诏疏诸文可也。以选文之例而为艺文志，是《宋文鉴》可合《宋史》为一书，《元文类》可合《元史》为一书矣，与纪传中所载之文，何以别乎？

[注释]

①史裁：历史记录。

[译文]

有人说：当今方志所说的艺文，搁置书目而大多选取诗文，似乎是采取了叙事和议论结合的方法，掌握了变通的道理。现在一定得另外撰写一部文征，意思难道有所不同吗？答道：答案详见《永清文征》的序例，现在再大略谈一谈。方志既然是仿照史书体例而著的，那么与历史有关的诗文，应该被收入纪传里，如班固的《汉书》传、志所记载的汉朝诏令、奏章疏文那样就可以了。按照诗文选集的体例而作艺文志，那是将《宋文鉴》和《宋史》合成一部书，《元文类》可以和《元史》合为一部书了，这和纪传中所载的文章，用什么区别呢？

或曰：选事仿于萧梁，继之《文苑英华》与《唐文粹》，其所由来久矣。今举《文鉴》《文类》始演风诗之绪，何也？曰：《文选》《文苑》诸家，意在文藻，不征实事也。《文鉴》始有意于政治，《文类》乃有意于故事①，是后人相习久，而所见长于古人也。

[注释]

①故事：旧事、旧业、先例、典故。

[译文]

有人说：选文开始于萧梁《昭明文选》，其后有《文苑英华》与《唐文粹》，来源已经很早了。现在举出《宋文鉴》《元文类》

开始发扬《诗经》的遗业,为什么呢?答道:《文选》《文苑英华》诸家的编辑,重在文采,不重视实事。《宋文鉴》开始着意于政治作品,《元文类》才开始重视旧事记录作品。这是由于后人沿袭时间长,见识比古人深远。

或曰:方州文字无多,既取经要之篇入纪传矣,又辑诗文与志可互证者别为一书,恐篇次寥寥无几许也。曰:既已别为一书,义例自可稍宽。即《文鉴》《文类》,大旨在于证史,亦不能篇皆绳以一概也。名笔佳章,人所同好,即不尽合于证史,未尝不可兼收也。盖一书自有一书之体例,《诗》教自与《春秋》分辙也。近代方志之艺文,其猥滥①者,毋庸议矣。其稍有识者,亦知择取其有用,而慎选无多也。不知律以史志之义,即此已为滥收。若欲见一方文物之盛,虽倍增其艺文,犹嫌其隘矣。不为专辑一书,以明三家之学,进退皆失所据也。

[注释]

①猥滥:多而滥。

[译文]

有人说:有关州郡的文字作品不多,已经选取经典重要篇目入纪传了,又收录诗文与志能够互相印证的另编一部书,恐怕剩下的篇章不多了。答道:既然已经另作一书,主旨和体例自然也可以稍微放宽。就《宋文鉴》《元文类》来说,主旨在于补证史实,也不可能每篇都用一个标准来衡量。名笔佳章,人们都喜爱的,即使不完全符合证史要求,也可以考虑顺带着收录进来。大概一部书自有一部书的体例,《诗》的宗旨自然与《春秋》有所不同。近代方志的艺文部分多而滥,不用再谈了。稍有见识的人,也知道选取有用的文章,慎重选择,数量不必太多。不知道用史书型方志的道理来衡量,已经是滥收。如果想展现一个地区文化的兴盛,即使加倍增加艺文的篇幅，还嫌它狭隘啊！不为此编辑一书，以彰显三家的学术，那么前进与后退都失掉依据了。

或曰：《文选》诸体无所不备，今乃归于风诗之流别，何谓也？曰：说详《诗教》之篇矣，今复约略言之。《书》曰："诗言志。"古无私门之著述，经子诸史，皆本古人之官守；诗则可以惟意所欲言。唐、宋以前，文集之中无著述。文之不为义解经学、传记史学、论撰子家诸品者，古人始称之为文。有其义解、传记、论撰诸体者，古人称书，不称文也。萧统《文选》合诗文而皆称为文者，见文集之与诗同一流别也。今仿选例而为文征，入选之文，虽不一例，要皆自以其意为言者，故附之于风诗也。

[译文]

有人说：《文选》收罗各种文体，无所不备，现在却将它归入《诗经》流派，为什么？答道：答案详见《诗教》篇了，现在再大略谈谈。《尚书》说："诗可以表达一个人的思想。"古代没有私人著述，经、子、诸史，都源出于古时的官员职守；只有诗可以说各人想说的话。唐宋以前，文集中没有著述。不是解释经书的思想（经学）、传记（史学）、论撰（子家）等类型的文章，古人才称它是文。有义解、传记、论撰诸体的，古人称为书，不称为文。萧统《文选》，综合诗、文作品，都称之为文，他看出了文集和诗是同一流派。现在仿照《文选》体例编辑文征，入选的诗文，虽然种类不一，总之说的都是自己的话，所以附于《诗经》流派里。

或曰：孔衍有《汉魏尚书》，王通亦有《续书》，皆取诏诰章疏，都①为一集，亦《文选》之流也。然彼以衍书家，而不以入诗部，何也？曰：《书》学自左氏以后，并入《春秋》。孔衍、王通之徒不达其义而强为之，故其道亦卒不能行。譬犹后世，济水已入于河，而泥《禹贡》者，犹欲于荥泽、陶丘浚故道也。

[注释]

①都：总。

[译文]

有人说：孔衍有《汉魏尚书》，王通也有《续书》，都是取自诏诰章疏，汇总成一集，也是《文选》一派。但它们被看作延伸《尚书》的一派，而没有列入《诗经》一派，为什么呢？答道：《尚书》学自左氏以后，被并入《春秋》学。孔衍、王通一类人，不了解其中的道理而勉强作书，因此他们的主张终不能通行。譬如后世，济水已并入黄河，而拘泥于《禹贡》的人，还想在荥泽、陶丘疏浚故道。

或曰：三书之外，亦有相仍而不废者，如《通鉴》之编年，本末之纪事，后此相承，当如俎豆之不祧矣。是于六艺何所演其流别欤？曰：是皆《春秋》之支别也。盖纪传之史本衍《春秋》家学；而《通鉴》即衍本纪之文，而合其志传为一也。若夫纪事本末，其源出于《尚书》；而《尚书》中折而入于《春秋》，故亦为《春秋》之别也。马、班以下，代演《春秋》于纪传矣；《通鉴》取纪传之分，而合之以编年；《纪事本末》又取《通鉴》之合，而分之以事类；而因事命篇，不为常例，转得《尚书》之遗法。所谓事经屡变而反其初，贲饰①所为受以剥，剥穷所为受以复也。譬烧丹砂以为水银，取水银而烧之，复为丹砂，即其理矣。此说别有专篇讨论②，不具详也。此乃附论，非言方志。

[注释]

①贲饰：装饰；文饰。②别有专篇讨论：指《书教下》篇。

[译文]

有人说：三种书之外，也有相承袭而留存的，如《通鉴》的编年，《通鉴纪事本末》的纪事，后来相沿袭，应当如祭祀始祖而不迁庙了。这在六经中，延续的是什么流派呢？答道：这些都是《春秋》的支派。大概纪传体史书，本来继承《春秋》派学术；而《通鉴》则是拓展本纪文字，将志、传内容合在一起了。至于纪事本末体，它来源于《尚书》；而《尚书》体后来转而进入《春秋》，所以纪事本末也是《春秋》这一流派。司马迁、班固以下，交替着用纪传体发扬《春秋》派；《通鉴》选取纪传体内容，用编年法汇编一起；《通鉴纪事本末》又取《通鉴》所汇编的内容，按史事的不同专题加以分类；根据不同性质的事情来确定专题名称，不受惯例限制，反而得到《尚书》遗留的精神。所谓事物屡经变乱反而回到初始状态，文饰之后是剥落，剥落到了头又到了回复。譬如烧丹砂变成水银，取水银来烧，又变成了丹砂，就是这道理。这个道理另外有专门论述，这里不再详细谈论了。（这是附论，不是说方志。）

或曰：子修方志，更于三书之外，别有《丛谈》[①]一书，何为邪？曰：此征材之所余也。古人书欲成家，非夸多而求尽也。然不博览，无以为约取地；既约取矣，博览所余，拦入则不伦，弃之则可惜，故附稗野说部[②]之流而作丛谈，犹经之别解，史之外传，子之外篇也。其不合三书之目而称四，何邪？三书皆经要，而丛谈则非必不可阙之书也。前人修志，则常以此类附于志后，或称余编，或称杂志。彼于书之例义，未见卓然成家，附于其后，故无伤也。既立三家之学，以著三部之书，则义无可藉，不如别著一编为得所矣。《汉志》所谓小说家流，出于稗官[③]。街谈巷议，亦采风所不废云尔。

[注释]

①《丛谈》：章学诚为毕沅修《湖北通志》，立有《丛谈》，分四卷：考据、逸事、琐语、异闻。②说部：指笔记、小说、杂著一类的书籍。③稗官：据《汉书》颜师古注，为先秦小官，采集街谈巷语，以供君主了解风俗。

[译文]

有人说：你编修方志，在三书之外另有《丛谈》一书，为什么呢？答道：这是处理所收集剩余材料的。古人著书若想自成一家，不是靠夸耀数量多而求全备。然而不广泛阅读，就无法约取资料；既然已经约取，阅览剩余资料，掺杂进去不伦不类，丢掉又可惜，因此被附入野史、笔记之类，为作丛谈，犹如经部的别解、史部的外传、子部的外篇。它不属于三书的名目而与三书并列为四，是为什么呢？三书都关乎重要内容，而丛谈就不是不可或缺的了。前人修志，常把这一类附在志后，有的称为余编，有的称作杂志。在书的主旨和体例方面，它们没有突出的地方，把这一类附在后面，无伤大体。既然设立了三家的学术，来著录三部内容，那么原则就不能坏，不如另外撰述一部，便合适了。这就是《汉书·艺文志》所说的小说家流，出自稗官。街谈巷议，这也是了解民风民俗不可或缺的。

州县请立志科议

[题解]

通过多次修志实践活动，章学诚感到修方志取材不容易，主要原因在于没有形成修志的组织制度，因此他提出州县设立志科的建议。本篇详细论证了这些建议。

本篇选自《文史通义新编新注》外篇四，成于乾隆五十七年（1792）前。

鄙人①少长贫困，笔墨干人，屡膺志乘之聘，阅历志事多矣。其间评骘古人是非，斟酌后志凡例，盖尝详哉其言之矣。要皆披文相质②，因体立裁。至于立法开先，善规防后，既非职业所及，嫌为出位之谋，间或清燕谈天，辄付泥牛入海③。美志不效，中怀阙如。然定法既不为一时，则立说亦何妨俟后？是以愿终言之，以待知者择焉。

[注释]

①鄙人：自称的谦辞。②披文：披阅文章。相质：彼此质询，对质。③泥牛入海：比喻一去不复返，杳无消息。

[译文]

本人从年少到成年一直贫困，凭借笔墨应人之托，多次被聘请编修方志，看到和经历的方志事务有很多。这期间评判古人是非功过，考察以后修志的凡例，曾详细谈论过了。总之，都是披阅文章，彼此质询，根据事物实际确定体裁。至于建立规则、开创先例，妥善制定规则、防止以后出现弊端，既不是职业涉及的，又涉嫌谋划了超出本分的事情，所以只在闲聊时谈及，结果别人听后杳无消息。美好的理想不能实现，内心总有一种失落感。然而既不为一时事情确定规则，那么建立学说又何妨等后人？所以最终愿意说出来，以供有识之士选择。

按《周官》宗伯之属，外史掌四方之志，注谓若晋《乘》、楚《梼杌》之类，是则诸侯之成书①也。成书岂无所藉？盖尝考之周制，而知古人之于史事，未尝不至纤悉也。司会②既于郊野、县都掌其书契、版图之贰；党正③属民④读法，书其德行道艺；闾胥⑤比众，书其敬敏任恤；诵训⑥掌道方志，以诏观事，掌道方慝⑦，以诏避忌，以知地俗；小史⑧掌邦国之志，奠系世，辨昭穆；训方⑨掌导四方之政事，与其上下之志，诵四方之传道；形方⑩掌邦国之地域，而正其封疆；山师、川师⑪各掌山林川泽之名，辨物与其利害；原师掌四方之地名，辨其邱陵、坟衍⑫、原隰⑬之名。是于乡遂⑭都鄙之间，山川风俗，物产人伦，亦已巨细无遗矣。至于行人之献五书，职方之聚图籍，大师之陈风诗，则其达之于上者也。盖制度由上而下，采摭由下而上，惟采摭备，斯制度愈精，三代之良法也。后世史事，上详于下。郡县异于封建，方志不复视古国史，而入于地理家言，则其事已偏而不全。且其书无官守制度，而听人之自为。故其例亦参差而不可为典要，势使然也。

[注释]

①成书：完整的书。②司会：天官的属官，辅助管理财政经济及对群官政绩的考察。③党正：地官的属官，一党的长官，一党含五百户。④属民：聚

集民众。⑤闾胥：地官的属官，一闾的长官。二十五户为一闾。⑥诵训：地官的属官，掌为王者述说四方久远故事，说明各地风俗所忌讳的言语；王者巡狩，随从王车左右。⑦方慝：谓各地的忌讳。⑧小史：春官的属官，为大史助手，掌管史书、帝王世系及礼仪等。⑨训方：夏官的属官，掌管述说四方诸侯政事等情况，及训导四方人民。⑩形方：夏官的属官，掌制邦国的地域和疆界。⑪山师、川师：夏官的属官，职掌见文中。⑫坟衍：指水边和低下平坦的土地。⑬原隰：平原和低下的地方。⑭乡遂：城郊一万二千五百家为乡，远郊一万二千五百家为遂。

[译文]

　　考察《周官》宗伯的属官，外史掌管各个方国的记录，注指晋国《乘》、楚国《梼杌》之类，这是诸侯的完整之史。完整之史怎么会没有参考资料？曾经考察周代制度，了解了古人对于史事记录，未尝不是非常详细完备。司会对郊野县邑掌管书契、地图等副本；党正召集百姓学习法令，记录他们的德行和才艺；闾胥考核百姓，记录他们的恭敬、敏达、诚信、乐于助人的德行；诵训掌管记述方志，以供君主查阅，掌管叙述四方的忌讳，让君主知道各地的忌讳，能了解各地的风俗；小史掌管邦国的记录，确定世系，辨别辈分；训方掌管叙述四方诸侯国的政事和诸侯君臣上下的心意，传诵地方世代传说的故事；形方掌管划定朝廷和诸侯国的地域，确定他们的疆界；山师、川师各掌山林、川泽的名称，辨别物产及其利益和害处；原师掌管各地的地名，辨别丘陵、河岸、平原、低地的名称。由此可知，对乡野与都邑之间的山川、风俗、物产、人伦等，大小没有遗漏。至于行人呈献五种书，职方收集图籍，大师上呈民间诗歌，那些是要向上面汇报的东西。制度施行由上而下，地情采择则是由下而上，只有信息采择完备，管理制度才会更加严密，这是夏商周三代确立制度的好方法。后世的史事，上面的记录比下面的详细。郡县制和封建制不同，方志不再被视作古时的诸侯国史而被列入地理书籍，如此，这种做法已经偏颇而不再全面了。况且编修方志没有官方的记录制度，而听任私人自己著作。所以方志的体例也不尽相同，不能成为典要样式，这是由时势决定的。

夫文章视诸政事而已矣。三代以后之文章，可无三代之遗制；三代以后之政事，不能不师三代之遗意也。苟于政法亦存三代文章之遗制，又何患乎文章不得三代之美备哉？天下政事，始于州县，而达乎朝廷，犹三代比闾族党①，以上于六卿；其在侯国，则由长帅正伯②，以通于天子也。朝廷六部尚书之所治，则合天下州县六科吏典之掌故以立政也。其自下而上，亦犹三代比闾族党、长帅正伯之遗也。六部必合天下掌故而政存，史官必合天下纪载而籍备也。乃州县掌故，因事为名，承行典吏，多添注于六科之外；而州县纪载，并无专人典守，大义阙如。间有好事者流，修辑志乘，率凭一时采访，人多庸猥，例罕完善，甚至挟私诬罔③，贿赂行文。是以言及方志，荐绅先生每难言之。史官采风自下，州县志乘如是，将凭何者为笔削资也？

［注释］

①比闾族党：据《周礼》，五家为比，五比为闾，四闾为族，五族为党，分别有比长、闾胥、族师、党正。②长帅正伯：据《礼记》，五国为属，属有长；十国为连，连有帅；三十国为卒，卒有正；二百一十国为州，州有伯。③诬罔：欺骗。

［译文］

把文章看作政治事务就行了。三代之后的文章，可以没有三代遗留的制度；三代之后的政事，不能不学习三代遗留的意图。倘若在政治法令中也保留三代文章遗留的制度，又怎么担心文章无法达到三代时的完美呢？天下的行政事务，始于州县，最终到达朝廷，犹如三代时的比闾族党到朝廷六卿；在诸侯国中，则由长帅正伯将政事上报天子。朝廷六部尚书治理的，则是汇合天下州县里的六科官员的旧例来执行政务。这种自下而上的体制，也好比三代时的比间族党、长帅正伯的遗留。六部必然综合天下旧例才能使政务有效执行，史官也必然综合天下记载才能使文献完备。于是州县旧例，依据事务不同而设立名目，承办事务的官吏，也大都是在六科之外任命；而州县的记载，没有设定专人主管，丧失了大义。偶尔有好事的人编修方志，佐证资料也多是短期搜集到的，作者也多是平庸浅陋之辈，体例也很少有完备的，甚至带有私心欺上瞒下、接受贿赂写作的。所以说到方志，士大夫们常常不好说。史官们从民间收集资料，州县的方志像这样，拿什么作为著述的来源资料呢？

且有天下之史，有一国之史，有一家之史，有一人之史。传状志述，一人之史也；家乘谱牒，一家之史也；部府县志，一国之史也；综纪一朝，天下之史也。比人而后有家，比家而后有国，比国而后有天下。惟分者极其详，然后合者能择善而无憾也。谱牒散而难稽，传志私而多谀，朝廷修史，必将于方志取其裁。而方志之中，则统部①取于诸府，诸府取于州县，亦自下而上之道也。然则州县志书，下为谱牒传志持平②，上为部府征信③，实朝史之要删也。期会工程，赋税狱讼，州县恃有吏典掌故，能供六部之征求。至于考献征文，州县仅恃猥滥无法之志乘，曾何足以当史官之采择乎？州县挈要之籍，既不足观，宜乎朝史宁下求之谱牒传志而不复问之州县矣。

[注释]

①统部：行政大区，指省级政区。②持平：主持公平；不偏袒。③征信：信而可征。

[译文]

并且有天下的历史，有诸侯国的历史，有大夫家的历史，有个人的历史。传记、行状、墓志铭、行述是个人的历史；家史、家谱，是一家的历史；部、府、县志，是一国的历史；综合记录一个朝代，是天下的历史。多个人组成家，多个家组成国，多个国组成了天下。只有各个部分极其详备了，然后综合时才能选择到好的而没有遗憾。家谱散逸而难以考察，传记、墓志带私意而多恭维之语，朝廷修史，必定要在方志中选择材料。方志当中，省级政区从各府中选取，各府又从各州县选取，也是从下到上的途径。然而州县的志书，对下为家谱、传记、墓志保持客观，对上为省府资料取信，实质是朝廷修史删繁提要的依据。限期完成的工程、赋税、法律案件，州县凭着有官员掌管掌故，可以供朝廷六部采择。至于考究文献、收集文献，州县只能依靠杂乱繁多、没有法度的方志，怎么能够满足史官的选择要求呢？既然州县简要记录之志不值得阅读，那朝廷修史宁可眼光向下从家谱、传记、墓志中选取资料，也不愿从州县方志中选取资料也就不奇怪了。

夫期会工程，赋税狱讼，六部不由州县，而直问于民间，庸有当欤？则三代以后之史事，不亦难乎？夫文章视诸政事而已矣，无三代之官守典籍，即无三代之文章；苟无三代之文章，虽有三代之事功，不能昭揭如日月也。令史案牍，文学之儒，不屑道也；而经纶政教，未有舍是而别出者也。后世专以史事责之于文学，而官司掌故不为史氏备其法制①焉，斯则三代以后，离质言文，史事所以难言也。今天下大计②，既始于州县，则史事责成，亦当始于州县之志。州县有荒陋无稽之志，而无荒陋无稽之令史案牍。志有因人臧否、因人工拙之义例文辞，案牍无因人臧否、因人工拙之义例文辞。盖以登载有一定之法，典守有一定之人，所谓师三代之遗意也。故州县之志，不可取办于一时，平日当于诸典吏③中特立志科，金典吏之稍明于文法者以充其选。而且立为成法，俾如法以纪载，略如案牍之有公式焉，则无妄作聪明之弊矣。积数十年之久，则访能文学而通史裁者，笔削以为成书，所谓待其人而后行也。如是又积而又修之，于事不劳，而功效已为文史之儒所不能及，所谓政法亦存三代文章之遗制也。

[注释]

①法制：方案，格式。②大计：明清考核外官的制度叫作大计，每三年一次。③典吏：清代各级地方官府的吏员的通称。

[译文]

限期完成的工程、赋税和法律案件，六部不经过州县而直接询问民间，合适吗？那么三代以后的史事，不也困难吗？把文章看成政事嘛，没有三代的官员职掌典籍，就没有三代的文章；倘若无三代的文章，即使有三代的功绩，也不能像日月那么明显。胥吏的公文，有文才的儒生不屑于谈论；而国家治理、政治教化，没有舍弃这些而另外产生的。后世专门把历史交由文学之士去做，而不为史家建立完备的各部旧事记录制度，这就是三代以后离开质朴谈文辞，史事所以不好说的原因。当今天下大事，既然从州县开始，那么史事也应当从州县方志开始完成。州县有荒疏浅陋没有根据的方志，而没有荒疏浅陋没有根据的胥吏公文。方志有由于作者不同而评价不同，由于作者不同而精巧、拙劣不同的体例文章；公文没有由于作者不同而评价不同，由于作者不同而精巧、拙劣不同的体例文章。大概是因为历史记载有特定的规则，记载也有特定的人，这也是效法三代遗留的精神。因此州县方志不能仓促完成，平时就应当在官职中特别设立志科，选派官员中略懂文章的人来担当其职。而且，要确立记载规则，让他们依照规则来记载，就像如公文写作有格式，如此可以避免自作聪明的弊病。积累几十年后，再访求有文才、通晓史学的人对资料加以整理，编纂成书，这就是所说的等待适合的人再来做。这样又积累又编修，编方志才不费力，而功效已经是从事文史的儒者不能达到的了。这就是所说的在政事法令中保留三代文章遗留的规则。

然则立为成法将奈何？六科案牍，约取大略，而录藏其副可也。官长师儒去官之日，取其平日行事善恶有实据者，录其始末可也。所属之中，家修其谱，人撰其传志状述，必呈其副。学校师儒采取公论，核正而藏于志科可也。所属人士，或有经史撰著，诗辞文笔，论定成编，必呈其副，藏于志科，兼录部目可也。衙廨城池，学庙祠宇，堤堰桥梁，有所修建，必告于科，而呈其端委可也。铭金刻石，纪事摛辞①，必摩其本而藏之于科可也。

[注释]

①摛辞：铺陈文辞。摛，舒展；散布。

[译文]

那么确立法规后要怎么办？六科公文，选择大体要点，辑录、收藏副本就可以了。在长官、学官离任的时候，选取他们平时做好事、坏事有据可查的，记录其始末。管辖境内，各家修家谱，各人撰写传记、墓志、行状、行述，必须呈交副本。学校老师和儒生选取公众的结论，核实以后收藏在志科里。境内人物，如果有经、史著述，诗歌辞赋等文章，编排成书后，应该呈上副本，收藏在志科，同时登记好类别。官署、城池、书院、庙宇、祠堂、堤坝、桥梁，有修建的，必须告诉志科，上报修建始末。铭刻金属器物、石碑，记叙事情、铺陈文辞，必须拓印原件，收藏在志科里。

宾兴乡饮①，读法讲书②，凡有举行，必书一时官秩及诸名姓，录其所闻所见可也。置藏室焉，水火不可得而侵也；置锁楗焉，分科别类，岁月有时，封志以藏，无故不得而私启也。仿乡塾义学之意，四乡各设采访一人，遴绅士之公正符人望者为之，俾搜遗文逸事，以时呈纳可也。学校师儒，慎选老成，凡有呈纳，相与持公核实可也。夫礼乐与政事，相为表里者也。学士讨论礼乐，必询器数于宗祝③，考音节于工师，乃为文章不托于空言也。令史案牍，则大臣讨论国政之所资，犹礼之有宗祝器数，乐之有工师音节也。苟议政事而鄙令史案牍，定礼乐而不屑宗祝器数与夫工师音节，则是无质之文，不可用也。独于史氏之业，不为立法无弊，岂曰委之文学之儒已足办欤？

[注释]

①宾兴乡饮：周代乡大夫自乡学举荐人才升入国学，叫宾兴。对举荐的人才，乡大夫设宴以宾客礼仪相待。科举时代，地方官设宴招待应举士人，也叫作宾兴。乡饮即地方官按时在儒学举行的一种敬老仪式。②读法：地方长官等每年按时召集公众，宣读一年的法令等。讲书：讲课，学政或学道赴州县考核生员，考试前先举行讲书仪式。③宗祝：主祭祀之官，一般指宗伯和太祝。

[译文]

地方科举考试时设宴，乡饮酒礼、宣读法令、讲学，凡是有举行的，必须记载当时参与者的官职和各人的姓名，记录所听到和所见到的。建立收藏室，须防火防水；建立带锁的书柜，要分门别类，按照年月，做好封存、标记，进而收藏，无故不能私自打开。仿照乡塾义学的精神，在周围乡村设置采访一人，选择绅士中公正而有名望的人担任，让他收集遗留的文章和史事，定期上报。在学校老师中慎重选择德高望重的人，对上报的遗文逸事进行核实。礼乐和政事相辅相成。学者探讨礼乐，必定向宗祝询问有关礼器礼仪的规定，从乐工、乐师那里探讨音节，如此写成文章，才不会空洞无物。胥吏的公文是大臣们商讨国家政事的依据，犹如礼仪有宗祝的礼数制度、音乐有乐工乐师们的音节规则。倘若商讨政事时忽略胥吏公文，制定礼乐时轻视宗祝的礼仪制度以及乐工乐师们的音节规则，那么就没有真正意义上的文章，也就没有用处了。唯独对史学事业不制定规则以避免弊病，难道说委托给有文才的儒者就能做好吗？

或曰：州县既立志科，不患文献之散逸矣。由州县而达乎史官，其地悬而其势亦无统要①，府与布政使司可不过而问欤？曰：州县奉行不实，司府必当以条察也。至于志科，既约六科案牍之要，以存其籍矣。府吏必约州县志科之要，以为府志取裁；司吏必约府科之要，以为通志取裁。不特司府之志有所取裁，且兼收并蓄，参互考求，可以稽州县志科之实否也。至于统部大僚，司科亦于去官之日，如州县志科之于其官长师儒，录其平日行事善恶有实据者，详其始末，存于科也。诸府官僚，府科亦于去官之日，录如州县可也。此则府志科吏，不特合州县科册而存其副；司志科吏，不特合诸府科而存其副；且有自为其司与府者，不容略也。

[注释]

①统要：总的要点、纲要。

[译文]

有人说：州县既然设立了志科，就不用担心文献的散失了。文献通过州县到达史官手里，空间相隔远，其情势也难以总体把握，府和布政使司可以不过问吗？答道：州县执行政策不得力，司、府必定按规定进行纠察。至于志科，已经选取六科公文的要点来保存文献。府的官吏必定选取州县志科编辑的要点来供府志选取，司的官吏必定选取府志科编辑的要点来供通志编纂者选取。这样，不但司、府两级的志都有选取材料的地方，而且兼收并蓄，互相佐证和探求，可以考察州县志科的编辑是否属实。至于部级大员，司科也应当像州县志科对州县长官、学官那样，在他们离任的时候，记录他们平日有据可查的为人处世的善恶，详细记述事情的始末，收录在科里。对于府级各官员，府科也应该像州县志科一样在官员离任后做好记录。那么不仅府志科的官员收集了州县志科的资料，保存了资料副本；司志科的官员收集了府志科的资料，保存了资料副本；而且还有自己对司、府史事的记载，也不容忽略。

或曰：是于史事，诚有裨矣。不识政理亦有赖于是欤？曰：文章政事，未有不相表里者也。令史案牍，政事之凭藉也。有事出不虞而失于水火者焉，有收藏不谨而蚀于湿蠹者焉，有奸吏舞法而窜窃更改者焉。如皆录其要而藏副于志科，则无数者之患矣。此补于政理者不鲜也。谱牒不掌于官，亦今古异宜，天下门族之繁，不能悉核于京曹①也。然祠袭争夺，则有讼焉；产业继嗣，则有讼焉；冒姓占籍，降服②归宗，则有讼焉；昏姻违律，则有讼焉；户役隐漏，则有讼焉。或谱据遗失，或奸徒伪撰，临时炫惑，丛弊滋焉。平日凡有谱牒，悉呈其副于志科，则无数者之患矣。此补于政理者，又不鲜也。古无私门之著述，盖自战国以还，未有可以古法拘也。然文字不隶于官守，则人不胜自用③之私。圣学衰而横议④乱其教，史官失而野史逞其私。晚近文集传志之猥滥，说部是非之混淆，其渎乱纪载，荧惑清议⑤，盖有不可得而胜诘者矣。苟于论定成编之业，必呈副于志科，而学校师儒从公讨论，则地近而易于质实⑥，时近而不能托于传闻，又不致有数者之患矣。此补于政理者，殆不可以胜计也。故曰：文章、政事，未有不相表里者也。

[注释]

①京曹：朝廷各部司以下的属官。②降服：旧制，丧服降低一等级称降服。如子为父母应服三年之丧，已出继者，为本生父母由三年之服降为一年之服。③自用：凭主观意图行事；自以为是。自行其是，不接受别人的意见。

④横议：恣意议论。⑤清议：对时政的议论；社会舆论。⑥质实：平直而拘于事实；根据事实。

[译文]

　　有人说：这对于修史确实有好处。不知道政治治理也能依靠这些吗？答道：文章与政事，没有不相辅相成的。胥吏的公文，是政事的依据。有出现意外事故而使资料在水火灾害中损失的情况，有收藏不仔细而受潮、被虫蛀的情况，有奸恶官吏舞文弄法而篡改的情况。如果都选录它们的要点而把副本收藏在志科，就没有以上几种弊端了。这对政事治理补益不少。家谱不再掌管于官府，也是由古今形势不同决定的，天下家族繁多，无法都由朝廷核定。然而家族承袭相争，导致诉讼；家产继承相争，导致诉讼；冒名争户籍、已过继者回归本宗，导致诉讼；婚娶违法，导致诉讼；徭役有隐瞒和遗漏，导致诉讼。有时家谱遗失，有时奸诈阴险的人伪造家谱，惑乱人心，种种弊端由此而生。假如平时把家谱副本呈交给志科，就没有这些弊端了。这对政事的补益又不少。古时没有私人著述，大概自战国以来，没有古时的规则加以约束。但是著述不是官府职责，于是学人们完全按自己的理解纷纷写作。结果导致儒学衰落，任意的议论扰乱了儒学的教化，史官失去职守而私人著述野史多了。近世文集、传记、墓志杂乱繁多，笔记杂文是非混淆，其中胡乱的记载，荧惑人心的社会舆论，大概无法尽数责难了。假如对编排成书的文字，规定必须向志科呈交副本，由学校老师公正地探讨，则空间距离近而容易写实，时间接近而不会传闻失实，又不会发生以上几种弊端了。这对政事治理的补益，恐怕多得不能计算了。所以说，文章与政事没有不相辅相成的。

修志十议呈天门胡明府

[题解]

当时，章学诚的父亲在湖北天门县主持书院。知县商议编修县志，章学诚因此作本篇。本篇是章氏早年总结前人编修方志经验所得，是其整个方志理论的基础。本篇提出修志有二便、三长、五难、八忌、四体、四要，应该力求"乘二便，尽三长，去五难，除八忌，而立四体，以归四要"。后依次论述了工作职责、资料收集、行状内容等。

本篇选自《文史通义新编新注》外篇四，作于乾隆二十九年（1764）。

修志有二便：地近则易核，时近则迹①真。有三长：识足以断凡例，明足以决去取，公足以绝请托。有五难：清晰天度②难，考衷古界难，调剂众议难，广征藏书难，预杜是非难。有八忌：忌条理混杂，忌详略失体，忌偏尚文辞，忌妆点③名胜，忌擅翻旧案，忌浮记功绩，忌泥古不变，忌贪载传奇。有四体：皇恩庆典宜作纪，官师科甲宜作谱，典籍法制宜作考，名宦人物宜作传。有四要：要简，要严，要核，要雅。今拟乘二便，尽三长，去五难，除八忌，而立四体，以归四要。请略议其所以然者为十条。先陈事宜，后定凡例，庶乎画宫于堵之意云。

[注释]

①迹：据实迹考知。②天度：周天的度数。古代天文学划分周天区域为360度。③妆点：渲染敷衍。

[译文]

编修方志有两个便利条件：地域近就容易考证，时间近就反映真实。有三条长处：见识足以决断凡例，明智足以决定舍取，公正足以杜绝请求。有五个困难：弄清自然法则难，探究古时地界难，调和各种见解难，广泛征集藏书难，预先杜绝是非议论难。有八条忌讳：忌讳条理混乱，忌讳详略不当，忌讳偏重文辞，忌讳夸饰名胜，忌讳任意翻旧案，忌讳虚夸记载功绩，忌讳守旧不知变通，忌讳贪婪记载传奇。有四种体裁：皇恩庆祝典礼应当作纪，职官、科举及第应当作谱，文献制度应当作考，名宦人物应当作传。有四个要点：要简练、要严谨、要核实、要文雅。当今要利用两条便利，用尽三条长处，去除五个困难，排除八条忌讳，而设立四种体裁，归结到四个要点。我希望大致谈谈这样说的原因，列出十条，先叙述事宜，后确定凡例，好似在墙上画出房屋结构图。

一、议职掌。提调①专主决断是非，总裁②专主笔削文辞，投牒③者叙而不议，参阅者议而不断，庶各不相侵，事有专责。

[注释]

①提调：清代中央编纂机构的主管官员，管理总务。②总裁：清代中央编纂机构的主管官员，领衔修书。③投牒：呈递文辞。

[译文]

一、议职掌。提调官专门主管决断是非，总裁官专门主管删改文辞，呈送文本的人叙述而不议论，校阅的人议论而不决断，希望各不影响，各事都有专门负责的人。

二、议考证。邑志虽小,体例无所不备。考核不厌精详,折衷务祈尽善。所有应用之书,自省府邻境诸志而外,如《廿二史》《三楚文献录》①、《一统志》、圣祖仁皇帝御纂《方舆路程图》②、《大清会典》《赋役全书》③之属,俱须加意采访。他若邑绅所撰野乘、私记、文编、稗史④、家谱、图牒之类,凡可资搜讨者,亦须出示征收,博观约取。其六曹案牍、律令文移、有关政教典故、风土利弊者,概令录出副本,一体送馆,以凭详慎铨次。庶能巨细无遗,永垂信史。

[注释]

①《三楚文献录》:全称《五朝三楚文献录》,高世泰撰。②圣祖仁皇帝:即康熙帝。《方舆路程图》,全称《钦定方舆路程考略》,不分卷。康熙时,汪士铉等奉敕撰。③《赋役全书》:载各地赋役数额的册籍,是官府公布的征收赋税税则。④稗史:指杂记逸闻琐事的笔记。

[译文]

二、议考证。县志虽然规模小,但体例很齐备。考核精细周详,折中各种意见务求非常完善。所有应该参考的书,除省、府等邻近志书以外,如《二十二史》《三楚文献录》《大清一统志》、圣祖仁皇帝御纂《方舆路程图》《大清会典》《赋役全书》等书,都要留心搜集访求。其他如县绅所撰野史、私人记载、文编、稗史、家谱、图牒之类,凡是可以用来参考进行深入研究的,也必定张贴告示征集,广泛阅读、采择要点。凡有关政治教化旧事、风俗利弊的县府六曹的公文、法令等,也一概抄录副本,一并送到县志馆,以便凭此进行周密编订。期望能够做到大小都不遗漏,成为可以永远流传的信史。

三、议征信。邑志尤重人物,取舍贵辨真伪。凡旧志人物列传,例应有改无削。新志人物,一凭本家子孙列状投柜,核实无虚，送馆立传。此俱无可议者。但所送行状，务有可记之实，详悉开列，以备采择，方准收录。如开送名宦，必详曾任何职，实兴何利，实除何弊，实于何事有益国计民生，乃为合例。如但云清廉勤慎，慈惠严明，全无实征，但作计荐①考语体者，概不收受。又如卓行亦必开列行如何卓；文苑亦必开列著有何书；见推士林，儒林亦必核其有功何经，何等著作有关名教；孝友亦必开明于何事见其能孝能友。品虽毋论庸奇偏全，要有真迹，便易采访。否则行皆曾、史，学皆程、朱，文皆马、班，品皆夷、惠，鱼鱼鹿鹿②，何以辨真伪哉？至前志所收人物，果有遗漏，或生平大节，载不尽详，亦准其与新收人物一例开送，核实增补。

[注释]

①计荐：指年终考核地方官员，意与"上计"通。计，计簿，户口、钱粮等的统计簿册。②鱼鱼鹿鹿：威仪整肃的样子。

[译文]

三、议征信。县志特别重视人物，选取和舍弃材料贵在辨别真假。凡是旧志中的人物列传，按例应当有改动无删减。新写的人物传，一概先由历史人物的子孙写出行状投入专柜，经过核实没有伪造后，再送到县志馆立传。这些都是没有什么好议论的。只是送来的行状，必须有可记载的真实事迹，而且要详尽列举出来，以用于选取，这才准许收录。例如呈报名宦，必须详细指明他曾经担任什么官职，确实做过哪些有利事情，消除过哪些弊端，做过哪些有益于国计民生的事情，这才符合规定。假如仅仅说清正廉洁、勤勉谨慎、仁爱严明，而没有实证，凡是写成官员年终考核评语式的，则一概不予接收。又例如，卓行必须列举出行为如何卓越；文苑也必须列出著有什么书；在文化界受到了推崇，儒林也必须核实该人对哪部经书有贡献、哪些著作与名教有关；孝友也必须列举清楚在什么事上表现了该人对其父母孝敬、对兄弟友爱。品行虽然不在乎平平常与独特、片面与全面，但要有真实事迹，容易搜集。否则行为如曾参、史鳅，学问如程氏、朱熹，文章如司马迁、班固，品行如伯夷、柳下惠，堂堂正正，以什么来辨别真假呢？至于旧志所收录人物，确实有遗漏或者生平记载不太详细，也允许他们和新收录的人物一起开列呈送，加以核实增补。

四、议征文。人物之次，艺文为要。近世志艺文者，类辑诗文记序，其体直如《文选》；而一邑著述目录，作者源流始末，俱无稽考，非志体也。今拟更定凡例，一仿班《志》、刘《略》，标分部汇，删芜撷秀，跋其端委，自勒一考，可为他日馆阁校雠取材，斯则有裨文献耳。但艺文入志，例取盖棺论定①；现存之人，虽有著作，例不入志。此系御纂《续考》②馆成法，不同近日志乘，掇拾诗文，可取一时题咏，广登尺幅③者也。凡本朝前代学士文人，果有卓然成家，可垂不朽之业，无论经史子集，方技杂流，释门道藏，图画谱牒，帖括训诂，均得净录副本，投柜送馆，以凭核纂。然所送之书，须属共见共闻，即未刻行，亦必论定成集者，方准收录。倘系抄撮稿本，畸零篇页，及从无序跋论定之书，概不入编，庶乎循名责实之意。惟旧志原有目录，而藏书至今散逸者，仍准入志，而于目录之下，注一"亡"字以别之。

[注释]

①盖棺论定：指人死后才能断定一生是非功过。②《续考》：指《续文献通考》，南宋马端临《文献通考》的续书。乾隆十二年（1747）开始编纂，历时三十多年。③尺幅：泛称文章、画卷。

[译文]

四、议征集文献。人物之后，艺文很重要。近代方志记载艺文，多分门别类地收集诗、文、记、序，体制简直就像《文选》；

而一个县的著作目录、作者生平始末都不得查实考证，这不是志的体例。现在计划修订凡例，完全仿照班固《汉书·艺文志》、刘歆《七略》，分门别类，删减杂乱，摘取精华，作跋说明成书始末，单独编为一考，以后馆阁编纂时可用于校订、参考，这就有利于文献事业。但艺文收入方志，按照惯例，要选取已是盖棺论定的；还活着的人，即使有著作，也不能被选录入志。这是朝廷纂修《续文献通考》的既定方式，和近来方志编纂方式不同。搜集诗文，可以收集当代的题咏，并且可以广泛登载。只要是本朝前代确实超凡出众的文人学者，有可以流传不朽的著作，无论是经史子集、方技杂流、佛道书籍、图画谱牒，还是科举文章、注解考证，都可以抄录为副本，投入柜中，送到方志馆中，以便方志馆能够核实编纂。但是所送的书，必须是人们都见到或听到的；即使没有刻印出版的抄本，也必须是定稿而成书的，才可以被收录。如果是摘抄的稿本，篇目与页码零星，以及没有序跋、没有定稿的书，一概不得收录，这也是符合根据名字要求内容相配原则的。如果旧志原本有目录，而藏书现在已经散落的，仍然可以收录入志，但要在目录下标注一个"亡"字来区别。

五、议传例。史传之作，例取盖棺论定，不为生人立传。历考两汉以下，如《非有先生》《李赤》诸传，皆以传为游戏。《圬者》《橐驼》之作，则藉传为议论。至《何蕃》《方山》等传，则又作贻赠序文之用。沿至宋人，遂多为生人作传，其实非史法也。邑志列传，全用史例，凡现存之人，例不入传。惟妇人守节，已邀旌典①，或虽未旌奖，而年例已符，操守粹白者，统得破格录入。盖妇人从一而终，既无他志，其一生责任已毕，可无更俟没身。而此等单寒之家，不必尽如文苑、卓行之出入缙绅，或在穷乡僻壤，子孙困于无力，以及偶格成例，今日不予表章，恐后此修志，不免遗漏，故搜求至汲汲也。至去任之官，苟一时之政绩卓然可传，舆论交推，更无拟议者，虽未经没身论定，于法亦得立传。盖志为此县而作，为宰有功此县，则甘棠可留；虽或缘故被劾，及乡论未详，安得没其现施事迹？且其人已去，即无谀颂之嫌，而隔越方州，亦无遥访其人存否之例。惟其人现居本县，或现升本省上官及有统辖者，仍不立传，所以远迎合之嫌，杜是非之议耳。其例得立传人物，投递行状，务取生平大节合史例者，详慎开载，纤琐饤饾②，凡属浮文，俱宜削去。其有事涉怪诞，义非惩创，或托神鬼，或称奇梦者，虽有所凭，亦不收录，庶免凫履羊鸣③之诮。

[注释]

①旌典：表彰贞烈的匾额。②饤饾：食品堆积在器皿中，比喻文辞的罗列，堆砌。③凫履羊鸣：《后汉书·方术传》记叶县令王乔有神术，每月两次来京城朝见，后被发现是随着鞋化成的一双野鸭而来。又记左慈有神道，曹操想要杀他，他躲进羊群，群羊都说人话应答曹操。

[译文]

　　五、议传的体例。史传的写作，按惯例要为已经盖棺论定的人立传，不为活着的人立传。逐一考察两汉以降，如《非有先生传》《李赤传》等，都不把传当回事。《圬者王承福传》《种树郭橐驼传》等，都是借立传而抒发议论。至于《何蕃传》《方山子传》等，又有了赠送序文的作用。到了宋朝，人多为当时还活着的人立传，这实际上不符合历史规则。县志列传，完全遵照史书的体例，凡是当时还活着的人，依照惯例是不得入传的。唯独守节的妇女，或已经得到奖赏，或没有得到奖赏，只要符合年龄规定且操守纯洁，都可以被破格录入。因为妇女从一而终，既然没有其他追求，那么她一生应该做的都已经做了，不必再等她去世才立传。而像这类低微的人，不必完全像文苑、卓行那样限定在士大夫这一范围，有的在穷乡僻壤，子孙处于无力的困境中，有的偶尔还受到规则的限定，如果现在不予以表彰，以后修志不免会有所遗漏，所以搜集任务比较急迫。对于离任的官员，如果某个时期的政绩卓越且能流传，公论嘉许无异议，虽然没有去世，按规则也是允许立传的。因为志是为这个县而编纂的，县官对该县有功，恩惠就能留下；即使有人因故被人弹劾，以及乡里的评论未详尽，那么怎么能因此忽视了他当时的执政事迹呢？况且他已离开，没有奉承的嫌疑，又远隔州郡，也没有老远地调查此人是否还活着的成例。只有该人现在居住本县或者现在升任本省上级或有隶属关系的，仍然不予立传，以避免逢迎的嫌疑，杜绝是非议论。按惯例可以立传的人物，投送行状务必选取符合史书体例的生平大致事迹，认真周密地做好记载；细微琐碎、罗列堆砌的虚浮文辞都应当删掉。有些事情涉及怪诞、主旨也不是警醒后人，或是假托神鬼，或是奇怪梦幻，即使有根据，也不应收录。期望避免出现记录鞋变野鸭、羊说人话这些怪事的讽刺。

六、议书法。典故作考，人物作传，二体去取，均须断制尽善，有体有要，乃属不刊之书，可为后人取法。如考体但重政教典礼、民风土俗，而浮夸形胜，附会景物者，在所当略。其有古迹胜概确乎可凭，名人题咏卓然可纪者，亦从小书分注之例，酌量附入正考之下，所以厘正史体，别于稗乘耳。盖志体譬之治室，厅堂甲第，谓之府宅可也。若依岩之构，跨水之亭，谓之别业可，谓之正寝①则不可。玉麈丝绦②，谓之仙服可，谓之绅笏③则不可。此乃郡县志乘，与卧游④清福诸编之分别也。列传亦以名宦乡贤、忠孝节义、儒林卓行为重，文苑、方技有长可见者次之。如职官而无可纪之迹，科目而无可著之业，于法均不得立传。盖志同信史，非如宪纲册籍，一以爵秩衣冠为序者也。其不应立传者，官师另立历任年谱，邑绅另有科甲年谱，年经月纬之下，但注姓名，不得更有浮辞填入。即其中有应立传者，亦不必更于谱内注明有传字样，以昭画一。若如近日通行之例，则纪官师者，既有职官志，以载受事年月，又有名宦志，以载历任政绩；而于他事有见于生祠⑤碑颂、政绩序记者，又收入艺文志。记邑绅者，既有科目志，又有人物志，亦分及第年分与一生行业为两志；而其行业有见于志铭传诔者，则又收入艺文志。一人之事，叠见三四门类，于是或于此处注传见某卷，于彼处注详见某志，字样纷错，事实倒乱，体裁烦碎，莫此为甚。今日修志，尤当首为厘定，一破俗例者也。

[注释]

①正寝：指正厅或正屋。②玉麈：即玉柄麈尾。麈是鹿类动物，尾毛可做拂尘。魏晋人清谈时手中常持麈尾。绦：用丝线编织的带子。③绅：士大夫束在衣外的大带。笏：大臣朝见帝王时手中所执的长板片，用于比划或记事，也叫手板。④卧游：欣赏山水画以代替游览。后也指看游记等。⑤生祠：为活着的人建立的祠堂。

[译文]

六、议撰写体例。对旧制作考，对人物立传，两种体例的选择或采用，都必须做好决断，有主体有纲要，才是完善的书，可以被后人效法。例如考的体例只重视政治教化、制度礼仪、民情风俗，而夸饰山川名胜景物的，应当省略。有实据的古迹名胜、优秀而有记载的名人题咏，也依照用小字注释的惯例，酌量附在正考的下面，用来补正史书的主体，以和稗史区别开来。因为方志体裁正如建房子，有厅堂的上等宅第，才被称为府宅。依山傍水的亭子被称为别墅，而不能称为正厅。玉柄麈尾的丝质带子可以称为仙服，但称为官服就不行了。这就是州县方志和游记等闲书的区别。列传也把名宦、乡贤、忠孝、节义、儒林、卓行当作重要内容，突出可见的文苑、方技次之。如果官员没有记载下来的政事，举人、进士没有记录下来的学业，在原则上都不能立传。大概是因为方志属于信史，不像官场名册一样都是按官爵、品级、服色排序。不该立传的官员教官应该另外作历任年谱，对于县内绅士则另外作科举年谱，以年为经、以月为纬的年谱，只标注姓名，不能再有其他虚浮的文辞。即使其中有应该立传的，也不必再在年谱里注明"有传"字样，这样可以格式整齐划一。如果按照最近通行的惯例，那么记载官员既要有记载任职年月的职官表，又要有记载历任官员政绩的名宦志，而对于在生祠碑颂、政绩序记中见到的其他事，又被收入艺文志。记载县内绅士的，既有科举志，又有人物志，也按及第年月和生平德行作两种志；而出现在某人墓志铭、传、诔中的生平德行、事迹就收入艺文志。一个人的事迹，在三四个门类里都能见到，便要在某个门类里标注"传见某卷"或"详见某志"，字样纷繁复杂，事实颠倒混乱，体裁复杂琐碎，没有比这更严重的。当今编修方志，特别应当首先对这进行整理修订，大力破除不好的惯例。

　　七、议援引。史志引用成文，期明事实，非尚文辞。苟于事实有关，即胥吏文移亦所采录，况上此者乎？苟于事实无关，虽班、扬述作亦所不取，况下此者乎？但旧志艺文所录文辞，今悉散隶本人本事之下，则篇次繁简不伦；收入考传方幅之内，其势不无删润。如恐嫌似剿袭，则于本文之上，仍标作者姓名，以明其所自而已。至标题之法，一仿《史》《汉》之例。《史》《汉》引用周秦诸子，凡寻常删改字句，更不识别，直标"其辞曰"三字领起。惟大有删改，不更仍其篇幅者，始用"其略曰"三字别之，若贾长沙诸疏是也。今所援引，一皆仿此。然诸文体中，各有应得援引之处。独诗赋一体，应用之处甚少。惟地理考内名胜条中，分注之下，可载少许，以证灵杰。他若抒写性灵，风云月露之作，果系佳构，自应别具行稿，或入专主选文之书，不应搀入史志之内，方为得体。且古来十五国《风》，十二国《语》，并行不悖，未闻可以合为一书。则志中盛选诗词，亦俗例之不可不亟改者。倘风俗篇中，有必须征引歌谣之处，又不在其例，是又即《左》《国》引谚征谣之义也。

[译文]

七、议援引。史志引用现成的文章，期望说明事实，而不是崇尚文辞。如果与事实有关，即使是胥吏的公文，也要收集记录，何况比这类东西还要好的文辞呢？如果对事实无关紧要，即使是班固、扬雄水平的著作，也不必采用，更何况水平比这低的呢？旧志艺文部分所记录的文辞，现在假如全部分散地记录在某人某事下面，那么篇章就详略不当了；收录在考、传里，也不免要被删改润色。如果担心有抄袭的嫌疑，就在文上方标注作者姓名，以指明文章来源。至于标注方法，一律仿效《史记》与《汉书》成例。《史记》《汉书》引用周秦时代的学者的著述，凡普通文句被删改，不加标记区别，只是直接标注"其辞曰"三字领头。只有大幅度删改而不再引用全文的，才用"其略曰"三字加以区别，如贾谊的诸疏文就是这样的。当今援引文字，一律按照这种方式。然而在各种文体中，都有应当援引的地方。唯独诗赋这种体裁，需要援引的地方较少。在地理考名胜条中，分注的下面可以登载少量的诗赋，用以表现山川景物的灵秀。其他如抒发性情、描写风云月露一类景物的文章，如果确实是好作品，自然得另行编辑文稿，或者收入专门登载文学作品的书籍，而不应该混进史志里，这才合适。十五国《风》与十二国《语》自古以来都是并行不悖的，没有听说过混合为一书的。所以方志中大量选录诗词的状况，也是一般志书不可不亟待改变的。倘若风俗篇中有必须引用歌谣的地方，而又不在惯例中，这也是《左传》《国语》引用谣谚的意思。

八、议裁制。取艺文应载一切文辞，各归本人本事，俱无可议。惟应载传志行状诸体，今俱删去，仍取其文裁入列传，则有难处者三焉：一则法所不应立传，与传所不应尽载者，当日碑铭传述，或因文辞为重，不无滥收。二则志中列传，方幅无多，而原传或有洋洋大篇；全录原文，则繁简不伦；删去事迹，则召怨取讥。三则取用成文，缀入本考本传，原属文中援引之体，故可标作者姓名及"其辞曰"三字，以归征引之体。今若即取旧传，裁为新传，则一体连编，未便更著作者姓名。譬班史作《司马迁传》，全用《史记·自序》，则以"迁之《自序》云尔"一句，标清宾主。盖史公《自序》，原非本传，故得以此句识别之耳。若孝武以前纪传，全用《史记》成文者，更不识别，则以纪即此纪，传即此传，赞即此赞，其体更不容标"司马迁曰"字样也。今若遽同此例，则近来少见此种体裁，必有剿袭雷同之谤。此三端者，决无他法可处，惟有大书分注之例，可以两全。盖取彼旧传，就今志义例，裁为新传，而于法所应删之事，未便遽删者，亦与作为双行小字，并作者姓氏及删润之故，一体附注本文之下。庶几旧志证实之文不尽刊落，而新志谨严之体又不相妨矣。其原文不甚散漫，尚合谨严之例者，一仍其旧，以见本非好为更张也。

[译文]

八、议裁制。选取艺文部分应该登载的所有文辞，各自归属为本人本事，都没有可议论的。只是登载的传、志、行状诸体，现今都删除了，如果仍然选取那文章进行剪裁，编进列传，就有难以处理的三个方面情形：一是按规则不应立传和传不应全部记载的及当时的碑文、墓铭、传、行述，或许由于重视文辞而无限制收录的情形。二是志中列传篇幅不多而原传却有较长篇幅，如果全部抄录原文就会详略不当，删减内容就招致怨恨、谴责的情形。三是采用已成文稿，将其编进本考、本传，原本属于文中援引的体例，因此能标出作者姓名及"其辞曰"三字，以用来归属援引的体例。现在如果选取旧传，删减为新传，就一同编辑，不便更改作者姓名。譬如班固《汉书》作《司马迁传》，全部用《史记·自序》，便用"司马迁的《自序》这样说"一句，表明正文和引文。可能由于太史公的《自序》原本就不是自传，所以能用那句话进行区分。孝武帝之前的纪、传，全部用《史记》已成文本的，完全不必加标记进行区别，因为纪就是原纪，传是原传，赞是原赞，体例完全不允许标出"司马迁说"的字样。现在如果突然按照这个方式，那么近来少见这种体例，必然有抄袭雷同的指责。这三个方面，没有其他办法处理，只有正文下面加注这种方式，可以做到两全。选取旧传，按照新志的体例，剪辑成新传，按规则应该删减而又不能立即删减的，也把它们写成双行小字，连同作者姓名及删减缘由，都附注在正文的下面。如此，旧志中证据性的文字不会被完全删掉，新志严谨的体例又不会互相影响。原文不是太零碎，还算符合严谨体例的，就沿用原文，以显示本意不是喜好任意改变。

九、议标题。近行志乘，去取失伦，芜陋不足观采者，不特文无体要，即其标题先已不得史法也。如采典故而作考，则天文、地理、礼仪、食货数大端，本足以该一切细目。而今人每好分析，于是天文则分星野、占候①为两志，于地理又分疆域、山川为数篇。连编累牍，动分几十门类。夫《史》《汉》八书十志之例具在，曷常作如是之繁碎哉？如访人物而立传，则名宦、乡贤、儒林、卓行数端，本不足以该古今人类。而今人每好合并，于是得一逸才，不问其行业如何超卓，而先拟其有何色目[②]可归；得一全才，不问其学行如何兼至，而先拟其归何门类为重，牴牾牵强，以类括之。夫历史合传独传之文具在，曷尝必首标其色目哉？所以然者，良由典故证据诸文，不隶本考而隶艺文志，则事无原委，不得不散著焉，以藏其苟简之羞。行状碑版诸文，不隶本传而隶艺文志，则人无全传，不得不强合焉，以足其款目之数。故志体坏于标题不得史法，标题坏于艺文不合史例；而艺文不合史例之原，则又原于创修郡县志时，误仿名山图志之广载诗文也。夫志州县与志名山不同，彼以形胜景物为主，描摩宛肖为工，崖颠之碑，壁阴之记，以及雷电鬼怪之迹，洞天符检[③]之文，与夫今古名流游览登眺之作，收无孑遗，即征奥博[④]，盖原无所用史法也。若夫州县志乘，即当时一国之书，民人社稷，政教典故，所用甚广，岂可与彼一例？而有明以来，相沿不改。故州县志乘，虽有彼善于此，而卒鲜卓然独断，裁定史例，可垂法式者。今日尤当一破夙习，以还正史体裁者也。

[注释]

①占候：视天象变化预言人事吉凶或自然界的灾变。②色目：种类名目。③洞天符检：洞天，道教称神仙居处。符检，道教所传秘密文书的统称。④奥博：学问精深广博。

[译文]

九、议标题。近来流行的方志，取舍没有条理，杂乱浅陋得不值得阅读、采择，不用说文字不简要，光看那标题，就首先不符合史法。例如，选取典章制度写成考，天文、地理、礼仪、食货这几大方面，原本就足以囊括所有小条目。而当今的学者总喜欢细分，于是天文分成星野、占候两种志，地理分成疆域、山川等数篇，连篇累牍，动不动就分为几十个门类。《史记》八书、《汉书》十志的例子都在，为什么要做得这么烦琐呢？例如寻访人物立传，名宦、乡贤、儒林、卓行这几个方面，原本不能囊括古今人物的类别。而当今的学者总喜欢将它们归为一类，于是寻访到一个优秀的人才，不管他品行、事业如何卓越，却总先考虑把他归类到什么名目里；得到一个全才，不管他学问、品行如何同时优秀，却总先考虑把他归类到什么门类才觉得重要。这是在前后矛盾、非常牵强地用门类概括人物。史书里的合传、独传文字都存在，何必要首先标出它们的名目呢？之所以这样，是因为典章制度、证据等文章不归为本考，而应归为艺文志，则事情没有缘由，不得不分散记载，以隐藏自己的草率、简略行为。行状、碑文等，不属于本传而是属于艺文志，则人物没有全传而不得不把它们拼凑在一起，用来凑足篇目之数。因此方志的体例坏在标题不符合史学方法，标题坏在艺文志不符合史书体例；而艺文志不符合史书体例的根源则在于开始编修州县志的时候错误地仿效名山图志，大量选登诗文。为州县作志和为名山作志是不同的。名山的志以形胜景物为主，以描摹宛肖为工，山崖上的碑刻、石壁上的记以及雷电、鬼怪的迹象，洞天符箓的文字和古今名人游览时的作品，收集无遗，援引广博，压根用不上史学方法。至于州县方志，指古时诸侯国史，百姓、社稷、政治教化、典章制度，用处广泛，难道和有关名山的志一样吗？明代以来，互相因袭不改。所以州县方志，虽然有那些好处在此，但终归还是缺少具有卓越的独自决断精神、史例经过斟酌裁定、可以作为榜样留传的方志。今天特别要破除以往的陋习，以恢复方志的正史体例。

十、议外编。廿一史中，纪、表、志、传四体而外，《晋书》有载记，《五代史》有附录，《辽史》有《国语解》；至本朝纂修《明史》，亦于年表之外，又有图式。所用虽各不同，要皆例以义起，期于无遗无滥者也。邑志猥并错杂，使同稗野小说，固非正体。若遽以国史简严之例处之，又非广收以备约取之意。凡事属琐屑而不可或遗者，如一产三男，人寿百岁，神仙踪迹，科第盛事，一切新奇可喜之传，虽非史体所重，亦难遽议刊落。当于正传之后，用杂著体零星纪录，或名外编，或名杂记，另成一体，使纤夥钉饾先有门类可归，正以厘清正载之体裁也。谣歌谚语，巷说街谈，苟有可观，皆用此律。

[译文]

十、议外编。二十一史中，纪、表、志、传四种体裁之外，《晋书》有载记，《五代史》有附录，《辽史》有《国语解》；到本朝撰修《明史》，在年表之外，又有图式。用意虽然各不相同，但体例都是根据主旨产生的，希望做到不遗漏又不多余。县志内容繁多杂乱，把它等同于小说、逸闻，固然不是太合适。如果断然用国史简要严谨的体例去处理，又不符合广泛收集以备简约选取的原则。凡是琐碎又不可遗弃的事物，例如一次生三个男孩、人长寿百岁、神仙踪迹、科举盛事，一切新奇可喜的传说，虽然不是史书偏重，但也难以随意删掉。应当在正传的后面，用杂著类的体裁稍微记录，或者称为外编，或称为杂记，另外成为一种体裁，使细小而量多的杂凑资料先有门类可以归属，这样可以理清正文的体裁。歌谣谚语、街谈巷议，如果值得阅读的，都可以依照这种方式。

甲申①冬杪，天门胡明府②议修县志，因作此篇，以附商榷。其论笔削义例，大意与旧《答甄秀才》前后两书相出入。而此议前五条，则先事之事宜，有彼书所不及者；若彼书所条，此议亦不尽入，则此乃就事论事，而余意推广于纂修之外者，所未遑也。至论俗例拘牵之病，此较前书为畅；而艺文一志，反复论之特详。是又历考俗例受病之原，皆不出此，故欲为是拔本塞源之论，而断行新定义例，初非好为更张耳。阅者取二书而互考焉，从事编纂之中，庶几小有裨补云。自跋。

[注释]

①甲申：指乾隆二十九年（1764）。②明府：汉代对郡守的尊称，唐以后多专用于尊称县令。

[译文]

甲申年冬末，天门胡知县商议修志，因而我写了这篇文章，作为商榷意见。这篇文章谈论作史的主旨和体例，大意与之前回复给甄秀才的前后两封信的内容有相同之处，也有不同之处。而这篇议的前五条，是作史书前的事情，应当是那些信没有涉及的内容；至于那些信分条陈述的，在这篇议中也没完全写进去，这是就事论事，而扩展到纂修以外的事项无暇谈及。至于谈到平庸体例拘泥的弊病，这篇比前一封信要流畅；而对艺文志谈论得特别详细。这里又一一考察了平庸的体例产生弊端的根源，都不超出这方面，所以想要发这种忽视根本、不顾源头的议论而果断实施新定的主旨和体例，本意不是喜好随意更改。读者取那两篇书信来与本篇对比考察，从事编修时或许有所裨益。自跋。

图书在版编目(CIP)数据

文史通义/(清)章学诚著;钱茂伟,童杰,陈鑫注译.—郑州:中州古籍出版社,2012.11(2020.6重印)
(国学经典)
ISBN 978-7-5348-4010-4

Ⅰ.①文… Ⅱ.①章…②钱…③童…④陈… Ⅲ.①文史—研究—中国—清前期②《文史通义》—注译③《文史通义》—译文 Ⅳ.①K092.49

中国版本图书馆 CIP 数据核字(2012)第 263861 号

书名:文史通义
  Wénshǐ Tōngyì
著者:(清)章学诚
注译者:钱茂伟 童杰 陈鑫
出版社:中州古籍出版社
  (地址:郑州市郑东新区祥盛街27号6层 邮编:450016)
发行单位:新华书店
承印单位:河南瑞之光印刷股份有限公司
开本:640mm×960mm 1/16 **印张**:25.5
字数:350 千字 **印数**:9 001-12 000 册
版次:2012 年 11 月第 1 版 **印次**:2020 年 6 月第 3 次印刷

定价:35.00 元

本书如有印装质量问题,由承印厂负责调换。